옳은
실패

옳은 실패

실패는 횟수가 아니라 방법이다

에이미 에드먼슨 지음
최윤영 옮김

SIGONGSA

변치 않는 사랑과 존경을 담아
잭과 닉에게 이 책을 바친다.

일러두기

1. 띄어쓰기, 외래어 표기는 국립국어원 용례를 따르되 고유명사, 일부 합성명사에 한해 예외를 따랐습니다.

2. 단행본은 겹화살괄호(《 》), 정기간행물과 영상물은 홑화살괄호(〈 〉), 팟캐스트 채널은 작은따옴표(' ')로 표기했습니다.

3. 국내 번역된 단행본은 《번역서명(원서명)》, 번역되지 않은 단행본은 《원서명(번역명)》으로 표기했습니다.

4. 인명은 처음 언급될 때를 제외하고 성(Last name)으로 표기하되 성이 같거나 원서에서 이름만 표기했을 경우 이름(First Name)으로 표기했습니다.

나는 폭풍우가 두렵지 않다.
항해를 배우는 것뿐이다.

루이자 메이 올컷

이 책에 쏟아진 찬사

세계 최고의 비즈니스 전문가인 에드먼슨이 이번에는 인간의 실패에 대해 완전히 새로운 관점을 제시한다. 그가 실패라는 걸림돌을 디딤돌로 어떻게 바꾸는지 그 혜안을 꼭 경험해 보길 바란다. 감히 우리 시대의 지침서라고 평가하고 싶다.

다니엘 핑크(《후회의 재발견》, 《드라이브》 저자)

실패로부터 배우기! 우리 삶에서 반드시 익혀야 할 기술이다. 이 방법을 에드먼슨만큼 잘 아는 사람은 지구상에 없다! 책을 다 읽고 나면 누구나 더 안전하고 지혜롭게 성공할 수 있을 것이다.

애덤 그랜트(《히든 포텐셜》, 《싱크 어게인》 저자)

이 책은 실패 학습의 마스터 클래스다. 실패를 끝이 아니라 시작의 관점에서 바라보는 법, 그리고 잘 실패하기 위한 환경을 만드는 법을 제시한다. 풍부한 사례와 함께 이해하기 쉽게 쓰여 누구나 꼭 읽어보라 추천하고 싶다.

앤절라 더크워스(《그릿》 저자)

고귀한 실패는 혁신과 성장에 필수적이다. 그렇다면 고귀한 실패와 어설픈 실수, 악의적 방해의 차이는 무엇일까? 내가 겪은 실패가 성공의 디딤돌일지 어떻게 알 수 있을까? 성공을 위해 감수해야 할 위험은 무엇일까? 이 모든 질문에 대한 해답이 담겨 있는 책이다.

킴 스콧(《실리콘밸리의 팀장들》 저자)

실패에 관해 이보다 더 잘 쓰인 책은 과거에도 없었고 앞으로도 없을 것이다. 심리적 안정성의 중요성을 역설한 에드먼슨이 이번엔 실패의 힘을 강조한다. 그의 현명함과 따스함, 무엇보다 입증된 사례를 통해 개인과 조직이 실패를 바탕으로 성공하는 법을 제시하는 책이다.

로버트 I. 서튼(《굿 보스 배드 보스》 저자)

어려운 문제를 해결하기 위해 안전한 환경을 만드는 법, 특유의 깊은 통찰력으로 실패에 대한 접근법을 에드먼슨은 명확히 보여 준다. 이 책을 읽고 나면 과감하게 도전해 볼 용기가 생겨날 것이다.

에드 캣멀(《창의성을 지휘하라》 저자)

한국어판 서문

실패에 관한 제 책의 한국어판 서문을 쓰게 돼 영광입니다. 이 책을 통해 당신이 '혁신을 주도하는 사고방식'을 얻기 바랍니다. 또한 익숙한 영역에서 탁월함을 가능케 하는 '규율 있는' 루틴에 대해서도 새롭게 인식하기 바랍니다.

  그동안 경제 및 경영에서 실패를 응원하는 사례를 듣고서 '우리 기업이나 내겐 해당되지 않아!'라고 생각했다면, 당신에게 이 책이 필요합니다! 이 책을 통해 기업가 정신, 혁신, 과학적 발견은 '실패를 감수할 의지가 있을 때에만' 가능함을 확인할 수 있기 때문입니다. 또한 '실패는 빠를수록 좋다'라는 생각으로 인해 드러나지 않으며 자주 일어나는 실패로 인한 위험에 대해서도 이해할 수 있습니다.

  "실패하는 것이 중요한 만큼, 실패 예방도 중요합니다."

무슨 뜻일까요? 이 책에서 말할, 실패의 세 가지 유형(교훈적 실패, 기본적 실패, 복합적 실패)을 이해하면 그 뜻이 완벽하게 이해될 겁니다. 자세한 설명은 차차 할 테니 여기서는 간단하게 소개만 하겠습니다.

교훈적 실패는 당신이 해야 할 '옳은 실패'입니다. 비유하자면 '사려 깊은 시도의 나쁜 결과'입니다. 실패를 응원하는 사례에서의 실패입니다. 어떠한 혁신도 교훈적 실패 없이는 불가능합니다! 혁신처럼 누구도 그 답을 알지 못하는 경우에는 불확실성을 가지고 실험과 시도를 하는 것 외에는 방법이 없기 때문입니다.

아마존의 제프 베이조스 Jeff Bezos 는 2015년 주주 서한에서 "혁신 그리고 발견을 하려면 실험을 해야 하는데, 성공할 것임을 미리 안다면 그것은 실험이 아니다"라고 썼습니다. 그만큼 혁신과 변화에는 위험을 감수해야 합니다. 만약 당신의 목표가 혁신인데 실패하지 않았다면? 그것은 혁신을 위한 시도를 '안 했다'는 증거입니다.

그다음, 기본적 실패는 단 한 번의 실수나 규정 이탈에서 발생합니다. 사소한 것(빵 굽기 실패)부터 비극적인 것(전방 주시 태만으로 인한 치명적 교통사고)까지 그 종류는 다양합니다. 하지만 원하는 결과를 얻는 방법이 명확히 존재하므로 나쁜 실패입니다. 다행인 것은 성공하는 방법은 존재하며, 예방이 가능하다는 점입니다. 실제로 경영상 성공 사례로 꼽히는 기업이나 팀은 기본적 실패를 예방하기 위해 많은 조치를 취합니다.

복합적 실패는 여러 원인으로 발생합니다. 각 원인만으로는 오류가 발생하지 않지만, 각 원인의 불행한 조합이 큰 실패로 이어집니다. 알람 설정을 잘못해 중요한 회의를 놓칠 수도 있고, 비극적인 항공사고까지 생길 수 있습니다. 하지만 사소한 문제를 발견하고 공유해 빨리 수정한다면 복합적 실패 역시 예방 가능합니다.

'품질 결함의 피해가 고객에게 가지 않도록 문제를 발견하고 해결하기 위해, 여러 팀이나 구성원을 효과적으로 참여시킬 방법이 있을까?'

'익숙한 영역에서 두려움 없이 우수성을 추구하는 데 더해, 개선과 혁신을 가능하게 하는 현명한 위험을 장려할 수 있는 방법은 무엇일까?'

아마도 당신이 팀과 기업의 기본적·복합적 실패(하지 말아야 할 실패)를 방지하기 위한 방법이 궁금하다면 떠오를 질문입니다. 물론 이 책에 답이 있습니다.

'익숙한 영역에서 두려움 없이 우수성을 추구하는 자세'는 오류의 발생 가능성을 받아들이는 데서 시작됩니다 인간적 오류를 당연하게 받아들이고, 팀의 복잡성을 위험 요인으로 인식해야 합니다. '당신이 원하는 대로'가 아니라 '존재하는 그대로' 세상을 바라봐야 합니다.

다만 '존재하는 그대로'라 해서 꼭 불편하고 우울한 모습은 아닙니다. 오히려 그 모습은 문제를 감지하기 위한 쾌활한 경계심과 빠른 문제 해결에 대한 열망을 불러올 것입니다. 문제를 방해가 아니라 학습의 기회로 봐야만 우리는 실수를 빠르게 수정하고 좋은 결과를 얻습니다.

오늘도 어제처럼 일해도 되는 '반복적 업무'에서도, 팀 구성원 모두를 학습에 참여시켜 실패에 대해 다시 생각해 보세요. 모두가 배우기 시작하면 반복적 업무도 새로운 업무가 될 수 있습니다. 성공적 발견과 혁신의 원인이었던 '호기심'과 '체계적 접근'은 실패 예방과 현명한 위험을 장려하는 비결입니다.

복잡하고 불확실한 세상에서 '옳은 실패'를 하는 법을 요약하자면 이렇습니다. 성공을 점칠 수 없는 새로운 영역에서 신중한 시도와 위험 감내를 해야 합니다. 교훈적 실패를 포용하는 방법을 배우고, 그로부터 얻는 교훈을 현명히 사용하겠다고 결심해야 합니다. 또한 익숙한 영역에서도 실패 가능성을 염두에 두고 경계심과 호기심을 가져야 합니다.

이 책은 실패하는 법을 알려 주는 책이지만, 실제로는 성공하는 법을 알려 주는 책입니다. 부디 이 책을 통해 새로운 영역에서의 성공을 위해 시도해야 하는 것을 깨닫고, 기존 지식을 충실하되 비판적으로 적용하는 시도를 해 보길 바랍니다.

서문

1993년 6월, 하버드대 조직행동학 박사 과정이던 나는 윌리엄제임스홀 15층의 낡은 나무 책상 앞에 앉아 있었다. 애플Apple 매킨토시 클래식의 작은 흑백 모니터를 좀 더 자세히 들여다보려 몸을 숙였다.

책상 가장자리에는 근처 병원 두 곳에서 팀워크 측정에 사용했던 설문지 더미가 높이 쌓였다. 6개월 전 수백 명의 간호사와 의사가 쓴 설문지를 통해 이들의 업무 방식을 엿볼 수 있었다. 설문 내용을 분석한 결과 일부 팀은 다른 팀보다 훨씬 더 효과적으로 협력했다. 이제 이들이 얼마나 많은 실수를 저지르는지 알아볼 차례였다.

컴퓨터 디스크에는 과거 6개월간 각 팀의 투약 오류에 대한 구체적 데이터가 담겨 있었다. 간호사가 힘들게 모은 데이터였다. 이제 내가 할 일은 통계분석을 통해 각 팀에서 조사한 오류 현황 데이터와 병원 집계 데이터의 상관관계를 조사하는 것이었다. 내 연구의 첫 실패가 나오기 직전이었다. 첫 실패 후, 나는 박사 과정에 맞지 않는 사람일지 모른다고 생각했다. 처음으로 든 생각이었다.

과거의 나는 대학원에 대해 감정이 복잡했다. 박사 학위 없이 사회에 공헌하는 사람을 동경했다. 학위 없이도 똑똑하고 능력만 있다면 세상을 바꾸고 나만의 길을 개척할 것이라 생각했다. 하지만 대학 졸업 10년 후, 나는 패배를 인정해야 했다.

대학 졸업 후 그 10년은 창의적이었고, 어떤 면에서는 남이 부러워할 만한 시간이었다. 먼저, 측지선 돔(다각형으로 구성된 반구 형태의 돔_옮긴이)을 발명한 건축가 벅민스터 풀러Buckminster Fuller의 수석 엔지니어로 일했다. 그 후 우연한 기회에 한 컨설팅 업체 대표와의 만남을 계기로 나는 조직개발 쪽으로 이직했고, 곧 조직(그리고 그들의 실패!) 관련 분야에 매료됐다. 당시 나는 미국에서 가장 오래되고 규모가 큰 기업과 함께 일했다.

그러다 1980년대 후반, 미국 자동차 업계 관리자와의 만남에서 그들의 고민을 알았다. 그 관리자는 일본산 자동차처럼 연비와 품질이 모두 좋은 자동차를 원했지만, 이런 자동차를 생산하기 위해 팀을 재편하는 데 어려움을 겪는 상황이었다. 혜안이 있던 그는 사회가 필요로 하는 분명한 변화에 팀이 적응하지 못한다며 한탄했다.

나는 정말로 일이 즐거웠지만, 내 힘만으로는 한계가 있음을 깨닫자 패배감이 들었다. 조직개발 및 행동이라는 분야에서 더 효과적으로 일하려면 학교로 돌아가야 했다. 그러면 당시 내 마음속에서 조금씩 구체화되던 목표, 즉 **끊임없이 변화하는 사회에서 사람과 팀이 성공하도록 돕는 것**에 가까이 다가갈 것 같았다. 하지만 어떻게 공부해야 할지, 팀의 업무 방식을 바꾸는 데 어떻게 기여할지는 전혀 몰랐던 상태였다.

하지만 나는 이 문제가 충분히 해결할 만한 가치가 있다고 생각했고, 심리학 및 조직행동학 교수로부터 그 방법을 배울 수 있으리라 믿었다. 이를 통해 사람과 팀의 학습 그리고 번영을 어렵게 만드는 역학을 이해하고 개선할 수 있으리라 믿었다.

팀의 학습 방식에 관심이 많았던 나는, 박사 과정 당시 하버드대 의대에서 투약 오류를 연구하는 팀에 합류해 달라는 제안을 받았다. 흔쾌히 수락했다. 모든 것이 완벽히 준비된 프로젝트를 통해 독창적 연구법을 익힐 수 있으리라 믿었다. 초등학교 1학년에서도 '실수는 학습의 중요한 원천'이라고 가르친다. 잠깐이라도 병원 생활을 해 본 사람은 잘 알겠지만, 투약 오류는 수없이 일어나며 또 결과가 치명적이다.

하지만 문득 내 첫 프로젝트로서 이 연구가 그다지 좋은 시작은 아닐 것 같다는 생각이 들었다. 나는 팀워크가 향상되면 투약 오류가 줄어들 것으로 예측했다. 팀워크는 일주일에 여러 번 환자 차트를 검토하고, 의사 및 간호사와 대화를 나누며 측정했다. 하지만 통계분석 결과 팀워크가 좋을수록 투약 오류가 더 많았다. 가설이 완전히 틀린 셈이었다. 내가 연구자로서, 박사로서 성공할지 다시 한 번 의문이 들기 시작하면서 이 연구를 논문으로 발표하겠다는 희망은 사라졌다. 나는 가설이 틀린 게 부끄러워 연구 팀 리더에게 이 사실을 말하기 어려웠다.

하지만 며칠 후 이 놀라운 발견, 즉 실패가 새로운 혜안과 새로운 데이터 그리고 새로운 프로젝트로 연결되면서 나는 연구 경력을 살리고 변화시킬 수 있었다. 이 첫 번째 연구에서 〈Learning from Mistakes Is Easier Said Than Done(실수로부터 배우는 건 말처럼 쉽지 않다)〉라는 연구 논문까지 발표했다. 이것은 내 연구는 물론 이 책을 관통하는 주제이기도 하다.

그렇게 나는 연구의 실패를 통해, 연구자로서 성공하려면 실패의 경험이 항상 필요하다는 사실을 이해하기 시작했다. 그렇게 내 경력의 초반부터 마음 한구석에는 오류와 실패, 사고 같은 용어가 자리 잡기 시작했다.

우리 대부분은 실패를 부끄럽게 여긴다. 실패를 통해 배우기보다 숨기는 데 급급하다. 그래서인지 실패가 발생한다 해서 학습과 개선이 항상 뒤따르지 않는다. 하지만 실패하지 않는다면, 그건 새로운 영역으로 나아가지 않는다는 뜻이다. 이제 당신과 이 내용을 나누고자 한다.

차례

실패라는 녀석에 대해

성공이란 열정을 잃지 않고
실패에서 실패로 나아가는 것이다.

윈스턴 처칠

개인이든 팀이든 '실패로부터 배워야 한다'는 생각은 널리 알려졌고, 심지어 당연해 보이기도 한다. 하지만 우리는 실패를 통해 '정말 소중한' 교훈을 얻지 못한다. 무엇을 잘못했는지 반성하는 노력도 미룬다. 애초에 실패했다는 사실을 인정하기조차 꺼린다. 잘못한 일을 부정하고, 얼버무리며, 재빨리 넘어가고, 상황이나 남을 탓한다.

심지어 어린이도 어느 순간이 되면 손가락을 다른 곳으로 가리키며 책임을 회피하는 법부터 배운다. 시간이 지나면 이런 행동은 습관처럼 굳어진다. 이렇게 자신의 실패를 부끄러워하지만 남의 실패는 또 빠르게 포착한다. 진짜 문제는, 실패를 부끄러워하는 습관으로 인해 실패할 것 같은 목표나 도전을 아예 피한다는 것이다. 그 결과 새로운 기술을 배우고 개발할 수많은 기회를 놓친다.

사실 우리의 심리, 사회화, 제도적 보상의 결합은 실패로부터 배우는 것을 어렵게 한다. 왜 그럴까? 실패에서 배우지 못해 낭비하는 시간과 자원을 계산하는 건 불가능하다. 감정적 피해도 마찬가지다.

이렇듯, 우리 대부분은 실패를 경험하지 않으려 애쓴다. 그런데 그 와중에 모험과 성취감, 심지어 사랑까지 경험하지 못한다. 그래서 이 책은 우리가 실패로부터 배우는 것이 어려운 이유에 대해 먼저 이야기할 것이다. 그리고 어떻게 하면 실패로부터 더 잘 배울 수 있는지도 이야기할 것이다.

나는 실패를 연구한 데서 그치지 않았다. 실제로 수없이 실패했고, 실패를 통해 더 나은 사람이 되는 방법을 배웠다. 유명저널에서 수없이 기고를 거절당했고, 차가 고장 나 길가에서 밤새 불안에 떨었다. 대학 1학년 때는 다변수 미적분 시험에서 낙제하기도 했다. 아들 둘이 뛰는 야구 경기에 가지 못해 깊은 실망을 준 적도 있다. 이 외에도 수없이 많다. 지금도 실패하는 중이다.

하지만 나는 내 약점을 인정했다. 그리고 남도 나처럼 약점을 인정하도록 돕기 위해 실패에 과학적으로 접근하기로 했다. 실패를 성공적으로 극복하고 보상을 얻는 것, 잘못된 실패를 가능한 한 피하는 일은 '실패도 실패 나름'이라는 사실을 이해하는 데서 시작된다. 앞으로 살펴보겠지만 '나쁜 실패'도 있다. 다행히도 이런 실패는 대부분 피할 수 있다. 당연히 '옳은 실패'도 있다. 어쨌든 실패는 우리의 삶은 물론 사회를 발전시키는 중요한 발견을 가져다준다. 나 역시 옳은 실패와 나쁜 실패를 모두 경험했다.

이 책은 실패의 유형을 제시함으로써 나쁜 실패와 옳은 실패를 구분한다. 또한 옳은 실패를 하는 방법(진짜 자신과 만나기, 실패의 맥락 파악하기, 내 주변을 이해하기)을 실천하기 위해 필요한 역량을 제시한다. 이를 위해 다양한 분야와 국가, 심지어 시대를 뛰어넘는 **실패 전문가**의 일화를 소개한다. 이들 일화를 통해, 실패로부터 배우려면 정서적 인내와 기술이 필요함을 알 수 있다. 이에 더해 깊이 있는 실험을 하는 방법, 실패를 분류하는 방법, 실패에서 교훈을 얻는 방법도 제시한다.

이 책에 나오는 각종 프레임워크와 교훈은 내가 25년 동안 사회심리학 및 조직행동을 연구한 결과물이다. 연구를 위해 기업, 정부 기관, 스타트업, 학교, 병원 등의 수많은 사람을 만나 직접 인터뷰했고, 설문 조사 등을 통해 데이터를 모았다. 그렇게 실패 유형, 실패 관리법, 실패로부터 교훈을 얻은 모범 사례도 모았다.

이제 내가 서문에서 고백했던, 투약 오류에 관한 선구적 연구에 참여하며 시작된 실패의 여정 중 그 시작점으로 돌아가 보겠다.

실패에서 배우는 게 어려운 이유

나는 가설을 뒷받침할 증거를 찾지 못한 채 흑백 모니터만 멍하니 바라봤다. 그때 가장 먼저 든 생각은, 지도 교수와 의료진에게 내 잘못을 어떻게 인정할지였다.

그간 나는 설문지를 짜는 데 수백 시간을 들였고, 투약 오류를 추적하는 의료진과 격주로 회의했으며, 한 간병인이 중대한 투약 오류를 신고했을 때 곧장 병원으로 출동해 인터뷰하는 등 투약 오류의 근본적 원인을 찾기 위해 노력했다. 의료사고 데이터 조사를 위해 그 바쁜 의사와 간호사 수백 명에게 설문 조사를 요청했다. 그들이 사람을 살릴 귀중한 시간을 빼앗은 것에 대한 죄책감, 그리고 내 실패에 대한 수치심이 깊게 올라오는 순간이었다.

연구 실패를 보고해야 할 대상 중에는 소아외과 의사 루치안 리프Lucian Leape도 있었다. 그는 의료사고 연구로 뒤늦게 전문 분야를 바꾼 이였다. 180센티미터가 훌쩍 넘는 키에 짙은 흰색 머리카락과 눈썹을 가진, 이웃집 아저씨의 푸근함과 거구의 위협적 느낌이 동시에 드는 사람이었다. 인상만큼이나 결단력도 대단했다.

대규모 연구를 위한 이 연구의 목표 중 하나는 아주 단순했다. 병원에서 발생하는 투약 오류의 비율 측정이었다. 당시만 해도 투약 오류가 얼마나 자주 발생하는지에 대해서는 거의 알려진 바가 없었다.

그렇게 리프와 그의 동료는 미국 국립보건원NIH으로부터 연구비를 지원받아 투약 오류 비율을 알아내기 위한 연구에 착수했다. 그전에 리프는 팀워크가 좋을수록 안전한 비행을 할 수 있다는 항공 분야 연구에 영감을 받았던지라, 병원에서도 같은 결과가 나올지 궁금해했다. 다만, 그에게 영감을 준 그 항공 연구의 목표는 팀워크 측정이 아니라 파일럿 피로도 조사였다. 참고로 이 역시 실패한 가설이었다. 좀 더 자세히 알아보자.

H. 클레이튼 포쉬H. Clayton Foushee가 이끌던 미국 항공우주국NASA(이하 나사) 연구 팀은 파일럿 피로도가 비행 오류율에 미치는 영향[1]을 알아보는 실험을 진행했다. 먼저 연구 팀은 2인 1조로 20개 팀을 구성했다. 이 중 10개 팀은 '피로도 높음'으로 배정했다. 시뮬레이터에서의 사흘 근무 중 마지막 구간 상태였다. 이 팀은 당시 8~10시간씩 세 번의 교대 근무를 소화한 상태로 실험에 참가했다. 교대 근무에는 5~8회 이착륙이 포함된다. 나머지 10개 팀은 '피로도 낮음'으로 배정했다. 시뮬레이터의 사흘 근무 중 첫 구간 상태였다. 최소 이틀 이상 비행을 쉰 상태로 실험에 참가했다.

말 그대로 시뮬레이터는 '안전한' 학습 환경을 제공한다. 시뮬레이터에서의 오류가 비행기 추락으로 이어지지 않으니 말이다. 하지만 내가 만난 파일럿은 시뮬레이터가 실제 조종 환경과 매우 비슷해 문제가 발생하면 두려움을 느낀다고 했다. 그만큼 시뮬레이터는 실제 비행에서 무엇이 잘못됐는지를 되돌아볼 수 있는 훌륭한 환경이다. 게다가 연구하는 데도 좋다. 업무에 지친 파일럿에게 실제로 비행을 시키는 건 윤리적이지 않지만, 시뮬레이터라면 문제가 되지 않는다.

연구 결과, 놀랍게도 '피로도 높음' 팀이 '피로도 낮음' 팀보다 오류율이 낮은 것으로 나타났다. 물론 '피로도 높음' 팀이 상대적으로 **팀원**의 실수가 더 잦았지만, 여러 번의 비행을 함께했던 경험 덕분에 팀 전체 실수가 적게 나온 것이다. 즉, 여러 비행 내내 서로의 실수를 발견하고 함께 수정하면서 심각한 사고를 피한 것이다. 며칠간 함께 일하며 좋은 팀으로 거듭난 셈이다. 반면 '피로도 낮음' 팀은 서로에 대해 잘 알지 못했기에 팀워크가 제대로 발휘되지 않았다.

파일럿 팀워크의 중요성에 대한 이 놀라운 발견은 오늘날 승무원 자원관리CRM로 불리는 항공 안전 혁신을 촉진하는 데 크게 기여했다.[2] 또한 옳은 실패에 대해 내가 많이 인용하는 사례 중 하나다. 파일럿 관련 연구는 1980년대에 그 꽃을 피웠다. 당시 하버드대 심리학 교수 J. 리처드 해크먼J. Richard Hackman은 민간 및 군용기 기장, 부기장, 항법사 간 상호작용을[3] 연구해 좋은 팀의 공통점을 파악했다.

리프는 이러한 파일럿 연구에 상당한 흥미를 느꼈다. 업무상 고된 파일럿과 의사의 유사점을 발견한 그는 해크먼에게 전화를 걸어 자신의 투약 오류 연구에 도움을 줄 의향이 있는지 물었다. 해크먼은 새로운 연구에 들어가기 어려운 상황이었기에 박사 과정생을 추천했다. 그게 바로 나였다. 실패한 연구 결과를 붙들고 두려움에 사로잡힌 나의 탄생 배경이었다.

'병원에서 팀워크가 좋으면 오류가 줄어들까?'

연구 초기, 나는 파일럿 연구 관련 문헌에 연구 결과를 하나 더 추가하고 싶었을 뿐이었다. 일개 대학원생으로서 세상을 놀라게 하고 싶은 욕심은 없었다. 그저 프로그램 요건을 충족하고 싶었을 뿐이었다.

간호사로 구성된 소규모 팀은 병동에서 6개월간 투약 오류율을 추적하고, 의사 및 동료 간호사와 대화하고, 일주일에 여러 번 환자의 차트를 검토하는 힘든 일을 감수했다. 내가 한 일이라곤 연구 시작 첫 달에 팀워크 측정 설문지를 배포한 것뿐이었다.

그렇게 투약 오류 데이터가 모일 때까지 기다렸다가, 이를 팀워크 측정 수치와 연결해 비교했다. 팀워크 측정에는 지도 교수, 그러니까 해크먼이 만든 양식[4]을 사용했다. 다만, 팀워크의 다양한 측면을 평가하기 위해 문구를 일부 수정했다. "병원 내 최고 팀에 오르기 위해 많은 관심을 가지고 함께 노력한다"나 "각자의 특별한 지식과 전문성을 공유한다" 등이 그 예시다. 이와 함께 "팀 전체 업무량에서 공정한 몫을 수행하지 않는다" 같은 부정적 항목도 추가했다. 응답 옵션은 '매우 동의함'부터 '전혀 동의하지 않음'까지 세부적으로 구성했다.

그렇게 설문지 응답의 평균 점수를 낸 다음, 각 팀의 점수를 산출했다. 설문지 회수율은 55퍼센트, 응답 결과는 팀마다 편차가 심했다. 이런 차이가 팀의 실수 경향을 예측할까? 언뜻 보기에는 모든 과정이 괜찮은 듯했다. 오류율과 팀워크 간 상관관계는 통계상으로도 유의미했다. 안심할 수 있는 결과였다. '통계학 강의를 듣지 않은 사람'에게는 말이다.

그렇게 모니터 앞으로 좀 더 바짝 다가가 보니 상관관계가 잘못된 방향이었다. 내 예측과 정반대의 결과였다. 팀워크가 좋을수록 투약 오류율이 높았다! 심장이 쿵 내려앉으며 불안감이 밀려들었다. 사실, 연구 과정에서 가설이 반대로 나오는 건 매우 흔한 일이다. 그때는 깨닫지 못했지만, 지금 생각하면 내 연구 결과는 예상치 못한 발견으로 이어질 단서였던 셈이다. 이렇듯 실패를 견디지 못하는 과학자는 살아남을 수 없다.

한마디로 '옳은 실패'란, 원치 않았지만 유익한 실패다. 발견의 이야기는 결코 실패로 끝나지 않는다. 실패는 성공으로 가는 디딤돌이다. 앞으로 이와 비슷한 여러 일화와 명언을 소개하겠다. 내가 했던 실패는 옳은 실패 중에서도 '교훈적 실패'다.

당신 실패에는 교훈이 있는가?

교훈적 실패[5]란 듀크대 교수 심 시트킨 Sim Sitkin 이 1992년에 처음 제안한 개념이다. 설명하자면 신중히 사고했고, 불필요한 피해가 없으며, 지식을 발전시킨 실패다.

실리콘밸리를 비롯해 전 세계에서 실패를 응원하고 축하하는 분위기가 있지만,[6] 정말 응원하고 축하할 만한 실패는 교훈적 실패뿐이다. 교훈적 실패는 과학 분야에서 가장 두드러지게 발생한다. 실제로 성공률이 아무리 높은 연구자나 연구 팀이라

해도 실패율은 대체로 70퍼센트가 넘는다. 기업의 혁신에서도 교훈적 실패는 빈번하게 생기며 동시에 필수적이다. 혁신은 실패의 과정을 통해 얻은 혜안이 있어야 가능하다.

우리 삶에서도 교훈적 실패는 예측할 수 없이 등장한다. 남녀가 서로 호감이 있음에도 지루한 데이트(실패)로 관계가 끝날 수 있다. 작은 실패(지루한 데이트)든 큰 실패(신약 임상 테스트 실패)든 교훈적 실패라면 새로운 영역으로 나아가는 지난한 여정의 일부다. 생명을 구하는 신약 개발이나 인생의 반쪽을 만나는 일이나 완전히 새로운 영역의 일이니까 말이다.

교훈적 실패는 해답을 미리 주지 않기에 '실험'이 필요한 상황에서 발생한다. 그 상황은 이전에 경험하지 못했거나 새로운 발견의 최전선일 확률이 높다. 그러니까 신약 개발, 급진적인 비즈니스 모델 출시, 혁신적인 제품 디자인, 새로운 시장에 대한 고객 반응 테스트 등은 모두 교훈적 실패가 필요한 작업이다. 이런 상황에서 필요한 실험을 보통 **시행착오**라 표현하지만, 정확한 용어는 아니다. 왜 그럴까? 시행착오는 애초에 '올바른' 방법이 있음을 전제하는 용어다. 하지만 교훈적 실패는 오류가 아니기 때문이다.

퍼즐 다시 맞추기

모니터에 뜬 '실패' 메시지를 바라보면서, 나는 밀려드는 불안함을 떨쳐 내고 최대한 상황을 명확히 보려 노력했다. 실험 결과가 무엇을 의미하는지 다시 생각했다.

일개 대학원생인 내가 석학이자 지도 교수에게 실험 결과가 틀렸다고, 항공 분야의 결과가 의료계에 적용되지 않는다고 말하는 상황은 매우 끔찍한 게 사실이었다. 하지만 그 불안감은 나를 더 깊게 생각하도록 채찍질했다.

'팀워크가 좋은 팀이 **정말** 더 많은 실수를 저지를까?'

환자마다 대처법이 다른 복잡한 병원 환경에서, 실수 없는 진료를 위해서는 의사와 간호사 간 소통이 필요하다고 나는 생각했다. 서로 도움을 요청하고, 투약할 양을 재차 확인하며, 서로의 행동에 문제가 없는지 늘 의심해야 하니까. 즉, 팀워크가 좋을수록(설문 조사 데이터의 정확성을 의심하지 않고서) 투약 오류율이 높은 건 도무지 말이 안 되는 것 같았다.

그렇다면 왜 팀워크가 좋은 팀의 투약 오류율이 높을까? 그들의 업무 환경이 더 좋다면? 의견에 개방적인 분위기라면? 그래서 투약 오류에 더 솔직한 분위기라면? 문득 이런 생각이 들었다.

'팀워크가 좋은 팀은 실수를 더 많이 하는 게 아니라, 더 많이 보고하는 게 아닐까?'

실수는 지극히 인간적인 행동이다. 늘 일어난다. 발견하느냐 안 하느냐, 인정하느냐 안 하느냐, 수정하느냐 안 하느냐의 차이일 뿐이다. 하지만 실수는 곧 무능함을 나타내는 행위라는 생각 때문에 대부분은 실수를 인정하지 않거나 그 책임을 피하려 한다. 이러면 실수를 체계적으로 분석할 수도, 그로부터 교훈을 얻을 수도 없다. 그렇게 나는 '심리적 안정성'이라는 개념과 함께 그것이 오늘날 왜 중요한지를 정의했다. 하지만 아직 증명된 사실은 아니었다.

리프에게 내 생각을 털어놓으니, 극도로 회의적인 반응이 돌아왔다. 아마도 내가 팀에서 막내였기 때문 아니었을까. 더구나 다른 팀원은 모두 의학이나 간호학 전공자라 치료에 대해 나보다도 이해도가 높았다. 그의 회의적 반응에 상실감은 더욱 커졌다. 물론 이해는 됐다. 나는 팀마다 '보고편향'(특정 정보가 많거나 적게 보고되는 경향_옮긴이)의 가능성을 제시했는데, 이는 연구 목표인 '병원 진료의 **실제** 오류율에 대한 정확한 추정치 제공'에 의문을 제기하는 격이었기 때문이다.

하지만 리프의 회의적 반응은 오히려 약이 됐다. 내 의견(새롭지만 여전히 탄탄하지 못한)을 뒷받침할 추가 데이터를 찾고자 노력하게 했기 때문이다. 그렇게 두 가지 아이디어가 떠올랐다.

첫 번째, 설문지에 "실수하더라도 불이익을 주지 않는다"라는 항목을 추가했다. 다행히 이 항목은 오류율과 상관관계를 보였다. 즉, 자신이 실수해도 불이익을 받지 않는다고 믿는 사람이 많은 부서일수록 투약 오류율이 더 높았다! 단지 우연이었을까? 나는 그렇게 생각하지 않았다.

후속 연구에서 해당 항목은 구성원의 의견 개진 여부를 놀랍게도 정확히 예측하는 것으로 나타났다. 다른 2차 통계분석과 함께 내가 세운 새로운 가설과 완전히 일치했다. 즉, **사람은 실수 때문에 상황이 불리해진다 싶으면 해당 보고를 꺼린다.** 실제로 나도 그랬었다.

두 번째, 시스템이 같아도 업무 환경에 차이가 있는지 파악하기로 했다. 물론 혼자서는 할 수 없는 일이었다. 그 차이를 발견하기에 내가 이미 편향됐기 때문이다. 리프와 달리 해크먼은 내 주장의 타당성을 곧바로 인정했다. 그의 도움으로 나는 연구 조교 앤디 몰린스키Andy Molinsky를 통해[7] 선입견 없이 각 팀에 대한 연구에 착수하도록 했다. 그는 어느 팀의 투약 오류율이 더 높은지, 어느 팀이 설문 조사에서 더 높은 점수를 받았는지를 모르는 상태였다. 내 가설에 대해서도 알지 못했다. 연구 참가자와 연구자 모두 변화를 모르는 상태로, 용어로는 '이중맹검' 상태다.

먼저, 나는 몰린스키에게 각 팀의 업무 모습을 파악해 달라고 했다. 그는 며칠간 병동을 돌면서 서로가 어떻게 상호작용하는지를 관찰했고, 휴식 시간에는 간호사와 의사를 인터뷰해 업무 환경이 병동마다 어떻게 다른지를 파악했다.

내가 언질을 주지 않았지만, 몰린스키는 팀마다 업무 환경이 많이 다르다고 말했다. 어떤 병동에서는 실수에 대해 대놓고 이야기했다. 그는 해당 병동 간호사의 말을 인용해 "어느 정도의 실수는 있을 수 있다. 하지만 효과적인 치료를 위해서는 실수를 처벌하지 않는 환경이 필수적"이라고 말했다. 반대로 실수를 이야기하는 것 자체가 거의 불가능해 보인 병동도 있었다. 그 병동 간호사는 이렇게 말했다고 한다.

"한 번만 실수해도 곤경에 처하거나 취조를 받죠. 마치 두 살짜리 어린이를 혼내는 느낌이랄까?"

내가 의심했던 업무 환경의 차이가 정확히 드러나는 순간이었다.

그렇다면 업무 환경의 차이가 그간 힘들게 모은 투약 오류율과 상관관계가 있을까? 한마디로 그렇다. 나는 몰린스키에게 '개방'이라는 단어를 많이 쓴 팀 순위를 매겨 달라고 했다. 그 순위는 투약 오류율과 거의 완벽한 상관관계를 보였다. 오류율 측정에 결함이 있었다는 뜻이다. 그리고 실수를 드러내기 꺼리는 팀에 더 많은 실수가 숨은 셈이다.

이런 결과를 종합하면 내 해석이 맞을 가능성이 컸다. 즉, 팀워크가 좋을수록 실수를 더 많이 **하는 게 아니라** 실수를 더 자유롭게 드러낸다는 것이다(참고로 실제 오류율은 평가할 수 없었다. 병동 간 심리적 안정성의 차이로 인해 수치가 편향됐기 때문이다). "유레카!"를 외친 순간이었다.

심리적 안정성의 발견

그로부터 꽤 많은 시간이 지난 후, 나는 업무 환경의 차이를 나타내는 데 **심리적 안정성**[8]이라는 용어를 쓰기 시작했다. 이를 측정하기 위해 일련의 설문 조사 항목을 새로 개발했고, 이는 조직행동에 관한 하위 연구 분야의 탄생으로 이어졌다.

오늘날 교육, 비즈니스, 의학 등의 1,000여 편이 넘는 연구 논문에 따르면, 심리적 안정성이 높은 팀일수록 성과가 좋고, 구성원 피로도가 낮으며, 의료계의 경우 환자 사망률도 낮은 것으로 밝혀졌다.[9] 왜 그럴까? 심리적 안정성은 대인 관계상 위험을 감수하는 데 필요하기 때문이다.

빠르게 변화하는 사회에서 탁월해지려면 항상 대인 관계상 위험이 따른다. 그런데 심리적 안정성이 이를 낮춘다는 것이다. 심리적으로 안정적인 환경에서는 자신의 질문이 잘 받아들여지고, 아이디어가 환영받으며, 실수와 실패에 대해 자유롭게 토론할 수 있다. 이런 환경에서는 남의 시선에 얽매이지 않고 업무에 집중할 수 있다. 그리고 자신이 틀려도 평판에 큰 타격을 입지 않는다는 사실을 구성원이 공유한다.

이렇게 심리적 안정성은 옳은 실패에 강력한 역할을 한다. 도움이 필요한 상황에서 도움을 요청하게 함으로써 예방 가능한 실패를 없앤다. 또한 오류를 보고해 더 나쁜 결과를 피하도록 한다. 나아가 깊이 있는 실험을 통해 새로운 발견을 가능하게 한다.

팀마다 심리적 안정성의 수준은 다양하다. 새로운 아이디어 내기, 팀 리더 의견에 반대하기, 어려운 일에 도움을 요청하기가 정말 편하게 느껴지는 팀이 있다. 반면, 의견을 내기 전에 분위기를 살피며 다른 이의 말과 행동을 지켜보는 팀이 있다. 이게 바로 심리적 안정성의 차이다.

나는 연구를 통해 심리적 안정성의 차이가 구성원 각각의 특성이 아니라 팀 특성에서 비롯된다는 사실을 확인했다. 즉, 자신의 의견을 내는 게 안전한지의 인식은 구성원 각각의 성격과 무관하다. 팀 구성원이 어떻게 반응하는지에 따라 달라진다.

심리적 안정성이 높은 팀은 낮은 팀보다 더 혁신적이고 질

높은 업무를 수행하므로 더 좋은 성과를 거둘 가능성이 높다. 그리고 실수를 기꺼이 인정한다. 물론 항상 즐겁게 일할 수는 없고, 서로 예민한 대화가 오갈 수도 있다. 이런 팀은 미래가 기대된다. 즉, 팀의 심리적 안정성은 팀 내 학습 환경의 수준과 거의 같다.

누구나 실수를 하지만, 실수를 편안하게 이야기할 수 있는 팀에 누구나 속한 건 아니다. 심리적 안정성이 낮은 팀에서 학습하고 성과를 내는 것은 분명 어렵다.

큰 실패는 나쁘다?

옳은 실패를 '가장 작은 크기의 실수'라 생각할 수도 있다. 큰 실패는 나쁘고, 작은 실패는 좋은 것으로 생각하는 식이다. 당연하게도, 실패의 구분과 가치 평가에서 크기는 기준이 아니다. 진짜 옳은 실패란 **다른 방법으로는 얻을 수 없는** 정보를 주는 실패다. 물론 모든 실패는 학습과 개선의 기회를 준다. 다만 우리는 그 기회를 놓치지 않기 위해 정서적·인지적 대인 관계 기술을 적절히 써야 한다. 그리고 실패에 대한 몇 가지 정의가 필요하다.

먼저, **실패**는 '원하는 결과에서 벗어난 것'이다. 금메달을 못 땄거나, 유조선이 좌초해 원유를 유출했거나, 기업이 망했거나, 저녁 생선 요리를 태운 것은 모두 실패다. 즉, 실패는 성공의 부재인 셈이다.

그다음, **오류**(실수와 동의어)는 '규칙에서 의도치 않게 벗어난 것'이다. 시리얼을 냉장고에, 우유를 찬장에 넣은 건 오류다. 오른쪽 무릎을 다친 환자의 왼쪽 무릎을 수술한 외과 의사는 오류를 저지른 것이다. 오류에서 중요한 것은 '의도치 않게'다. 시리얼과 우유의 보관 오류는 결과가 나빠도 비교적 사소한 수준이다. 하지만 다른 무릎을 수술하는 것처럼 치명적으로 나쁜 결과가 나올 수도 있다.

규칙을 '의도적으로' 벗어나면 **위반**이다. 기름 묻은 걸레에 '불을 붙인 후 출입구에 던지면' 방화범이 된다. 하지만 기름 묻은 걸레를 아무 곳에나 뒀는데 불이 붙었다면 이는 오류다.

옳은 실패 vs. 나쁜 실패

아직도 당신은 '실패는 나쁜 것'이라 믿을 수 있다. 실패를 포용해야 한다는 말이야 많이 들었지만, 막상 실천하기엔 어렵다고 느낄 수 있다. 아니면 실패로부터 배우는 게 별거 아니라 생각할 수도 있다.

수학 시간 때 열심히 노력하지 않은 것, 자동차를 중앙분리대에 너무 가까이 몰았던 일처럼 잘못한 행동을 반성하고, 앞으로 더 잘하면 된다고 '쉽게' 생각할 수도 있다. 다음 수학 시간 때 더 열심히 하고, 정확한 차선 유지를 위해 보조 거울 등을 구입하면 된다고 말이다.

하지만 이러한 생각과 방법은 여전히 실패를 수치스러운 일로 여기며, 대부분 그 원인을 실패를 저지른 한 사람의 탓으로 돌리는 방식이다. 이렇게 잘못된 믿음이 지금도 너무나 많이 퍼졌다. 이러한 생각과 방법은 두 가지 측면에서 잘못됐다.

첫 번째, 실패가 늘 나쁜 건 아니다. 돌이켜 보면 내 첫 번째 연구 가설이 큰 호응을 받지 못했던 건 오히려 행운이었다. 물론 그 순간에는 그렇게 여기지 않았다. 동료의 눈초리가 무서웠고, 팀에서 쫓겨날까 봐 두려웠다. 대학원을 중퇴하면 앞으로 뭘 하며 살아야 할지도 걱정스러웠다. 하지만 이런 생각은 전혀 도움이 되지 않는다. 심호흡 후에 생각을 정리하며 새로운 가설을 고민하는 게 맞다. 이 간단한 자기 관리 과정도 옳은 실패를 하는 법의 일부다.

두 번째, 실패로부터 배우기는 생각보다 어렵다. 물론 실패를 잘하는 법을 배울 수 있다. 다만 몇 가지 문화적 신념과 성공에 대한 고정관념을 버려야 한다. 그리고 자기 자신을 '언제든지 실패할 수 있는 사람'으로 받아들여야 한다.

이 책의 구성

먼저 1부에서는 실패 유형을 정의하고 각 실패에 대한 프레임워크를 소개한다.

1장에서는 '옳은 실패'의 핵심 개념을 제시하며, 2~4장에서는 실패의 세 가지 유형(교훈적 실패, 기본적 실패, 복합적 실패)을 다룬다. 이를 통해 실패의 메커니즘과 함께 옳은 실패가 무엇인지 제대로 이해할 수 있다. 기존 한계와 고정관념을 뛰어넘는 실험과 시도를 하기에도 훨씬 수월해질 것이다. 각 실패 유형과 관련한 모범 사례를 공유함으로써 교훈을 얻고, 예방하는 법을 제시하겠다. 이를 통해 옳은 실패는 기꺼이 받아들이고, 모든 종류의 실패로부터 교훈을 얻을 것이다.

2장의 **교훈적 실패**는 삶을 발전시키는 데 옳은 실패다. 과학과 기술, 그리고 우리 삶의 발전은 크고 작은 발견에서 비롯된다. 그러다 보니 선구자는 늘 예기치 못한 문제와 마주한다. 이때는 '실패로부터 배우는 것'이 매우 중요하다. 실패를 부정하거나, 실패에 기분 나빠 하거나, 실패로부터 도망치거나, 자신의 행동을 후회한다면 발견과 발전에 도움이 되지 않는다.

3장의 **기본적 실패**는 가장 쉽게 이해할 수 있고, 가장 쉽게 예방할 수 있는 실패다. 주의를 기울이고 관련 지식을 활용하면 얼마든지 피할 수 있는 실패다. 예를 들면 여동생에게 보낼 이메일을 상관에게 보낸 경우다. 어떤 사람은 치명적인 상황이라 여길 수도 있겠지만 기본적 실패일 뿐이다. 체크리스트는 기본적 실패를 줄이기 위한 도구 중 하나다.[10]

4장의 **복합적 실패**는 일상과 업무, 팀, 사회에서 가장 큰 실패다. 이 실패의 경우 원인이 **한 가지가 아니라 여러 가지**다. 여기에는 종종 불운과 함께 상호 의존성도 포함된다. 따라서 복합적 실패로 이어지기 전에 작은 문제를 발견하는 것이 중요하다.

2부에서는 앞에서 본 세 가지 유형의 실패와 **자기 인식, 상황 인식, 시스템 인식**의 세 가지 요소가 어떻게 교차하는지를 보여 준다. 이를 통해 당신은 옳은 실패를 실천할 수 있는 기술과 습관에 대해 알 수 있다.

5장 **자기 인식**은 옳은 실패에 중요한 요소다. 지속적인 자기 성찰, 겸손, 정직, 호기심 같은 능력을 통해 행동에 대한 혜안을 얻을 수 있기 때문이다.

6장 **상황 인식**은 주어진 상황에서 실패 가능성을 읽어 내는 데 중요한 요소다. 어떤 상황에서 사고가 발생할 가능성이 있는지 파악함으로써 불필요한 실패를 막을 수 있기 때문이다.

7장 **시스템 인식** 역시 중요한 요소다. 지금의 우리는 자신의 행동이 의도하지 않은 결과를 초래할 수 있는 아주 복잡한 시스템 속에서 살아가기 때문이다. 자연히 가족, 팀, 자연, 정치 등의 시스템을 이해한다면 실패를 예방하는 데 도움이 된다.

8장에서는 그동안 본 개념과 프레임워크를 종합해 **실패하는 인간으로서 성공하는 방법**에 대해 이야기한다. 이 책의 내용을 활용해, 끝없는 배움으로 가득 찬 만족스러운 삶을 어떻게 살아갈 수 있느냐에 답을 제시하려 한다.

1부

실패의
배경과 종류

1장

옳은 실패란?

크고 과감하게 실패하는 이가
위대한 성취를 이룬다.

로버트 F. 케네디

1951년 4월 6일, 41세의 미네소타대 심장외과 전문의 클래런스
데니스Clarence Dennis는 최첨단 수술실에서 5세 환자 패티 앤더슨
을 수술 중이었다.[1] 수술에는 많은 어려움이 따랐다. 그러나 희
귀 선천성 심장 질환을 지닌 어린이를 살리려는 그의 열망만큼
은 강렬하고도 다급했다.

데니스의 동료들은 심폐우회기를 앤더슨에게 연결하는 모
습을 참관실에서 지켜보는 중이었다. 데니스가 고안한 심폐우회
기는 수술하는 동안 환자의 폐와 심장 역할을 대신하는 기계였
다. 동물실험만 하다 사람에게 최초로 쓰는 순간이었다. 심폐우
회기 속 회전 디스크는 폐 역할을, 펌프는 심장 역할을 한다. 수
많은 튜브는 혈관 역할을 한다. 그만큼 구조가 매우 복잡해 연
결에만 무려 16명의 의료진이 필요했다.

데니스는 1950년대 몇 안 되는 선구적인 외과 의사 중 하나로, 살아 있는 환자의 심장을 성공적으로 수술하는 방법을 찾았었다. 당시에는 해결이 불가능해 보이는 몇 가지 문제가 있었다.

첫 번째, 심장 절개 직후 뿜어져 나오는 혈액을 막는 일이었다. 그도 그럴 것이 심장 자체가 혈액을 펌프질하는 기관이기 때문이었다.

두 번째, 정교한 수술을 막는 심장박동이었다. 그렇다고 수술을 위해 심장을 정지시키면 혈액 공급이 중단돼 환자의 생존이 불가능하다. 이 복잡한 문제를 해결하고자 데니스가 오랜 연구 끝에 개발한 기기가 심폐우회기였다.

1951년 4월 6일 오후 1시 22분, 데니스는 앤더슨의 심장을 묶고 심폐우회기의 펌프를 작동하라고 지시했다. 모두가 숨죽이며 지켜보는 가운데 드디어 심장 절개가 시작됐다. 그런데 전혀 예상치 못한 일이 발생했다. 우심방 쪽 절개가 시작되자 심장 주변으로 엄청난 양의 혈액이 뿜어져 나오기 시작했다. 빨아들일 수 없을 정도였다. 완전히 잘못된 상황이었다. 알고 보니 진단 자체에 오류가 있었다. 진단상으로는 심장에 난 구멍이 하나였는데 사실이 아니었다. 심장 중심부에만 구멍이 여럿 있었다. 이런 심장은 그 어떤 의사도 본 적이 없었다.

데니스는 우선 가장 큰 구멍을 찾아 열한 바늘을 꿰맸다. 하지만 출혈은 계속됐고, 엄청난 양의 혈액이 사방으로 튀어 시야를 가렸다. 더 이상 수술이 불가능했다. 그렇게 40분의 사투 끝에 앤더슨의 몸에서 심폐우회기를 떼 냈다. 하지만 그가 실패를 인정한 건 그로부터 43분이 더 지나서였다. 결국 앤더슨은 여섯 번째 생일을 하루 앞두고 사망했다.

1개월 후, 데니스는 또 다른 심장 수술을 시도했다. 환자는 셰릴 저지라는 이름의 2세 환자였다. 이때 수술은 '심장 개복술의 아버지'로 불리는 클래런스 월튼 릴러하이Clarence Walton Lillehei 의 참관하에 진행됐다. 저지의 병명은 심방중격결손증으로 양쪽 심방 사이에 구멍이 생기는 선천성 심장 질환이었다. 앤더슨의 상태와 거의 유사했다. 이대로 방치하면 치명적인 상태에 이를 수 있었다.

그렇게 수술이 시작됐다. 그런데 앤더슨 때와는 또 다른 문제가 발생했다. 관상동맥에서 공기가 새어 나와 혈류를 막아 버린 것이다. 게다가 수술 팀 의사(조사 결과 가벼운 감기 증상이 있었음)가 심폐우회기의 혈액 저장고를 채우지 않아 혈액 대신 공기를 펌프질했고, 환자의 뇌와 심장 그리고 간이 순식간에 망가지고 말았다. 8시간 뒤 저지는 결국 사망했다. 사람의 부주의에서 비롯된 실수가 의학적 한계를 넘어서려는 노력을 또 한 번 망친 셈이다.

이렇게 치명적인 실패는 우리에겐 상상조차 하기 어려운 수준이다. 더욱이 생사에 영향을 주는 실패라면 분노가 느껴질 정도다. 하지만, 앤더슨과 저지의 희망은 수술뿐이었다. 게다가 심장 혈관과 판막을 치료하는 개복술을 포함해 지금에 당연시되는 수술법은 당시엔 꿈에서나 가능했다.

"의학에서는 성공보다 실수로부터 더 많은 것을 배운다. 실수는 진실을 드러낸다."[2]

심장 전문의 제임스 포레스터James Forrester의 말이다. 하지만 이 말조차 실패로 인한 고통을 감당하는 데 도움이 되지 않는다. 정서적·인지적·사회적 장벽을 극복해 옳은 실패를 하려면, 부가적 도움이 꼭 필요하다.

옳은 실패를 어렵게 하는 세 가지 속성

옳은 실패가 어려운 이유는 세 가지다. **혐오, 혼란** 그리고 **두려움** 때문이다. 혐오는 실패에 대한 본능적 감정이다. 혼란은 실패 유형을 구분하는 프레임워크가 없을 때 나타난다. 두려움은 실패 후 사회적 낙인에 대한 염려에서 비롯된다.

앞에서 데니스가 경험한 종류의 치명적 실패를 일상에서 경험할 일은 거의 없다. 하지만 데니스의 이야기는 꽤 도움이 되는 교훈이다. 당신이 의사나 운동선수가 아니더라도 이들이 무슨 상황에 직면했고, 어떻게 극복하는지를 이해하는 것은 큰 도움이 된다. 이번 장 서두에 쓴 케네디의 명언이 옳다면, 우리에게는 또 할 일이 생긴다.

1951년 4월, 미니애폴리스에서 진행된 최초의 심장 개복술 역시 결국 실패로 끝났다. 하지만 오늘날 전 세계 6,000곳의 병원에서 1만 명의 외과 의사가 매년 200만 건 이상의 심장 수술을 집도한다.[3] 현재 심장 수술에 사용되는 기기는 데니스가 개발했던 심폐우회기가 발전한 형태다. 그가 심폐우회기 사용에 성공한 심장 수술은 앤더슨의 수술 실패 이후 4년이 지나서였다. 그 4년의 시간은 심장 수술에 따르는 각종 복잡한 문제를 해결하고자 여러 혁신적 방법을 시도한, 무수히 많은 크고 작은 실패를 겪은 시간이었다(작은 성공과 함께).

혐오: 실패에 대한 즉각적 감정 반응

실패는 당연히 유쾌한 일이 아니다. 더욱이 매일 생사를 넘나드는 병원이라면 실패의 결과가 너무나 극명하게 드러난다. 반대로 소박한 실수나 승리를 기대했던 순간이라도 패배를 당하면 그 상황도 꽤나 고통스럽고 받아들이기 어렵다. 사람 많은 거리에서 넘어졌을 때, 나름 고심해 발표한 의견이 호응을 얻지 못했을 때, 단체 게임에서 아무도 자신을 선택하지 않았을 때도 마찬가지다. 우리가 아픔을 느끼는 이유는 대부분 이렇다.

실패는 삶의 일부이며, 배움의 원천이자 심지어 발전의 필수 요소임이 머리로는 이해가 된다. 하지만 심리학 및 신경과학 관련 연구를 통해 밝혀졌듯, 인간이 늘 냉철하고 이성적인 건 아니다. 어떤 연구에 따르면, 인간은 부정적 정보와 긍정적 정보를 처리하는 방식 자체가 다르다고 한다.[4] 한마디로 '부정성 편향'[5]에 사로잡혀 있다고 한다. 나쁜 정보를 좋은 정보보다 더 쉽게 받아들인다는 것이다.

실제로 우리는 긍정적인 일보다는 부정적인 일을 더 생생하고 오래 기억한다. 또 긍정적 피드백보다 부정적 피드백에 더 집중한다. 상대방의 표정을 읽을 때도 마찬가지다. 긍정적 표정보다는 부정적 표정을 더 빨리 알아챈다. 즉, 좋은 것보다 나쁜 것이 힘이 더 세다.[6] 다만 우리가 부정적인 것에 동의하거나 그것을 더 중요하게 생각한다는 뜻이 아니다. 그저 더 잘 알아챈다는 뜻이다.

그렇다면 인간은 왜 그토록 부정적인 정보와 비판에 민감할까? 부족 집단의 거부가 곧 죽음을 의미했던 초기 인류의 생존 문제 때문일 수도 있겠다. 그로부터 엄청난 시간이 흐른 지금에도 인간은 그저 상대방에게 좀 안 좋게 보일 수 있겠다는 단순한 위협조차 민감하게 여긴다. 당연히 이런 위협 중 대부분은 실제로 해롭지 않다. 하지만 인간은 여기에 거의 기계적으로 반응하고, 때로는 과잉 반응을 보이기도 한다.

'부정성 편향' 외에 인간이 보이는 또 다른 특징은 '손실혐오'[7]다. 저명한 심리학자 대니얼 카너먼Daniel Kahnerman이 제시한 개념으로, 인간은 이득보다 손실을 더 크게 생각한다는 개념이다. 이를 검증하기 위한 실험에는 참가자에게 컵을 하나씩 팔고 그것을 되팔도록 했다.[8] 그러자 참가자 대부분이 처음 컵 구입에 지불한 금액의 두 배를 판매가로 제시했다. 지극히 비합리적이다. 그런데 지극히 인간적인 모습이기도 하다. 그만큼 인간은 손해 보는 걸 싫어한다. 실패하는 것도 싫어한다. 아주 단순한 상황에서조차 실패의 고통은 성공의 기쁨보다 감정적으로 훨씬 더 크게 다가온다.

실패에 대한 혐오는 매우 현실적인 반응이다. 우리 누구나 실수한다는 걸 이성적으로는 잘 안다. 아무리 최선을 다해도 일이 잘못될 수 있음도 안다. 우리 모두가 조금 부족해도 너그러이 용서해야 한다는 사실 또한 마찬가지다. 하지만 우리에게 실패와 잘못은 여전히 불가분의 관계다.

네덜란드에 사는 한 친구가 이야기 하나를 들려줬다. 비난을 회피하려는 보편성과 함께 회피 성향이 얼마나 빠르게 자리 잡는지에 관한 사례다.

평소 소형차를 몰던 샌더는 수리를 위해 자동차를 정비소에 맡기고, 대형차 한 대를 빌렸다. 수리가 끝나 대형차를 반납하러 가는 길, 그는 자녀를 데려다줄 겸 함께 길을 나섰다. 먼저 큰아이를 학교에 내려 준 뒤 둘째가 다니는 어린이집으로 향했다. 그렇지 않아도 좁은 길이 인도를 따라 길게 주차된 차 때문에 더욱 좁았다. 어떻게든 비집고 운전하려는 순간 쾅 하는 소리가 났다. 길가에 주차된 차에 조수석 사이드미러가 부서진 것이다. 그때 조수석 뒤에 앉아 있던 둘째가 아빠를 쳐다보며 이렇게 소리쳤다고 한다.

"전 아무 짓도 안 했어요. 아빠!"

3세 아이가 접촉 사고를 내 사이드미러를 망가트린다? 불가능한 일이다. 그러니 아이의 대답에 웃고 넘어갈 수도 있다. 하지만 분명한 건, 비난을 회피하려는 아이의 본능이 비난받을 가능성을 압도해 버렸다는 것이다. 우리의 비난 회피 본능이 얼마나 뿌리 깊은지를 알려 주는 이야기였다. 문제는 위험이 크지 않은 상황에서 이런 반응이 여지없이 발동해 실패로부터 배울 수 있는 기회조차 박탈하는 것이다. 더욱이 어린 시절에 끝나지도 않는다.

미국 다트머스대 교수 시드니 핑켈스타인Sydney Finkelstein이 기업 55곳의 주요 실패 사례를[9] 분석한 결과, 지위가 높은 사람일수록 실패의 원인을 외부에서 찾는 경향이 강했다. 재미있는 건, CEO는 자신의 통제권이 가장 약하다고 여겼다. 전 대통령 해리 트루먼Harry Truman이 즐겨 쓰던 "모든 책임은 내가 진다"[10]라는 말은 정말로 옛말이 됐다.

아이러니하게도 실패에 대한 혐오는 더 많은 실패를 경험하게 만든다. 인정하지 않던 작은 실패가 더 큰 실패로 이어지기 때문이다. 사소하지만 프로젝트를 망칠 수도 있는 문제, 고객과의 만남에 차질이 생길 수 있는 문제가 있음에도 상관이 무서워 보고를 미룬다면, 빠르고 간단히 해결할 수 있는 문제조차 큰 실패로 돌아올 수 있다. 이와 비슷하게 어려운 상황을 인정하지 않으면 필요한 도움을 받는 것 역시 힘들다.

실패를 혐오하는 성향은 남의 실패에 안도감을 느끼게 한다. 타인의 실패를 보고 기뻐하는 것이다. 순간적 우월감을 경험할 수도 있다. 나아가 그 실패의 성격을 성급하게 판단해 버리기도 한다. 내가 하버드 경영대학원에서 사례연구 강의를 할 때였다. 나사 우주왕복선의 발사 실패를 사례로 소개했었는데, 학생 가운데 3분의 1은 나사가 이런 실패를 허용했다는 사실에 화를 내며 분노를 표출하기도 했다.

분노와 비난 자체는 인간의 자연스러운 감정이다. 하지만 실패를 예방하거나 실패로부터 배우는 데는 전혀 도움이 되지 않는다. 사실, 나사의 실패 사례는 나와 학생 모두에게 무척 매력적이다. 나는 우주 관련 비전문가나 대규모 프로젝트를 이끌어 본 경험이 없는 이에게 나사의 실패 사례를 이야기하면서, 삶에서 마주하는 특정 종류의 실패를 우리가 어떻게 피하는지 설명하곤 한다. 나사가 마주한 도전 과제를 겸손하게, 열린 마음으로 받아들이면서 간접적으로나마 그 실패를 경험하도록 하기 위함이다.

나쁜 실패를 예방하는 좋은 방법 중 하나는 '상황을 빠르고 공개적으로 알리는 것'이다. 작은 실수가 뭉쳐 큰 실패로 돌아오지 않도록, 사소한 잘못도 그때그때 솔직히 말할 수 있는 심리적 안정성을 만들어야 한다. 그동안 내가 연구했던 대규모 실패 사례의 상당수는 구성원이 잠재적 문제를 조금만 일찍, 공개적으로 말할 수 있었다면 충분히 예방할 수 있는 경우였다.

작든 크든 우리는 실패 그 자체를 혐오한다. 좋은 감정을 느끼길 원하며(정신 건강에 중요한 요소는 아님), 뭔가를 이루고 싶어 한다. 비단 생명을 살리겠다는 야심 찬 꿈을 좇는 외과 의사만 그런 것도 아니다. 평범한 사람도 마찬가지다. 좋은 대학에 들어가고, 즐거운 휴일 보내기를 기대한다. 그러나 현실에서는 후회할 말만 쏟아 내고, 직장 생활은 실패투성이고, 자녀가 학업에 어려움을 겪는다. 그리고 실망과 갈등으로 휴일을 보내곤 한다. 이런 실패 경험을 들여다보는 것은 감정적으로 매우 불쾌하고 자존감을 깎아먹는 일이다. 그래서 그저 대충 보고 말거나 구석에 처박고 신경 쓰지 않으려 한다.

나는 아직도 고등학교 시절 농구 팀 선발 탈락의 굴욕감을 생생히 기억한다. 선발 테스트를 치른 바로 다음 날, 팀 코치는 종이 한 장을 벽에 붙였다. 종이 왼쪽 합격생 명단에는 친구 이름이 많았다. 대부분이 내가 아는 이름이었다. 그리고 오른쪽 명단에는 불합격생이 적혀 있었다. 그게 바로 나였다. 그것도 나 혼자!

그때의 당황스러움은 말로 표현할 수가 없었다. 왜 테스트에 떨어졌는지 분석하기도, 그 불쾌감에 잡혀 있기도 싫었다. 내 실력이 뛰어나다고 생각하진 않았지만, 나만 유일하게 테스트에 떨어졌다는 사실은 너무나 큰 상처였다.

물론 죽을 정도로 힘든 건 아니었지만, 실패로부터 교훈을 얻는 데 오랜 시간이 걸리진 않았다. 일반적으로 운동선수는 실패와 성공의 상관관계를 비교적 잘 알기 때문이다. 캐나다 아이스하키의 슈퍼스타 웨인 그레츠키 Wayne Gretzky 은 다음과 같은 명언을 남겼다.

"시도하지 않은 슛은 100퍼센트 실패다."[11]

스포츠에서의 훈련과 경쟁에는 여러 번의 실패를 받아들이고 그로부터 배우는 과정이 따른다.

"실패를 했다는 건 당신이 경기에 참여했다는 걸 뜻한다."[12]

미국의 유명한 여자 축구 선수이자 올림픽 금메달리스트인 애비 웜백 Abby Wambach 이 남긴 말이다. 그는 2018년 뉴욕 바그너대 졸업 축사에서 학생에게 실패를 '연료'로 삼으라고 격려했다.

"실패는 부끄러워할 일이 아닙니다. 오히려 동력이 되죠. 여러분의 삶을 나아가게 할 옥탄가 최고의 연료 말입니다."[13]

그러나 놀랍게도, 올림픽 동메달을 딴 선수가 은메달을 딴 선수보다 더 행복해하고 실패의 아픔을 **덜** 느끼는 것으로 나타났다.[14] 왜 그럴까? 심리학에서는 '반사실적 사고',[15] 즉 "~라면 어떨까?" 혹은 "~라면 좋을 텐데" 같은 관점에서 특정 사건을 바라보는 인간의 성향 때문이라고 설명한다.

은메달을 딴 선수는 자신의 성과를 금메달에 비교해 실패라는 프레임으로 본다. 하지만 동메달을 딴 선수는 자신의 성과를 성공이라는 프레임으로 본다. 올림픽에서 메달을 획득했기 때문이다! 이들은 영광스러운 올림픽 시상대에 설 기회를 한순간에 놓치고 메달 없이 돌아갈 수도 있었다는 사실을 아주 잘 알기 때문이었다. 즉, 동메달을 딴 선수는 자신의 성과를 실패에서 성공으로 **리프레임**한 셈이다. 단순하지만 과학적으로 유효한 리프레임은 동메달을 딴 선수에게 후회 대신 기쁨을 안겼다.[16]

실패를 어떻게 리프레임하느냐는 옳은 실패를 하는 능력과 깊이 관련된다. 실패의 리프레임은 실패에 대한 즉각적 혐오를 극복하는 데 큰 도움을 주기 때문이다.

실패의 리프레임은 '자신을 잘 들여다보는 것'에서 출발한다. 자신을 모질게 비판하거나 결점을 빠짐없이 세 보라는 게 아니다. 사회화 과정에서 생긴 자신의 보편적 성향과 습관을 제대로 보라는 것이다. 분명 생산적이지 못한, 부정적 사고를 반복하는 반추나 자책과 리프레임은 다르다. 실패를 리프레임하는 단계가 없으면 남과 달리 생각하고 행동하는 데 도움이 되는 행동을 시도하기 어렵다.

임상 심리학 연구에 따르면,[17] 실패는 정서적 고통과 불안, 심지어 우울까지 유발한다. 그런데 유독 회복력이 뛰어난 사람이 있다. 무엇이 그 차이를 만들까?

첫 번째, 회복력이 뛰어난 이들은 완벽주의에 집착하지 않고 비현실적인 기준에 얽매이지 않는다. 당신이 모든 일을 완벽하게 하거나 모든 경기에서 승리하길 기대한다면, 그것에 실패했을 땐 매우 실망하고 괴로워할 수밖에 없다. 반대로 최선을 다하면서도 원하는 것을 모두 이루지 못할 수 있다는 사실을 받아들인다면, 실패와 좀 더 균형적이고 건강한 관계를 맺을 것이다.

두 번째, 회복력이 뛰어난 이들은 실패 요인을 긍정적으로 분석한다.[18] 수치심에 빠져 실패를 과장하지 않고, 지극히 현실적이고 균형 잡힌 관점으로 실패를 받아들인다. 만약 당신이 원하는 곳에서 입사 제안을 받지 못했다고 가정하자. 이런 경우 '내가 부족해서'라고 생각하는 것보다 '경쟁이 치열해서' 혹은 '인재상이 나와 달라서'라고 생각하는 게 실망감에서 회복할 가능성이 더 높다.

실패의 원인을 어디에 두는가에 관한 연구는, 1990년대 '긍정심리학'의 혁명을[19] 일으킨 펜실베이니아대 심리학 교수 마틴 셀리그먼Martin Seligman을 중심으로 오랜 기간 진행됐다. 그는 병리학 관점의 연구에서 벗어나 개인과 공동체를 번성케 하는 인간의 강점 연구에 주력하기 시작했다. 특히 사람이 삶에서 일어나는 사건을 어떻게 긍정적으로 또는 부정적으로 설명하는지를 연구했다.

여기에 한 가지 다행스러운 사실이 있다, 사건과 실패를 긍정적으로 해석하는 기술은 학습으로 키울 수 있다는 점이다. 예를 들어, 당신이 취업에 실패했을 때 상황을 리프레임해 실패를 건설적으로 생각하도록 도울 친구가 있을 수 있다. 그렇게 배운 것을 앞으로의 실패에 적용한다면 당신은 실패와 더 건강한 관계를 맺을 것이다.

이렇듯 실패의 원인을 긍정적으로 분석한다면 합리적이고 균형 잡힌 생각에 더 오래 머물 뿐 아니라, 당신이 결과에 기여한 부분을 차분히 따질 수 있다. 이를테면 취업 실패의 이유가 면접 준비를 제대로 못해서일 수도 있다. 그렇다고 이를 자책하거나 수치심에 빠질 필요는 없다. 그 실패를 계기로 자신을 제대로 인식하고 자신감을 키움으로써 다음 면접과 취업에 더 잘 대응하면 된다.

물론 실패에 대한 감정적 혐오를 극복하고자 열심히 노력한다 해도, 효과적으로 실패하는 법까지 자동으로 얻을 수는 없다. 특히 기업가 정신 관련 일화에서 자주 등장하는, 실패에 대해 그럴듯한 설명이 유발하는 혼란을 줄이려면 부가적인 도움이 꼭 필요하다.

혼란: 지금까지 경험하지 못한 감정

"빨리, 자주 실패하라!"라는 말은 어느새 실리콘밸리의 격언이 됐다. 그렇게 기업에서는 '실패 파티'를 열고, 이력서에 실패 사례를 나열하는 것이 당연했다. 하지만 실패와 관련해 기존 미디어에서 다루는 내용은 단순하고 피상적이다. 뜻이야 좋은, 현실과 동떨어진 수사학에 가깝다. 예를 들어, 공장 생산 라인이 빨리, 자주 멈춘다면? 축하만 해서는 안 될 일이다. 사람을 살려야하는 의사도 마찬가지다. 바로 여기서 '혼란'이 발생한다!

이런 혼란은 실패의 세 가지 유형과 함께, 상황의 맥락 차이가 실패에 어떤 영향을 주는지 제대로 이해하면 해결된다. 그 맥락은 **일반적 맥락**과 **새로운 맥락**, **가변적 맥락**이다.

일관적 맥락은 매뉴얼대로만 하면 계획한 결과를 얻을 수 있는 경우다. 레시피대로 케이크를 굽거나 헌혈하는 경우가 대표적이다.

새로운 맥락은 완전히 새로운 상황에 놓인 경우다. 무엇이 효과적인지 실험하는 경우처럼 말이다. 앞서 봤던, 의사 데니스도 마찬가지다. 그가 심장 수술에서 겪은 실패는 대부분 배울점이 있었다. 즉, 교훈적 실패였다. 이 외에도 신제품 개발, 팬데믹 방역 정책 등이 해당된다.

당연히 실패는 일관적 맥락보다 새로운 맥락에서 발생할 가능성이 높다. 그렇다면 실패를 해도 딱히 화가 나지 않는 게 맞을까? 틀렸다!

인간의 '투쟁-도피 반응'을 활성화하는,[20] 편도체라는 뇌

기관은 '맥락에 상관없이' 위협을 감지한다. 실패에 대한 우리의 부정적 감정 반응이 **실제** '위험 수준과 관계없이' 비슷한 이유다. 물론 실패 유형을 분류한다면 '편도체 납치'(불안과 두려움으로 지나치게 활성화된 편도체로 인해 현실을 직시하지 못하는 현상_옮긴이)에 대응해 실패를 건강하게 받아들일 수 있다.

이에 더해, 우리는 종종 **가변적 맥락**에 놓이기도 한다. 매뉴얼이 있어도 쓸모가 없는 경우다. 팬데믹 때 병원을 생각하면 된다. 아무리 노련한 의료진이라도, 전에 없던 병으로 인해 다양한 증상을 보이는 환자를 마주한다면 당황할 수밖에 없다. 파일럿도 좋은 예다. '예상치 못한' 기상 변화에 철저히 대비해야 하기 때문이다.

일상에서도 가변적 맥락이 존재한다. 일상적 행동, 반복되는 사건에도 불확실성이 존재하기 때문이다. 베테랑 교사조차 새 학기 담임을 맡을 땐 어떤 일이 생길지 모른다. 이직을 해도 그 기업과 구성원이 내게 잘 맞을지 완벽히 확신할 수 없다. 경험자나 선배에게 물어보고, 새로운 곳에 아무리 적응하려 정보를 수집해도 한계는 존재한다. 직접 경험하기 전까지는 그저 예측일 뿐이다.

그동안 나는 생산 라인(일관적 맥락), 병원 수술실(가변적 맥락), 기업 R&D 팀(새로운 맥락)에서 일하는 사람을 연구했다. 그 결과 '도표 1'처럼 조직적 맥락에 따라 실패에 대한 기대 수준이 다양하게 나타난다는 점을 발견했다.[21] 흔히들 연구원이 생산 노동자보다 실패에 덜 민감해도 된다고 말하지만 늘 그런 건 아

	일관적 맥락	가변적 맥락	새로운 맥락
대표적 사례	생산 라인	병원 수술실	실험실, 연구소, R&D
지식 상태	충분함	충분하나 돌발 상황에 취약함	제한적임
불확실성	낮음	보통	높음
실패 유형	기본적 실패	복합적 실패	교훈적 실패

니다. 실패를 좋아하는 사람은 아무도 없으니 말이다.

사람은 삶에서 일어나는 다양한 문제에 자동적 감정 반응을 줄이려 엄청나게 노력한다. 그 방법은 얼마든지 익힐 수 있고, 이를 통해 더 많은 배움과 기쁨, 즐거움이 생겨난다.

당신이 동네 테니스 팀에 가입했다고 가정하자. 처음에는 실수도 잦고, 상대방의 공을 제대로 받아 내지 못할 것이다. 그렇다면 어떤 느낌이 들까? 실망스러운 감정이 들까? 그렇지 않을 수도 있다. 새로운 운동을 더 잘하기 위해 노력하는 것일 뿐이라고 의식적으로 주문을 걸 수도 있다.

아니면 자녀에게 주차를 가르친다고 생각해 보자. 차가 거의 없는 주차장에서 연습을 시키며, 자녀가 차를 반대로 대거나 엔진을 꺼트려도 크게 소리치지 않을 것이다. 그저 얼마나 운전대를 돌려야 하는지, 어디를 보고 후진해야 하는지 타이르듯 알려 줄 것이다(아마도!).

가족이나 아끼는 사회집단 내에서 기대와 실망에 대해 좀 더 솔직하게 이야기하는 분위기는 이제 익숙해진 느낌이다. 이를 바탕으로 실패를 고통스럽지 않게, 생산적으로 처리하는 데 필요한 인지적 역량도 배울 수 있다. 이에 대해서는 5장에서 자세히 살펴보겠다.

이처럼 맥락과 실패 유형 간 상관관계는 매우 높다. 예를 들어, 새로운 실험과 개발에는 대부분 교훈적 실패가 따른다. 물론 맥락과 실패의 유형이 정해진 건 아니다. 실험실에서도 기본적 실패가 있을 수 있다. 정해지지 않은 물질을 쓰거나 규칙을 어겨서 사고가 나는 경우도 많다. 이러면 재료와 시간 모두 낭비된다. 역으로 생산 라인에서도 교훈적 실패가 가능하다. 시간과 노력을 들여 개발한 개선안이 효과가 없는 경우다. 물론 맥락의 역할을 제대로 인식하면 실패의 유형을 효과적으로 예측할 수 있다. 이에 대해서는 6장에서 자세히 살펴보겠다.

문제는 실패에 대한 혼란이 비논리적 정책과 루틴으로 이어지는 상황이다. 2020년 4월, 나는 한 대형 금융기관 고위급 임원진과 미팅을 가졌다. 그들은 "요즘 비즈니스에서는 실패가 용인되지 않아요"라고 말했다. 팬데믹 상황에서 점점 더 어려워지는 경제 여건을 우려하는 것은 어쩌면 당연한 일이다.

그런데 그들은 그저 모든 것이 실패 없이 잘되기만을 바랐다. 물론 실패로부터 배우고자 하는 열망만큼은 확실했다. 호황 때야 이런 열망은 얼마든지 잘 받아들여진다. 하지만 당시는 팬데믹으로 한 치 앞을 모르는 상황이었다. 일단 '확실한 성공'

을 추구하는 것이 중요한 때였다. 누구보다 똑똑했고, 좋은 의도를 가진 그들은 실패에서큼은 세 가지를 다시 생각할 필요가 있었다.

첫 번째, 맥락부터 이해해야 한다. 불확실성이 높을 때는 실패로부터 '빠르게 배우는 것'이 중요하다. 어느 때보다 실패할 가능성이 크기 때문이다!

두 번째, 기본적 실패와 복합적 실패를 최소화하도록 장려해야 한다. 그것이 업무 집중에 효과적이다. 하지만 교훈적 실패를 환영하는 것은 분야를 막론하고 필요하다.

세 번째, 실패를 용인하지 않음으로써 얻는 결과는 '완벽함'이 아니라 '사실 은폐'라는 것을 인식하는 것이다. 회계 오류 같은 작은 실패를 쉬쉬한다면, 대규모 금융 손실이나 부도 같은 막대한 실패로 이어질 수 있다.

물론 경영진은 "어려운 시기에 최선을 다해 일해 달라"고 격려할 수 있다. 충분히 이해된다. 또 사원은 "최대한 몸을 사려 실패를 완전히 피해 보자"고 생각할 수 있다. 물론 잘못된 생각이다.

노력이 항상 성공을 보장하는 것은 아니다. 사회는 끊임없이 변화하며 새로운 상황을 계속해서 만들어 낸다. 이런 상황에서 아무리 완벽하게 계획하고 실행해도 불확실한 상황이 생기고 실패할 수 있다. 물론 부주의하거나 열심히 노력하지 않아 생기는 실패도 있지만, 열심히 노력해도 실패하는 경우가 있다. 또한 '순전히 운이 좋아서' 성공하는 경우도 있다(가장 기묘한 경우다).

극도의 불확실성과 변화를 촉발한 코로나19 등장 이전에도 사회는 오랜 기간 불확실성을 생산하고 각자의 삶을 바꿨다. 특정 목표를 달성하기 위해 타인에게 의존하는 상호 의존성은 인간을 더욱 취약하게 만든다. 남이 어떤 행동을 할지, 우리가 의존하는 다른 체제가 무엇을 파괴할지 전혀 확신할 수 없기 때문이다.

"적과 마주치는 순간 모든 계획은 쓸모없어진다."[22]

19세기 독일의 군인 헬무트 폰 몰트케Helmuth von Moltke가 남긴 말이다. 인간의 상호 의존성을 고려하면, 뜻밖의 상황을 미리 내다보는 일에 더욱 경계하고 신중해질 수밖에 없다는 교훈을 주는 명언이다.

자, 이제 "실패는 용납되지 않으니 **좋은** 결과만 내라"라고 하면 어떤 일이 일어나는지 생각해 보자. 실패는 줄거나 없어지지 않는다. 그저 숨을 뿐이다. 앞에서 말한 대형 금융기관 고위급 임원진은 안 좋은 소식이 생기면 일단 숨기기에 급급했다. 당연히 그것이 목표는 아니다. 진짜 목표는 탁월함을 장려하는 것이었다.

'불편한 진실'을 꺼내면 처벌 혹은 부정적 시선을 받는 상황이라면, 진실을 숨기려 드는 건 인간의 본성이다. 실패를 통한 성공을 저해하는 요인이다.

두려움: 낙인 그리고 사회적 거부

실패에 대한 감정적 회피, 인지적 혼란을 가중시키는 요인은 '두려움'이다. 단순한 선호 그 이상의 감정이다. 사회적 거부의 위험에서 생겨난 두려움은 인간의 진화론적 유산으로 거슬러 올라간다. 태곳적에는 무리로부터의 '거부'가 인간의 생사를 가르는 중요한 잣대였다. 거부는 곧 굶주림, 천적으로부터의 노출로 인한 죽음을 의미했다.

인간의 뇌는 '팀 내 비합리적인 거부의 두려움'과 '내게 버스가 돌진하는 상황의 두려움'을 구분하지 못한다. 그저 두려움일 뿐이다. 그 근거로 캘리포니아대 로스앤젤레스캠퍼스 교수 매튜 리버먼Matthew Lieberman, 나오미 아이젠버거Naomi Eisenberger의 연구에 따르면, 사회적·신체적 고통에 대한 뇌의 회로는 많이 겹치는 것으로 나타났다.[23]

앞서 말했듯, 두려움은 뇌의 편도체를 활성화해[24] 투쟁-도피 반응을 유도하는데, 이때 도피는 '도망간다'는 뜻이 아니라 '나쁜 인상을 남기지 않기 위해 모든 일을 한다'는 뜻이다. 회의에서 발언할 때 상관으로부터 판단받거나 비판받는다 느낄 때 심장이 두근거리고 손바닥에 땀이 나는 것은 편도체의 자동 반응 때문이다.

투쟁-도피 반응은 선사시대의 인류 생존을 도왔다. 하지만 오늘날에는 작은 자극에 과민 반응하고, 건설적 위험을 감수하는 것조차 피하게 한다. 대인 관계에서 위험을 감수하는 건 자신의 목소리를 내고 새로운 것을 시도하는 데 필수적이다. 하지만 자신의 보호를 위한 두려움 반응은[25] 두 가지 역효과를 낼 수 있다.

첫 번째, 두려움은 학습을 억제한다.[26] 관련 연구에 따르면 두려움은 생리적 자원을 소비해 '작업 기억'(뇌에서 일시적으로 보관하는 정보_옮긴이)을 관리하고, 새로운 정보를 처리하는 뇌의 영역에서 작업 기억을 분리해 버린다. 즉, 학습을 방해한다는 것이다. 여기에는 실패로부터의 학습도 포함된다. 두려운 상태에서 최선을 다하는 것, 실패로부터 배우는 것은 매우 힘들다. 인지적 부담이 크기 때문이다.

두 번째, 두려움은 실패에 대해 말하는 걸 저지한다. 끊임없이 자신을 드러내야 하는 오늘날의 환경은 이러한 성향을 더욱 악화시켰다. 소셜 미디어가 사회를 지배하는 오늘날 '성공한 사람처럼 보여야 한다'는 압박감은 그 어느 때보다 크다. 특히 청소년은 '보기 좋게 편집된 삶'을 노출하는 가운데 끊임없이 '좋아요'를 확인하며, 소셜 미디어의 자신이 실질적이든 인지적이든 남과 비교하며 사소한 것에도 감정적으로 힘들어한다고 밝힌 연구도 있다.[27]

인지적 거부나 실질적 거부나 인간의 감정적 반응은 똑같다. 감정적 반응을 형성하는 상황 해석 방식이 같기 때문이다. 아이나 성인이나 다르지 않다. 직업적 성취를 이룰 때든, 매력 있는 사람으로서 보이는 때든 체면 유지는 성인에게 매우 중요한 일이다. 내가 생각하는 진짜 실패는 '내가 실패하지 않으면 남이 나를 좋아해 줄 것'이라고 믿는 데 있다. 물론 그렇지 않다.

흠잡을 데 없이 완벽한 사람이 아니라 솔직하고 주위에 관심이 많은 사람이 더욱 사랑받지 않는가?

내 연구에 따르면 심리적 안정성이 팀워크나 문제 해결, 혁신이 필요한 환경에서 특히 많은 도움이 되는 것으로 나타났다. 심리적 안정성은 실수를 고백해도 거부당하지 않을 거라 믿는 상태를 뜻하는데, 이는 대인 관계상 두려움에 효과가 좋다.[28]

심리적 안정성에 관한 대부분 연구에서[29] 실패는 항상 그 배경에 존재한다. 심리적 안정성은 시시각각 변하는 불확실한 사회에서 배우고 발전하는 데 필요한 말과 행동을 자유롭게 한다. 대인 관계상 이 같은 '부드러운' 요소는 주요 학술 의료 센터, 〈포천 Fortune〉이 선정한 500대 기업, 심지어 가정에 이르기까지 까다로운 환경에서 성과를 예측하는 데 중요한 역할을 하는 것으로 밝혀졌다.

도움을 요청하거나 실수를 고백해도 '나를 얕잡아 볼 거라는 걱정'이 들지 않는 팀에서 일해 본 적이 있는가? 이런 곳에서는 구성원이 서로를 지지하고 존중하며, 최선을 다하려 노력한다는 자신감이 있다. 그렇기에 질문을 하거나 실수를 인정하는 것, 검증되지 않은 아이디어를 실험하는 것이 두렵지 않다.

내 연구 결과, 심리적 안정성이 높은 환경은 나쁜 실패(기본적·복합적 실패)를 미리 피하도록 돕는 것으로 나타났다. 하지만 옳은 실패(교훈적 실패)는 추구하도록 돕는다. 심리적 안정성이 옳은 실패에 관한 대인 관계상 장벽을 허물기 때문이다. 그래서 성공을 위해 노력하지만, 실패하는 상황에서는 좀 더 현명하게 물러날 수 있다. 이것이 바로 옳은 실패다. 슬프게도, 실패를 통해 얻는 배움의 혜택이 온전히 실현될 만큼 충분한 심리적 안정성이 존재하는 팀은 거의 없다.

내가 병원이나 금융기관 등에서 인터뷰했던 관리자는 모두 비슷한 고민을 했다.

'어떻게 하면 방만한 업무 수행을 장려하지 않으면서 실패에 건설적으로 대응할까?'

'실패에 대한 책임을 묻지 않는다면, 과연 무엇이 최선을 다하도록 동기부여를 할까?'

관리자뿐만 아니라 한 가정의 부모도 같은 고민을 한다. 그런데, 이러한 고민과 우려는 잘못된 이분법에서 비롯된다. '도표 2'에서 보듯이 '실패를 말하는 것이 안전한 문화'는 높은 기준과 공존할 수 있다. 직장이나 가정이나 똑같다.

물론 높은 심리적 안정성이 '어떤 실패라도 괜찮다'를 뜻하

도표 2　심리적 안정성과 옳은 실패의 상관관계

	기준 낮음	기준 높음
심리적 안정성 높음	현재를 즐김	잘 실패함
심리적 안정성 낮음	끊임없이 확인함	위험을 피함 실패를 숨김

진 않는다. 심리적 안정성이 보장된 팀 역시 훌륭한 성과와 마감일 준수를 기대한다. 가정도 마찬가지다. 모두가 같이 설거지도 하고 쓰레기도 치우길 기대한다. 솔직하고 개방적인 환경, 서로가 정직하고 도전적이며 협력적인 환경을 만드는 건 불가능한 일이 아니다(어렵지만).

심리적 안정성 없이 옳은 실패를 원하는 것은 그 자체가 실패의 지름길이다. 스트레스를 받으면 평소 잘하는 것조차 망칠 가능성이 크지 않은가? 일하다가 질문이 생겨도 물어볼 사람이 없다고 느끼면 이 역시 실패로 이어진다. 일단 '교훈적 실패'에 직면했을 때 이를 남에게 말할 만큼 충분히 안정감을 느껴야 한다. 물론 교훈적 실패도 반복되면 더 이상 옳은 실패가 아니다.

생산 라인처럼 확실성이 높은 여건에서는 심리적 안정성 없이도 실패 확률이 낮다는 게 일반적인 인식이다. 실제로도 이런 상황에서는 실패가 발생할 가능성이 낮다. 하지만 오늘날 복잡한 사회에서는 그렇지 않다. 실패에 씌워진 오명을 벗김으로써 대인 관계의 두려움을 줄이는 것이 매우 중요한 이유다.

또한, 심리적 안정성이 높아야 학습도 잘 이뤄진다. 뭔가 원하는 대로 되지 않을 때 의지를 품고 실험을 진행하며 그 결과를 공개적으로 말할 수 있는 분위기가 필요하다. 이때 중요한 것은 실패로부터 배운 결과를 남과 적극적으로 나누는 것이다. 실패에 대한 혐오, 혼란, 두려움이 복합적으로 작용하면 '옳은 실패'는 필요 이상으로 어려워진다. 실수를 피하고자 도움을 요청하기도 어렵고, 솔직한 대화에 참여해 실패의 경험으로부터 교

도표 3 옳은 실패의 장애 요인과 요인별 극복 방안

장애 요인	극복 방안
실패에 대한 혐오	실패의 리프레임
실패에 대한 혼란	실패 유형 구분을 위한 프레임워크
실패에 대한 두려움	심리적 안정성

훈을 얻기 힘들기 때문이다.

그동안 우리는 실패를 기본적 실패, 복합적 실패, 교훈적 실패로 구별하지 않았기에 일단 '실패'라는 말만 들으면 일단 혐오감을 나타내기 쉬웠다. 이제 '도표 3'처럼 리프레임, 프레임워크, 심리적 안정성이라는 세 방안을 통해, 우리는 실패로부터 고립되지 않을 것이다.

상상을 초월하는 실패 이유

탁월함을 향한 헌신, 실패에 대한 관용. 이 둘은 전혀 어울리지 않아 보인다. 그러나 '도표 4'[30]를 보면 생각이 달라진다. 한쪽 끝에는 의도적 방해(법을 어기거나 안전 절차를 무시하는 것)가 있지만, 다른 한쪽 끝에는 오랜 시간 고민하며 연구했지만 결국 실패한 실험(과학자가 매일 감내하는 것)도 있다. 모든 실패가 비난받을 만한 행동에서 비롯되지 않는 증거다. 한마디로 '칭찬할

도표 4 실패의 원인 스펙트럼

만한 실패'도 분명 있다.

특정 절차를 의도적으로 방해했거나 안전 수칙을 위반했을 때 비난하는 게 맞다. 하지만 곧바로 개인적 판단 상황에 직면한다. 즉, 비난받는 게 맞는 실패라도 당시 상황에 대한 정보 없이 실패라고 바로 판단을 내리긴 쉽지 않다는 뜻이다. 예를 들어, 생산 라인 노동자가 2교대 연속 근무로 인한 피로로 절차를 방해했다면 어떨까? 해당 노동자보다 근무 편성을 무리하게 짠 담당 관리자를 비난하고 싶을 것이다.

하지만 실패를 비난하기 전에 당신이 알아야 할 게 있다. '도표 4'에서 오른쪽으로 갈수록 실패한 사람을 비난하는 게 전혀 논리적이지 않다는 점이다! '역량 부족'만 해도 그렇다. 처음 일을 시작하면 누구나 초보자다. 넘어지지 않고 자전거를 배우는 사람이 없는 것처럼 말이다. 사전 훈련이나 교육 없이 의도적으로 위험한 절차를 밟지 않는 한 **역량 부족**은 비난받아 마땅한 이유가 아니다.

실패 없이 수행하기에 아주 도전적인 과제도 있다. 올림픽 체조 종목 중 평균대운동을 생각해 보자. 올림픽 평균대운동에서 뒤공중돌기 동작을 완벽히 하지 못하는 선수는 비난받아 마땅한가? 물론 아니다. 실제로 뒤공중돌기는 가장 어려운 동작 중 하나다.[31] 기립 자세에서 시작해 몸을 쭉 편 상태로 몸을 완전히 돌려 뒤로 공중회전을 한 다음, 다시 선 채로 평균대 위에 착지해야 한다. 최고 기량의 선수조차 경기에서 실패하는 경우가 흔하다.

실패의 원인 스펙트럼 중 '불확실성'에 대해서도 살펴보겠다. 대개 불확실성은 피할 수 없는 실패로 이어진다. 예를 들어, 친구가 주선한 이성과의 만남이 성공할지 미리 알 방법은 없다. 하지만 결과가 안 좋다고 해서 주선자나 자신이 비난받을 순 없는 노릇이다.

끝으로 '실험'이다. 각고의 노력 끝에 진행한 실험이 실패하면 이는 새로운 지식을 생산한다. 칭찬받아 마땅한 실패다. 심장 개복술 시행 초기, 의사 데니스의 실패는 분명 칭찬할 만하다. 그의 실패는 오늘날 당연한 것으로 여겨지는 '기적'에 디딤돌 역할을 했다.

다음은 강의나 강연 때 내가 많이 던지는 질문 중 하나다.

"실패의 원인 스펙트럼 중에서 비난받아 마땅한 원인은 뭘까요?"

대답은 매우 다양하게 나왔다. 의도적 방해만 비난받아야 한다, 부주의도 똑같이 비난받아야 한다 등. 자신의 잘못 없이 주의가 산만해질 수밖에 없는 상황에 놓일 수 있지 않냐는 반응도 있었다. 하지만 비난받을 원인이 **어디까지인지** 선을 긋는 건 중요하지 않다. 중요한 건, 일단 선을 긋고 나서 다음 질문에 답하는 것이다.

"당신 주변에서 일어나는 실패 중 비난받아 마땅한 건 과연 몇 퍼센트인가요?"

대부분은 고작 1~2퍼센트 정도라고 답했다. 그다음엔 좀 더 중요한 질문을 던진다.

"그럼 실제로 비난받아 마땅한 실패는 몇 퍼센트인가요?"

그러면 (잠시 쓴웃음을 짓고는) 70~90퍼센트라고 답한다. "전부 다!"라고 답한 사람도 있다. 무슨 뜻일까? 실패에 대한 이성적 평가와 실질적 반응의 차이가 나는 이유는 '대부분의 실패가 숨었다는 것'을 뜻한다. 당연히 실패가 주는 교훈에 접근할 수 없다.

실패가 실패로 끝나지 않게

이제 지금쯤이면 '실패한다고 실패'하는 건 아니라는 사실이 확실하다. 앞에서 본 릴러하이나 데니스는 실패의 경험을 놀랄 만큼 성공적으로 활용해 의학 기술을 발전시켰다. 그리고 그 일에 평생을 헌신했다. 릴러하이의 전기를 쓴 G. 웨인 밀러G. Wayne Miller는 릴러하이와 데니스의 여정을 이렇게 표현했다.

"수술 환경을 완전히 바꾸는 게 그들 목표였죠. '시체 만들기 대회'로 보일 정도였습니다."[32]

릴러하이와 데니스로 인한 환자 사망의 대부분은 새로운 실패의 결과로, 그전에는 과거에 달성하지 못했던 목표로 나아가는 과정에서 발생한 필연이었다. 환자 혈액에서 이산화탄소를 제거하고, 산소를 공급해 동맥으로 보내는 심폐우회기 같은 혁신은 그들의 여정에서 필수적인 부분이었다.

1951년, 데니스의 심장 수술을 지켜보던 릴러하이는 심폐우회기를 이용한 심실중격결손증 수술을 꼭 성공시키리라 결심했다.[33] 그 후 몇 년간 그는 수술법을 발전시키기 위해 끈질기게 매달렸다. 그 과정에서 고통스러운 실패에 수없이 직면했다.

1952년, 미네소타대의 F. 존 루이스F. John Lewis는 릴러하이의 도움을 받아 환자의 안정을 꾀하는 수단으로 저체온요법을[34] 시도했다. 이를 통해 5세의 재클린 존스가 기적적으로 살아남았다. 그러면 저체온요법은 완전한 성공을 의미할까? 실제로 릴러하이 이외에도 저체온요법으로 비슷한 수술이 시도됐고 여러 차례 성공했다. 그러나 환자를 낮은 온도에서 10~12분간 방치하니 더 길고 복잡한 수술은 불가능했다. 결국 몇 번의 성공에 그치고 말았다.

1954년 3월 26일 미네소타대 병원, 이번에는 다른 방법이 시도됐다. 양쪽 심실 사이에 천공을 가지고 태어난 신생아 그레고리 기든의 수술이었다. 이번에는 그레고리를 아버지인 라이먼의 순환계에 연결해 수술하는 방법이 시도됐다. 수술하는 동안 아버지의 심장이 아들의 혈액순환을 책임지는 셈이다. 이 수술

이전에, 릴러하이는 1953년 가을부터 1954년 1월까지 개를 대상으로 해당 수술을 실험했다. 기증받은 개의 순환계를 수술이 필요한 개와 연결해 수술하는 방식이었다.

일명 '교차순환'이라는 이 새로운 수술법은 릴러하이가 고안했다. 자궁 속 태아의 심장이 어머니의 정맥과 동맥 간 연결로 뛴다면, 자궁 밖에서도 이를 적용할 수 있겠다는 생각이었다. 다행히 동물실험은 성공적이었다. 하지만 문제는 사람에게 이 수술법은 위험할 수 있었다.

오전 8시 45분, 라이먼이 먼저 수술대에 올랐다. 그의 대퇴동맥에서 나온 혈액은 그레고리의 상대정맥과 하대정맥에 삽입된 관을 통해 심장으로 들어갔다. 그사이 릴러하이는 그레고리의 심장을 열어 동전만 한 심실중격결손을 찾아 봉합했다. 그렇게 수술은 성공했다. 하지만 수술 후 2주가 안 된 1954년 4월 6일, 그레고리는 폐렴으로 사망했다.

그동안 심장 수술에 획기적 변화를 가져온 모든 수술법은 그것이 가져올 유익과 위험에 대한 철저한 검증을 거쳐 실행됐다. 수술법 하나하나가 과학적으로 엄격한 절차를 거쳤다. 그럼에도 실패는 발생했다. 수술 전 잘못된 진단이나, 의사의 부주의가 원인이었다. 하지만 가장 큰 원인은 '잘못된 가설'이었다.

새로운 수술법을 찾는 것은 지도도 없이 낯선 곳을 여행하는 것과도 같다. 하지만 목적지에 도달하겠다는 의사의 의지만큼은 매우 강했다. 물론 수술로 죽은 환자의 부모와 배우자, 아이에게 그 원인과 과정을 설명하는 일이 필요했다. 의사는 물론 환자의 가족까지 '옳은 실패'를 경험한 셈이다. 그리고 모두가 '심각한 결과를 불러올 실패'가 일어날 수 있음을 충분히 받아들였다. 그렇게 실패한 수술과 이를 극복하기 위한 혁신은 성공으로 나아가는 교두보 역할을 했다.

그레고리의 수술이 있고 얼마 후,[35] 릴러하이는 4세의 애니 브라운을 아빠인 조지프와 연결해 진행한 수술로 드디어 교차 순환에 성공했다. 그렇게 2주 뒤, 그는 건강하게 회복한 애니와 함께 기자회견을 열었다. 그리고 애니는 별 탈 없이 성인으로 건강히 자랐다.

하지만 늘 그렇듯, 실패에서 성공으로 가는 길은 직선으로 뻗은 고속도로가 아니다. 애니의 수술 이후 진행된 7건의 수술 중 6건은 또다시 실패로 끝났다. 6건 모두 환자가 사망했다. 심지어 의료진의 실수로 환자의 부모가 영구 뇌사 상태에 빠진 경우도 있었다.

성공을 장담할 수 없는 수술만이 유일한 희망이었던 아이를 수술하는 것, 실패한 결과를 받아들이는 것은 물론 의료진에게도 힘들었다. 아이를 살리겠다고 나선 건강한 부모까지 부주의로 인해 사지로 몰고 간 상황은 더욱 견디기 힘들었다.

하지만, 심폐우회기는 심장 개복술이 초래하는 여러 문제에 대해서 가장 효과적인 대안임이 입증됐다. 존 기번John Gibbon이 발명한 심폐우회기는 데니스의 개선 작업을 거쳐 IBM 창업자 토머스 왓슨Thomas Watson과의 협업으로 더욱 발전했다. 그렇게 심장 개복술 사망률은[36] 점차 줄어 1957년경에는 10퍼센트까

지 낮아졌다. 오늘날에는 약 2~3퍼센트로 예상된다.[37]

그래서 옳은 실패란?

1998년, 심장 개복술이 수많은 성패를 겪고 난 반세기 후, 나는 심장 수술의 현대적 혁신[38]에 대해 연구할 기회를 얻었다. 하버드대의 내 동료가 새로운 수술법을 알려 준 것이 계기가 됐다.

1950년대 수술을 포함해 대부분 심장 수술에서는 먼저 가슴 부위를 세로로 절개해 가슴 한복판의 복장뼈를 갈라야 했다. 일명 '정중흉골 절개술'이라는 이 방법은 심장 접근을 가능하게 해 현재도 많이 사용된다. 물론 단점도 있는데, 환자의 통증이 심하고, 회복 기간이 길다는 것이다.

동료가 알려 준 수술법은, 복장뼈 대신 옆에 난 갈비뼈 사이를 절개하는 방식이었다. 환자의 통증도 적고 회복 기간도 짧았다. 물론 단점도 있다. '새로 배워야 한다'는 것이었다. 하지만 더 작고 제한된 신체 영역에서 수술을 진행하는 건 외과 의사에겐 아주 큰 변화는 아니다. 당연히 전체적 시야는 좁아지지만 봉합하는 데는 큰 변화가 없으니 말이다. 물론 새로운 수술법을 어려워할 의사도 분명 있다. 참고로 이 수술법을 연구한 심장외과 16개 팀 중 7개 팀만이 이를 받아들였다. 나머지 팀은 몇 번의 시도 후 포기했다.

새로운 수술법을 받아들인 팀과 그렇지 못한 팀의 가장 중요한 차이는 의술이나 경력, 연공서열이 아니라 '리더십'이었다. 처음에는 소규모 지역 병원보다 대형 혹은 대학 병원의 성공 가능성이 클 것으로 예상했다. 하지만 그 예상은 완전히 빗나갔다.

16개 팀이 마주한 도전은 기술적 부분보다는 대인 관계적 부분이었다. 이들에게 혁신은 수술실의 전통적 계층에 도전하는 것이었다. 그전까지는 집도의가 명령하고, 팀원이 그대로 이행하는 게 일반적이었다.

하지만 새로운 수술법에서는 협업의 비중이 커졌다. 심장으로 들어가는 혈액을 제한하기 위해서는 환자 동맥 내부에 '풍선 카테터'가 제자리에 있어야 하는데, 이는 협업이 필요한 일이다. 초음파 이미지를 통해 모두가 카테터의 위치를 계속해서 감시하며 조정해야 했다. 카테터가 스스로 움직이기 때문이다.

집도의의 명령에만 움직여야 하는 기존 분위기에서는 새로운 수술법이 어렵다. 예를 들어 간호사가 카테터의 위치를 조정하기 위해 집도의에게 수술 중단을 요청하는 건 새롭고도 어려운 일이다. 의사는 의사대로 그동안 명령만 하던 루틴에서 벗어나 팀원의 이야기를 더 자주, 깊이 들어야 했다.

새로운 수술법을 받아들인 의사는 이젠 다른 방식으로 팀을 **이끌어야** 한다는 점을 인정했다. 팀원이 서로에게 필요한 것을 그때그때 터놓고 이야기할 수 있어야만 성공적인 수술이 가능하다는 점을 알았던 것이다.

새로운 수술법을 받아들인 7개 팀을 분석한 결과 모두 '옳은 실패'의 핵심 방법에 상응하는 세 가지 부가 활동을 진행했다.

첫 번째, 수술법을 동물실험에 먼저 적용했다. 이때 각자 했던 일과 소감에 대해 공개적이고 적극적으로 공유했다. 또한 해당 수술법 사용이 어려울 때는 즉시 기존 수술법을 시행해 불필요한 위험을 제거했다.

두 번째, 두려움을 몰아냈다. 먼저 의사는 새로운 수술법의 목적을 분명히 했다. 환자의 '빠른 회복을 돕는 기회'임을 강조한 것이다. 그리고 팀원의 목소리가 꼭 필요하다는 점을 말해, 적극적 의견 개진을 위한 심리적 안정성을 조성했다.

참고로 나는 이 연구를 처음 시작할 땐 심리적 안정성이 성패 요인이 되리라 확신하지 못했다. 그러나 결과적으로 심리적 안정성을 조성하는 데 노력한 팀은 그렇지 않은 팀보다 더 좋은 성과를 냈다.

세 번째, **시술 과정**에 대해 구체적으로 공유했다. 당연히 시술 과정에서 실패도 있었다. 절개 면적을 줄이기 힘들 때는 빠른 의사 결정으로 기존 수술법을 시행했다. 어떻게 보면 실패다. 하지만 이 실패가 환자의 생명을 위협하진 않았다.

결과적으로 7개 팀은 성과를 거두었으나 혁신에는 실패했다. 다만, 새로운 수술법으로 사망한 환자는 없었다. 즉, 예방 가능한 위험을 사전에 대비해 '옳은 실패'를 한 사례다.

실패에도 연습이 필요하다

어떻게 보면 실패는 정말 재미없는 과정이다. 하지만 새로운 도구와 혜안을 적용해 연습하면 그래도 덜 고통스럽고 교훈을 얻기 쉬워진다. 실패에 대한 본능적 혐오, 실패 유형에 대한 혼란, 거부에 대한 두려움은 그동안 우리를 옭아맸다. 여기서 벗어나는 방법은 '실패를 리프레임하고 기대는 현실적으로 하는 것'에서부터 시작된다. 올림픽 동메달리스트처럼 말이다.

일상 속 작은 좌절에서부터 수술의 실패에 이르기까지, 실패는 삶과 사회의 발전과 진보에서 결코 피할 수 없는 사건이다. 옳은 실패가 중요한 이유가 여기에 있다. 2장부터는 그동안 말했던 실패의 개념을 차례차례 살펴보겠다.

2장

교훈적 실패: 유레카!

난 실패하지 않았다.
통하지 않는 수천 가지 방법을 발견했을 뿐.

토머스 A. 에디슨

DNA의 개념은 우리 대부분에게 익숙하다. 하지만 이 작은 화학 물질을 질병 치료나 나노 기술에 적용하려 실제로 시도한 사람은 많지 않다. 에모리대 교수 제니퍼 헴스트라 Jennifer Heemstra가 그중 하나다.

과학 분야에서 옳은 실패의 대표적 사례는 '데이터로 입증하지 못한 가설'이다. 이번 장에서 소개할 제임스 웨스트 James West 같은 발명가를 포함해 과학자는 실패를 견디지 못하면 오래 버틸 수 없다. 그래서인지 그들은 교훈적 실패의 가치를 직관적으로 알아챈다.

물론 실패했을 때 실망스럽지 않다면 거짓말이다. 그들도 인간이니 실망스럽다. 올림픽 동메달리스트처럼 과학자와 발명가가 실패를 건강하게 생각하는 법을 배우는 이유다. 헴스트라 역시 이 같은 건강한 사고를 스스로 실천하는 것은 물론 강의, 소셜 미디어와 기사, 영상을 통해 일반 대중에게 실패 대처법을 적극적으로 공유한다.

나는 2021년 여름, 줌Zoom에서 처음 헴스트라를 만났다. 교훈적 실패를 가장 잘 실천하는 과학자를 만났으니, 나는 교훈적 실패가 실제로 어떻게 전개되는지 듣고 싶었다. 그래서 가장 좋아하는 실패담을 들려 달라고 했다.

"실패요? 결과라기보다 과학의 한 부분이죠."

헴스트라가 쫙 편 양쪽 손바닥을 올리며 대답했다. 그의 따뜻하고 환한 웃음이 모니터의 경계를 넘어오는 것 같았다.

"저는 연구실에서 늘 이렇게 말해요. 우린 오늘도 실패만 할 거라고. 우리에게 필요한 건 실패를 정상화하는 과정입니다. 당연히 책임자가 총대를 메야 합니다. 우리 실험 중 95퍼센트는 실패해요. 그런데 그중 90퍼센트가 우리 자신을 질타하죠."

듣기만 해도 정말 고통스러운 일이다. 헴스트라는 '비난받는 실패'와 '칭찬받는 실패'의 차이를 제대로 인식했다. 그래야 실패해도 고통스럽지 않다. 교훈적 실패는 새로운 발견을 위한 필수적인 여정이니 칭찬받는 실패다.

헴스트라는 실패의 차이를 제대로 인식한 초등학교 시절 일화를 전했다. 그는 8학년(한국 기준 중학교 2학년_옮긴이) 때 과학 교사의 타박이 과학자로 성장한 계기였다고 말했다. 1990년대 캘리포니아주 오렌지카운티에서 자란 그는 학창 시절 과학 올림피아드 클럽에서 활동한 적이 있다.

헴스트라는 올림피아드 클럽 활동을 통해 뭔가를 이루고 싶다는 바람 같은 건 전혀 없었다. 방과 후 활동을 해야 하는 상황에서 친구의 권유로 들어갔을 뿐이었다. 그런데 올림피아드 클럽을 통해 그는 지질학에 상당한 흥미를 느꼈고, 재능까지 있다는 걸 알았다. 결국 클럽 코치의 도움으로 그는 고등학교 AP Advanced-Placement (미국에서 고등학생이 대학 진학 전에 대학 인정 학점을 취득할 수 있는 과정_옮긴이) 과학 과정에 입학할 수 있었다. 과학 열등생 취급을 받았던 초반의 실패가 스스로 동기부여를 하도록 이끈 것이다.

헴스트라는 단순히 점수(외부 동기부여 요소)를 위해 공부하기보다, 그저 재미로 암석 이름을 외우고 분류했다. 그 과정이 "정말 신나고 즐거웠다"라고 했다. 그러던 어느 날, 그는 디스토피아적인 공상과학영화 〈가타카Gattaca〉를 봤고, 그 뒤로 자신의 전공을 화학으로 정했다.[1] 그렇게 에모리대 화학과 최초의 여성 정교수가 된 그는 변함없이 학생을 응원하며 일하는 데서 오는 본질적인 기쁨을 전하는 중이다.

줌 화면 너머로 보이는 헴스트라는 푸른색 재킷 차림이었다. 그 차림 그대로 강연을 할 수도, 재킷을 벗어 던지고 바로 달리기를 하러 나갈 것 같기도 했다. 그의 뒤쪽 선반에는 다양한 피규어가 있었는데, 그는 '스티브'라는 이름의 한 피규어를 가리키며 스티브 크누트손Steve Knutson이라는 박사 과정생의 이름을 따 지었다고 했다.

크누트손이 누구냐면, 단일 가닥 RNA와 뉴클레오타이드와의 반응에 글리옥살Glyoxal이라는 시약을 사용한 학생이었다.[2] 이것이 왜 중요한지를 묻자(화학에 대한 나의 무지다), 헴스트라는 "아!" 하고 외마디 감탄사를 내뱉으며 크누트손의 발견을 계기로 수많은 연구와 개발이 가능했기 때문이라고 설명했다. 글리옥살은 의약 용도로 이용하는 것에[3] 더해 합성생물학이나 다른 유전자 회로에 대한 제어법을 연구하는 데도 쓰인다고 했다.

그럼 크누트손의 실험에서 실패는 없었을까? 헴스트라처럼 실패에 대해 스스럼없이 말하는 사람조차 실패담을 털어놓을 때면 행복한 결말부터 이야기한다. 실패를 말하는 것이 얼마나 어려운가가 드러나는 순간이다.

헴스트라는 한발 물러나 빠르게 말을 이어 갔다. 그의 팀은 특정 RNA 분리법을 개발하는 과정에서 RNA가 접히거나 이중 가닥이면 분리가 불가하다는 사실을 깨달았다. 그렇다면 첫 번째 임무는 RNA를 푸는 것이었다. 이는 단백질 결합에 꼭 필요한 과정이다. 그렇게 크누트손은 실험을 시작했고, 방법 하나를 떠올렸다.

'실험실에 이미 있는데 안 써 본 시약을 추가하면 어떨까?'

(물론) 효과는 없었다.

다음으로 떠올린 방법은 염화소듐이었다. 참고로 염화소듐은 RNA를 접히게 한다. 즉, RNA에서 염화소듐을 제거하면 해결될까 싶었다. 이 역시 효과가 없었다. 크누트손은 실망했다. 단, 실망했을 뿐 절망한 건 아니었다. 배움과 발견에 집중하는 분위기를 만들고자 애썼던 실험실 분위기 덕이었다. 헴스트라는 이에 대해 이렇게 말했다.

"평소에 성과가 좋은 사람은 실수에 익숙하지 않죠. 우리는 자기 자신에 대해 비웃을 줄 알아야 합니다. 그러지 않으면 시도 자체를 두려워하고 실수합니다."

헴스트라는 과학에서 실패를 포용하는 것이 얼마나 중요한지를 더 많은 사람에게 알리고자 했다.[4] 특히 여성이 과학 분야에서 경력 쌓기를 얼마나 쉽게 포기하는지에 대해서 소셜 미디어에 이런 포스트를 남겼다.

"실수하지 않고, 실패하지 않는 유일한 사람은 시도하지 않는 사람이다."

결론적으로, 크누트손의 실패는 결코 실수가 아니었다.

실수는 '과거의 루틴'에서 벗어난 것이다. 결과를 얻기 위한 지식을 사용하지 않을 때 발생한다. 헴스트라 역시 대학원 시절 비슷한 경험을 했다. 피펫(실험실에서 소량의 액체를 잴 때 쓰는 작은 관_옮긴이)을 제대로 사용하지 못해 데이터가 잘못 나왔다. 그리고 피펫을 제대로 사용하니 곧바로 제대로 된 데이터가 나왔다고 한다. 그는 실소를 머금고는 이렇게 말했다.

"바보 같은 실수를 해도, 한 번 비웃고 다시 시도할 수 있는 문화를 만들려 노력 중이죠."

크누트손이 단일 가닥 RNA과 단백질의 결합에는 성공했지만, 이중 가닥 DNA과의 결합에서 실패한 건 '어리석은 실수'가 아니었다. 가설에 기반을 둔 실험 결과가 예상대로 나오지 않은 경우이니 실패는 맞다. 다만 불가피한 교훈적 실패다. 무엇보다 중요한 건 그 실패가 다음 실험에 중요한 정보를 제공했다는 점이다. RNA를 푸는 시도에서 분명 더 배울 게 있었다.

크누트손은 문헌을 찾던 도중 1960년대 일본의 한 생화학자가 독일 과학 저널에 발표한 논문을 발견했다. 글리옥살을 전혀 관련 없는 다른 용도에 사용하는 것을 설명한 논문이었다. 호기심이 발동한 그는 곧바로 실험에 착수했다.

유레카! 약간의 수정을 거친 글리옥살은 핵산을 반복해서 가둬 그 기능을 완전히 회복하도록 했다. 과학자로서 크누트손과 헴스트라에게는 더없이 축하할 일이었다. 그리고 이것은 더 나은 질문으로 이어졌다. 이들의 이야기는, 결국 새로운 영역에서의 성공은 옳은 실패를 견디는 힘에 달렸다는 것을 보여 준다.

교훈적 실패의 네 가지 속성

교훈적 실패에는 네 가지 속성이 있다. 첫 번째, 새로운 영역에 대한 '호기심'에서 발생한다. 두 번째, '의미 있는 기회'가 생긴다. 세 번째, 사용 가능한 지식을 바탕으로 한 '정보 획득'이 가능해진다(가설 중심). 네 번째, 실패하더라도 '혜안 획득'이 가능해진다.

단, 실패의 규모는 판단의 문제로 상황에 따라 달라진다. 예를 들어, 대기업이 프로젝트에서 위험을 감당할 수 있는 수준은 개인의 그것보다 크다. 중요한 것은 시간과 자원의 현명한 사용이다. 그렇게 실패로 얻은 교훈은 다음 단계에 현명히 쓸 수 있다.

교훈적 실패의 네 가지 속성을 염두에 두면, 당신은 새로운 시도를 할 수 있고 혹여 그 결과가 기대에 미치지 못하더라도 기분 좋게 받아들일 것이다. 다시 강조하지만 실패는 교훈적이다. 우연히 발생한 게 아니라 공들여 진행한 실험의 결과이기 때문이다. 그런데 실패에 대한 성찰이 없다면, 실패에 투입된 자원은 쓸모없다.

토머스 에디슨Thomas Edison은 역사상 가장 위대한 발명가 중 하나로 꼽히는 인물이다. 1,093건의 특허와 백열전구, 축음기, 송화기, 영사기 등을 발명 혹은 개발해 현대사회에 엄청난 영향을 미친 그는 뉴저지주 멘로파크에 첫 번째 연구소를 설립했다. 기존 제품에 비해 수명이 긴 백열전구가 탄생한 이곳은 과학자, 엔지니어 등이 모여 새로운 발명품에 대해 협업할 수 있는 공간이었다.

이 멘로파크 연구소는 오늘날 전 세계 기업 R&D 팀의 원형으로 평가받는다. 에디슨에 관한 평가는 굳이 나까지 보탤 필요가 없을 것 같지만,[5] 굳이 내게 존경하는 점을 꼽으라면 성공 과정에 수반되는 실패를 기꺼이 받아들였다는 점이다.

새로운 형태의 축전기를 개발하는 과정에서, 멘로파크 연구소의 한 연구원은 계속되는 실패에 낙담 중이었다. 그러자 에디슨은 엷은 미소를 띠고 연구실을 돌아보며 이렇게 말했다.

"내게는 수천 개의 '결과'가 있지.[6] 그 결과 하나하나가 효과가 없음을 증명한 귀중한 발견이었어."

에디슨이 늘 새로운 영역에서 활동하며 기회를 추구했다는 사실에는 논쟁의 여지가 없다. 그에게 수많은 실험은 '정보 획득'의 과정이었음을 추론할 수 있다. 어떤 시련이 와도 그는 절대 포기하지 않았다는 점, 무수한 교훈적 실패가 결국엔 성공으로 이어졌다는 점은 우리에게 깊은 감명을 준다.

당부하자면, 교훈적 실패의 네 가지 속성을 너무 엄격한 잣대로 쓸 필요는 없다. 다른 실패와 교훈적 실패를 구분하는 기준 정도로 생각하면 된다. 이 속성은 '예/아니요'로 구별할 수 없다. 실패를 감수하고서라도 도전할 만한 가치가 있는지의 판단은 오로지 당신의 몫이다. 그 누구도 대신할 수 없다.

다만 실패는 언제 그리고 어떻게 발견으로 이어지는지, 그 실패가 당신의 일이나 삶에서 가치 있는지 생각하려면 교훈적 실패의 네 가지 속성은 필요하다. 이제 그 속성별로 교훈적 실패(그리고 실패자) 사례를 살펴보자.

호기심: 당연한 것은 없다

영국의 여성 천체물리학자인 조슬린 벨 버넬Jocelyn Bell Burnell[7]은 어린 시절부터 자신이 그 누구도 가 본 적이 없는 곳(실제적·비유적으로 모두)에 있음을 알아챘다. 1940년대 당시 북아일랜드에서 십 대 소녀가 신부 수업을 받지 않고 과학자로서의 포부를 밝히는 건 흔치 않은 일이었다. 학교에서 화학물질을 다루며 각종 실험을 하도록 허락된 건 남학생뿐이었다. 여학생은 학교 내 주방에서 가정 수업을 들어야 했다.

이런 상황에 몹시 실망한 버넬은 부모님에게 불평했고, 다행히 과학에 대한 딸의 관심을 진지하게 받아들인 그의 부모는 학교를 설득해 정책을 바꾸도록 했다. 이후 그를 포함해 여학생 셋이 과학 수업에 참여할 수 있었다. 그리고 버넬은 아버지 서재에서 뽑아 든 책 한 권으로 천문학과 완전히 사랑에 빠져 버렸다. 참고로 그의 아버지는 건축가로 북아일랜드에 있는 아마 천문대·천체투영관Armagh Observatory & Planetarium 설계에 참여한 인물이었다.

버넬은 글래스고대 물리학과 재학 시절 과에서 유일한 여학생이었다. 강의실은 그 자체로 새로운 경험이었지만 동시에 슬픈 곳이기도 했다. 그가 강의실에 들어설 때면 온갖 야유와 희롱 섞인 말이 꽂혔다. 아웃사이더로서, 과학계의 여성 개척자로서 이러한 경험은 남이 보지 못한 것을 알아차리도록 자극했을 것이다.

1967년, 케임브리지대 천문학과 박사 과정이었던 버넬은 한 프로젝트에 배정됐다. 거대한 전파망원경을 만들고 운영하며, 이 과정에서 모은 데이터를 분석하는 프로젝트였다. 그렇게 종이 위에는 하루에만 3미터가 넘는 그래프가 그려졌다. 프로젝트 책임자인 앤터니 휴이시Antony Hewish 교수는 엄청난 양의 전파를 만드는 은하계의 중심 퀘이사를 찾기도 했다.

그러던 어느 날, 그래프를 보던 버넬은 뭔가 설명할 수 없는 신호를 포착했다. 그는 당시를 떠올리며 이렇게 회상했다.

"보이면 안 되는 것이었는데, 그게 정확히 무엇인지 알고 싶었어요."[8]

버넬은 이에 대해 휴이시에게 질문했다. 휴이시는 대수롭지 않게 받아들였다. 궤도를 벗어난 선에서 간섭이 발생했거나 망원경 설치 과정에 실수가 있었던 것으로 여겼다. 하지만 버넬은 깊이 조사할 필요를 느꼈다. 무선 신호를 좀 더 자세히 분석하기 위해 문제의 그래프 부분을 확대했다. 그다음 그 자료를 휴이시에게 내밀었고, 그제야 그도 해당 신호의 존재를 인식했다. 훗날 버넬은 당시를 이렇게 회상했다.

"완전히 새로운 프로젝트가 시작되던 순간이었죠.[9] 그게 과연 뭐였을까요? 그 미지의 신호를 우리는 어떻게 확인할 수 있었을까요?"

미지의 영역에 대한 버넬의 호기심, 그리고 멀라드 전파 천문대에서 밤낮으로 실험에 매달린 노력은 결국 노벨상 수상으로 이어지는[10] 펄서pulsar 발견으로 이어졌다. 하지만 그는 노벨상 수상자 명단에 들지 못했다.

우리는 살면서 늘 새로운 영역에 던져진다. 직업이 바뀔 수도 있고, 운동을 시작할 수도 있고, 직장을 옮길 수도 있다. 새로 시작하는 연애도 마찬가지다. 만약 당신이 골프를 처음 배운다면, 공이 골프채에 제대로 맞을 확률은 거의 없다. 부모를 떠나 독립하거나 새로운 곳으로 이사하는 등의 큰 변화는 대부분 새로운 영역으로의 이동으로 이어진다. 결혼 같은 기쁜 일이나 가족의 사망 같은 슬픈 일에도 똑같이 적용된다.

헴스트라, 에디슨, 버넬 같은 발명가나 과학자의 공통점은 스스로 새로운 영역을 탐색했다는 점이다. 분야를 막론하고 새로운 영역으로의 도전에는 필연적으로 실패가 따라온다. 아무리 인터넷에서 찾아봐도 실패를 피할 완벽한 방법은 없다.

다만 실패를 피하는 것에 대해 독창적으로 생각해 보고 싶다면 방법이 있다, 우선 익숙함에서 벗어나야 한다. 과학자의 경우 전임자나 동료의 연구를 찾아보며 연구 주제에 대해 답이 나왔는지를 확인하지만, 그렇다고 새로운 영역에서의 실패를 피할 순 없다.

만약 당신이 새로운 일을 시작한다고 가정하자. 친구나 채용 담당자 혹은 전임자를 통해 여러 정보를 얻을 수 있지만, 막상 일을 시작해 새로운 사람을 만나고 회의에 참석하다 보면 전혀 예상치 못한 상황과 모습이 보인다. 당신을 채용한 사람이나 동료가 그만두거나 다른 부서로 갈 수 있다. 그렇게 같이 일한 적 없는 새로운 상관 밑에서 일할 수 있다. 이처럼 새로운 영역에서 발생할 수 있는 상황이나 문제에 대해 지침이나 청사진을 미리 확보할 순 없다. 그러니 일이 뜻대로 되지 않더라도 그것은 당신의 잘못이 아니다.

새로운 영역의 가장 큰 특징은 '불확실성'이다. 처음으로 부모가 되는 경험, 첫 출근의 경험 모두 마찬가지다. 새로운 것을 시도할 때 불확실성이라는 위험이 이미 따라붙는다. 어떤 일이 일어날지 정확히 예측하는 건 애당초 불가능하다.

메리와 빌은 1930~1940년대 뉴욕 이웃 동네에서 함께 자란 소꿉친구 사이다. 오후 무렵이 되면 둘이서 공놀이를 했고,

이들 부모는 서로 담소를 나눴다. 1953년 여름, 메리와 빌은 대학을 졸업하고 다시 뉴욕으로 돌아왔다. 그리고 빌은 메리가 좋아할 거라 생각하며 이성 만남을 주선했다. 그 상대는 빌 여자 친구의 오빠였다. 그러나 (한참 뒤 나의 엄마가 된) 메리는 썩 내키지 않았다고 한다. 자연스러운 만남도 아니고, 빌의 사람 보는 눈이 영 못 미더웠기 때문이다.

게다가 1년 전에 이미 문제가 있었다. 빌이 자신 있게 소개한 남자가 영 별로였기 때문이었다. 당시 뉴욕 바사대 대학생이던 메리는 당시 여대가 그랬듯(바사대학교는 1969년에 남녀공학이 된다_옮긴이), 주말이면 동기와 함께 프린스턴대 남학생과 데이트를 즐기는 등 바쁜 나날을 보냈다. 그때 메리의 데이트 상대가 빌이 소개했던 친구였다. 술고래에, 늘 자기 자랑만 하기 바쁘고, 뭐든 지나치게 앞서가는 사람이었다. 메리에게 그와의 주말 데이트는 최악이었다. 차라리 주말에 학교에 남아서 공부를 하는 게 더 낫다고 생각할 정도였으니 말이다.

대학 때 경험 때문인지, 메리는 이번에 빌이 소개한 인물도 마음에 들 거라는 확신이 없었다. 이런 상황에서 만남을 받아들인다면? 또 다른 실패의 위험을 감수하는 셈이다. 그런데 이번에는 빌의 주선을 쉽게 무시하고 싶지 않았다. 결과를 미리 알 방법이 딱히 없는 것도 이유였다. 그래서 결론은? 뒤에서 이야기가 계속된다.

의미 있는 기회: 시도가 절반이다

햄스트라와 크누트손은 세계 최고 과학 저널에 주요 논문으로 실릴 만한 과학적 발견을 이루길 꿈꾸며 연구에 매진했다. 그러니 처음에는 실패할 때마다 무척 실망스러웠을 것이다. 버넬은 그 대상이 무엇인지에 대한 확신은 없었지만, 태양계에서 새로운 발견을 할 만한 기회를 포착했다. 그리고 연구를 지속하고자 지도 교수를 설득했다. 나의 어머니 메리는 궁극적으로 함께 인생을 꾸려 나갈 사람을 찾으려 했다.

과학적 발견을 이루는 것, 동반자를 찾는 것 그리고 새로운 사업을 시작하는 것 모두 의미 있는 기회를 구현할 수 있는 상황이다. 하지만 기회를 구현하는 과정이 꼭 고상하다는 보장은 없다. 그럴듯해 보이는 새로운 방법을 시도했지만 실패했다면 그 역시 교훈적 실패라 할 만하다.

인간이 교훈적 실패를 경험하는 과정은 아주 어릴 때부터 시작된다. 걸음마 배우기를 떠올리면 된다. 하지만 학교에 입학하면서 우리는 정답을 맞히는 것만이 유일하게 가치 있는 활동이라 믿기 시작한다.

그래서 미국의 스템STEM 교육이 돋보이는 이유가 있다. '탐구 중심'을 지향하는 스템 교육은 과학Science, 기술Technology, 엔지니어링Engineering, 수학Mathematics의 약자로 교과 과정에서 교훈적 실패를 연습하는 기회를 제공하기 때문이다. 또한 영국의 명문 사립학교인 브라이튼칼리지 역시 이 부분을 아주 중요하게 여긴다. 브라이튼칼리지의 디자인 및 기술 과정 책임자 샘 하비Sam Harvey는 학교의 철학을 이렇게 설명한다. 교훈적 실패를 연습하도록 장려한다는 것이다.

"학생의 창의력에는 제한이 없어요. 우리는 학생이 아이디어를 창조하고, 시도하며, 시험하도록 장려합니다."[11]

브라이튼칼리지 학생이 학교 과제를 발전시켜 실생활의 문제를 해결할 수 있었던 것도 이러한 교육 철학 덕분이었다. 한 학생이 아보카도를 썰다가 실수로 칼에 손을 벴다.[12] 그러자 발명품을 만들어 보라는 교사 사라 오베리Sarah Awbery의 격려로 13~14세 학생 다섯이 아보카도 껍질에 씨까지 안전히 제거하는 도구를 개발했다. 이 제품은 아보고Avogo라는 이름으로 2017년 런던디자인뮤지엄이 주최하는 대회 디자인벤투라Design Ventura에 출품됐고, 독립학교 부문 우승을 차지했다. 그 후 크라우드펀딩 플랫폼인 킥스타터Kickstarter를 통해 아보고 제작을 위한 투자금을 모았다.[13] 새로운 영역에서 의미 있는 기회를 발견한 것이다.

이 외에도 브라이튼칼리지는 놀이를 통해 교훈적 실패에 대한 습관과 마음가짐을 가르친다. 예를 들면 거센 바람을 내뿜는 기구 위에 올려 놓은 공이 어느 방향으로 떨어질지 가설을 세우도록 한다. 옳은 실패를 연습하는 기회다. 실제로 놀이는 교훈적 실패를 익히는 데 필수적이다. 실패라고 해서 늘 따끔하게 겪을 필요는 없다.

정보 획득: 주변에 대한 궁금증을 키우라

교훈적 실패는 준비 과정에서 결론이 난다. 이전에 실패한 시도에 시간이나 자료를 낭비하고 싶은 이는 없다. 그러니 교훈적 실패에는 늘 가설이 있다. 앞으로 어떤 일이 일어날지 생각하고, 왜 그럴 것으로 생각하는지 정리한 내용이다. 내 대학 동료이자 기업가 정신 관련 전문가 토머스 아이젠만Thomas Eisenmann은 대다수의 창업 실패는 기본적인 사전 준비 과정이 소홀했기 때문이라 밝혔다.

온라인 데이팅 서비스 트라이앵귤레이트Triangulate의 예를 들어 보자. 그들은 완벽한 기능을 갖춘 애플리케이션 '윙스Wings'를 '빠르게' 출시했다. 하지만 윙스는 시장의 그 어떤 요구도 충족하지 못했다. 그저 출시에만 급급해 소비자가 정말로 무엇을 원하는지에 대한 탐색 과정이 빠진 것이다. 결국 다른 서비스를 내놓았다가 기업 문을 닫는 등 그 대가를 톡톡히 치러야 했다.[14]

아이젠만은 이런 실패가 흔하게 발생하는 (부분적) 원인에 대해 "빨리, 자주 실패하라!"라는 격언[15] 때문이라 지적한다. 이 격언으로 인해 행동을 지나치게 강조하되 준비의 중요성은 간과하는 경우가 많다. 사전 준비를 마치면, 그것이 자신에게 무엇을 말하는지 주의를 기울여야 하는 시간이 필요한 이유다.

1992년, 무색소·무카페인 음료, 생수가 인기를 얻는 트렌드에 부응해 '빠르게' 출시한 크리스털 펩시Crystal Pepsi 사례도 나쁜 실패의 예다.

"콜라가 투명하니까, 투명한 병에 담으면 더 매력적이지 않을까?"

펩시 연구 팀은 해당 아이디어에 문제가 있음을 발견했다. 포장 특성상 음료가 쉽게 상한다는 것이었다. 연구 팀은 이에 대한 보고서를 제출했다. 하지만 제품 출시에 급급했던 마케팅 임원은 이 보고를 완전히 무시했다. 그렇게 크리스털 펩시는 기업 역사상 최악의 실패로 남았다.[16] 크리스털 펩시의 존재 자체를 모르는 사람이 많은 이유가 있었다.

버넬은 물리학과 전파천문학을 공부했던 덕분에 데이터의 문제를 알아차릴 수 있었다. 학문적 배경이 없었다면 문제의 데이터는 그저 삐뚤빼뚤한 그래프로만 보였을 것이다.

"보이면 안 되는 것이었는데, 그게 정확히 무엇인지 알고 싶었어요."[17]

버넬의 이 말은 준비 작업이 얼마나 철저했는지를 보여 준다. 그가 준비 작업에 소홀했다면, 예상치 못한 신호를 알아차리는 능력을 가지지 못했을 것이다. 정보를 바탕으로 한 기준이 있어야만 이상 징후를 포착할 수 있다.

아보고를 개발한 브라이튼칼리지 학생인 피에트로 피냐티-모라노 캄포리Pietro Pignatti-Morano Campori, 마티아스 파즈 리나레스Matias Paz Linares, 시븐 파텔Shiven Patel, 세스 리카드Seth Rickard, 펠릭스 윈스탠리Felix Winstanley 역시 기존의 아보카도 절단기를 분석하는 준비 작업을 철저히 했다.

"우리 모두 디자이너가 돼 온종일 연구에 매달렸습니다.[18] 시중에 나온 절단기를 모조리 분석했어요. 대부분이 쓸데없이 크고 무거웠습니다. 그래서 세련된 절단기를 만들어야겠다 생각했죠. 그렇게 갈고리 모양 등 다양한 디자인을 실험해 테스트할 준비까지 했습니다."

크누트손도 마찬가지였다. 그는 새로운 실험에 시간과 화학물질을 투입하기 **전**, 문제 해결을 위해 최대한 깊고 다양한 지식을 얻고자 과학 문헌을 탐색했다. 심지어 잘 알려지지 않은 1960년대 논문까지 찾아보는 일도 마다하지 않았다.

준비 작업만큼이나 중요한 것이 또 있다. 버넬처럼 예상치 못한 일이 **왜** 일어났는지 이해하고, 새로운 실험에서 무슨 일이 일어날지 예측하려는 '욕구'다. 예를 들어, 정원사는 똑같은 나무라도 특정 장소에서 유독 잘 자라는 이유를 매우 궁금해한다.

'토양 때문일까?'

'햇빛이 비치는 시간 때문일까?'

'물의 양 때문일까?'

'아니면 전혀 다른 이유가 있는 걸까?'

교사도 마찬가지다.

'이 학생은 왜 학습에 어려움을 느낄까?'

당신 역시 이직을 하거나 이사를 하면 어떤 도전이나 기회, 경험이 기다릴지 궁금할 수 있다. 이렇듯, 인간은 천성적으로 호기심이 많지만 시간이 지남에 따라 새로운 것을 이해하려는 욕구를 점점 잃어버린다. 익숙한 분야라면 더욱 그렇다. 가족이나 기업, 국가를 막론하고 기존 시스템을 제삼자의 관점에서 보는 것이 매우 중요한데, 그 이유가 여기에 있다. 외부인은 자신이 기존 시스템을 잘 모른다는 사실을 잘 알기 때문이다!

1961년, 벨연구소에서 일하기 위해 미국 땅을 처음 밟은 엔지니어 출신 발명가 비쉬누 아탈Bishnu Atal에 대해 이야기하겠다. 그는 인도에 있는 가족과 통화를 하면서 느꼈던 깊은 좌절감을 생생히 기억했다. 그때 통화 품질이 엉망이었기 때문이다. 간단한 대화조차도 불가능할 정도로. 그런데도 통화료는 턱없이 비쌌다.

아탈은 통화 품질이 왜 이리 낮은지가 궁금했다. 그 호기심이 계기가 돼, 그와 연구소 동료는 무려 20년간 연구에 매진했다. 그 연구는 오늘날 음성 처리에서 가장 많이 쓰이는 '선형 예측 부호화LPC'의 개발로 이어졌다.

혜안 획득: 아무도 몰래, 작게 실행해 보라

다시 내 어머니인 메리의 이야기로 돌아가 보자. 그는 결국 빌의 설득으로 만남에 동의했다. 그런데 어떻게 해야 실패의 위험을 최소화할지 직감적으로 알아챘다. 만남에 주말을 모두 할애할 필요도, 심지어 저녁 시간 전체를 할애할 필요도 없겠다고 느낀 것이다. 그래서 가벼운 술 약속으로 첫 만남 날짜를 잡았다. 만남이 지루하고 만족스럽지 않다 해도 1~2시간만 보면 되니 그뿐이었다. 즉, 내 어머니는 만남에 시간과 에너지를 줄여서 새로운 시도를 한 셈이다.

하지만! 그날 자리에 나온 남자는 모든 면에서 메리의 마음에 쏙 들었다. 그렇게 둘은 결혼했고, 그날 내 어머니가 만난 똑똑하고, 진중하고, 친절한 남자 밥Bob은 내 아버지가 됐다. 그리고 빌은 내 고모부가 됐다. 사랑의 큐피드가 두 번이나 적중한 셈이다.

이렇듯 실패는 시간과 자원을 소모하기에 현명하게 해야 한다. 더욱이 실패는 평판을 위협하기 매우 좋다. 실패로 인해 평판이 깎일 위험을 줄이는 방법 중 하나는 '비공개 실험'이다. 그동안 시도하지 않았던 패션이 자신에게 어울리는지 옷 가게 탈의실에서 입어 보는 것이 해당된다. 이와 마찬가지로 대부분 기업의 혁신 부서와 연구실은 비공개로 운영되며, 연구 및 개발 진은 보이지 않는 곳에서 온갖 종류의 실험을 진행한다.

얻는 것 없이 시간과 자원이 들어가는 상황이라면, 시도를 빨리 끝내는 것도 방법이다. 하지만 우리는 효과가 없어도 계속 진행하고픈 유혹에 빠진다. 당연히 낭비고 헛수고다. 하지만 성과도 없는 시도에 시간과 자원을 쓰는 건 아닌지 알아차리기는 쉽지 않다. 성과 분석이 '스포츠'가 돼야 하는 이유가 여기 있다. 팀원 서로가 서로에게 의견을 구하고 전하며 같이 나아가야 한다.

이른바 '매몰비용의 오류'(회수 불가능한 비용 때문에 시간과 자원을 계속 투입하는 일_옮긴이)를 극복하려면 주변에서 '그만하라 말할 때' 흔쾌히 받아들이도록 제도를 만드는 것도 도움이 된다.

알파벳Alphabet(구글 모기업) 산하 엑스디벨롭먼트 책임자 아스트로 텔러Astro Teller는 프로젝트 실패를 인정하면 이른바 '실패 보너스'[19]를 지급했다. 실패를 암시하는 신호가 나타나기 시작하면 이는 더 이상 교훈적 실패가 아니라고 믿기 때문이다.

1990년대, 제약 업체 일라이릴리Eli Lilly의 최고과학책임자 CSO였던 W. 리 톰슨W. Leigh Thompson은 각종 연구에 실패한 사람을 '실패 당사자'[20]라는 이름으로 소개했다. 그 목표는 과학적 진보에 필요한 위험을 '기꺼이 감수한' 연구자를 치하하기 위함이었다. 이를 통해 실패를 적시에 인지하고, 다음 상황에 대처하기 위한 자원을 확보하는 환경을 만드는 데 상당한 도움이 됐다. 즉, 실패의 크기를 최대한 작게 유지하려 노력한 셈이다! 나아가 그는 실패 당사자가 겪은 실패를 부서 내에 공유해 똑같은 실패가 반복되지 않도록 했다. 실패에 드는 자원을 최소화한 모범 사례다.

'사전 테스트'는 실패를 최대한 작게 유지하는 또 다른 방법이다. 큰 실패를 피하기 위해 '작게' 먼저 시험해 본다는 사전 테스트의 취지는 합리적이다. 하지만 사전 테스트에서 성공했는데 커다란 실패로 이어지는 경우도 매우 많다. 왜 그럴까? 인센티브가 성공에서 차지하는 역할을 제대로 인식하지 못하고, 교훈적 실패를 억제하기 때문이다.

물론 우리는 사전 테스트를 넘어 실제로 성공하길 바란다. 공식적·비공식적 인센티브는 그 열망을 더욱 부추긴다. 그 결과 사전 테스트에서 참여자 마음을 사로잡기 위해 최선을 다한다. 추가 자원이 들어도 기꺼이 감수한다. 이러면 사전 테스트의 장점은 더 이상 작동하지 않고, 해당 프로젝트는 실패로 끝나고만다. 과거 내가 연구한 한 통신 기업도 마찬가지였다. 신기술

개발 당시 사전 테스트는 완벽하게 성공했지만, 정식 출시에서는 무참히 실패했다.[21] 사전 테스트에서 발견한 취약점에 적절히 조치하지 못한 탓이다.

효과적 사전 테스트를 진행하려면 인센티브가 필수다. 사전 테스트에서 발견된 오류과 실패가 동기부여에 효과적이기 때문이다. 사전 테스트는 실패하는 게 당연하고, 오히려 실패해야 한다. 만약 당신이 사전 테스트를 한다면 다음 질문에 "예"라고 바로 대답할 수 있어야 한다.

"최적의 상황이 아니라, 일반적 혹은 도전적 상황인가?"

"혁신의 가치를 증명하기보다 가능한 많이 배우려는 게 목

도표 5 교훈적 실패 여부 판별법

실패 속성	진단을 위한 질문
새로운 영역에서 발생	• 추구하는 결과를 어떻게 달성하는지 상대방이 아는가? • 실패를 피하기 위한 다른 방법을 찾을 수 있는가?
기회 주도	• 추구할 정도로 의미 있는 기회가 있는가? • 이루고 싶은 목표는 무엇인가? • 실패의 위험을 감수할 가치가 있는가?
사전 준비	• 사전 준비를 철저히 했는가? • 관련 지식을 미리 습득했는가? • 어떤 상황이 발생할지 가설을 세웠는가?
작은 실패	• 사전 테스트를 통해 잠재적 위험 크기를 줄였는가? • 계획된 행동은 '적절한 크기'인가?
실패 복습	• 실패에서 얻은 교훈을 어떻게 활용할 것인지 아는가? • 실패 내용을 널리 공유했는가?

표인가?"

"인센티브가 성공 여부에 달려 있지 않은가?"

"결과를 바탕으로 눈에 띄는 변화가 있는가?"

이제 정리해 보자. 교훈적 실패는 '충분한 준비, 최소한의 위험(실패를 학습하는 데 필요한 만큼)'으로 '새로운 영역'에서 '가치 있는 목표'를 추구하는 과정에서 발생해야 한다. '도표 5'에 교훈적 실패 판별법을 정리했다. 이제 당신은 교훈적 실패를 통해 최대한 많은 것을 배워야 한다.

실패했다면 일단 멈추라

나의 부모 메리와 밥이 만나 결혼한 지 50년, 이제는 인터넷을 통해 이성을 만나는 시대다. 30세에 촉망받는 미래학자[22]로 성공적인 커리어를 쌓던 에이미 웹Amy Webb도 그중 하나였다. 그는 〈포브스Forbes〉가 선정한 '세상을 바꾼 여성 50인'에 오르기도 했다. 그런 그 역시 인생의 동반자를 만나고 싶단 생각에 데이팅 서비스에 가입해 프로필을 썼다.[23]

"화려한 수상 경력에 빛나는 언론인, 연사, 사상가. 12년간 디지털 미디어 분야에 종사했으며, 전 세계 수많은 스타트업, 소매 업체, 정부 기관, 미디어 팀 자문을 맡음."

여담으로, 취미는 자바스크립트 코딩, 수익화라고 덧붙였다.

그렇게 한두 번 성사된 만남 중 하나는 IT 전문가 남성과의 저녁 식사였다. 레스토랑에서 웹은 애피타이저와 메인 요리, 와인 등 다양한 메뉴를 주문했다. 만남 내내 맛있는 음식이 끊임없이 나왔지만 서로의 대화는 겉돌았다. 식사가 끝나고 웨이터가 계산서를 가져오자, 상대는 화장실에 다녀오겠다 나가서는 그대로 달아나 버렸다! 그날 식사비는 여느 집의 월세 수준이었다. 완벽한 실패였다.

하지만 웹은 실패를 교훈으로 삼아 보기로 했다. 그는 실패 원인을 데이팅 서비스의 알고리즘 때문이라 '리프레임'했다. 남녀 매칭에 쓰인 알고리즘이 실패의 이유라는 뜻이다. 그렇다면 그 알고리즘은 어떻게 작동했을까? 알고리즘에서 무엇이 잘못된 것일까? 그는 이를 알아내기 위해 실험을 시작했다. 실험 목표는 데이터 수집이었다.

먼저, 웹은 자신의 이상형에 가까운 남성 10명의 '가상' 온라인 프로필을 만들었다. 그 자질에는 똑똑하고, 잘생기고, 재미있고, 가정적이고, 장거리 여행도 마다하지 않는 등의 조건이 포함됐다. 이제 데이팅 서비스 내에서 이런 프로필의 남성이 어떤 여성에게 관심을 표현하는지 보기로 했다. 그렇게 자신에게 말을 걸어 온 이와 최소한의 의사소통만 하면서 데이터를 모았다. 이에 더해 데이팅 서비스 내에서 인기 있는 여성의 프로필도 분석했다.

이렇게 새로운 지식으로 무장한 웹은 두 번째 실험에 돌입했다. 그동안 모은 데이터에 '최적화'된 형태로 자신의 프로필을 바꿨다. 이번에는 '재미있고, 모험적인 여성'으로 묘사했고, 몸매가 드러나는 옷을 입은 프로필 사진을 올렸다. 그리고 어떤 메시지든 즉각 응답하되, 23시간을 기다린 후 다음 답을 보냈다.

결과는? 성공적이었다.

웹은 자신의 실험이 성공할 수 있었던 이유를 '알고리즘을 자신만의 방법으로 재창조했기 때문'이라고 말한다. 이전 만남의 실패로부터 배우고 인내하는 과정이 없었다면 불가능한 일이다.

물론, 잘못된 결과로부터 배우는 것은 교훈적 실패의 실천에서 가장 힘든 부분이기도 하다. 에디슨처럼 반복된 실패 앞에서도 유쾌한 상태를 유지할 수 있는 사람은 많지 않다. 실패 후 느끼는 실망감, 당황스러운 감정은 아주 자연스러운 결과다. 게다가 우리는 그런 감정을 빨리 떨치고 싶은 심리를 가졌다. 일단 실패에 대한 비난에 귀를 막고, 실패를 리프레임해 호기심의 영역으로 재빨리 이동해야 하는 이유다.

"난 잘못이 없어. 누군가의 문제일 뿐이야."

한마디로 자기방어적이다. 진짜 발견에서 멀어지는 말이다.

"효과가 없네? 다른 걸 해 볼까?"

틀린 말은 아니지만, 너무나 피상적이다.

"다음에는 더 열심히 할게요."

실패에 대한 분석 없이 입에 발린 말이다. 그렇게 진정한 배움에서 멀어진다.

실패했다면, 잠시 행동을 멈추고 '무엇이 문제인지, 어떤 행동을 할 것인지'를 공표해야 한다. '도표 6'에서는 옳은 실패를 막는 행동과 함께 이를 개선하기 위한 방법을 정리했다.

'도표 6'의 개선 방법 중 가장 중요한 것은 실패의 여러 원

도표 6 옳은 실패를 막는 행동과 말에 대한 개선 방향

삼가야 할 행동	삼가야 할 말	개선 방법
자기방어적 분석	"난 잘못이 없어. 누군가의 문제일 뿐이야."	실패에 자신이 기여한 부분을 파악하고 받아들이기
분석 건너뛰기	"다음에는 더 열심히 할게요."	무엇이 잘못됐고, 무엇이 실패를 초래했는지 신중하게 생각하기
피상적 분석	"효과가 없네? 다른 걸 해 볼까?"	실패의 여러 원인을 분석해 무엇을 시도해야 할지 검토하기

인을 분석하는 것이다. 실험에서 단순히 화학물질을 잘못 사용한 게 이유라면 교훈적 실패가 아니다. 공들여 세운 가설이 잘못됐다면 교훈적 실패다. 이때는 무엇이 잘못됐는지 신중하게 분석하고 질문해야 한다. 실패로부터의 **학습**이 곧 유레카를 향한 여정이기 때문이다.

새로운 영역에서 기회를 인식하고, 사전 준비를 철저히 하고, 자원을 아껴 줄 작은 실험을 설계하라. 과학자나 발명가뿐만 아니라 누구나 거쳐야 하는 과정이다.

반복되는 실패에 대한 오해

교훈적 실패는 하나의 스토리다. 지금도 세계 곳곳의 발명가, 과학자, 혁신 관련 부서가 여러 교훈적 실패를 묶어 목표로 나아

간다. 이들의 행동을 **교훈적 실패 전략**이라고 해 두자. 뭔가 확실하게 알려면 꼭 행동해야 한다. 그리고 행동에는 후속 조치가 필요하다.

당신이 만약 이번 장의 원고 초안을 읽었다면 엉망진창이라고 느꼈을 것이다! 약점에 맞서려는 의지, 반복을 통해 개선되리라는 신뢰는 엉망진창 원고가 하나의 책으로 탄생하는 토대를 제공한다. 당신을 시작하게 하는 건 행동이지만, 진보를 가져오는 건 '반복'이다.

내 아들 둘이 어렸을 적, 우리 가족은 눈 오는 주말 매사추세츠주 와추셋산Wachusett Mountain에서 스키를 타곤 했다. 아이들이 스키 타는 법을 익혀 시간이 갈수록 점점 빠른 속도로 능숙하고, 세련되게 타는 모습을 보는 것도 큰 재미였다.

막내아들 닉은 꽤 어렸을 때부터 스스로 발전의 필요성을 느꼈던 것 같다. 그가 8세 무렵 때다. 한번은 비탈에서 내려오는 모습을 지켜봐 달라고 내게 부탁하는 것이다. 나는 그러겠다고 대답한 뒤 비탈을 응시하며 빨간 점퍼 차림의 아들을 지켜봤다. 잠시 후 그가 와서는 이렇게 물었다.

"저 어땠어요?"

"와, 진짜 멋지던데!"

나는 대부분의 부모가 열광적으로 건넸을 법한 대답을 했다.

그런데 닉의 대답이 몹시 당황스러웠다. 내가 기대했던 해맑은 미소 대신 다소 어리둥절한 표정이었다. 눈빛에는 실망감이 역력했다.

"제가 잘못한 부분을 말해 주시면 안 될까요? 다음에 좀 더 잘하게요."

닉의 경우처럼 스스로 발전의 필요성을 느끼고 시도하는 행동을 심리학자 캐럴 드웩Carol Dweck은 '성장형 사고방식Growth Mindset'[24]이라 했다. 그런데 걸음마 하나에도 칭찬 세례를 받는 아이가 이런 사고방식을 가진다면 매우 드문 일이다. 대부분의 아이는 시간이 갈수록 고정된 지능과 타고난 능력에 대한 믿음을 내재화시키기 때문이다. 어쩌면 그는 형의 존재 때문에 솔직한 평가에 남다른 욕심을 냈던 것 같다. 또한 옳은 실패를 즐긴 셈이다. 산비탈 내려오기를 반복해 스키 실력이 더 나아질 기회였다.

그렇다면, 닉에게 이런 태도를 길러 주기 위해 내가 무엇을 했는지 궁금해할 이도 많을 것이다. 이에 대한 내 대답은 이렇다.

"드웩의 연구 내용에 친숙했던 저는 결과보다 과정을 말하려 했습니다. 이를테면요. 아이가 그린 그림을 두고 '잘 그렸다'고 말하는 대신 '여기 색을 어떻게 쓴 거냐'고 묻는 식이죠."

비록 스키 탈 때는 실망스러운 대답을 내놨지만, 지금이라면 이렇게 말했을 것이다.

"오! 속도를 자유자재로 조절하면서 즐기는 것 같았어. 그런데, 내리막길에서 무릎을 조금만 더 구부리고 가슴을 낮추면 더 잘 탈 거 같은데?"

일상이나 업무, 전문적 연구 모두 교훈적 실패로부터 배우는 데 시간이 오래 걸릴 수 있다. 심하면 수십 년이 걸리기도 하는데, 그사이에도 다른 실패를 통해 교훈을 얻을 수 있다.

대표적인 예가 신호등이다. 지금의 신호등이 탄생하기 위해서는 오랜 교통 체증과 혼란이 수차례나 반복돼야 했다.[25] 최초의 신호등은 1868년, 영국의 철도 관리자 존 피케 나이트John Peake Knight가 발명했다. 그런데 당시 신호등은 전기가 아닌 가스로 작동했고, 경찰관이 옆에서 조작해야 했다. 그러다 신호등에서 가스 누출로 인한 폭발로 경찰관이 상해를 입은 사고가 발생했다. 그렇게 신호등은 해로운 존재가 돼 잊히는 듯했다.

그런데 40년 후, 자동차 대수가 늘어나고 교통 체증이 잦아지자 신호등의 필요성이 다시 부각됐다. 1914년에는 제임스 호그James Hoge가 특허받은 전기식 신호등[26]이 오하이오주 클리블랜드에 최초로 설치됐다.

호그의 신호등을 시작으로, 20세기 초 미국에서는 더 좋은 신호등을 만들기 위한 수많은 도전과 실패가 거듭됐다. 1923년이 돼서야 발명가 겸 기업가 개릿 모건Garrett Morgan이 이전의 시행착오를 종합적으로 개선해[27] 마침내 오늘날의 신호등이 등장했다.

어느 날, 모건은 클리블랜드 시내 한 교차로에서 사고 장면을 목격했다.[28] 신호등이 사고 원인이었다. 당시 신호등 신호는 '정지'와 '출발'뿐이었기에, 운전자가 반응할 시간이 없었다. 그 이후 모건은 오늘날 노란색(혹은 주황색)의 경고등이 설치된 신호등을 발명해 특허를 획득했고, 그 유명한 제너럴일렉트릭General Electric에 권리를 판매했다.

반복된 실패 후에 비교적 빨리 성공하는 경우도 있다. 미국 뉴잉글랜드 지역에 살았던 크리스 스타크Chris Stark 는 매년 가을, 나무에서 떨어진 사과 활용법[29]을 고민 중이었다. 처음엔 파이를 만들어 볼까도 생각했다. 하지만 파이가 간식이다 보니 소비량이 적고, 저장에도 한계가 있기에 해결책은 아니었다. 사과 소스도 생각해 봤지만, 파이와 문제가 같았다. 고심 끝에 생각한 것은 사과 주스였다. 저장도 쉽고, 다양한 용도에 사용할 수 있어 충분히 실행 가능한 대안이라고 생각했다.

스타크는 바로 실행에 옮겼다. 우선 사과를 갈기 위해 통에 스크루를 달았다. 그런데 이 스크루를 돌리는 게 문제였다. 먼저 자전거 크랭크를 부착했다. 하지만 크랭크를 움직이려면 너무 많은 힘이 들어가 사람의 힘으로는 역부족이었다. 그렇게 첫 번째 시도는 실패로 끝났다. 다음에는 고철 자전거에 통을 연결하고 페달을 밟아 회전시켜 봤다. 그런데 체인이 날아가면 작동이 위험했다. 이 역시 실패였다. 세 번째 시도에서는 운동용 자전거를 부착해 성공했다. 마침내 그는 많은 양의 사과 주스를 만들 수 있었다.

강조하자면, 실패 발생 원인을 파악하는 것은 아주 중요한 일이다. 교훈적 실패가 맞다면 일단 실망감은 접어 두고, 실패를 좀 더 깊이 파헤쳐 보자. 실패로부터 파악한 새로운 정보에 집중하도록 스스로를 훈련시켜야 한다.

하지만 교훈적 실패는 정해진 형태가 아니다. 즉, 스스로가 찾고 파악해야 한다. 시간을 가지고 차분하게 실패를 진단하라는 이유다. 그리고 다음 질문에 답할 수 있어야 한다.

"나는 어떤 결과를 바랐는가?"

"내 바람 대신 어떤 결과가 나왔는가?"

"두 결과의 차이는 무엇인가?"

실패의 원인을 찾는 과정은 쉽지 않다. 하지만 분명 당신을 더 나은 방향으로 끌어당긴다. 그리고 다음에 무엇을 시도해야 하는지도 명확해진다.

'실패 전문가'들에 대하여

앞서 봤듯이 교훈적 실패를 잘하는 사람은 과학자다. 여기에 발명가, 유명 요리사나 기업의 혁신 부서 리더 등도 포함된다. 표면적으로는 차이가 있지만, 이들 '실패 전문가'에게는 공통점이 있다. 반가운 소식은, 그 공통점은 누구나 따라 할 수 있다는 것이다.

그중 대표적인 공통점은 '호기심'이다. 실패 전문가는 주변에 대해 이해하려는 욕구가 무척 강하다. 철학적 사유보다는 사회와의 상호작용을 통해 호기심을 풀고자 한다. 그렇기에 이들은 기꺼이 행동하는 편이다.

제임스 웨스트: 호기심에 끌리다

제임스[30]의 아버지 새뮤얼 웨스트Samule West는 아들이 의대에 가

길 바랐다. 아픈 사람은 늘 존재하니 의사가 매우 안정적인 직업이라 여긴 탓이다. 그는 기차 승무원으로 일하며 미국 최초 흑인노동조합BSCP[31]의 회원으로 활동했는데, 그의 주변에는 박사 학위를 가지고도 일자리를 찾지 못하는 흑인으로 넘쳤다. 그는 이 같은 미국 흑인 사회의 현실을 제임스에게 말했고, 의대를 권유한 것이다.

고등학교 수학 교사였던 어머니 마틸다Matilda는 후에 나사 랭글리연구센터 연구원으로 일했다. 별명이 '인간 컴퓨터'로 불릴 만큼 실력을 인정받았으나 전미유색인지위향상협회NAACP 활동 이력으로 인해 하루아침에 해고당했다.[32] 그 당시엔 흑인이 과학자로, 심지어 나사에서 일하는 것이 꽤 위험한 일이었다. 하지만 의사는 생계유지 측면에서 위험이 거의 없었다.

아버지의 권유에도 불구하고, 제임스는 펜실베이니아주 템플대에서 물리학을 전공했다. 한국전쟁 참전으로 받은 '퍼플하트' 훈장은[33] 위험에 대한 그의 도전 정신을 나타내는 상징이었을지도 모른다.

게다가 제임스는 어릴 때부터 물리에 관심이 많았다. 여느 미래의 공학도처럼 드라이버를 들고 나타나 부모를 놀라게 했고, 끊임없이 물건을 분해해 어떤 식으로 작동하는지를 확인했다. 다만 확인하고서는 다시 조립하진 않았다. 한번은 할아버지의 회중시계를 107개 부품으로 분해한 일도 있었다.[34]

제임스가 가장 좋아하는 실패담 중 하나는 그가 완벽하게 수리했던 라디오에 관한 것이다.[35] 참고로 가족이 전혀 도움을 주지 않았다고 한다. 오직 제임스 혼자서 수리했다.

1930년대, 여느 집처럼 제임스의 집에는 전기 콘센트가 방마다 하나뿐이었다. 그 위치는 대개 천장에 달린 조명 옆이었다. 어느 날, 그는 선이 닳아서 해진 라디오 플러그를 꽂기 위해 침대 난간에 올라섰다. 그리고 소켓을 잡자, 갑자기 윙윙대는 큰 소리가 났다. 잠시 뒤, 그는 자신의 손이 천장에 달라붙었음을 깨달았다. 전류가 몸을 통과한 것이다.

그 오래된 라디오는 제임스에겐 완전히 새로운 영역이었다. 수리에 성공해 라디오에서 음악이 나온다면 확실한 발전 기회일 터였다. 수리에 나서기 전, 그는 이미 조사해 둔 각종 기계와 전자 부품을 완벽히 준비했다.

당시 제임스의 나이는 8세. 그는 라디오가 내는 소리에 따라 위험의 크기가 다르다고 판단했다. 즉, 고장 나서 소리가 안 나는 라디오는 전류가 흐르지 않는다고 생각한 것이다. 하지만 교훈적 실패가 그렇듯이 예상 밖의 결과가 나왔다. 손이 천장에 달라붙은 원인이 무엇인지에 대한 질문은 전기가 어떻게 작동하는지 알아야겠다는 생각으로 이어졌다.

그로부터 약 100년이 지난 지금, 제임스가 낸 특허는 250건이 넘는다. 여기에는 스마트폰 마이크에 대한 공동 특허도 포함된다. 훗날 그는 수많은 발견의 원동력이 된 '그날'의 호기심을 반추했다.

'왜 자연은 그런 식으로 행동할까?'

'자연이 작동하는 방식과 관련한 강력한 매개변수는 무엇

일까?'

'어떻게 해야 물리적 원리를 좀 더 잘 이해할까?'[36]

1957년, 제임스는 트랜지스터를 포함해 획기적인 발명품의 산실로 유명했던 벨연구소 인턴십에 지원했다. 그 후 음향 연구 부서에 배정돼 양이간 시차interaural time difference,[37] 즉 두 귀 사이의 소리 도착 시간 차이를 밀리초 간격으로 측정하는 연구를 했다.

문제는 실험에 쓰는 헤드폰 드라이버였다. 드라이버 직경이 1인치라, 시차를 측정하기 위한 소리를 제대로 들을 수 있는 사람이 거의 없었다. 이는 곧바로 두 번째 문제로 이어졌다. 충분한 피실험자를 찾을 수가 없었다. 이제 제임스의 도전 과제가 분명해졌다.

"더 많은 사람이 양이간 시차를 측정할 수 있도록 무엇을 해야 할까?"[38]

자료를 찾으러 도서관으로 간 제임스는 기존 제품보다 드라이버 크기를 키운 헤드폰[39]에 대한 독일 음향학자의 논문을 읽었다. 헤드폰 드라이버가 더 크면 더 많은 피실험자가 양이간 시차를 측정할 수 있을 터였다. 수소문 끝에 그는 해당 공장에 주문을 넣어 측정용 헤드폰을 제작했다. 유레카! 500볼트짜리 대형 배터리에 연결된 그 헤드폰은 그가 예상했던 대로 작동했다.[40] 그렇게 문제가 해결됐다. 덕분에 해당 프로젝트가 닻을 올렸다.

그렇게 제임스는 금메달리스트라도 된 양 주변 이들의 시선을 한 몸에 받았다. 그러나 몇 달 뒤 11월, 헤드폰이 고장 났다. 연구소에서 말하길, 헤드폰 감도가 거의 0에 가깝게 떨어졌다고 전했다. 뭔가 크게 잘못된 상황이었다.

제임스는 그때 봤던 논문을 다시 찾아 읽어 봤다. 그리고 배터리 극성을 바꿔 전류 방향을 조절해야 한다는 사실을 알아냈다. 하지만 또 다른 문제가 생겼다. 배터리의 극성을 바꾸면 파동이 부정확해질 수 있었다. 이는 통화상으로 해결할 정도의 문제가 아니었다. 결국 그는 연구소로 직접 가야 했다.

정확한 측정을 위한 충분한 소리를 만들 방법을 생각하며 제임스는 다시 헤드폰 연구에 몰두했다. 그런데 어느 날, 배터리를 제거한 헤드폰이 작동하는 것을 발견했다. 놀랄 만한 일이었다. 이에 대한 첫 번째 가설은 '시간이 지나도 콘덴서가 여전히 충전된 상태라는 것'이었다. 그런데, 발진기 선과 폴리머 필름만 연결된 상태에서도 헤드폰이 작동하는 것이다! 이는 반가운 깨달음이 아니었다. 쉽게 말해 '작동하면 안 되는 상황에 작동'하는 것이었다.

전파망원경 데이터의 이상 신호를 통해 펄서를 발견한 버넬처럼, 제임스도 이상한 상황을 간과하지 않았다. 그때 상황은 어린 시절, 닳아 버린 라디오 전선 탓에 손이 천장에 붙었을 때와 똑같았다.

"무조건 이유를 알아내야 했죠.[41] 이 조그만 공간에서 대체 무슨 일이 일어나는지 알기 전까지는 아무것도 할 수가 없었습니다."

회복력이 약한 사람이라면 이 상황에서 쉽게 포기했을지도 모른다. 하지만 제임스는 달랐다. 이 과정에서 제임스는 일렉트 렛electret이란 소재의 중요성을 깨달을 수 있었다.

이제 새로운 문제 해결을 위한 진짜 여정이 시작됐다. 이후 몇 년간 제임스와 연구소 동료 게르하르트 게슬러Gerhard Gessler 는 일렉트렛의 원리를 알아내는 데 몰두했다. 처음 얼마간은 전 하가 어떻게 생기는지에 집중했다. 하지만 방향을 틀어 전하가 충전 상태를 유지하도록 돕는 고분자 필름 연구에 집중하자 돌 파구가 나왔다.[42]

그렇게 고분자 필름에 전자를 가두는 방법을 알아낸 순간, 제임스와 게르하르트는 유레카를 외쳤다! 연구의 영향은 엄청 났고(배터리가 필요 없다!) 우리 삶에 사용되는 수백만 개의 전자 제품에 변화를 가져올 게 분명했다. 이제 더욱 저렴한 비용으로 다양한 크기와 모양의 마이크를 생산할 수 있었다.

그 후 1968년 일본 소니SONY에서 상용화된 일렉트렛 마이 크를 만들었다.[43] 크기, 수명, 효율성, 저렴한 생산 비용의 장점 으로 일렉트렛 마이크는 오늘날 스마트폰, 보청기, 오디오 모델 의 90퍼센트 이상에 들어간다.[44]

르네 레드제피: 두려움 없는 실험

르네 레드제피René Redzepi는 1977년 덴마크 코펜하겐에서 태 어났다(제임스의 위대한 발견 이후 약 반세기가 지난 때다). 그 후 2003년, 이십 대 중반의 그는 세계 요리계에 혜성같이 등장했다. 당시 그는 스칸디나비아 북부의 식재료만을 사용한 새로운 형태의 파인 다이닝을[45] 선보이겠다 다짐했다. 나이는 어렸지만, 요리에서만큼은 초보가 아니었다. 고등학교에서 퇴학당한 후 바로 요리 학교에 진학해 요리를 시작했기 때문이다.

덴마크인 어머니와 마케도니아 이민자 출신 아버지를 둔 레드제피는 덥수룩한 수염 탓에 얼핏 보면 매우 지저분해 보인다. 하지만 호기심 가득한 커다란 눈, 반복된 실패에도 넘어지지 않는 단단한 자아가 돋보이는 청년이다.

요리 학교를 마친 후 레드제피는 분자 요리 및 특이한 재료의 조합으로 유명한 식당인 엘 불리El Bulli를 포함해 여러 식당의 견습생으로 일했다.[46] 경력이 풍부해도 스칸디나비아 북부 식재료만으로 음식을 만드는 일은 특이하다 못해 불가능해 보였다.[47] 그의 친구조차 말도 안 되는 생각이라며 조롱했다.

그러나 레드제피는 보란 듯이 승리했다. 그가 덴마크의 텔레비전 요리 프로그램 진행자 겸 기업가인 클라우스 마이어Claus Meyer와 공동 창업한 식당인 노마Noma는 영국 언론에서 선정하는 '세계 50대 최고 레스토랑'에 다섯 번이나 선정됐다.[48] 그의 성공은 상당 부분 실험을 두려워하지 않는 태도 덕분이었다.

"우리는 먹을거리 세계의 탐험가입니다.[49] 항상 새로운 레시피와 식재료를 찾아다니죠."

레드제피가 2012~2013년간 연재했던 칼럼 중 한마디다.

새로운 레시피와 식재료 탐색은 오랜 시간 레드제피의 창작물에 깊은 영감을 줬다. 사료를 먹여 키운 식물, 개미 같은 실험적인 재료에 발효와 탈수를 결합한 레시피는 급진적이고 새

로운 요리의 탄생으로 이어졌다.[50]

물론 레드제피의 실험은 처음엔 안전한 수준이었다. 이를테면 식당 반경 100킬로미터 이내 지역의 식재료만 사용하는 식이다.[51] 하지만 시간이 지나면서 식재료를 찾는 범위가 점차 확대되면서 실험에 대한 위험도 높아졌다. 심지어 툰드라 지역에서 나오는 순무 혹은 고수와 맛이 비슷한 토종 식물까지 찾아 나서기도 했다. 레드제피는 칼럼을 통해 '자신의 식당은 실험실'이라고도 말했다.[52]

실제로 노마에 근무하는 요리사는 일부 채소의 맛을 더 살리기 위해 특정 품종이나 재배 지역을 연구하는 데 몇 주의 시간을 보내곤 했다. 그렇게 연구 끝에 식재료를 선택해 보고하면, 레드제피가 사용 여부를 결정하는 식이었다. 물론 대부분은 탈락이었다.

노마의 주방은 도전을 자극하는 강렬함과 열정, 빠른 속도에서는 따라올 곳이 없었다. 하지만 그만큼 위험 부담도 컸다. 개인적 명성, 야망, 위계질서, 창의적인 정체성이 한순간에 무너질 수 있었기 때문이다. 그래서인지 노마의 주방에는 실패를 두려워하는 분위기가 생기기 시작했다.

"수많은 실험 뒤에 남은 건 절망뿐이었다. 실험하는 족족 실패하면서,[53] 후배들은 긴장하다 못해 거의 겁에 질려 있었다."

당근을 연구할 당시 레드제피가 칼럼에 쓴 내용이다.

이제 레드제피의 연구 주제는 식재료가 아니라 실패를 즐거운 문화로 만드는 방법이었다. 그 결과 실험을 위해 특별한 시간을 만들었고, 이때 나오는 실패는 성공을 위한 과정이라 여기는 문화를 조성했다. 그렇게 그는 '실패 전도사'가 됐고 이렇게 말했다.

"도전하는 데 100퍼센트 최선을 다한다면, 얼마든지 실패해도 좋습니다!"[54]

그렇게 위기에 처했던 노마는 7년 뒤 전혀 다른 모습으로 바뀌었다. 여기에 더해 노마의 수석 제빵사 스테파노 페라로 Stefano Ferraro 는 이 문화를 구체화했다.

"우리 작업의 핵심은 모든 실수로부터 배우는 것이죠."[55]

위험을 기꺼이 감수하고 실패를 정상화하는 과정을 통해 레드제피는 자신의 레시피를 계속 발전시킬 수 있었다.

"음식이란 고정적이지 않다."[56]

레드제피의 이 같은 실패 전략은 놀랍고도 다양한 레시피 개발로 이어졌다. 그중 대표적인 것이 살아 있는 생새우를 활용한 레시피다.[57]

레드제피는 새우를 묘사할 때 '20센티미터 정도 크기의 상자 안에서 펄떡펄떡 뛰어다니는, 작고 반투명한 보석'이라고 했다. 새우 요리 하면 튀김이나 구이가 일반적이지만, 그는 전혀 다른 레시피를 택했다. 작은 유리병에 얼음을 가득 채운 다음 그 위에 브라운 버터를 발라 노르웨이산 생새우를 그대로 먹는 메뉴였다. 이 식감을 그는 이렇게 묘사한다.

"껍질에서 섬세한 바삭거림을 느끼고 나면, 머리에서는 부드럽고 달콤한 맛이 한껏 배어납니다. 정말 잊지 못할 맛이죠.

마치 곤충처럼 생긴 새우의 눈과 머리를 재빨리 피해 버리고 싶은 소심한 미식가를 위해 쓴 브라운 버터는 최고의 아이디어였습니다.”

실험 자체는 성공적이었지만, 정작 레드제피는 걱정이 앞섰다. 이 새로운 메뉴가 별다른 반응을 얻지 못할지도 모른다는 생각 때문이었다. 하지만 쓸데없는 걱정이었다.

“주방이며 손님이며 모두가 하나가 된 기분이었어요. 손님은 연신 고개를 끄덕이며 엄지를 치켜들었고, 웃음과 환호성이 홀에 넘쳤죠. 마치 오래전부터 알고 지낸 친구인 양 모두가 기분 좋게 식사를 즐겼습니다. 노르웨이 바다가 우리에게 새우를 주는 한 이 메뉴는 언제까지나 계속되리라 생각했습니다.”

일렉트렛 마이크와 달리 요리는 그때그때 결과가 다르다. 또한 그 자체로 변형되기 쉬우며 평가는 주관적이다. 전날 호응이 좋았던 메뉴가 내일도 좋으리란 보장은 없다.

2016년 레드제피는 후배 요리사와 호주를 방문했는데, 조개에 부시토마토(호주에만 자생하는 토마토_옮긴이)를 곁들인 메뉴를 반복해 실험했다.[58] 문제는 맛의 일관성이었다. 어제는 맛있는데 오늘은 맛이 떨어지는 식이었다. 결국 그 메뉴는 결국 정식 채택이 되지 못했다. 노마의 신메뉴 담당인 토마스 프레벨 Thomas Frebel 은 이렇게 말했다.

“우리는 괴짜 집단이죠. 유레카 그 한마디를 외치는 순간을 위해 살아가니까요. 아쉽게도 대부분 실패하지만, 몇 번이고 다시 일어나 반복합니다.”[59]

레드제피 역시 성공으로 가기까지 매우 많은 실패를 겪었다. 2013년 11월, 그는 또 다른 실패에 직면했다. 식당이 적자 상태에 빠졌다.[60] 모든 식재료를 제철에 현지 조달해 비용이 늘어난 탓이었다. 특히 겨울 상황이 더 심각했다. 2013년 2월 그의 일기에는 "서리가 내리면 빚이 눈덩이처럼 늘어난다"라는 기록이 있을 정도였다.

"식재료가 거의 떨어진 상황에서 식당의 위치를 한 단계 더 끌어올릴 몇 가지 시도[61]를 감행했습니다. 그러니까 이 사악한 날씨를 극복할 방법을 찾는 것이었죠."

2014년 1월, 회계 담당자는 이제 월세마저 못 내는 최악의 상황이 올 수 있다고 레드제피에게 경고했다. 해결 방법은 몇 가지 있었다. 메뉴 가격 인상, 정리 해고, 식당 매각이었다. 하지만 레드제피에겐 그 어떤 방법도 내키지 않았다.

대신 레드제피는 운영비 지출을 최대한 줄이고, 식재료 낭비를 감시할 관리자를 고용했다. 그러면서 각종 건조식품과 함께 기존에는 버렸던 재료 부위를 활용하는 시즌 메뉴를 준비했다.[62] 이러한 노력 결과 운영비를 대폭 낮출 수 있었다. 시즌 메뉴에 재료로 쓸 생선 비늘, 말린 순무, 고추냉이, 호박, 통곡물, 너도밤나무 열매 등은 각자가 독특한 맛을 내며 매력을 더했다. 재정상 불안, 계절상 운영의 어려움, 메뉴 개발의 실패 가능성이 아직 있었지만 노마는 계속 발전했다.

이러한 노력 끝에, 노마는 1년 전에 예약해야 음식을 맛볼 수 있는 식당으로 번창했다. 노마 덕분에 관광객이 늘어났다고 코펜하겐시에서 인정할 정도였다.[63] 그 후 미슐랭 가이드 별 3개를 받으며[64] 스칸디나비아 지방 식당으로는 유례없는 성과를 올렸다. 이 놀라운 성공을 레드제피는 과연 어떻게 설명할까?

"매일같이 겪는 수많은 실패를 통해 우리의 성취가 이뤄졌음을 기억해야 합니다."[65]

그런데 2023년 1월, 노마는 2024년 말 영업 종료를 발표함으로써 업계를 놀라게 했다. 덩달아 레드제피의 성공과 실패에 대한 언론의 관심은 뜨거워졌다. 하지만 살인적인 노동강도와 턱없이 낮은 임금 등의 따가운 비판이 정작 이야기의 핵심을 가려 버렸다.

참고로 2024년 영업 종료 이후, 노마는 팝업 스토어 형태로 재탄생할 예정이라 한다.[66] 레드제피는 요리사에서 혁신의 리더로 변신한 셈이다.

더글러스 데이턴: 다 같이, 공개적으로 실패하라

레드제피가 파인 다이닝의 성공을 위해 위험을 기꺼이 감수했던 것처럼, 전 세계 모든 기업도 혁신을 원한다면 실패를 감수해야 한다. 오늘날 기업에서 실패를 칭찬하는 일은 예전보다 꽤 자연스러워졌다.

하지만 2002년 가을, 매사추세츠주 채텀에서 열린 디자인산업 콘퍼런스에서 내가 실패 관련 강연을 했을 때도, 실패라는 주제가 어떻게 받아들여질지 확신하지 못했다. 그렇게 강연을 마치고 무대에서 내려오는데 참석자 중 누군가가 의아한 표정으로 내게 다가왔다. 바로 아이데오IDEO의 디자이너 겸 보스턴 지사장 더글러스 데이턴Douglas Dayton이었다. 그는 진지한 표정으로 깊은 생각에 잠긴 듯했는데, 뭔가 어려움이 있는 듯했다.

마흔 중반으로 보이는 외모에 중간 정도의 키, 짙은 색 머리의 데이턴은 조용하고 차분한 말투로 침대 제조 업체 시몬스Simmons와 진행하는 프로젝트가 삐걱대는 것 같다고 토로했다. 그러면서 자신을 포함해 팀원이 어떤 교훈을 얻어야 하는지 알도록 도와줄 수 있는지를 물었다. 나는 흔쾌히 수락했고, 대신에 하버드 경영대학원[67]의 사례연구 주제로 써도 좋을지 양해를 구했다. 그 역시 기꺼이 수락했다.

자사의 실패 사례로 글을 쓰겠다는 제안을 승낙한 것만 봐도, 아이데오라는 기업에 대해 많은 것을 알 수 있다. 당시 기업의 실패 사례를 연구하겠다고 동의를 구하면 대부분 기업이 허락하지 않았기 때문이다. 내가 아는 어떤 팀과 기업도 아이데오만큼 교훈적 실패의 정신을 제대로 구현한 곳이 없었다.

아이데오는 세계적인 혁신 컨설팅 업체로[68] 세계 각지에 있는 12곳의 '스튜디오'로 구성된다. 아이데오는 "빨리, 자주 실패하라!"라는 철학을 바탕으로 1991년 실리콘밸리 중심지 팰로앨토에 설립됐다.[69] 스탠퍼드대 교수 데이비드 켈리David Kelley와 산업 디자이너 빌 모그리지Bill Moggridge가 각각 이끌던 기업이 합병한 게 그 출발이었다.

그렇게 아이데오는 여러 분야를 넘나들며 다양한 종류의 가정용·상업용·산업용 제품과 서비스를 디자인했다. 우리에게 잘 알려진 제품으로는 애플의 컴퓨터 마우스와[70] 티보TiVo의 녹화기, 일라이릴리의 사전 충전식 인슐린 주사기가 있다. 티보 녹화기의 특징은 엄지의 방향을 상하로 표시해 녹화할 프로그램의 추천 여부를 평가하도록 한 것이다. 이 세 가지 제품만 봐도 아이데오가 얼마나 다양한 분야에서 디자인을 개발했는지 알수 있다.

기계와 전기, 소프트웨어 등 엔지니어링 기법을 포함해 산업디자인, 프로토 타입 제작, 인적 요소, 아키텍처 등 아이데오를 성공으로 이끈 요소는 무수히 많다. 하지만 가장 큰 성공 요인은 '실패에 긍정적인 태도'로 볼 수 있다.

아이데오는 사원이 기술적 전문성을 갖추는 것도 중요하지만, 실패의 위험이 있더라도 계속해서 새로운 것을 시도하는 자세를 강조했다. 이를 위해 "빨리, 자주 실패하라!"[71]라는 모토를 내걸었다. 2000년까지 CEO를 역임한 켈리는 이 구호를 외치며 팰로앨토 스튜디오 곳곳을 누비는 것으로 유명했다.

켈리는 각종 혁신에서 실패가 중요한데도 실패에 대한 혐오감으로 인해 어려움이 생긴다는 사실을 알아챘다. 사원 중 상당수는 학창 시절 '실패의 경험이 없는' 우등생이었다.

"실패는 재미있는 경험이지만, 적어도 나에겐 그렇지 않다."

아이데오의 한 사원의 발언인데, 이들의 마음을 잘 대변한다. 실패과 위험을 기꺼이 수용하는 쪽으로 분위기를 바꾸려면 "빨리, 자주 실패하라!"는 구호가 꼭 필요했던 것이다.

켈리가 물러난 이후 2000~2019년 아이데오 CEO를 역임한 팀 브라운Tim Brown은 2005년 인터뷰에서 내게 이렇게 설명했다.

"기업의 가장 중요한 정신은 세 가지로 요약되죠. 도전하기, 해내기 그리고 잘 해내기! 그리고 우린 사원에게 늘 이렇게 말합니다. '우리는 여러분을 지원하기 위해 이 자리에 있다고. 여러분은 충분히 할 수 있다고 믿는다'고 말이죠."[72]

이렇듯 교훈적 실패를 기꺼이 포용하는 자세가 아이데오 성공의 원동력이었다. 하지만 그렇게 실패를 많이 했는데도 아이데오가 명성을 유지할 수 있었던 비결은 무엇일까? 답은 간단하다. 대부분의 실패가 외부에 알려지지 않았기 때문이다. 게다가 다양한 전문 분야에서의 팀워크도 탁월했다. 또한 심리적 안정성을 위해 리더가 열심히 노력했기 때문이다.

2002년 11월 초, 나는 매사추세츠주 렉싱턴에 있는 아이데오 보스턴 스튜디오를 처음 방문했다. 넓고 다채로운 공간에서 디자이너, 엔지니어, 인사 전문가가 소규모 팀 단위로 클라이언트를 위한 혁신 작업을 진행하는 모습이 한눈에 보였다. 일명 '프로토타입 연구소'란 이름으로 불렸던, 몇 안 되는 은밀한 공간에서 그들은 자유롭게 실패하며, 위험을 감수하고, 또 시도 중이라고 했다. 하지만 유독 내가 갔던 그날만은 그 은밀한 공간이 텅 비었다. 좋지 않은 징조였다. 데이턴이 말했던 시몬스 프로젝트가 '쌈박한' 결과물을 뽑지 못한 탓이었다.

혁신으로 마무리되는 프로젝트는 여러 번의 실패를 당연히 겪는다. 혁신이란 확실한 해결책이 개발되지 않은 새로운 영역에서 생기기 때문이다. 아무리 혁신적이고 훌륭한 주제의 실험도 실제로 옆에서 계속 보면 실패로 끝나는 경우가 매우 많다. 헴스트라나 벨연구소의 연구처럼, 혁신을 위한 실패는 대중의 눈에 띄지 않게 생긴다.

마찬가지로 아이데오 사원의 실패 과정 역시 밖으로 드러나지 않는다. 그들만의 공간에서 은밀하게 진행된다. 거의 성공에 가까워진 다음에야 공개된다. 혁신에 대한 위험 완화 전략의 일환이다.

데이턴은 기존에 하던 '제품 디자인'에서 혁신이 필요한 영역을 분석해 제안하는 **'혁신 전략 서비스'**로 아이데오의 서비스 영역을 확장하고 싶어 했다. 이러한 실험은 궁극적으로 아이데오의 비즈니스 모델을 변화시킬 것이고, 이것이 성공하기까지는 당연히 여러 번의 실패가 확실한 터였다. 이에 대해 그는 이렇게 설명했다.

"우리의 프로젝트 대부분은요. 클라이언트가 3~10쪽 분량의 자료를 들고 와서 원하는 디자인을 설명하면 그때부터 시작됐습니다. 그러니까 요청대로 디자인을 개발한 거죠. 하지만 2000년대 초부터는 아예 개발 단계부터 참여해 달라는 요청이 들어오기 시작했습니다."[73]

시몬스도 그중 한곳이었다. 시몬스는 침대 디자인을 요구했다기보다는 **침대 시장 전반의 새로운 기회를 탐색하고 식별**해 달라고 요청했었다. 그렇게 제품 아이디어에 관한 최종 프레젠테이션에 시몬스 측은 매우 만족스러워했지만, 그 후 아무런 후

속 조치 없이 몇 달이 흘러 버린 상태였다. 아이데오의 아이디어는 창의적이고 실현 가능한 것처럼 보였지만, 시몬스 측이 아무것도 실행하지 않았다! 그렇게 데이턴은 프로젝트의 실패를 마지못해 받아들여야 했다. 무엇이 잘못된 것일까?

내가 보기에, 시몬스 프로젝트는 아이데오의 새로운 전략 서비스를 위한 완벽한 테스트 사례로 보였다. 기존 카테고리에서 새로운 기회를 발굴하는, 그러니까 디자이너의 호기심을 자극할 만한 도전이었기 때문이다. 여기서 실패 요인은 노력 부족이 아니었다.

시몬스와의 프로젝트를 진행하면서 아이데오는 다양한 연령대의 고객과 인터뷰했고, 매장 방문에 심지어 배달 기사를 따라다니기까지 했다. 그렇게 라이프 스타일에 따른 침대 선택과 침실 공간에 대해 많은 것을 배울 수 있었다.

그렇게 아이데오는 18~30세 싱글인 '노마드족'의 존재를 발견했다. 이들은 이사가 잦았기에 기존 침대가 옮기기 어렵고 비싸다 생각했다. 즉, 평생 써야 할 것 같은 침대를 원치 않았다. 또한 침실을 '잠만 자는 곳'이 아니라 '오락과 학습의 공간'으로 사용했다.

그렇게 아이데오는 획기적인 침대 아이디어를 떠올렸다. 접을 수 있고, 무게를 줄인 매트리스와 프레임이었다. 하지만 시몬스는 이 아이디어를 구현하지 못했다. 이것이 실패 이유다. 시몬스의 제조 쪽 이해가 부족한 것도 이유였다.

시몬스 프로젝트의 실패는 데이턴에게 중요한 교훈을 줬

다. 아이디어가 실제로 구현돼 클라이언트에 도움을 주려면(신제품 출시 등), 프로젝트 작업이 자신들만의 '은밀한 공간'에서 이뤄져서는 안 된다는 것이었다. 혁신적 아이디어를 클라이언트가 얼마나 구상하고 실행할 수 있는지도 고려해야 했다. 브라운이 지적했듯, 아이디어의 구현은 시스템적으로 이뤄져야 했다.[74] 즉, 프로젝트 팀에 시몬스 측 사원이 참여해 협업을 해야만 가능한 일이었다. 이제 데이턴은 실패를 성공으로 바꾸는 법을 알아냈다.

데이턴은 전략 서비스를 확장하면서 클라이언트도 참여시키기 시작했다. 기존의 '은밀한 공간'이 **제품 혁신 서비스**에서는 큰 도움이 됐지만, 전략적 혁신 서비스에서는 역효과를 냈다. 클라이언트와의 소통을 위해 경영학 학위 소지자를 더 많이 고용해 디자인, 엔지니어링, 인적 요소 전문가의 역량을 보완하는 것도 잊지 않았다. 그렇게 클라이언트와 협력해 그들까지 실패 전문가가 되도록 지원했다.

아이데오는 프로젝트 실패에 대해 시몬스를 비난하고 말수도 있었다. 하지만 데이턴은 프로젝트가 왜 실패했는지, 무엇을 보완했다면 실패로 끝나지 않았을지를 고민했다. 이 같은 의지는 아이데오가 클라이언트의 새로운 혁신을 돕는 데 큰 자양분이 됐다.

제임스, 레드제피 그리고 데이턴(아이데오)의 사례는 각기 다른 맥락에서 실패 전문가가 가진 공통된 특성을 더 깊이 이해하도록 한다. 진정한 호기심 그리고 실험 및 실패와 친구가 되고자 하는 의지가 그것이다. 실패 전문가가 거듭된 실패를 견디고 실패와 친구가 되도록 한 동기는 무엇일까? 바로 자신의 기술을 발전시켜 새로운 문제를 해결하려는 추진력이다.

당신이 마음에 새겨야 할 것

이번 장에서 봤던 개념과 실패 전문가의 사례는 우리가 일상 그리고 직장에서 겪는 교훈적 실패의 고달픔을 강조하며, 실패를 어떻게 받아들이고 극복해야 하는지를 알려 준다.

먼저 당신은 실패의 위험을 감수할 만큼 중요한 기회를 제대로 알아채는 과정이 필요하다. 그리고 나쁜 위험은 피하고 가치 있는 위험은 수용해야 한다. 그리고 기존에 효과가 없었던 전략을 파악하고 미리 실험을 설계함으로써, 실패의 크기를 최소한으로 줄여서 고통과 자원을 보존하는 과정이 필요하다.

100년 전 에디슨이 그랬던 것처럼, 우리가 사례로 본 헴스트라, 제임스, 레드제피, 데이턴 역시 미지의 영역에 도전할 땐 실패할 수 있음을(심지어 실패가 확실시됨을) 충분히 이해했고, 그로 인한 잠재적 효과를 기대하며 위험을 감수했다.

실패 원인을 어디에 두는가에 대한 셀리그먼의 연구를 떠올려 보자. 교훈적 실패는 예방할 수 **없음**을 인정하고, 잘못된 점을 파악하는 데 시간을 쏟는 게 현명하다고 했다. 이렇게 교훈적 실패의 요소를 제대로 알면, 당신은 한결 편안한 마음으로 살아갈 수 있다. 참고로 '비난받을 만한 행동'이 교훈적 실패의 원인이 아님도 알아 두자.

교훈적 실패는 호기심을 불러일으킴으로써 실패의 원인을 파악하게 만들고, 무엇을 시도할 것인지 고민하게 만든다. 물론 인간의 뇌는 교훈적 실패를 칭찬과 만족의 대상으로 여기며 환영하지 않는다. 당연히 실패보다 성공을 훨씬 더 선호한다. 심지어 교훈적 실패조차도.

효과가 없는 것을 발견하는 것은 효과가 있는 것을 발견하는 것만큼이나 가치 있는 일이다. 바로 이 지점에서 실패 전문가는 중요한 역할을 한다. 이들은 합당한 가치를 인정받고, 실패로 인한 실망감을 극복하도록 격려받을 충분한 자격이 있다.

2013년 일라이릴리는 알림타Alimta 라는 항암제를 개발하면서 막대한 비용을 지출했다. 그러나 알림타는 마지막 임상 테스트 단계인 3상에서 효능 입증에 실패했다.[75] 의심할 여지없는 교훈적 실패다. 결과가 어떨지 그 누구도 알지 못했고, 적절한 데이터 분석을 위해 필요한 만큼 임상 테스트가 진행됐기 때문이었다. 어쩌면 알림타의 실패는 당연한 결과였다.

일라이릴리는 여기서 끝냈을 수 있다. 하지만 임상 테스트 실패의 결과를 통해 최대한 많은 것을 배우고자 했다. 그 결과 임상 테스트 담당자는 알림타로 **효과를 본** 환자도 있지만, 효과를 보지 못한 환자에게는 엽산 결핍이 있었다는 사실을 발견했다. 후속 임상 테스트에서는 엽산 성분을 추가했고, 항암 효과가 크게 개선됐다. 그렇게 세상에 나온 알림타는 연간 약 25억 달러[76]의 매출을 올리는 주력 상품이 됐다.

이제 당신은 교훈적 실패에 한해 '실패를 포용'하는 것은 이성적뿐 아니라 감정적으로도 가능하다는 점을 이해했을 것이다. 굳이 발명가, 과학자, 요리사, 혁신가로 일하지 않더라도 좀 더 풍요롭고 도전적인 삶을 사는 데 도움이 될 것이다.

이제 3~4장에서는 교훈적이지 '않은' 실패인 기본적 실패와 복합적 실패를 살펴보겠다. 교훈적이지 않지만 숨기거나 부끄러워만 할 실패는 아니다. 이런 실패도 삶의 일부다. 이제 실패와 마주하는 방법, 실패로부터 배우는 방법을 살펴보자.

3장

기본적 실패: 실수하는 인간

실수하지 않은 사람은
아무것도 하지 않은 사람이다.

시어도어 루스벨트

2020년 8월 11일, 세계 역사상 가장 '비싼' 금융 사고가 발생했다. 대개 금융 사고는 인센티브, 부실 대출, 경제 상황, 부정행위, 정치적 사건이나 자연재해 등의 요인이 얽혀 발생한다. 하지만 이번만큼은 예외였다. 이 사건은 씨티은행Citibank이 800만 달러를 9억 달러로 잘못 입금하며 발생했다.[1] 화장품 업체 레블론Revlon의 대출을 관리하는 여러 기업에 이자 대신 원금까지 몽땅 입금해 버린 것이다.

당시 보도에 따르면, 대출 관련 소프트웨어에서 송금을 승인한 관리자가 자동 채무불이행 모드 설정에 필요한 체크 박스를 선택하지 않은 것이 원인으로 밝혀졌다. 이렇게 간단한 실수가 '기본적 실패'로 이어졌다. 그것도 엄청나게 큰 실패로! 이 같은 기본적 실패가 발생하면 시간을 되돌리고 싶은 마음이 간절해지기 마련이다.

실제로 씨티은행은 시간을 되돌리기 위해(돈을 회수하기 위해) 엄청나게 노력했다. 하지만 그중 업체 10곳이 반환을 거부했다. 씨티은행은 즉각 소송을 제기했다. 다소 논란이 일긴 했지만,[2] 판사는 수취인 보관이 원칙이라 판결했고 씨티은행은 그렇게 5억 달러를 회수할 수 없었다.

살다 보면, 하는 일마다 안 풀리는 날이 있다. 또 이때의 사소한 실수가 큰 혼란과 손실을 초래하기도 한다.

'그때 휴대전화를 충전했더라면.'

'자동차 후진을 조금만 더 주의했더라면.'

실제로 미끄러짐 사고는 주로 **부주의** 때문에 발생한다. 신중하지 못한 말로 친구의 기분을 상하게 하는 경우도 있다. 상황에 대한 '가정'이나 자만심 역시 문제가 되기도 한다. 정말 가고 싶은 기업 최종 면접이 있어 엄청나게 노력했다면 면접관과의 친밀도, 경험, 자격 요건 등 모든 상황이 완벽할 거라 생각했을 수 있다. 하지만 그렇지 않은 경우도 매우 많다.

지붕 배수구가 막혀서 지하실에 물이 새고 건물 기초가 망가졌을 때를 생각해 보자. 대부분 이런 경우는 배수구 청소를 미뤘거나 하지 않은 경우다. 즉, '방치' 또한 실패의 가장 흔한 원인이다. 지금까지 본 사례 모두가 기본적 실패다.

교훈적 실패가 '미지의 영역'에서 발생하는 것과 달리 기본적 실패는 '익숙한 영역'에서 주로 발생한다. 당연히 기본적 실패는 나쁜 실패다. 시간과 자원을 낭비하는 비생산적 실패로 대

부분 예방이 가능하다. '도표 7'을 보면 교훈적 실패와 기본적 실패는 양 끝에 있다. 불확실성이 클수록 예방 가능성은 줄어든다. 인적 오류의 가능성까지 완전히 없앨 수는 없지만, 기본적 실패를 최소화하기 위한 노력은 얼마든지 가능하다.

그러면 우리는 무엇을 해야 할까? 먼저 실수 중 예방 가능한 것은 예방한다. 나머지는 최대한 빨리 찾아서 그런 실수 간의 연결을 끊어야 한다.

실수는 '의도한 행위'가 아니다. 너무 빨리 후진해 자동차 범퍼에 작은 흠집이 생겼다면, 의도한 행위가 아니며 사소한 결과를 초래하는 데서 그친다. 또한 일상에서 흔히 겪으며 끔찍한 결과를 초래하는 경우는 거의 없다. 무심코 뱉은 말로 친구의 기분을 상하게 했다면 진솔히 사과하면 된다. 막힌 배수구는 빨리 청소하면 된다. 그런데 이런 실수를, 굳이 시간을 투자해 곱씹을 만한 가치가 있을지 궁금해할 수도 있다. 일단 이유는 두 가지다.

첫 번째, 실수 가능성에 대한 저항감을 줄일 수 있다. 실수를 자책하는 건 아무런 도움이 안 된다. 심지어 건강에도 나쁘다. 실수는 삶의 일부고 때로는 유레카를 외치게 한다. 길을 잘못 들어 회의에 지각했지만 그동안 몰랐던 산책로를 발견할 수도 있으니. 두 번째, 가치 있는 활동이나 관계를 더 발전시키려면 실수와 마주치고 그로부터 배워야 한다. 여기에 더, 가장 중요한 이유가 있다. '최대한 실수를 예방하기 위해서'다.

실수 및 실수 관리에 대해 유용한 내용 대부분은 항공 업계에서 수십 년간 연구하고 교육해 얻은 결과다. 항공 업계는 기본적 실패로 이어질 수 있는 실수를 줄이기 위해 각종 절차와 시스템을 무수히 고안했다. 그들이 얻은 결과 역시, 나쁜 실패를 나중에 발견하는 것보다 미리 예방하고 줄이는 것이 성공적이라는 것이다.

예를 들어, 파일럿과 승무원은 이륙 전 절차와 프로토콜에 대한 구두 체크리스트를 확인하는 것이 예방 가능한 실수를 줄이는 데 효과적임을 확인했다.[3] 이는 어툴 거완디Atul Gawande 의 베스트셀러 《체크! 체크리스트The Checklist Manifesto》의 인기에 힘입어 의학 등의 분야로도 널리 확산했다. 물론 체크리스트를 쓴다고 기본적 실패가 완전히 예방되는 건 아니다. 항상 '의도를 가지고' 활용해야만 효과가 있다.

1982년 1월 13일, 영하의 날씨에 플로리다주 포트로더데일로 향하던 에어플로리다 90편 여객기는 워싱턴 D.C.에서 이륙한 직후 얼음으로 뒤덮인 포토맥강에 추락했다.[4] 사고 조사 결과, 기장과 부기장의 대화 내용을 통해 단순한 인적 오류가 치명적 실패로 이어졌음이 드러났다. 다음은 다음은 이륙 전 체크리스트를 검토할 때의 대화다. 평소와 마찬가지로 부기장이 체크리스트의 각 항목을 읽고, 기장이 해당 내용을 확인 후 응답하는 식이다.

> 부기장: 피토 히트(비행기 속도를 측정하는 피토관의 막힘을 방지하는 히터 장치_옮긴이).
>
> 기장: 켜짐.
>
> 부기장: 결빙 방지 장치.
>
> 기장: 꺼짐.
>
> 부기장: APU(비행기 전원 장치_옮긴이).
>
> 기장: 작동 중.
>
> 부기장: 시동 레버.
>
> 기장: 공회전 중.

기장의 답변에서 실수를 발견했는가? 힌트는 영하의 날씨다.

따뜻한 플로리다주에서의 비행에 익숙했던 이들은 평소처럼 결빙 방지 장치를 **끈 상태**로 체크리스트 확인 절차를 마쳤다. 아주 익숙한 과정이었다. 다만, 평소와 다른 추운 날씨로 인해 결빙 방지 장치를 켜야 한다는 **생각**을 못 했다. 이 오류는 결국 78명의 목숨을 앗아간 끔찍한 실패로 이어졌다. 씨티은행 사원과 마찬가지로 이들 역시 습관적으로 진행했던 절차를 재정의

하는 데 실패한 것이다.

기본적 실패란 무엇인가?

대부분의 기본적 실패는 별다른 독창성이나 기발함 없이도 조금만 주의하면 피할 수 있다. 또한 실수의 경우 의도치 않게 발생하며, 실패를 예방하기 위해 '처벌'을 하는 것은 역효과를 불러온다. 한마디로 '실수를 인정하지 않도록, 실수를 숨기도록' 부추기는 것이나 마찬가지다. 충분히 막을 수 있던 기본적 실패 가능성마저 커진다. 교훈적 실패가 주는 짜릿함까진 아니더라도, 기본적 실패 역시 배움의 기회를 제공한다. 또한 **모든 실수가 기본적 실패를 초래하는 건 아니다.**

시리얼을 냉장고에 넣고, 우유를 찬장에 넣는 것은 실수지만, 그 상태로 방치한다 해도 우유는 상할 뿐이고, 시리얼은 눅눅해지는 정도의 실패에서 그친다. 심지어 병원에서는 투약을 잘못하는 상황이 발생하지만, 약이나 환자 상태에 따라 별 탈 없이 넘어가기도 한다. 운이 좋은 경우가 아닐 수 없다.

휴대전화 충전을 깜빡해도 여분의 배터리를 쓰거나 충전하면서 사용한다면 기본적 실패까지 가지 않는다. 케이크 반죽에 설탕을 너무 많이 넣었다면 맛이 필요 이상으로 달아도 아주 못먹을 정도는 아니다. 야구 경기에서 선수가 삼진을 당해도 얼마든지 역전은 가능하다. 오히려 실수를 하지 않는다면 그것이 비현실적인 상황이다.

하지만 **기본적 실패는 실수로 인해 발생한다.** 휴대전화 충전을 깜빡해 미리 약속된 통화를 못 하는 상황을 배제할 순 없다. 케이크 반죽에 설탕 대신 소금을 넣었다면 그야말로 먹을 수 없다. 삼진을 만회할 득점을 하지 못하면 결국 패배다. 실수는 기본적 실패의 전조인 셈이다.

그러면 고의적인 실수는 어떨까? '고의'와 '실수'는 애당초 같이 쓸 수 없는 단어다. 설령 쓴다면 장난이나 방해 공작이라 생각하면 된다. 예를 들어 주방의 양념통 이름을 고의로 바꿔버리는 셈인데, 딱 봐도 장난이다. 야구 경기에서 팀에 유리한 상황을 만들려고 일부러 아웃되는 건 방해 공작이다. 실수에서는 그 '의도'가 중요하다.

기본적 실패에 던질 두 가지 질문

2021년 6월 7일, 사고가 난 버스에서 운전사가 멍한 표정으로 손목에 피를 흘리며 걸어 나왔다.[5] 그는 뉴욕 메트로폴리탄 교통국에서 13년간 근무한 베테랑 운전사였다.

하지만 이날 그가 운전한 12미터짜리 버스는 브루클린 도심에서 다른 차량과 충돌한 후 건물 측면으로 돌진해 1층 사무실의 유리창을 깨트렸다. 버스 승객 16명이 부상을 입었지만, 다행히 경미한 수준이었다. 사고 당시 그는 브레이크와 액셀러레이터 사이에 발이 끼어 버스를 제어할 수 없었다고 말했다. 이후 공개된 영상에 따르면, 그는 발 사이에 쇼핑백을 둔 상태로 운전했다.[6] 기본적 실패의 전형적 사례다.

페달 근처에 물건을 두는 것은 상식적으로도 어긋난 행동이다. 하지만 운전사는 이를 무시한 채 쇼핑백을 둔 것이다. 조사 결과 버스의 기계적 결함은 발견되지 않았다. 경로 역시 정상적이었고, 날씨와 시야도 모두 좋았다. 사고의 원인은 쉽게 발견되는 하나의 원인, 즉 그의 발이 물건 사이에 끼어 움직이지 않았다는 데 있었다.

이 버스 사고는 기본적 실패의 두 가지 특징이 모두 나타난 경우다. 대개 '알려진 영역에서, 하나의 원인'으로 인해 발생한다는 점이다.

알려진 영역에서 실패했는가?

부주의나 태만, 과신 등으로 사용 가능한 지식을 제대로 쓰지 않는 데서 실수가 발생한다. 만약 당신이 조립식 의자의 조립 방법을 제대로 따르지 않아 의자가 부서지면, 이 역시 기본적 실패의 범주에 속한다. 지침이나 규칙, 기존 연구, 지인으로부터 얻은 지식 등은 '알려진 영역'에 속한다. 인터넷의 정보도 마찬가지다. 건축 법규와 안전 수칙은 실패 방지를 위해 알려진 영역을 명문화해 두며, 종종 사전 실패에 대응하기 위해 시행된다.

난생처음 쿠키를 굽거나 조립식 의자를 만든다 해도, 언어가 통하지 않는 도시에서 길을 잃었다 해도 관련 지식이 있다면 실패할 가능성은 거의 없다. 인터넷에서 레시피를 찾아보고, 설명서 지침을 따르고, 휴대전화의 지도를 쓰면 된다. 물론 여기에는 개인적인 판단 요소가 들어간다.

관련 지식의 존재를 아예 모를 경우도 있다. 이로 인한 실패는 새로운 영역에서 발생한 교훈적 실패로 분류해도 좋다. 어린아이가 실수와 기본적 실패를 많이 경험하는 이유다. 걸음마를 위해 수천 번 넘어지고, 숙제를 까먹는 일도 흔하다. 가끔 보면, 자녀의 실수나 실패를 막기 위해 필요 이상으로 보호하는 부모가 있는데, 이는 발달에 중요한 '배움의 기회'를 뺏는 것이다. 그것도 자녀의 의견 없이.

실패의 원인이 하나인가?

앞에서 본 버스 사고는 운전사의 발 끼임이라는 단일 원인에서 비롯된 기본적 실패다. 휴대전화 전원이 꺼졌다면 배터리가 떨어져서고, 케이크를 먹을 수 없다면 재료를 잘못 썼기 때문이다. 은행의 금융 사고는 체크리스트를 제대로 확인하지 않아서고, 여객기가 추락한 건 결빙 방지 장치를 끄고 이륙했기 때문이다.

다만, 단일 원인으로 보였던 실패가 복합적 원인이었던 것으로 밝혀질 때도 있다. 2020년 베이루트를 초토화한 비극적인 레바논 폭발 사고가 그렇다. 처음에는 2,750톤의 화학비료 보관 문제만이 사고 원인으로 여겨졌다.[7] 그러나 조사 결과, 안전 수칙 미준수, 방만한 관리 감독, 여기에 정부의 개입 가능성까지 제기됐다. 뒤에서 살펴보겠지만, 여러 실수에 불운이 겹치면 복합적 실패로 이어지기도 한다.

기본적 실패 속 네 가지 인적 오류

"공장 혼선으로 존슨앤드존슨 Johnson & Johnson 백신 최대 1,500만 도즈 전량 폐기."

2021년 3월 31일 〈뉴욕타임스〉 표제가 기본적 실패에 대해 모든 것을 말해 준다.[8] 당시 1년 넘게 백신 생산을 애타게 기다리던 전 세계는 백신 접종 장소를 물색하기 시작하는 중이었다. 미국에서는 직업, 연령, 건강 상태, 거주지 등 엄격한 지침에 따라 이미 생산된 백신을 보급 중인 상황이었다. 그런데 어떻게 1,500만 도즈(회분)가 망가진 것일까?

백신 공장의 실수로 아스트라제네카 AstraZeneca 백신의 주성분이 존슨앤드존슨 백신에 섞이면서 성분 오염이 발생했기 때문이다.[9] 해당 업체인 이머전트 바이오솔루션즈 Emergent BioSolutions 는 볼티모어 공장에서 존슨앤드존슨과 아스트라제네카 백신을 모두 생산하는 데 돌입했다. 이 과정에서 백신 주성분이 서로 섞이고 말았다. 이후 2021년 6월까지 오염된 백신 규모는 6,000만 도즈로 늘었다.[10] 이토록 기본적인, 동시에 극도로 낭비적인 실패 원인은 경계 소홀, 쉽게 말해 부주의함이었다.

부주의함: 습관화를 막고 근본적 원인을 찾으라

부주의함으로 인한 실수는 기본적 실패의 가장 흔한 원인 중 하나다. 나 역시 몇 번의 경험을 통해 이 사실을 뼈저리게 느꼈다. 가장 기억에 남는 일은 2017년 5월 13일, 오른쪽 눈두덩이를 다쳐 아홉 바늘을 꿰맸을 때였다. 부주의함으로 인해 응급실까지 가야 했다.

사고 2시간 전, 나는 대학 동문회 주최 요트 대회에 참석 중이었다. 수십 년 전 요트 클럽에서 경기를 펼쳤던 친구와 가볍게 즐기는 행사 정도겠거니 했다. 그런데 장소에 도착하니 대부분 참석자가 젊고 운동신경이 뛰어난 최근 졸업생으로, 경쟁심도 상당했다. 심지어 전국 챔피언도 있었다. 그러다 보니 나도 투지가 불타올랐다. 나 그리고 친구 샌디 역시 한때 학교에서 이름깨나 날렸었기 때문이다.

그러나 졸업 후 35년간 요트를 탄 적이 없었기에, 그날 첫 레이스에서 꼴찌를 면한 것만 해도 기뻤다. 내가 탄 작은 요트는 수면을 거의 훑고 지나갈 정도로 빨랐다. 속력을 목적으로 설계된 요트라 타는 데 상당한 기술과 주의가 필요했고, 샌디와 나는 이를 염두에 두고 앞서가는 보트를 열심히 따라잡았다.

그렇게 다들 다음 레이스를 기다리며 잠시 휴식을 취할 때였다. 나 역시 봄 햇살을 느끼며 여유를 만끽했다. 마침 순풍이 불었고, 돛이 최대한 멀리 떨어졌다. 경험자라면 알겠지만, 요트가 순풍을 따라 항해할 땐 풍향이 조금만 바뀌어도 반대편으로 날아갈 수 있다. 그날은 유독 풍향 변화가 심했다.

휴식을 마치고 선착장으로 향하던 길, 나는 샌디와 이야기를 나누다가 잠시 돛에서 눈을 뗐다. 그 순간, 돛 하단을 고정하는 수평봉이 요트를 가로질러 날아와 내게 부딪혔다. 쿵 하는 소리와 함께 나는 물에 빠져 버렸다. 샌디가 손잡이를 잡고 내게 손을 뻗었고, 나는 가까스로 물에 떠 있는 상태였다. 그렇게 요트 위로 올라오니 겹겹이 껴입은 옷이 물에 흠뻑 젖어 있었다. 그리고 요트 선체에 피가 가득 고였다. 내 머리 쪽 상처에서 흘러내린 피였다.

추위에 몸을 부들부들 떨면서 피까지 흘린 채 선착장에 도착한 나는 무척 당황스럽고 부끄러웠다. 대체 무슨 생각으로 이 젊은 선수와 경쟁하겠다고 덤벼들었는지에 대한 부끄러움이었다. 병원에 도착해 수술복으로 갈아입자 수치심이 밀려들었다. 나로 인한 낭비된 것에 대해 그저 미안한 마음이었다. 여러 의사의 귀중한 시간을 빼앗은 것, 친구에게 실망을 안긴 것 모두 포함이었다. 그날의 이마 부상은 내 오만함에 대한 대가인 것 같았다. 시간을 되돌리고 싶은 마음뿐이었다.

다만 나의 실수는 아날로그적인 오류였다. 사회의 발전과 디지털화는 우리에게 더 많이 주의할 것을 경쟁적으로 요구한다. 그렇게 우리의 오류 경향이 강해진다.

앞에서 본 이머전트 바이오솔루션즈 사례에서 보면, 품질 관리 검사에서 오염이 발견되기 전까지 '며칠간' 문제가 보이지 않았다.[11] 당연히 백신 접종을 기다리는 사람에게는 말할 것도 없고, 공장과 존슨앤드존슨 측에도 큰 자질이 생겼다. 당시엔 코로나19 백신 수급이 전 세계적으로 절실한 상황이었다. 여기서 더 오래 기다리는 건 많은 사람의 생명을 위협하는 일이었다.

이론적으로 예방 가능한 다른 실패와 마찬가지로, 이머전트 바이오솔루션즈 사례는 안전에 대한 인식에 문제가 있음이 드러난 사건이자 기본적 실패였다.[12] 이 사건 말고도 공장에서는 비슷한 문제가 계속 발생했었다. 백신 오염이 발생해 대량으로 폐기한 전례가 있었다. 위생이 철저해야 하는 구역에서 곰팡이가 발견됐다. 사원에 대한 교육 및 감독도 부실했다.

물론 백신 제조는 변수와 생산 문제가 많아 애당초 '힘든' 사업으로 알려졌다.[13] 어느 정도의 오류는 피할 수 없는 게 현실이다. 하지만! 이머전트 바이오솔루션즈의 경우 일련의 실수로 백신 수백만 도즈를 오염시켰다. 이렇든 부주의함이 습관화되면 기본적 실패와 복합적 실패 모두 끊임없이 발생한다.

부주의함으로 인한 실수의 주원인 중 하나는 '피로'다. 미국 질병통제예방센터CDC에 따르면, 성인 미국인 중에서 3분의 1이[14] 충분한 수면을 취하지 못한다고 한다. 수면 부족은 다양한 건강 문제뿐 아니라 사고 및 부상을 촉발한다.[15] 실제로 미국 연방교통안전위원회NTSB가 1970년대 초부터 205건의 피로 관련 권고안을 만들어 시행했음에도 불구하고 고속도로 사고의 40퍼센트는 피로와[16] 관련이 있는 것으로 나타났다.

다른 연구에 따르면, 병원 인턴 중 수면이 부족한 경우[17] 충분한 휴식을 취한 경우보다 진단 오류를 범할 가능성이 5.6퍼센트 더 높은 것으로 나타났다. 2020년 연구에서는 서머타임이 시작된 바로 다음 주에 치명적인 교통사고가 6퍼센트나 높아진 것으로 드러났다.[18] 1시간을 일찍 시작해야 하기 때문이다. 서쪽 지역의 경우 그 비율은 8퍼센트까지 올라갔다.

충분한 수면은 실수를 줄이는 데 도움이 될 수 있다. 하지만 수면 부족의 원인이 무엇인지 따져 보는 것이 중요하다. 예를 들어 트럭이나 버스 관련 사고의 원인은 빡빡한 교대 근무 스케줄이나 배차 간격 등 효율성만 생각한 스케줄이 근본적 원인일지 모른다. 얼핏 단순해 보이는 원인(운전사의 피로)을 더 거슬러 오르기(빡빡한 스케줄)는 7장에서 살펴볼 시스템적 사고의 일부다. 이는 옳은 실패의 핵심이다. 겉으로 드러난 원인이 실패를 방지하는 데 효과적이지 않을 수 있기 때문이다.

부주의함은 지극히 인간적인 모습이다. 그만큼 행동에 경계를 늦추지 않고 주의를 기울이는 것은 어렵다. 주의를 기울여야 하는 상황임을 알면서도 미루는 일이 많다. 적어도 나쁜 일이 바로 나타나진 않기 때문이다.

방치함: 오늘 할 일을 내일로 미루지 말라

앞에서 말한, 배수구가 막혀 바닥까지 손상된 경우는 인간의 '방치' 성향을 단적으로 나타낸다. 방치가 나쁜 이유는 즉각적으로 해를 끼치기보다 문제를 누적함으로써 궁극적 실패를 초래하기 때문이다.

실제로 우리는 해야 할 일을 쉽게 잊고, 바쁘다는 핑계로 미루곤 한다. 할 수 있었거나 했어야 하는 일이 무엇인지는 조금만 주의해도 알 수 있다. 시험에서 더 좋은 성적을 거두려면 평소에 점수가 나쁜 과목을 중점적으로 공부하면 된다. 출근 전날 비 예보를 보고 미리 우산을 챙기면 비를 맞지 않을 것이다. 다행히도 이처럼 '할 수 있었거나 했어야 하는' 일상 속 실수는 대부분 큰 피해를 초래하진 않는다. 하지만 방치는 심각한 결과를 초래할 가능성도 분명 있다.

건설 엔지니어였던 잭 길럼Jack Gillum이 경험한 사례를 살펴보자. 미주리주 캔자스시티의 하얏트리젠시호텔은 높이 솟은 아트리움에 구름다리를 설치해 객실과 콘퍼런스센터, 쇼핑몰을 연결하도록 설계됐다.[19] 호텔이 완공되고 약 1년 후인 1981년 7월 17일, 아트리움에서 파티가 열렸다. 참석자는 주로 1층에 몰려 있었다. 2층에 있던 참석자 다수는 환기가 잘되는 통로 쪽에서 1층을 내려다보는 중이었다. 그런데 갑자기 흔들린 2층과 4층 구름다리가 무너져 내리며 아래층 인파를 덮쳤다. 이 붕괴 사고로 114명이 사망하고 186명이 큰 부상을 입었다.

붕괴 사고가 난 지 20년 후, 길럼은 구름다리의 설계상 결함에 대해 "공대 1학년이 알아챌 정도로 너무나 명백했다"[20]라고 고백했다. 기존 지식과 안전 수칙만 제대로 적용했어도 막을 수 있는 사고였다는 뜻이다. 본래 호텔 설계는 아트리움 높이 (약 15미터)에 맞춰 긴 강철 지지봉을 사용하기로 했다. 하지만 철강 업체인 헤이븐스틸컴퍼니Havens Steel Company가 긴 강철 지지봉 대신 짧은 철근으로 대체할 것을 제안했다.

간단한 통화 한 번으로 설계 변경이 승인됐고, 설계 팀은 이에 맞춰 작업 도면을 수정했다. 변경된 설계에 따라 2층 구름다리가 받는 하중은 두 배 늘어났다. 하지만 설계 변경 후 '몇 개월간' 공사 감리자는 바뀐 설계가 안전에 미칠 영향을 확인하는 데 소홀했다. 짧은 철근이 2층 통로만의 하중만 지탱할 정도라는, '공대생도 뻔히 아는' 사실을 알고도 공사를 감행했다.[21]

붕괴 사고는 결국 예정된 수순이었다. 사고 조사에서 당시 책임자인 길럼에 대한 비난은 극에 달했고, 결국 그는 감리 면허를 취소당했다.

붕괴 사고 전에도 경고신호가 여럿 있었고, 설계 팀과 공사 감리자는 변경한 설계의 안전에 대해 면밀히 검토했어야 했다.[22] 하지만 방치됐다. 실제로 사고 1년 전, 공사 중에[23] 아트리움 지붕이 한 번 무너졌었다. 구름다리가 설치됐을 때, 자재가 든 수레를 끌던 인부들이 통로가 불안정하다고 신고했지만 경로를 우회하라는 대답만 들었다.[24] 많은 기회를 놓친 셈이다.

시행사인 크라운센터재개발회사Crown Center Redevelopment Corporation는 일정에 쫓기는 상태였고, 안 그래도 비쌌던 건축 비용에 추가 지출을 꺼렸다. 그렇게 건축비를 아끼고는, 후에 1억 4,000만 달러에 달하는 손해배상금을 지급해야 했다.[25]

길럼은 해당 사고를 '1년 내내 자신의 머릿속을 떠나지 않는 비극'이라고 고백했다. 그의 나이가 이미 일흔이 넘었을 때였다. 건축 콘퍼런스에 참석할 때마다 그는 이렇게 강조하곤 했다.

"건축 설계자는 실패에 대해 이야기해야 한다.[26] 그것이 우리가 배우는 방법이다."

하얏트리젠시호텔 붕괴 사고는 지금도 대표적인 구조공학 실패 사례로 설명된다. 114명의 목숨을 앗아간 이 사고는 전례 없는 실패 사례다. 하지만 이런 사고는 한 번으로 끝나지 않았다. 4장에서 살펴보겠지만, 2021년 6월 24일 플로리다주 서프사이드의 챔플레인타워스사우스 콘도미니엄Champlain Towers South Condominium(이하 챔플레인타워)이[27] 무너졌을 때도 설계 결함, 경고 무시, 무리한 설계 변경 문제가 제기됐다. 즉, 다양한 원인이 오랜 기간 방치된 결과였다. 이 복합적 실패에는 조직행동 및 건축 설계와 관련된 요인이 혼재된 것이다.

과신함: 당신이 틀릴 수도 있다

기본적 실패 중 일부는 앞의 사례처럼 설계와 규정을 무시한 데서 비롯되지만, 대부분은 결정을 너무나 쉽게 하는 데서 비롯된다. 바로 알 수 있는 정보나 기본 상식조차 결정에 활용하지 않는 경우가 매우 많다. 그렇게 실패하고 나서는 나중에 꼭 이런 생각을 한다.

'내가 대체 무슨 생각을 하던 거지?'

'무슨 생각으로 중요한 미팅을 하루에 두 번 잡았지?'

'무슨 생각으로 추운 날씨에 여행을 가는데 스웨터나 양말을 깜빡한 거지?'

이런 경우 답은 똑같다. 그땐 아무 생각이 없었던 것이다. 스케줄을 확인하지 않고(확인할 생각도 안 하고) 미팅 날짜를 잡은 것이고, 여행 전날 일기예보를 확인하지 않았거나 다른 생각에 사로잡혔거나.

1998년경, 말하고 노래하며 농담까지 하는 양말 인형이 펫츠닷컴Pets.com의 마스코트로[28] 등장했다. 펫츠닷컴은 홍보에 아낌없이 투자했고, 캠페인이 각종 상을 휩쓸며 슈퍼볼 광고로 채택되는 영예까지 누렸다. 그렇게 최고의 온라인 반려동물 용품 업체가 되겠다며 아마존의 제프 베이조스를 비롯한 여러 투자자로부터 자금을 지원받아 대형 물류 창고를 구입하고, 거대 경쟁 업체까지 인수했다. 그렇게 2000년 2월, 펫츠닷컴은 기업공개를 통해 약 8,250만 달러의 투자금 유치에 성공했다.[29]

나중에 드러난 사실로, 당시 펫츠닷컴은 해당 시장 규모 측정을 위한 기초적 시장조사조차 하지 않았다. 심지어 사업 계획서에는 인수 비용이 3분의 1만 반영됐다.[30] 그렇게 기업은 기업공개 후 1년도 지나지 않아 청산 절차에 들어갔다.[31] 양말 인형 자체는 무척 매력적이었지만, 그것만으로는 경영을 지속할 기반을 마련하기 어려웠다. 기본적 실패다. 다행히도 당시 CEO였던 줄리 웨인라이트Julie Wainwright는 실패를 통해 교훈을 얻었고, '자기 발견의 여정'[32]으로 나아갔음을 고백했다.

"창업 후 몇 년은 내 인생에서 가장 큰 변화의 시기였어요.[33] 평범한 일상을 되찾기 위해 필사적으로 노력했지만 이루지 못했죠. 하지만 더 부유하고 강한 곳에 안착했습니다."

펫츠닷컴 실패 이후, 웨인라이트는 중고품 거래 서비스 리얼리얼Real Real로 재기했고, 2021년 〈포브스〉가 뽑은 '50세 이상 여성 50인(영향력 있는 기업가, 리더, 과학자)'에 선정됐다. 공개적

실패를 겪었지만, 좌절하지 않은 성과였다.[34]

　　코로나19 역시 좋은 사례다. 발발 초기 코로나19는 전염성이 강하고 생명에 치명적일 수 있다는 명백한 증거가 있었다. 하지만 여러 지도자가 이를 무시하거나 은폐한 탓에,[35] 팬데믹은 걷잡을 수 없이 퍼졌다. 의사 결정권자가 적절한 공중보건 조처를 하지 않고 이용 가능한 정보에 따라 행동하지 않은 것은 예방 가능한 판단 오류다. 〈랜싯Lancet〉에 실린 보고서에 따르면, 팬데믹 사전 대응 실패로 생긴 미국 내 사망자는 약 20만 명에 달했다.[36]

　　코로나19 팬데믹 상황은 복합적 실패로 이어졌다. 마스크나 기타 보호 장비가 공급망 문제[37]로 필요한 이에게 전달되지 못하며 감염 확산을 막을 기회를 살리지 못했다. 2020년 봄과 여름, 일부 국가가 마스크 추가 생산 요청을 승인하지 않은 것은[38] 명백한 실수다. 마스크가 긴급히 필요하다는 확실한 근거가 존재했기 때문이다. 이 실수는 세계적인 팬데믹으로 나타난, 엄청난 복합적 실패에 더해졌다.

　　팬데믹은 기본적 실패, 복합적 실패, 교훈적 실패까지 모든 실패가 총체적으로 나타난 사건이다. 놀랍도록 빠르고 성공적이었던 백신 개발은 가설에 기반을 둔 실패를 어떻게 다루는지 잘 알았던 연구자 덕분에 가능했다. 하지만 많은 지도자는 활용 가능했던 전문 지식을 무시하는 실수를 범했다. 이 실수만 아니었어도 팬데믹 확산과 사망자 수를 크게 줄였을 것이다.

잘못된 가정을 함: 직관을 믿지 말라

가정이란 '명시적 생각 없이 우리 마음속에 떠오르는 것'으로 정의 가능하다. 실제로 우리는 뭔가를 가정할 때 그 뭔가에 직접적으로 집중하지 않는 경우가 많다. 가정을 '자명한 사실'로 여기는 탓에 이의도 제기하지 않는 경우도 많다.

가정은 기존 모델이나 사고방식이 옳다는 '잘못된' 확신을 가지게 하는데, 실제로 그 가정이 이전에 효과적이었고, 신념 체계의 일부가 됐기 때문이다. 그러니까 **전에도 같은 경우를 본 적이 있어** 혹은 **우리는 항상 이런 식으로 했어**라는 식의 생각이다. 좀 더 와닿게 비유하면 이렇다.

'큰애가 잠을 잘 잤으니까 둘째도 밤새 잘 잘 거야.'

'늘 이 길로 여행했는데, 왜 도로 상황을 확인해야 해?'

'애들은 다 똑같아.'

'예전 태풍 때도 큰 문제가 없었어. 이번 폭풍 때도 괜찮을 거야.'

'우린 그동안 화석연료를 사용했잖아. 화석연료에 문제가 있다는 의견은 거짓이거나 과장된 거야.'

'어제 카지노에서 잭폿이 나왔으니까, 오늘도 잭폿이 터질 거야.'

가정의 문제는, 그 증거나 논리가 부족한 경우 실패의 원인으로 작용하기 때문이다. 인간적이고 불가피한 판단 오류(기대했던 영화가 별로인 경우)와 달리 '잘못된 가정'은 보이지 않게 의사 결정까지 내리도록 한다.

일명 '테라노스Theranos 사기 사건'의 주인공 엘리자베스 홈스Elizabeth Holmes 재판에서 드러난, 많은 유명 투자자의 충격적인 실사 부재('누군가가 이미 검증했겠지')를 생각해 보자. 홈스는 사기라는 것을 알면서도 테라노스의 혈액 검사법이 혁신적이고 잠재적으로 높은 수익성을 보장한다고 주장했다. 결국엔 모든 것이 조작과 사기로 밝혀졌고, 그는 기소됐다. 테라노스의 사례는 겉으로 드러난 몇 가지 신호만으로 우리가 얼마나 쉽게 가정을 내리는지에 대한 교훈을 준다.[39]

가정은 '마치 사실처럼 느껴지는 당연한 믿음'이다. 의식적으로 인식하지 못하기에 우리는 가정을 주의 깊게 검토하지 않는다. 실제로도 일상의 많은 가정은 딱히 해를 끼치지 않는다. 만약 우리가 모든 가정을 의심한다면, 아침에 문밖을 나설 수 없을 것이다.

그러나 우리의 일상을 되돌아보면, 잘못된 가정으로 인한 기본적 실패가 수없이 많다. 친구니까 정치적 성향까지 같으리라 가정한 채 특정 정치인을 비판하면? 친구와의 관계가 냉랭해질 수 있다. 내 경우는 중간고사에서 다변수 미적분 성적이 좋았으니, 기말고사 준비는 덜해도 되겠다 가정한 적이 있는데(지금 생각하면 말도 안 된다), 결국 기말고사를 완전히 망쳤다. 그냥 자신감이 산산조각 나고 말았을 수도 있지만, 그때의 실패로 더 나은 공부 습관을 만든 게 그나마 다행이었다.

"빨리, 자주 실패하라!"로 인한 실패 열풍의 이면 역시 의심해야 한다. 혁신에 내재된 교훈적 실패에서 영감을 얻을 수 있음은 사실이나, 기본적 실패와 복합적 실패를 포함한 방대하고 다양한 실패 환경을 간과할 수 있기 때문이다.

비극적 실패(목숨을 잃는 경우)든 우스꽝스러운 실패(바닥에 우유를 쏟는 경우)든 '옳은 실패' 사례를 부지런히 적용하면 자원 낭비를 줄일 수 있다. 계속 강조하지만, 기본적 실패는 세 가지 실패 중 가장 예방하기 쉽다. 실제로 훌륭한 기업은 특히 기본적 실패를 줄이고자 매우 노력한다.

만약 당신이 기본적 실패를 반복한다면? 기본적 실패를 덜하기 위해 노력해야 한다. 기본적 실패를 점점 줄여야 한다(교훈적 실패는 더욱 해야 하니 정반대다). 기본적 실패를 최소화한다면 생명을 구하고, 막대한 경제적 가치를 창출하며, 개인적인 만족까지 가져다줄 수 있다.

기본적 실패를 줄이는 다섯 가지 방법

최근 몇 년간 실수 관리에 관한 연구는[40] 크게 확대됐다. 일반적으로는 고위험 팀에 대한 연구가 많지만, 개인 일상에서도 적용할 여지는 충분하다.

실수와 친구 되기

실수와 친구 되기를 방해하는 것은 '실수에 대한 혐오감'이다. 그만큼 우리는 틀리고 어긋나는 상황을 못 참는다. 당황하고,

부끄러워한다. 물론 나중에 더 잘할 수 있다.

나는 '요트 사고' 이후 얼마 지나지 않아 실패의 원인을 제대로 찾는 법을 알았다. 즉, 실수를 했다고 크게 부끄러워할 필요가 없다고 생각하는 것이었다. 어떻게?

그때 나는 모험심으로 인해 요트 경기에 참석했고, 그 결정은 충분히 생각한 끝에 나온 선택이라 여겼다. 경기 참석 자체가 잘못되고 어리석은 결정이었다는 기존 생각을 뒤집은 셈이다. 그때 실수는 '순전히 위험한 상황에서 부주의로 발생한 것'이었다고 생각하면 그만이었다. 이제 할 일은 그 실수로부터 올바른 교훈을 얻는 것이었다.

실수에 대한 혐오감은 가끔 실수를 창의적으로 재해석하게 한다. 내 남편의 경우, 사소한 실수를 저지르면 "나 말고 누구라도 이랬을 걸?"이라는 표현으로 대신해 버린다. 보도블록이 울퉁불퉁하면 누구라도 걸려 넘어질 테고, 내비게이션이 안내한 길 대신 엉뚱한 골목으로 가는 경험은 누구다 다 하지 않느냐는 식이다. 즉, 실패의 원인을 모두 바깥으로 떠미는 것이다.[41] 상상하기 힘들겠지만, 자동차 보험사에 "정지 표지판이 갑자기 차쪽으로 튀어나왔어요"라는 식으로 사고에 대해 변명하는 사람이 많다고 한다.

실수를 인정할 것인지, 자신을 보호할 것인지 선택해야 한다면 우리는 매우 쉽게 결정한다. 당연히 자신의 잘못을 인정하기 싫고, 자신의 행동이 옳았음을 정당화할 모든 이유를 찾으려한다. 심리학 용어로 '기본적 귀인 오류'로 알려진 이러한 심리적 편견은 문제를 더욱 악화시킨다. 실패로부터 배우는 것을 막기 때문이다.

스탠퍼드대 교수이자 심리학자인 리 로스Lee Ross는 흥미로운 사실을 밝혀냈다. 우리는 남의 실패를 그 사람의 성격이나 능력 문제로 간주하는 반면,[42] 자신의 실패는 외부 요인 때문이라 본다는 것이다.

실제로 외부 요인이 당신의 실패에 영향을 미쳤다 해도, 당신의 과실이 없는 건 아니다. 울퉁불퉁한 보도블록에서 넘어졌다면 걸음걸이를 바꾸는 게 훨씬 간단하고 현명한 방법이다.

전설적인 군인이자 부시 정부 첫 국무장관을 지낸 콜린 파월Colin Powell이 2021년 사망하자 〈텍사스뉴스투데이Texas News Today〉는 "Colin Powell's Wisdom(콜린 파월의 지혜)"라는 제목의 기사를 통해, 실패와 마주하며 인정까지 했던 그의 의지[43]를 강조했다.

"실망과 실패, 좌절은 팀의 생애에서 지극히 정상적인 부분이다.[44] 끊임없이 털고 일어나 문제가 생겼으니 해결하자고 외치는 것이 리더의 역할이다."

2012년 파월이 남긴 말이다. 이 얼마나 간단한가! 물론 쉽진 않다.

자신의 취약함과 친구 되기

실수를 있는 그대로 받아들이고 학습과 발전에 활용하면, 실수를 인정하는 일은 한결 쉬워진다. 내 연구 중에서 가장 성공적이었던 팀의 경우, 팀 리더가 실패의 가능성은 항상 존재한다고 반복해서 강조했었다. 실제로 그 팀은 실수를 솔직하고 유머러스하게 받아들이며, 이를 통해 팀 내 실수가 발생해도 숨기지 않는 심리적 안정성이 높아진다. 기본적 실패를 줄이고 싶다면 바로 적용해야 할 모범 사례다.

인간은 취약한 존재다. 미래의 모든 사건을 예측하거나 통제할 수 없다. 그렇다면 우리는 취약성을 인정하고 받아들여야 한다. 그런데 취약성을 인정하면 나약하게 보일 것을 우려한다. 틀렸다! 한 연구에 따르면 앎과 모름을 '솔직히 말하는 것'이 오히려 신뢰감을 높이는 것으로 나타났다.[45] 불확실성에 직면했을 때 생기는 의구심의 존재를 인정하면 오히려 강점이 된다.

또한, 실패에 대해 자신이 기여했음을 인정해야 한다(기여도가 낮든 높든 간에). 이를 통해 상대방이나 팀 모두가 자신의 과실을 인정함으로써 실패에 대한 분석이 한결 쉬워진다. 또한 대인 관계나 팀의 결속력이 높아진다.

안전을 최우선으로 여기기

기본적 실패는 일상적인 것이 맞다. 그렇다 보니 기본적 실패를 줄인다 해서 유의미한 이익이 생기지 않는다고 생각하기 쉽다. 하지만! 기본적 실패를 줄이면 그 이점은 생각보다 크다.

1987년 10월, 알루미늄 제조 업체 알코아Alcoa CEO에 취임한 폴 오닐Paul O'Neill은 실패 감소에 대한 이익을 깊이 이해했다.[46] 미국 재향군인국 및 정부관리예산국에서 일한 정통 관료인 그는 얼핏 기업 수장으로 어울리진 않아 보였다. CEO 취임 후 월스트리트 인근 호텔 연회장에서 열린 그의 첫 기자회견을 보니 그 생각이 더 확고해졌다. 기자이자 작가인 찰스 두히그 Charles Duhigg 는《습관의 힘 The Power of Habbit》에서 오닐에 대해 이렇게 회고한다.

당시 오닐은 투자자와 애널리스트에게 "노동자의 안전에 대해 이야기하고 싶습니다"[47]라며 발언을 시작했다. "매년 수많은 알코아 노동자가 다음 날 결근할 정도로 심각한 부상을 당합니다." 재고, 시장 전망, 설비 투자, 지리적 확장 계획을 기대했던 참석자는 깜짝 놀라 침묵에 빠졌다.[48] 한 투자자는 고객에게 전화를 걸어 "이사회가 정신 나간 히피한테 경영을 맡겼으니 곧 망할 것 같다.[49] 당장 주식을 팔아 버리라"[50]라고 소리치며 자리를 박차고 나가 버렸다. 그러자 다른 이들도 일제히 고객에게 전화를 걸어 주식을 팔라고 조언했다.

우리는 당시 알코아에 '안전에 대한 인식'이 없었다는 점을 주목해야 한다. 오닐은 "우리는 1,500도에 달하는 금속과[51] 사람 팔을 뜯어낼 정도의 기계를 다룬다"라고 말했다. 이를 고려하면 알코아의 안전 관련 기록은 미국 대부분 기업보다 우수한 편이었다. 이에 더해 그는 야심 찬 목표를 세우고 공유했다.

"알코아를 미국에서 가장 안전한 기업으로 만들겠습니다. 부상자가 발생하지 않도록 하겠습니다."[52]

오닐은 직급을 불문하고 알코아 조직 전체가 '탁월함의 습관'[53]에 주력해야만 공장이 안전한 곳이 될 수 있음을 알았다. 탁월함의 습관은 제품 품질은 물론 가동 시간, 수익성, 궁극적으로는 주가에 긍정적 영향을 미친다. 이를 위해 작은 문제도 소홀히 다루지 않고, 안전 불감증에 반대하며, 사소한 실수조차 공개하고 수정하려는 분위기가 필수였다. 한마디로 알코아에는 조직 내 심리적 안정성이 필요했다.

먼저 오닐은 사원과의 만남을 가지고, 안전 및 유지 보수에 대한 의견을 가감 없이 제시하도록 했다. 또한 자신의 개인 전화번호를 알려 주고, 중간관리직이 안전 수칙을 준수하지 않으면 자신에게 직접 제보해 달라고 했다. 제보에 대해서는 고마움의 표현과 합당한 인센티브를 제공했다. 중간관리직 대상으로는 팀의 심리적 안정성을 위해,[54] 다음 세 가지 질문에 팀 전체가 "예"라고 대답할 수 있도록 고민할 것을 주문했다.

"나는 인종, 국적, 성별, 종교, 학력 등에 관계 없이 모든 이에게 항상 존중받는가?"

"나는 교육과 훈련, 도구, 재정 등 팀에 기여하기 위한 자원을 갖췄는가?"

"나는 일을 통해 인정과 고마움을 받는가?"

끝으로 오닐은 기업 이익보다 사원 안전을 더 중시한다는 의지를 보여 주면서, 팀 내 다양한 의견이 나오도록 했다. 일단 안전사고가 발생하면 규모를 막론하고 관련 대처를 업무의 우선순위로 삼았다. 사고와 관련된 이들과 직접 대화함으로써 그는 사고 현장의 관점과 분위기를 상세히 파악했다.

알코아 CEO 취임 후 6개월 만에 사망 사고가 발생하자, 오닐은 경영진에게 "나의 리더십 부재 탓이다.[55] 내가 그를 죽게 했다"라고 말했다. 그의 머릿속엔 '존중과 지지를 받는 사원이 안전 수칙을 준수하고, 안전을 저해하는 요구에 반발하며, 실수와 안전 수칙 위반에 대해 솔직해진다'라는 믿음이 있었다.

그렇다면, 기자회견장에서 당장 주식을 팔아 치우라 통화했던 투자자들의 예상은 적중했을까? 당연히도 완전히 빗나갔다. 2000년 말, 오닐이 CEO에서 퇴임할 무렵 알코아의 안전 관련 기록은 크게 개선됐고, 연간 순이익은 1987년 대비 5배나 높아졌다.[56] 시가총액은 무려 270억 달러까지 상승한 상태였다. 두히그의 계산에 따르면, 1987년 10월에 100만 달러를 알코아에 투자했다면 배당금으로만 100만 달러를 더 벌었을 것이고, 오닐의 퇴임 시점에는 500만 달러에 주식을 팔 수 있었다.[57]

실수를 포착하기

1867년 일본, 토요다 사키치Toyoda Sakichi라는 아이가 태어났다. 그의 어머니는 그 지역에서 직공 일을 했다. 어릴 적 목수인 아버지에게 목공을 배운 그는 발명가의 호기심과 탐구심이 가득했고, 교훈적 실패의 가치도 익히 알았다. 그는 평소에 집 헛간에서 나무로 이것저것 만드는 걸 좋아했다.

그 후 24세의 사키치는 목조 직기로 첫 번째 특허를 받았고, 곧바로 직기 제작 사업을 시작했다. 하지만 1년 후 그의 공장은 문을 닫아야 했다. 그는 이에 굴하지 않고 직기 개발에 매달렸다. 수많은 혁신과 개선 작업을 거듭한 끝에 30세가 되던 해, 일본 최초로 증기로 움직이는 직기를 발명했다. 이번에는 성공이었다.

1920년대 토요다자동방직공장Toyoda Automatic Loom Works은[58] 일본 내 직기 생산의 90퍼센트를 담당했다. 그러나 1929년 사키치는 영국 업체인 플랫브러더스Platt Brothers에 특허권을 매각한다. 평소에 그는 아들인 기이치로Kiichiro에게 자동차 제조업에 미래가 있다[59] 설파했고, 특허권 매각 대금을 바탕으로 토요타자동차(이하 토요타)가 탄생한다.

사키치가 직기에 미친 가장 큰 성과는 오류 관리 기술이었다. 즉, 공정 시 날실이 끊어지면 직기가 자동으로 멈추는 시스템을 개발한 것이다. 그는 이 기능을 '기계에 사람의 손길을 더한[60] 자동화'라는 뜻인 지도카Jidoka라고 명명했다.

현재 토요타 공장의 안돈 코드Andon Cord가 지도카를 구현하고 계승하는 시스템이다. 자동차 제조에서 문제 발생 시 잡아당기는 코드가 바로 안돈 코드다. 누군가가 안돈 코드를 당기면 생산 라인이 바로 멈춘다. 미국 자동차 기업 경영진에게 안돈 코드는 너무나 터무니없는 제도였다. 생산 라인이 멈추는 것 자체가 엄청난 손해인데, 모두에게 그런 권한을 부여하는 것[61] 자체를 받아들일 수 없었기 때문이다.

만약 문제를 감지한 누군가가 안돈 코드를 잡아당기면,[62] 그 즉시 해당 팀 리더에게 신호가 전달된다. 그리고 생산 라인은 약 60초의 지연 시간(공정별 사이클 타임)을 거쳐 멈춘다. 이 짧은 시간 동안 팀이 함께 상황을 파악하고 문제를 해결한다. 실제로 안돈 코드가 발생해도 대부분(12회 중 11회)[63]은 문제가 빠르게 해결될 정도라고 한다, 문제가 해결되면 다시 코드를 당겨 라인 가동을 시작한다. 물론 빠른 해결이 어려운 경우에는 코드를 다시 당기지 않는다. 그때까지 생산 라인은 계속 멈춘다.

안돈 코드는 간결한 리더십의 지혜를 구현하는 제도다. "항상 당신의 의견을 듣고 기다린다"라는 메시지를 전파하기 때문이다. 실제로 생산 라인 근무자는 자동차의 품질을 가장 잘 판단하는 실무자다. 안돈 코드를 잡아당긴다 해서 질책이나 처벌을 받는 게 아니라 오히려 고마움과 인정을 받는다. 이는 전 세계 토요타 공장이 몇 초에 한 번씩 안돈 코드를 당기는 것이[64] 어떻게 가능한지를 설명해 준다. 그리고 직기 업체가 세계적인 자동차 기업으로 거듭났는지도 설명해 준다.

오류 관리 측면에서 안돈 코드는 두 가지의 시사점을 준다. 먼저, 작은 오류가 큰 실패로 이어지기 전에 포착하는 것, 그리고 보고에 대해 비난하지 않는 분위기의 중요성이다. 특히 후자는 안전 관련 문제에서 더욱 중요하다.

실수로부터 배우기

어떤 분야든 전문가가 되려면. 배우는 과정에서 필연적으로 생기는 수많은 실수로부터 배우려는 의지가 매우 필요하다. 10세 나이에 체스 미국 국가대표가 된 타니톨루와 아데부미Tanitoluwa

Adewumi는 국가대표로 선정되고 나서 이런 말을 남겼다. 10세 아이가 한 말이라고는 믿기지 않지만, 국가대표라면 걸맞은 수준이다.

"저는 늘 제 자신에게 말해요. 지는 게 아니라 배우는 거라고요. 게임에서 지면 그 과정에는 항상 실수가 있게 마련이거든요. 그 실수로부터 배우면 체스 자체를 배우는 셈입니다. 지는 것이 곧 이기는 것이죠."[65]

체스는 머리와 기술뿐 아니라 많은 연습까지 필요한 게임이다. 그렇다고 하루에 10시간씩 말을 섞는 정도로는 충분치 않다. 무수히 많은 실수를 저지른 다음 그 실수가 어떻게, 왜 패배로 이어졌는지 연구하는 것이 필요하다.

아무리 일류 운동선수도 균형을 잃어 넘어지고, 샷을 놓치며, 삼진당하고, 비틀거리고, 경기에 질 때가 있다. 하지만 이들이 일류인 이유는 지난 경기에서 무엇이 잘못됐고, 자신의 어떤 기술이 취약한지를 파악하는 과정이 있기 때문이다. 또한 코치는 그 옆에서 실수를 줄이고 개선할 방법을 조언한다.

조정 선수라면 수많은 연습을 통해 노를 효과적으로 비틀기 위한 각도와 방법을 익힌다. 다이빙 선수라면 도약하기 전 몸을 얼마나 구부려야 하는지를 수없이 연습한다. 골프 선수라면 퍼팅을 집중적으로 연습한다.

"나는 늘 실수로부터 배운다."[66]

유명 골프 선수인 쩡야니Yani Tseng가 남긴 말이다. 일류는 실수한 사실 자체보다 보완 가능성에 집중해 '실수에 맞서는 법'을 연습한다. 오늘의 만족보다 내일의 목표에 집중해야 진정한 일류가 되기 때문이다.

기본적 실패를 예방하는 다섯 가지 방법

뭔가 맥 빠지는 말이지만, 기본적 실패 예방법 중 혁신적인 것은 없다. 모두 상식적인 것이다. 하지만 이 상식적인 예방법을 만드는 데 시간을 쓰고 실행하는 기업이나 개인은 극소수다. 이제 여러 방법을 소개하겠지만, 내가 가장 추천하는 것은 '**비난 없는 보고**', 즉 잠재적 피해를 조기에 발견하게 돕는 시스템이다.

비난 없는 보고

'진짜 나쁜 소식은 뒤늦게 밝혀진다'는 사실을 잘 아는 많은 팀과 개인이라면 명시적(혹은 암묵적)으로 **비난 없는 보고**를 실천한다. 비난이 없다 해서 나쁜 행동이나 낮은 기준에 관용을 베푼다는 뜻으로 생각하면 틀렸다. 무슨 일이든 허용된다는 뜻이 절대 아니다.

비난 없는 보고의 목적은 '신속한 보고를 통해 문제가 크게 번지는 것을 막는 것'이다. 보고 자체에 불이익을 주지 않아도, 문제에 고의성이 있거나 불법의 소지가 있을 경우 처벌할 수 있다. 쉽게 말해 '학습'과 '평가'의 분리다. 미국 공군을 비롯한 일부 기관에서는 적시에 보고하지 않는 행위 자체를 처벌하기까

지 한다.[67]

가정의 예를 들어 보자. 청소년기 자녀를 둔 부모라면 필요하면 언제든지 전화해 데리러 와 달라 말하도록 당부한다. 음주나 운전 등 질풍노도의 시기 위험을 가장 잘 관리하는 방법을 '자녀와의 소통'으로 여기기 때문에 가능한 일이다. 그렇게 자녀가 '도움이 필요할 때 부모가 항상 대기 중'이라는 점, 불미스러운 일이 생겨도 도움 요청 자체에는 처벌이 뒤따르지 않는다는 점을 알아주기 원한다. 위험한 상황에서는 평가보다 '학습과 안전'이 더욱 중요하기 때문이다.

"일이 잘못될 수 있다는 것을 잘 알고 있습니다. 그러니 신속하게 알려 주세요. 그래야 문제를 해결하고, 피해를 예방할 수 있으니까요."

이러한 메시지가 전해지기 위해서는 상호 간 심리적 안정성이 필수적이다.

내가 진행했던 의료사고 관련 연구에서, 가장 성공적인 결과를 낸 병원[68] 역시 비난 없는 보고가 확고했다는 점을 상기하면 좋겠다. 보고를 꺼리는 병원과 비교해 그 병원은 실수를 통해 팀이 더 잘 배우고, 이를 예방하기 위해 조처할 수 있었다.

2006년, 미국 포드자동차Ford Motor Company의 CEO로 앨런 멀러리Alan Mulally가 부임했을 때 일이다. 포드는 당해 손실만 170억 달러가 예상될 정도로 부채 문제가 심각했으며, 그 외에도 여러 문제가 있었다. 그럼에도 기업의 존폐를 위협하는 문제에 모두가 입을 다물고 있다는[69] 사실을 그는 바로 알아차렸다.

이러한 문제를 해결하고자, 멀러리는 비난 없는 보고를 위한 제도를 만들었다. 먼저, 보고서를 초록색(문제없음), 노란색(문제 또는 우려 사항 발생 가능), 빨간색(정체 또는 궤도 이탈)으로 구분해 제출하도록 했다. 그리고 그는 경영진에게 웃으며 "데이터가 여러분을 자유롭게 합니다"[70]라고 말했다. 실제 존재하는 문제에 직면해야 함을 강조함으로써, 그는 경영진이 문제를 회피하지 않고 한데 뭉쳐 적극적으로 해결하길 바랐다.[71]

하지만 사실대로 보고토록 하는 제도를 도입하는 것과, 보고로 인한 두려움과 수치심을 줄이는 것은 별개의 문제다. 나쁜 소식에 대한 초기 반응을 어떻게 해야 하는지가 중요한 이유다. 실제로 '빨간색' 보고서는 멀러리가 예상했던 것보다 더욱 오랫동안 보이지 않았다. 그는 진실을 말하도록 독려하기 위해 수십억 달러의 예상 손실에 대해 상기시켜야 했다.

오랜 기다림 끝에, 마침내 마크 필드Mark Field라는 임원으로부터 빨간색 보고서가 올라왔다. 출시를 앞둔 SUV 모델인 엣지Edge에 심각한 결함이 있다는 내용이었다. 심지어 엣지는 기대작이었다. 모두가 감정적인 비난과 해고 명령을 예상하며 입을 닫았다. 하지만 멀러리는 박수를 치며 이렇게 말했다.[72]

"아주 중요하고 대단한 걸 발견했군요! 여기 필드를 좀 도와줄 사람 있습니까?"

모두가 안도와 충격을 동시에 느꼈고, 몇몇 경영진이 아이디어 공유, 사례 분석 및 문제 해결을 돕기 위한 지원에 나섰다. 놀랍게도 해당 문제는 12초 만에 해결됐다.[73] 다시 말하지만 나쁜 소식을 나누는 것은 상황 개선을 위한 첫 단계다. 그리고 멀러리는 이러한 투명성이 성과에 대한 책임감을 높인다고 믿었다.[74] 이에 대해 한 언론 인터뷰에서는 이렇게 말했다.

"각자 책임감에 대해 상상해 보세요! 급히 처리할 일이 있는데 일주일이나 뭉개고서 '지난주에 너무 바빠서 못했다'라고 말할 건가요?"

비난 없는 보고는 너그럽지 않다. 책임에 대해 느슨한 것도 아니다. 오히려 정반대다. 투명성이 높아지면 상호 책임감이 생겨 모두가 함께 문제를 해결하는 분위기가 생기기 때문이다.

나사와 미국 연방항공청FAA이 공동 개발한 항공안전보고 시스템ASRS[75] 역시 비난 없는 보고가 필수적이라 명시했으며, 이는 국제적으로도 채택됐다. 파일럿뿐 아니라 승무원, 항공교통 관제사, 정비직 누구나 실수에 대해 익명으로 서면 보고할 수 있다(공항 이름이나 여객기 번호를 쓰지 않아도 된다[76]). 보고 시에는 '기밀성, 자발성, 비처벌' 원칙[77]을 보장한다. 다만 보고서에는 실수를 초래한 사건에 대한 상세 내용과 그에 따른 개선 현황을 적어야 한다. 그에 따르는 판단이나 결정, 조치 같은 인적 요소에 대한 설명도 적어야 한다.[78]

익명성을 보장하는 이유는 두려움 없이 실수를 보고하도록 장려하기 위함이다. 대부분의 실수는 초기에 해결한다면 큰 손상이나 실패로 이어지지 않는다. 이런 실수를 모아 데이터베이스를 만들면[79] 매우 유용하다. 데이터베이스를 통해 사소하되 빈번히 발생하는 오류와 문제가 무엇인지를 파악하고, 교육 및 훈련에 좋은 정보를 제공하며, 심지어 새로운 여객기 개발에 지침까지 될 수 있다.

비난 없는 보고는 '균형 잡힌 학습 시스템'의 일부다. 문제를 해결하고 예방하려면 무엇인 문제인지를 알아야 하기 때문이다. 1983년(일명 '오류 훈련'이 도입된 해)부터 2002년까지 미국에서 발생한 558건의 여객기 관련 사고를 분석한 연구에 따르면, 사고로 이어질 뻔한 파일럿의 실수가 40퍼센트나 줄은 것으로 나타났다.[80] 항공 전문 기자 앤디 파스토르Andy Pasztor에 따르면, 2009년부터 '12년간' 미국 내 항공사는 큰 사고 없이 80억 명 이상의 승객을 안전하게 수송했다고 한다.[81]

예방적 유지 보수

치아와 자동차에는 공통점이 있다. 식사(주행) 후 양치(점검)를 해야 치료(정비)에 데 비용이 많이 드는 충치(고장)를 예방한다는 점이다. 그러니 치아와 자동차에는 '예방적 유지 보수'가 필수다. 하지만 충치와 자동차 고장은 꽤나 자주 일어나는 사고다. 그렇다면 우리는 왜 예방적 유지 보수를 소홀히 하는 걸까?

그 답의 일부는 '시점할인temporal discounting'[82]에서 찾을 수 있다. 시점할인이란 쉽게 말해, 미래의 결과보다 현재를 더 중요하게 생각하는 경향이다. 예를 들어 다음 주에 1달러를 주겠다는 제안보다 지금 바로 1달러를 주겠다는 제안에 귀가 더 솔깃한 게 사실이다.

인간은 오늘 해야 하지만 아주 귀찮은 일을 하지 않음으로써 생길 미래의 문제를 심각히 여기지 않는다. 초콜릿케이크를 한 조각 더 먹거나, 시험 공부를 미루는 등 좀처럼 삶에 도움이 안 되는 행동을 많이 하는 이유와 함께, 예방적 유지 보수가 매번 실패하는 이유가 여기 있다. 오늘 자동차 엔진이 고장 나지 않았다고 환희가 솟구치는 것도 아니고, 오히려 정비에 시간과 돈을 들이면 귀찮기만 하다.

2016년, 인기 팟캐스트인 '프리코노믹스Freakonomics'는 예방적 유지 보수에 투자하지 않는 경향이 경제에 미치는 악영향[83]에 대해 설명했었다. 그날 에피소드는 개인의 습관보다 도시와 사회간접자본에 초점을 맞추긴 했지만, 다가오지 않은 미래에 대해 심각히 여기지 않는 것은 똑같다. 당일 게스트였던 경제학자 겸 도시 전문가 에드워드 글레이저Edward Glaser가 지적했듯이, 정치인은 현재 지출을 제한하려 하고, 사회는 미래의 공동체를 지원하는 현재의 투자로부터 이익을 얻는다. 아이러니하게도 고대 로마는 지역사회가 의존하는 중요한 시스템을 만들고 유지하는 데 광범위하고 현명하게 투자한 덕분에, 현대의 도시나 국가보다 시점할인으로 인한 피해가 덜했다.

로마가 사회간접자본에 대한 투자를 게을리했다면 그토록 인구가 많이 늘지도, 국가가 오래 지속되지도 못했을 것이다. 그때보다 현대사회는 쇠락의 시기를 모델링하고 예측하는 지식과 기술, 역량이 엄청나게 향상됐음에도, 그 변화 속도가 너무나 빠른 탓인지 인간의 시점할인 성향은 더욱 강해지는 느낌이다.

명문화

대부분의 식당은 영업에 필요한 절차를 목록으로 만들어 둔다. 이렇게 절차를 명문화하면 누구나 보고 실행할 수 있다. 특히 패스트푸드점은 효율성과 일관성이 중요하기에 각 절차를 철저히 명문화하고, 조리실 벽에는 레시피를 단계별 이미지로 설명해 붙여 두기도 한다.

의식적이든 무의식적이든, 우리의 행동 중 최소한 절반은 명문화된 절차에서 나온다. 군이 식당처럼 붙여 두진 않아도, 집을 나서기 전에 가스레인지와 전등이 꺼졌는지 확인한 후에야 문을 잠근다. 그리고 지갑, 열쇠, 휴대전화를 확인한다.

내 친구 중 하나는 여름 캠핑을 위해 자녀들이 각각 챙겨야 할 물건 목록을 컴퓨터로 작성해 보관한다. 알아서 물건을 챙기기에 나이가 어린 자녀를 위한 정리다. 캠핑을 떠나기 전에는 자녀마다의 목록을 출력해 침대 옆에 붙여 둔다고 한다. 그렇게 물건 챙기는 데 시간을 절약하고, 챙겨야 할 물건을 깜빡하는 경우도 없다. 심지어 남편과 자신도 목록을 작성한다고 한다.

내 친구의 예가 아니더라도, 계획적이고 체계적인 것을 좋아하는 사람은 가정에서나 직장에서나 많은 부분을 정리해 두는 경향이 강하다. 일명 '생산성 애플리케이션'을 쓰면 효율을 높이고, 낭비를 줄이며, 실수를 방지하는 데 도움이 된다.

명문화에 대해서는, 내 동료인 거완디의 《체크! 체크리스트》를 빼놓을 수 없다.[84] 2009년 출간된 이 책은 절차에 대해 작성하는 습관을 대중화하고 정착하는 데 크게 기여했다. 절차를 작성하는 목적은 일관성 있는 일처리를 통해 세부 사항을 놓치거나, 부주의로 인한 실수를 줄이는 데 있다.

특히 거완디는 존스홉킨스대 교수이자 의사인 피터 프로노보스트Peter Pronovost가 중환자실 환자의 감염 예방 및 감소를 위해 쓴 '중심정맥관 삽입 시 다섯 가지 체크리스트'를 매우 높이 평가했다. 읽어 보면 매우 당연하고 간단해 보이지만, 실수란 대개 마음이 급해 해야 할 일을 깜빡 잊는 상황에서 발생한다. 그런 실수를 방지하는 검증된 수단이 이 체크리스트다.[85]

① 삽입 전 비누로 손을 씻었는가?
② 환자의 피부를 소독제로 닦았는가?
③ 환자의 몸에 멸균 천을 씌웠는가?
④ 멸균 마스크, 모자, 가운, 장갑을 착용했는가?
⑤ 관의 삽입 부위를 멸균 붕대로 덮었는가?

실제로 미시간주립대 의료진은 18개월간 '중심정맥관 삽입 시 다섯 가지 체크리스트'를 준수함으로써 1,500명의 생명을 구했고,[86] 미시간주 정부는 약 1억 달러를 절약했다. 물론 체크리스트가 만능은 아니다. 의료사고는 병원 및 의료계 전체에서 여전히 엄청난 도전 과제로 여겨진다.

워싱턴과 볼티모어에서 의료 서비스를 제공하는 메드스타 헬스 국립보건인적요인센터MedStar Health's National Center for Human Factors in Healthcare 책임자 라즈 라트와니Raj Ratwani에 따르면, 체크리스트가 의료사고를 줄이는 데 기여한 부분은 20퍼센트밖에 되지 않는다고 했다.[87] 매년 미국에서 의료사고로 인한 사망자 수는 최소 25만 명이다.[88] 이러한 사고 대부분은 4장에서 다룰 복합적 실패의 결과다.

앞에서 본 에어플로리다 파일럿이 (체크리스트가 있음에도) 결빙 방지 장치를 켜야 한다고 생각하지 못했던 것처럼, 체크리스트는 '뇌를 가동해' 사용해야 한다(무의식적으로 사용하지 말라는 뜻이다). 또한 새로운 방식이나 규칙이 있다면 바로바로 목록을 업데이트해야 한다.

재교육

1970년대 초, 비행기에는 블랙박스가 장착되기 시작했다. 속도와 고도 등 비행 관련 정보와 조종석에서의 대화를 저장하기 위함이었다. 비행기 사고 시 블랙박스를 이용하면 사고 전 '몇 분간' 비행기에서 어떤 일이 생겼는지를 알 수 있었다. 그 몇 분간은 파일럿과 승무원, 승객의 마지막 순간이기도 하다. 비행기 사고 원인에 블랙박스를 이용한 결과, 대부분의 사고가 파일럿의 인적 오류에 기인한다는[89] 사실이 명확해졌다. 심지어 그 오류는 단순한 실수인 경우가 많았다. 그 단순한 실수는 기본적이지만 비극적인 실패로 이어졌다.

1972년 12월 이스턴항공 401편 추락 사고를 예로 들겠다. 기장과 부기장은 총 비행 시간이 5만 시간이 넘는 베테랑이었다. 사고 당일 노선은 뉴욕 존 F. 케네디 공항을 출발해 마이애미로

향하는 정기 항공편으로 기상 상태도 좋았다. 그렇다면 무엇이 문제였을까?

401편 사고 원인은 노즈 기어(날개나 동체 중앙의 바퀴_옮긴이)에 달린 라이트 전구가 타 버린 것에 정신을 빼앗긴 데 있었다. 기장은 문제의 원인을 찾으라 지시했고, 부기장은 이를 해결하고자 노력했다. 하지만 그사이 더 긴급한 문제가 벌어짐을 그 둘은 알아채지 못했다. 그렇게 여객기는 빠르게 고도를 잃었고, 플로리다주 에버글레이즈에 추락하고 말았다. 이 사고로 101명이 목숨을 잃었다.[90]

1970년대 후반이 되자 항공 안전에 뭔가 조치를 취해야 한다는 사실이 분명해졌다. 의료나 원자력 산업과 마찬가지로 항공 분야는 작은 실수가 치명적인 결과를 초래하는 고위험 분야다. 1979년 열린 나사 산업 워크숍에서는 민간 기업 및 정부 기관 항공 전문가와 심리학자, 학계 연구자가 한자리에 모였다. 그렇게 개발된 CRMCrew Resource Management 프로그램[91]을 반복 시행함으로써 비행기 사고율은 크게 낮아졌다. 이 교육에는 나의 지도 교수도 참여했는데, 1990년대 초 내가 진행한 의료사고에 대한 연구로 이어졌다.

CRM은 비난 없는 보고와 실수 관리 외에도 리더십, 커뮤니케이션, 상황 인식, 위험한 비행 태도 등에 대한 교육을 포함하며 점점 발전했다. CRM의 핵심 원칙 중 많은 부분은 일반 기업이나 의료계에도 대거 채택됐다.

선제적 조치·의식적 노력

1967년 이전에는 어린 자녀를 둔 부모가 약병으로 인해 수시로 응급실을 찾았다. 어느 날 새벽 3시, 캐나다 온타리오주 윈저의 한 병원 소아과 과장 겸 독극물 관리센터 책임자인 앙리 브로Henri Breault는 퇴근 후 아내에게 이렇게 말했다.

"먹어서 안 될 약을 먹고 실려 오는 어린이를 치료하는 데 지쳤어. 뭔가 방법을 찾아야 해!"

그렇게 어린이가 열기 힘든 약병이 브로로부터 탄생했다. 윈저 지역에 처음 도입된 '팜 앤 턴Palm N Turn'으로 불린 병뚜껑으로 어린이 약물중독 사고는 91퍼센트나 줄었다.[92]

세게 눌러 비틀어야 열리는 팜 앤 턴 외에도 오늘날에는 집과 자동차에 어린이를 위한 보호 장치를 설치하는 것이 일반화됐다. 자동으로 잠기는 문, 이물질을 막는 콘센트 커버, 가구를 벽에 고정하는 장치 등 다양하다.

일본어로 '실수 방지'를 의미하는 포카요케Poka-yoke[93]는 TPS(토요타 생산 시스템)에서 유래한 용어로, 제조업에서 중요하게 여기는 루틴이다. 우리 주변의 수많은 안전 관련 제품이 포카요케의 혜택을 받는 것은 기본적 실패가 어디에나 존재한다는 증거이기도 하다. 그만큼 우리는 누구나 부주의함을 경험한다. 잘못된 가정을 하기도 하고 과신하기도 한다. 그렇기에 기본적 실패를 줄이기 위해 미리 조처해야 하는 것이다.

디자인 비평가 돈 노먼Don Normnan은[94] 1980년대부터 인간과 제품 간의 관계를 사유하는 글을 썼다. 그의 연구는 오늘날

'인간 중심 디자인'이라는 분야의 토대를 마련했다.[95] 그에 따르면, 우리의 실수 중 상당 부분이 잘못된 디자인에 기인한다고 한다. 그 예로 집 주소를 입력할 때 알파벳 순으로 나열된 메뉴를 이야기했다. 즉, 자신은 미네소타주를 클릭해야 하는데 주변의 미시시피주를 클릭하기 쉽다는 것이다.[96]

인간의 사고방식에 대한 노먼의 깊은 이해는 디자인 관점과 밀접하게 연관됐다. 대표적으로, 그는 인간이 익숙한 작업에 주의를 덜 기울이므로 실수할 위험이 커진다는[97] 점을 지적했다. 결빙 방지 장치를 가동해야 한다는 걸 잊어버린 에어플로리다 파일럿이 대표적인 예다. 반대로 인간의 실수를 불가피한 것으로 받아들인다면 오류를 경고하고(엑스[98]의 글자 수 제한 기능), 안전망을 제공하는(워드 프로그램의 실행 취소 기능) 등으로 사용자 실수를 방지한다.

그 외에도, 비 예보가 있는 날 챙기도록 우산을 현관 근처에 둘 수도 있다. 날짜를 정해 친구와 복습할 수도 있다. 즉, 머릿속 가정을 늘 염두에 두는 것이다. 이렇게 우리는 시점할인에 맞서기 위한 의식적 노력을 해야 한다. 또한 기본적 실패가 '실패를 가장한 기회'일 수 있다는 점도 명심하자.

유레카를 외치는 순간

1888년 어느 날,[99] 중국 광둥성에 사는 리캄성 Lee Kum Sheung 은 여느 때처럼 굴수프를 끓이는 중이었다. 새로운 메뉴를 개발할 생각은 전혀 없었다. 하지만 실수로 수프를 너무 오래 끓였고, 굴수프는 갈색 덩어리가 돼 버렸다. 실패였다. 그런데 무심코 덩어리를 맛봤는데 아주 맛있었다! 그는 그렇게 '굴소스'를 만들어 이금기 Lee Kum Kee 라는 브랜드로 팔아 보기로 했다.

리캄성의 '빛나는 실수'는 그의 가족을 엄청난 부자로 만들었다. 2021년 그의 손자 사망 당시 가족 재산은 170억 달러가 넘었다.[100] 모든 기본적 실패가 가치 있는 신제품으로 이어지는 건 아니지만 굴소스, 감자칩과 초코칩쿠키를 비롯해 맛있는 식품이 이처럼 우연한 기회에 만들어졌다.[101]

물론 기본적 실패가 항상 수십억 달러 규모의 비즈니스로 이어지는 건 아니다. 하지만 그런 실패를 항상 주목해 기회로 바꿔야 한다. 열린 마음으로 실수에 성실히 대응할 때만 그 기회가 당신에게 찾아온다.

실수는 인간적이니까!

그동안 당신이 읽은 것처럼, 실수는 우리와 늘 함께한다. 주차 실수로 인해 찌그러진 범퍼부터 호텔 붕괴 사고에 이르기까지 실수는 다양한 기본적 실패를 초래한다. 다만, 실수가 실패로 이어질 연결 고리를 끊고 예방할 기회 역시 함께한다.

기본적 실패의 예방을 막는 요인은 실수에 대한 혐오감, 자신에 대한 혐오감이다. 그렇기에 당신은 실수와 친구가 돼 이를 발견하고, 보고하며, 수정해야 한다. 또한 각종 훈련부터 실수 검증에 이르기까지 모든 종류의 예방법을 수용해야 한다.

실수와 친구가 되는 것, 온갖 예방법을 수용해야 하는 일은 꽤나 힘들다. 소셜 미디어에서 '좋아요'를 받거나 최신 경영 트렌드로 칭송받는 것처럼 유쾌한 일도 아니다. 하지만 이를 감내하지 않으면 매우 안타까운 일이다(알코아 주주나 항공사 승객에게 물어보라). 인생에서 무사고, 무실패가 목표라면 실수와 친구가 돼야 한다.

실수는 지극히 인간적이다. 그렇기에 (특히 실수하는 자신을) 용서하는 건 매우 가치 있는 일이다. 기본적 실패를 예방하기 위한 절차를 수용하는 매우 가치 있는 일이다. 당신에게 힘을 실어 주는 일이다. 그러니 꼭 시도하길 바란다.

4장

복합적 실패: 퍼펙트 스톰

안타깝게도 대부분의 경고 시스템은
경고할 수 없음을 경고하지 않는다.

찰스 페로

파스트렝고 루지아티Pastrengo Rugiati[1]는 바다와 배를 사랑하는 건
강하고 유쾌한 사람이었다. 항해 중 선원의 아이가 태어났다는
소식이 오면 호루라기를 불고 돛대에 파란색이나 분홍색 리본
을 달고 모든 선원을 모아 성대한 파티를 열었다.

3월의 어느 금요일 밤, 쿠웨이트에서 영국의 밀포드 헤이븐
까지 1개월간의 항해가 끝날 무렵, 토리캐니언호Torrey Canyon 선
장 루지아티는 자정이 넘도록 갑판 위에 서 있었다. 바다는 잔
잔했고, 앞으로 며칠간은 맑은 날씨가 예보됐다.

루지아티는 배에 실린 약 11만 9,000톤의 원유를 내리는 까
다로운 작업 절차를 검토하던 중이었다. 시간이 촉박했기에 모
든 일은 순조롭게 진행돼야 했다. 다음 날 밤 11시까지 도착하
지 못하면, 만조가 오기까지 엿새를 더 기다려야 했다. 그와 선

원은 물론 이들을 고용한 기업 모두 그런 지연을 감당할 수 없었다.

당시 토리캐니언호에는 항해 관련 매뉴얼인《The Channel Pilot(채널 파일럿)》사본이 없었으므로, 루지아티는 항해 시간 계산에 각별히 주의해야 했다. 그는 영국 남서부 해안의 악명 높은 실리제도가 배의 우현으로 보이면 부르라고 지시한 뒤 침상으로 향했다.

오전 6시 30분경, 일등 항해사가 루지아티를 깨웠다. 항해사는 해류와 바람 때문에 항로를 벗어났다고 보고했다. 그리고 이를 바로잡기 위해 항로를 재설정한 뒤였다. 루지아티는 자신의 허락 없이 항로를 바꾼 것에 화를 냈다. 더욱 짜증이 난 이유는 항로 변경으로 인해 도착 예정 시간이 늦어졌기 때문이다.

그렇게 루지아티는 자신이 꼼꼼하게 짠 본래 항로로 배를 돌렸다. 위험하기로 유명한 암초 지대인 세븐스톤스 리프 쪽을 지나가는 항로였지만, 그는 안전할 것이라 믿었다. 지금 보면 판단 착오로 볼 수 있는 상황이었다.

뒤에 일어날, 예상치 못한 두 가지 '작은' 사건만 아니었다면 토리캐니언호는 안전하게 도착했을 것이다. 첫 번째, 안갯속에서 갑자기 나타나 항로를 가로막은 보트 때문에 급히 선회해야 했다. 이미 몇 분, 몇 초가 아쉬운 상황이었다. 두 번째로 방향키에 문제가 생겨 배가 즉각 선회하지 못했다. 여기서의 지연이 결정적 영향을 미쳤다. 물론 루지아티는 끝까지 주의를 기울였지만 너무 늦어 버렸다. 암초가 코앞에 있었다.

1967년 3월 18일 토요일 오전 8시 50분경, 토리캐니언호는 암초에 전속력으로 부딪쳤다. 거대한 배의 바닥이 순식간에 갈라졌다. 그렇게 14개의 탱크가 터져 1,300만 갤런의 막대한 원유가 유출됐다. 영국에서 발생한 가장 큰 원유 유출 사고일[2]이 기록되는 순간이었다.

"수많은 작은 일이 모여 하나의 큰 재앙을 초래했다."[3]

사고 이후 공식 조사에서 루지아티가 남긴 말이다. 정박 시간, 해류, 보트, 전날의 조타 제어 등 모든 일이 사고를 만든 셈이다. 이 일 중에서 하나만 없었어도 사고는 일어나지 않았을 것이다. 그렇게 베테랑 선장은 갈가리 찢긴 배만큼이나 온갖 비난으로 망가진 채 물러나야 했다.[4]

"선장에게는 배가 전부인데, 저는 제 배를 잃었습니다."

훗날 루지아티의 고백이다. 그렇게 그는 처참한 실패자로 전락하고 말았다.

너무나 많은 '사소한 일'

토리캐니언호 참사는 복합적 실패의 전형이다. 크든 작든 '사소한 일'이 많이 합쳐져 실패를 초래하는 경우는 아주 전형적이다. 우리 일상에도 별다른 사고를 내지 않고 정기적으로 진행되던 '사소한 일'이 엉뚱한 방향으로 이어져 실패를 만드는 경우가 많다. 복합적 실패의 본질과 오늘날 거의 모든 분야에서 이런 실패가 많아지는 이유를 살펴야 하는 이유다.

토리캐니언호 참사를 통해 우리는 모든 실패가 옳은 실패로 인정되지 않음을 알아야 한다. 어떤 실패는 재앙이고 비극이 된다. 하지만 복합적 실패를 무조건 비난해서는 안 된다. 교훈적 실패, 기본적 실패처럼 복합적 실패 역시 강력한 배움의 기회가 된다. 배우려는 의지만 있다면 말이다.

사소한 일에서 범인 찾기

토리캐니언호 출항 당시 루지아티의 건강은 매우 좋았다. 하지만 사고 당시의 육체적 긴장과 충격으로 인해 그의 건강은 급속도로 악화됐다. 체중이 9킬로그램이나 줄었고, 폐 감염이 발생한 탓에 아내 외에는 아무도 만날 수 없었다.

하지만 선적국인 라이베리아에서 임명한 조사위원회가 루지아티에게 전적으로 사고 책임을 묻겠다고 할 즈음, 이탈리아 제노바에서 파파라치 카메라에 포착된 루지아티 사진이 공개됐다. 그렇게 그의 면허는 취소됐고, 다시는 항해할 수 없었다. 참고로 파파라치 카메라에 담긴 그는 겁에 질린 표정으로 침대 밑에 있었다.[5]

다만 라이베리아 조사위원회의 결정이 너무 성급했던 것 아니냐는 의견도 많았다. 토리캐니언호의 한 선원은 사고 직전 몇 시간 동안 자신이 측정하고 보고한 항해 측정값이 부정확했다고 증언했다. 또한 누군가가 실수로 타륜steering wheel의 사이드 레버를 움직이는 바람에 방향키 반응이 늦어졌다는 증언도 나왔다. 이에 더해 매뉴얼 사본이 없던 것도 문제였다.

하지만 선장한테 책임을 떠넘기는 것은 사고를 정리하는 쉽고 간단한 방법이었으며, 선주와 보험사에도 이익이었다. 한 추정에 따르면 선주와 보험사는 해당 판결 덕분에 거의 1,700만 달러의 비용을 절약할 수 있었다.[6]

사고 처리에서 한 개인이나 원인에 모든 잘못을 전가하고 비난하는 반사적 행위는 꽤나 자주 보인다. 기업의 실적이 저조하면 CEO가 즉각 해고된다. 자녀의 늦은 하원 시간을 두고 부부가 서로를 비난하고, 자녀는 여기서 벗어나고자 손가락을 다른 데로 가리킨다. 당연히도 이러한 분위기는 개인과 조직의 심리적 안정성을 떨어트린다.

하나의 원인이나 단독 범인을 찾는 건 쉽고 자연스러운 일이지만, 복합적 실패에서 이런 행위는 도움도 안 될뿐더러 정확한 해결책도 아니다. 실제로 무슨 일이 일어났고, 다음에 더 잘할 수 있는 방법을 공개적이고 논리적으로 말하기를 더 어렵게 만들 뿐이다. 심리적 안정성은 개인과 기업 모두 나쁜 실패를 줄이고 옳은 실패를 더 많이 경험하는 토대임은 앞에서도 여러 번 강조했다. 그렇다면 실패에 대한 책임은 어떻게 물어야 할까?

"느슨함으로 인한 실패는 개인 책임인가요? 개인이 책임지지 않는다면, 개선에 대한 동기부여를 어떻게 해야 할까요?"

병원, 투자은행 등 다양한 업계 임원이 내게 많이 하는 질문 중 하나다. 그런데, 이런 우려는 실패와 책임에 대한 잘못된 이분법에 근거한다. 실제로 실패를 쉽게 인정하는 분위기가 높은 성과와 충분히 공존할 수 있다(오히려 고위험 환경에서는 더욱 공존해야 한다).

비난하는 문화[7]에서는 문제를 고백할 수도, 제때 문제를 바로잡을 수도 없다. 당연히 성과에도 도움이 되지 않는다. 비난 없는 보고가 중요한 이유가 여기에 있다. 거리낌 없는 보고는 어떤 상황에서든 필수적이다.

복합적 실패의 복합성

기본적 실패가 충격적 결과로 이어지는 경우는 흔하지 않다. 대개 단일 원인에서 생기며 합리적으로 해결할 수 있기 때문이다. 하지만 복합적 실패는 우리 삶과 팀, 사회를 송두리째 흔들 수 있다. 복합적 실패는 기본적 실패와 근본적으로 다르다.

특히 복합적 실패는 병원 응급실이나 글로벌 공급망 같은 환경에서 많이 발생하는데, 해당 환경은 여러 요인과 사람이 예측할 수 없는 방식으로 상호작용하기 때문이다. 점점 변동성이 커지는 날씨도 복합적 실패의 또 다른 원인이다.

나는 수년간 의료·항공 우주·상업 분야를 연구하면서 다양한 복합적 실패 사례를 접했다. 그 많은 사례에는 공통점이 있었는데 바로 '한 가지 이상의 실패 원인이 존재'한다는 점이었다. 또한 미묘한 경고신호가 울리며 통제 불가능한 외부 요인이 하나 이상 포함되는 경우가 대부분이다.

익숙함을 경계하라

교훈적 실패(새로운 재료로 요리하는 레드제피, 새로운 사람과 데이트를 한 나의 부모, 실험을 통해 일렉트렛 마이크를 개발한 웨스트 등)는 새로운 영역에서 발생한다. 이와 달리 복합적 실패는 사전 지식과 경험이 풍부한 환경에서 발생한다.

루지아티는 비록 '사고 당시와 똑같은 기상 조건에서 똑같은 항로'를 항해한 적은 없었지만, 항해를 위한 기본 지식과 경험이 매우 풍부했다. 그 밖에도 뉴스에 등장하는 대형 사고, 비극, 재난은 익숙한 환경에서 발생한 복합적 실패다.

2021년 10월 21일, 촬영감독 할리나 허친스Halyna Hutchins가 총상으로 사망한 영화 〈러스트Rust〉의 촬영장을 생각하자. 뉴멕시코주 보난자 크릭 랜치Bonanza Creek Ranch는 서부영화 촬영장으로 인기가 높아 〈러스트〉 제작진에게도 익숙한 곳이었다. 제작진 또한 총기를 사용하는 영화 촬영에 필요한 절차와 예방 조치를 잘 알았다.

그런데 제작자 겸 주인공인 앨릭 볼드윈Alec Baldwin이 실수로 쏜 총에[8] 허친스가 사망했다. 허친스 옆에 있던 감독 조엘 수자Joel Souza도 어깨 부상을 입었다. 복합적이자 비극적 실패였다. 그 후 사고 조사를 통해, 당시 총기 관련 안전 수칙이 엄격하게 준수되지 않았다는 사실이 밝혀졌다.

총기 안전 감독 한나 구티에레즈 리드Hannah Gutierrez-Reed는 사고 당일 아침 총기에 공포탄만 있는지(실탄이 없는지)를 확인하는 등 정해진 절차를 따랐다고 진술했다. 하지만 최종 검사를 끝낸 뒤 볼드윈에게 "빈 총"이라며 총을 건넨 조감독 데이비드 홀스David Halls는 그날 자신이 모든 탄환을 확인하지 않았다고 자백했다. 안전 수칙을 크게 위반한[9] 행위였다. 게다가 촬영장에 있어서는 안 되는 실탄이 총에 왜 있었는지도[10] 불분명했다. 더욱이 일주일 전에도 실탄 발사 사고[11]가 '두 번'이나 발생했지만, 안전 수칙 준수에 대한 조사는 이뤄지지 않았다.

익숙함은 복합적 실패를 더욱 치명적으로 만드는 요인이다. 익숙한 상황에서 우리는 잘못된 자신감에 빠져들기 쉽다. 통제가 더 잘된다고 느끼기 때문이다(항상 가던 길이라며 음주운전을 하는 경우 등). 루지아티 역시 전날의 꼼꼼한 계획과 오랜 경험 덕에 배를 충분히 통제할 수 있다고 여겼다.

당신도 익숙함으로 인해 실패를 경험한 경우가 있을 것이다. 과거 프로젝트를 여러 번 수행한 경험을 믿었다가 예상치 못한 난관에 부딪혀 어려움을 겪었을 수 있다. 팬데믹 예방 수칙을 잘 지켰다고 여겼다가 감염됐을 수도 있다. "이건 눈 감고도 하지"라며 상황을 과신하는 자신을 발견한다면 일단 주의해야 한다. 복합적 실패의 전조다.

실패에 단독 범인은 없다

복합적 실패에는 대개 둘 이상의 원인이 존재한다. 다만 원인 하나가 실패를 초래하진 않는다. 여러 원인이 한 요인을 악화시키기도 하고, 요인이 모여 복합적으로 작용하기도 한다.

〈러스트〉 총기 사고에서 한 가지 분명한 사실은 작은 실수 중 단 하나라도 대처했다면 비극적 실패를 피했을 것이라는 점이다. 하다못해 허친스가 약간만이라도 다른 위치에 있었다면, 볼드윈이 방아쇠를 좀 더 천천히 혹은 덜 세게 당겼다면 일어나지 않았을 것이다. 또한 실탄 반입 여부를 철저히 확인했다면, 홀스가 "빈 총"이라고 외치지만 않았어도 모를 일이다. 이 사건 역시 다른 사례와 마찬가지로 절차 및 시스템이 허술했고, 실행은 느슨했다.

미국 역사상 '최악의 건축 사고'로 꼽히는 2021년 6월 24일 챔플레인타워 붕괴 사고를 살펴보자. 무려 98명의 목숨을 앗아간 이 복합적 실패[12]의 원인은 마이애미비치 늪지대에 도시를 조성하기 시작한 1890년대로 거슬러 올라간다.

늪지대에 도시 조성을 위해 폭풍우의 자연제방 역할을 하며, 조수 피해를 완화하고, 강풍을 막아 주는 맹그로브숲이 없어졌다. 그렇게 세운 건물은 자연재해에 취약할 수밖에 없었다.[13] 여기에 폭풍우가 잦아지고 해수면이 상승하면서 건물 안전은 갈수록 취약해졌다. 게다가 챔플레인타워 소유주는 비용상 문제로 유지 보수를 꺼렸다.

당시 규정상 건물은 준공 40년이 지날 경우 재인증 절차가 필요했다. 이에 따라 챔플레인타워에 대한 실사가 진행됐고 그 결과 수영장 데크의 훼손으로 지반에 물이 고일 수 있다는 문제가 발견됐다. 즉각적 위험으로 연결되진 않겠지만, 작은 균열과 침식도 발견됐다. 이 중 가장 시급한 수영장 수리에는 약 900만 달러가 들 것으로 예상됐다.

하지만 유지 보수에 쓸 예비비와 비교하면 900만 달러는 훨씬 높은 금액이었기에 수영장 데크 보수는 한없이 미뤄졌고, 입주자 간 논쟁까지 격렬해졌다. 급기야 건설사 이사진이 사임하는 상황에까지 이르렀다. 건설사, 소유주, 주 정부, 기후변화 등 문제 상황에 대한 요소를 하나로 몰아가려 했지만 결코 쉽지 않았다.

통제할 수 없는 요인에 대해

복합적 실패에는 외부 요인 혹은 통제 불가 요인이 개입하는 경우가 많다. 쉽게 말하면 '불운'이라 생각할 수도 있겠다.

토리캐니언호 참사는 통제할 수 없는 요인(해류)에 예측할 수 없는 외부 요인(느닷없이 나타난 보트)의 비극적 조합으로 발생했다. 〈러스트〉 촬영장에서는 반입이 금지된 실탄이 장갑차 보관 시설에서 발견됐다. 챔플레인타워의 경우 해수면 상승이 구조적 노후화를 악화시켰다. 음주운전 중 갑자기 빙판길로 변한 도로에서 인간의 판단력은 더욱 흐려지기 쉽다. 그동안 없었던 바이러스의 등장은 인간의 행동만큼이나 통제할 수 없다.

이런 경우 기본적 실패와 복합적 실패의 경계는 모호해진다. 〈러스트〉 총기 사고는 겉으로 보면 기본적 실패로 보인다. 하지만 단일 원인 외에 또 다른 원인이 있는 것으로 밝혀졌으니 복합적 실패다.

스쿠버다이빙을 좋아했던 서른다섯 살 해군 장교 브라이언 버그Brian Bugge의 실수를 살펴보자. 그는 꼼꼼하고 세심한 성격의 소유자였다. 하지만 다이빙 고급 과정 마지막 수업 때 산소 공급 장치를 켜지 않은 채 바다로 뛰어들었다. 그리고 단 몇 분 만에 저산소증에 빠져 익사했다.[14] 그때 불과 1~2미터 떨어진 곳에 강사와 동료가 있었다.

버그의 사례는 산소 공급 장치를 켜지 않아 생긴 기본적 실패로 보인다. 하지만 조금 더 깊게 들여다보자. 그동안 다이빙 강좌는 일정이 수시로 바뀌었다.[15] 그런 상황에서 다이빙 강사는 하필이면 그날 처음 나온 강사였다. 여기에 동료 간 장비 확인도 이뤄지지 않았다. 왜 그랬을까? 아마도 그간의 경험 때문에 그날도 안전할 것이라 생각했을 것이다. 실제로 버그는 숙련된 다이버였고, 그날 장소 역시 이전에도 여러 번 왔던 곳이었다.

여기에 또 다른 외부 요인이 작동했다. 그날 수강생이 대부분 장교였다는 것이다. 권위에 복종하며 의문을 품지 않는 직업 특성상 모두가 강사에게 질문하는 것을 꺼렸다. 마지막 요인은 아내의 권유였다. 사고 전날 밤, 버그는 다이빙 수업 대신 가족과 시간을 보내려 했다. 하지만 그의 아내 역시 다이빙 애호가였기에 다이빙 수업을 권했던 것이다. 아내는 당시를 이렇게 회상했다.

"그냥 가라고 말했어요.[16] 수업에 가고 싶어 한다는 걸 안다면서 말이죠."

그렇게 아내는 버그에게 그냥 집에 있으라 했다면 상황이 어떻게 달라졌을지를 떠올리곤 했다. 하지만 이내 생각을 고쳐 먹었다고 했다.

"누가 누구를 탓하고, 이렇게 했고 저렇게 했다는 사실이 중요한 게 아니에요. 이 사건은 비난 게임이 아니니까요."[17]

매우 중요한 말이다. 비난에 집중하면 순간 편해지기는 한다. 하지만 향후의 복합적 실패 예방에는 전혀 도움이 되지 않는 행동이다. 복합적 환경에서 안전이 목표일 때는 사고의 원인 조사는 더욱 필수적이다. 이 부분은 뒤에서 자세히 살펴보겠다.

경고신호는 언제나 울린다

끝으로, 복합적 실패에는 '간과하기 쉬운' 경고신호가 '항상' 울린다. 〈러스트〉 총기 사고 때는 실탄 발사 사고가 두 번이나 먼저 있었다. 부상자는 없었지만, 그래서인지 안전에 관한 의견은 묻혔고, 결국 추가 조치는 없었다.

사고 조사에서는 마감 준수를 위해 모두가 매우 서둘렀다는 스태프의 증언이 있었다. 여타 작업 여건도 열악했다. 당시 스태프는 산타페 인근의 호텔 투숙을 요청했고 이를 약속받았다. 하지만 실제로는 촬영장에서 편도 1시간 거리의 앨버커키 인근 호텔에 투숙해야 했다. 하루 12~13시간씩 현장에서 일하고서 또 1시간을 운전해 호텔로 가야 하는 상황이었다. 월급도 제때 지급되지 않았다. 지칠 대로 지친[18] 카메라 스태프는 사고 전날 밤 사직 의사를 밝혔던 것으로 드러났다.

당신 역시 큰 실패를 겪은 후, 어떻게 했었어야 했는지 되돌아본 경험이 있을 것이다. 중간고사 성적이 안 좋게 나왔을 때 교수에게 좋은 방법이 있는지 미리 물었다면, 그동안 묵혔던 집안일을 빠르게 처리해 시간을 빼앗길 일이 없었더라면 기말고사 점수가 좋았을 것이다. 이렇게 실패의 경고신호를 쉽게 놓치는지를 파악하는 것은 매우 중요한 일이다. 자세한 내용은 3장에서 살펴보겠다.

복합적 실패를 철저히 분석하면서, 우리는 그간 무시했던 경고신호를 확인할 뿐 아니라 책임 소재를 정확히 알 수 있다. 챔플레인타워 점검에서는 작은 균열과 철근의 경미한 침식(경고신호)이 발견됐지만 즉각적인 사고 조짐은 아니었다. 이처럼 실패의 원인 분석은 피상적으로 이뤄지는 경우가 많고,[19] 개선을 위한 임시적 조처로 상황을 더 악화시키는 경우가 많다.

한 번 나빠진 상황은 빠르게 나빠진다

토리캐니언호 사고는 더 심각하고 복잡한 상황으로 진행됐다. 유출된 원유가 해양 생물에 미치는 영향을 발표한 과학자 스티븐 J. 호킨스Stephen J. Hawkins 는 "치료법이 질병보다 더 나빴다"[20]고 비유했다. 즉, 사고 자체보다 대처가 상황을 악화시켰다는 뜻이다. 이처럼 문제를 해결하려는 노력이 상황을 악화시킨 사례는 다양하다.

사고 직후 선주 측은 토리캐니언호를 인양할 수 있다고 생각해 네덜란드 인양 업체를 고용했다. 해당 업체는 먼저 배 안의 원유를 바다로 빼고 가벼워진 배를 인양할 계획이었다. 하지만 배가 암초에 너무 강하게 박혀 꺼낼 수 없었고, 그 과정에서 원유 유출이 지속돼 화재 위험까지 커졌다. 결국 인양 작업을 포기하고 대피할 수밖에 없었다.

영국 정부는 원유를 중화시키기 위해 세정제를 70만 갤런이나 바다에 쏟아야 했다. 심지어 세정제가 든 통을 절벽 꼭대기에서 굴러 떨어뜨리기도 했다.[21] 그런데 이 화학물질이 해양 생물에 얼마나 치명적인지는 아무도 알지 못했다. 한 언론사 기자는 "웨스트 콘월 해변은 마치 끈적끈적한 검은색 카펫[22]을 뒤덮은 모습과 같았다"라고 묘사했다. 그리고 바닷새 1만 5,000마리가 집단 폐사했다. 영국 정부와 해군은 이 사태에 모호한 태도를 보였다. 게다가 처음에 그 심각성을 인정하지 않아 혼란이 가중됐다. 또한 사고 지점이 국제 해역에 있었기에 누가 책임자고, 어떤 대책이 합법적인지를 정확히 알 수 없었다.[23]

결국 열흘 후, 영국 해군은 토리캐니언호를 폭격했다. 그렇게 450킬로그램짜리 폭탄 40발 중 23발만이 명중했다.[24] 심지어 네이팜탄까지 투하돼 160킬로미터 밖에서도 보이는, 3미터 높이의 검은 연기가 하늘을 가득 메웠다. 그렇게 원유 유출이 시작된 지 약 2주 만인 3월 30일, 토리캐니언호는 바닷속으로 가라앉기 시작했다.

토리캐니언호 사고처럼 언론의 주목을 받는 대규모 실패는 여러 번의 작은 실패, 여러 유형의 실패가 복합적으로 작용하는 경우가 많다. 침몰하는 대형 유조선을 어떻게 처리해야 할지, 수백 킬로미터의 해안선을 따라 쏟아진 엄청난 원유를 어떻게 처리해야 하는지 아무도 몰랐다. 문제 하나가 해결되기도 전에 또 다른 문제가 튀어나왔다.

수많은 실패가 모여 하나의 재앙이 된, 토리캐니언호 사고와 같은 퍼펙트 스톰은 과거의 일만으로 끝나지 않는다. 때로는 수십 년에 걸쳐 진행된다.

때론 루틴이 실패를 만든다

2018년 10월 29일, 인도네시아 자카르타공항에서 이륙한 라이온에어 610편 737맥스가 13분 만에 자바해로 추락했다. 초기 조사 결과 여객기의 두 센서 중 하나에 공학적 문제가 발생해 시스템 오작동이 생겼고, 그로 인해 기수가 급격히 바다를 향한 것으로 밝혀졌다. 그렇게 여객기는 시속 800킬로미터가 넘는 속도로 추락했다.[25] 생존자는 없었다.

그런데 FAA는 사고기 제조사인 보잉 측에 737맥스는 비행을 지속해도 되는 수준이라 통보했다. 다만 소프트웨어를 테스트하고 수정할 7개월의 시간이 주어졌고, 보잉은 오작동 발생 시 대처법을 파일럿에게 전달하기로 했다. 이제 문제가 해결됐을까?

불행히도 737맥스의 문제는 해결되지 않았다. 라이온에어 사고가 일어난 지 불과 5개월 후인 2019년 3월, 다른 737맥스가 똑같은 이유로 추락했다. 에티오피아 아디스아바바에서 출발한 에티오피아항공 302편은 이륙 후 몇 분 만에 시속 925킬로미터의 속도로 급강하하며 추락했다.[26] 그제야 FAA는 737맥스의 운행을 금지했다.[27]

좀 더 심층적이고 광범위한 조사를 통해 이 복합적 실패에 대한 여러 원인이 밝혀질 터였다. 조사 결과, 여객기 설계와 수정 소프트웨어에 상당한 오류가 있었고, 이는 추락 원인을 밝혀내는 데 핵심 부분이었다. 하지만 좀 더 깊게 들여다보면, 보잉의 사내 문화와 제조 환경이 결정적 역할을 했음이 드러났다. 이는 복합적 실패의 전형적 사례다.

에티오피아항공 사고 기사의 표제를 읽으며, 나는 꽤 익숙한 느낌을 받았다. 당시 나는 복잡한 업무를 다루는 팀에서 예방 가능한 실패를 연구 중이었다. 총기 오발이나 전원이 꺼진 인공호흡기처럼 737맥스 사고 역시 오작동으로 인한 사고라는 생각도 들었다. 복잡한 기술에서 발생한 특이한 오류로 말이다.

하지만 737맥스 사고는 안전에 대한 잘못된 인식과 경고신호 무시, 변화하는 비즈니스 환경에서의 복잡한 상호작용 등 다양한 원인이 모여 만든 복합적 실패였다. 이렇게 똑같은 패턴으로 반복되는 실패가 때로는 참을 수 없을 정도로 자주 일어난다.

그간의 연구를 통해 나는 이런 복합적 실패의 원인, 즉 복합적 실패를 더욱 꼬이게 하는 인지적·대인 관계적·조직적 원인의 많은 요소를 밝혀냈다. 이처럼 다양한 원인이 존재한다는 것은 절망적인 신호지만, 역으로 보면 실패를 막을 수단이 다양할 수 있다는(예방할 기회가 여러 번 있다는) 뜻이기도 하다. 우리 중 누구라도 복합적 실패를 막아 내는 **예방자**가 될 수 있다는 증거다.

의료사고의 예를 떠올려 보자. 시계 알람을 오전으로 맞췄는지만 더 확인했어도, 전날 퇴근길에 미리 주유를 했어도 진료 시간에 늦진 않았을 것이다. 즉, 한 가지만 제대로 바꼈어도 치명적 의료사고가 생기지 않았을 수 있다. 이 점을 염두에 두고 성공 사례를 떠올려 보자.

복합적 실패에 대한 원인을 찾기 위해 수십 년 전으로 거슬러 올라갈 때도 있다. 737맥스 사고가 그랬다. 사고 원인 중에서는 맥도넬더글라스McDonnell Douglas의 보잉 인수가 하나로 지목된다.[28] 단순한 기업의 결합이 아니라, 리더십 변화(또 다른 원인)로 인해 보잉의 '기술 중심' 문화는 맥도넬더글라스의 '이익 중심' 문화로 바뀌었다.[29]

과거 보잉의 경영진은 주로 엔지니어 출신으로 개발진과 언어 및 감성을 공유했다.[30] 그 덕분에 비행기의 속도나 설계, 연비, 특히 안전 관련 사안에 대해 거리낌 없이 문제를 제기할 수 있었다. 업무 외 시간에도 모두가 친밀하게 교류하며 새로운 아이디어나 제안 사항을 논의했다.

그러나 맥도넬더글라스 인수 후 보잉 경영진은 재무 및 회계 분야 출신으로 대거 바뀌었다. 저널리스트 너태샤 프로스트

Natasha Frost는 새롭게 바뀐 보잉 경영진을 두고 "기술에 대해 모르는[31] 경리과 사람들"이라고 비꼬기도 했다.

경영진 및 문화가 바뀐 가운데 보잉 본사는 2001년 시애틀에서 시카고로 이전했다. 그렇게 경영진과 개발진은 3,000킬로미터 이상 떨어져 근무했고, 그렇게 물리적으로나 심리적으로나 더 멀어지고 말았다.

그렇게 시간이 흘러 2010년, 보잉의 최대 경쟁사인 에어버스Airbus는 신형 여객기 A320를 공개했다. 연료 효율성이 높은 효율적 기종[32]이었다. 뒤늦게 보잉 경영진은 이 소식에 깜짝 놀라며 기존 클라이언트를 잃을 수도 있다는 우려에 휩싸였다. 이제 737맥스 사고를 초래한 두 배경이 형성됐다. 첫 번째, 개발진 권한을 축소하고 모든 힘을 재무 쪽에 실어 주는 문화. 두 번째, 주주에게 부정적 결과를 초래하고 기업 평판을 떨어트리는 경쟁자의 위협이었다. 그 뒤로 어떤 시나리오가 펼쳐질지는 충분히 예측 가능하다.

예상치 못한 경쟁자의 위협에 대응하기 위해, 보잉은 신 모델 개발 대신[33] 기존 737을 개량하기로 했다. 관건은 경쟁 모델보다 빠른 출시일이었다. 이를 발표하며 보잉 경영진은 개량형인 737맥스가 A320보다 연료 효율이 8퍼센트 더 높을 것이라 약속했다.[34]

신 모델 개발로 생길 교훈적 실패 위험을 감수하는 대신, 기존 모델을 개량하겠다는 보잉의 아이디어는 자원을 신중하게 활용하는 태도로 보였다. 그러나 개량 자체에서도 기술적 문제가 만만치 않았다. 그 예로, 연료 효율이 좋은 신형 엔진을 장착하려면 엔진 위치를 예전보다 '더 앞에, 더 높게' 옮겨야 했다.[35] 이러한 엔진 위치 변경은 여객기가 가파른 각도로 상승할 때 조종술에 영향을 미쳤다. 이를 위해 보잉 개발진은 MCAS(기수를 위로 든 채 속도를 잃을 경우 자동으로 기수를 내리는 시스템_옮긴이)를 개발했다. 문제는 여기서부터 시작됐다.

FAA 규정에 따르면, 여객기 설계가 이전 모델과 크게 달라진 경우 파일럿의 시뮬레이터 훈련을 의무적으로 받아야 했다. 참고로 시뮬레이터 훈련은 파일럿이 직접 현장에 가서 받아야 했기에 시간과 비용이 많이 들었다. 시간과 비용에 집착한 보잉 경영진은 꼼수를 썼다. MCAS 추가를 강조하지 않음으로써 모델 간 차이를 축소 보고했다.[36] 심지어 파일럿 매뉴얼에는 MCAS 자체가 언급되지 않았다. 당연히 윤리를 무시한 처사였다. 당연히 개발진과 파일럿은 이 꼼수에 동조하는 데 상당한 부담을 느꼈다.[37]

그렇게 737맥스의 두 번째 사고가 발생한 후, 안전에 대한 우려를 표하며 개발진끼리 주고받은 이메일이 공개됐다. 다음은 이메일 내용 중 일부다.

"당신이라면 여기 가족을 태우겠어요?[38] 난 절대로 안 태웁니다."

"설계 보강을 제안했지만,[39] 비용과 파일럿 훈련을 이유로 거절당했습니다."

"지금 보잉에는 회사 정책에 대한 비판, 특히 치명적 사고에 따른 비판을 억압하는 문화가[40] 존재합니다."

이 중 마지막 이메일은 심리적 안정성이 낮은 팀의 분위기가 어떤지를 전형적으로 보여 준다. 대규모 팀에서 종종 그렇듯, 비판에 억압적인 문화는 737맥스 문제에만 국한되지 않았다. 사고 조사 결과, 사우스캐롤라이나주 787드림라이너 공장 노동자는 지나치게 빡빡한 생산 일정에 상당한 부담을 느꼈다고 했다. 여기에 품질 문제를 제기하면 해고당할지 모른다는 두려움[41]에 시달렸다는 증언도 나왔다. 737맥스가 해당 공장에서 생산된 건 아니다. 하지만 이 증언은 당시 보잉 내부에 널리 퍼졌던 '문제를 제기해 봤자 나만 손해'라는 믿음을 여실히 보여 줬다.

라이온에어 추락 사고 후 1년이 지난 2019년 12월, 결국 보잉은 CEO를 해고하고 737맥스 생산을 중단해야 했다. 주가와 기업 가치는 곤두박질쳤다. 여기에 3년 후 미국 법무부는 보잉을 사기 혐의로 기소했고, 벌금과 피해자 보상금으로 보잉은 25억 달러 이상을 지출해야 했다.[42]

토리캐니언호 침몰과 737맥스 추락 이야기를 읽고 분노에 휩싸일 수 있다. 하지만 두 사고 모두 실패 후 '뒤늦게 후회'했다는 점에 주목하자. 두 사고 모두 막을 수 있었다. 오늘날 우리 삶의 모든 측면에서 불확실성과 상호 의존성이 높아짐에 따라 복합적 실패는 더욱 증가하는 분위기라는 점도 알아야 한다.

복합적 실패의 원인과 그것이 개인과 팀에 미치는 영향을 이해하는 작업은 처음엔 다소 부담스러울 수 있지만 힘과 격려를 준다. 실패에 대한 학문적 연구가 필요한 이유다. 당신 역시 주변의 **복합적 실패 성향**을 제대로 파악하면 불확실한 미래를 더 잘 헤쳐 나갈 것이다.

점점 많아지는 복합적 실패

오늘날 일어나는 복합적 실패의 가장 뚜렷한 원인은 일상과 업무의 근간이 되는 정보기술이 복잡해진다는 점이다. 현재의 공장, 공급망, 기타 여러 산업의 운영은 컴퓨터 시스템의 정교한 통제에 의존하기에 작은 결함 하나만으로도 모든 운영이 통제 불능 상태가 될 수 있다.

2017년, 미국 신용정보 업체 에퀴팩스Equifax는 무려 1억 5,000만 명에 달하는 이용자의 사회보장번호, 집 주소, 신용카드번호[43]가 해킹당했다고 발표했다. 당시 CEO 리처드 스미스Richard Smith는 그해 10월 의회 청문회에 출석해 "인적 오류와 기술 실패로 유출 사고가 발생했다"라고 밝혔다. 해커는 3개 서버에 대한 로그인 자격 증명을 확보함으로써 48개 서버에 추가로 접근했다. 그런데 서버 침해가 무려 '76일간' 감지되지 않았던 탓에[44] 복합적 실패는 더욱 커졌다. 그렇게 해커는 에퀴팩스의 서버 곳곳을 돌아다니며 개인 정보는 물론 데이터 설계 및 인프라와 관련된 고급 정보를 모두 빼냈다.

이에 못지않게 안타까운 사례도 있다. 컴퓨터에서 데이터 백업이 중요하다는 것을 알면서도 이에 소홀해 귀중한 정보를 날린 적이 한번쯤은 있을 것이다. 하지만 그 경험이 제임스 하우얼스 James Howells[45]의 그것만큼 끔찍하진 않을 것 같다.

2013년, 영국 웨일스 출신의 시스템 엔지니어 하우얼스는 무심결에 오래된 랩톱의 하드디스크를 버렸다. 랩톱에 레모네이드를 엎지르는 바람에 하드디스크만 빼서 버린 것이다. 하지만 그곳에 비트코인 지갑 암호가 있었다는 사실을 뒤늦게 깨달았다. 그는 쓰레기 매립지까지 찾아 뒤지며 백방으로 노력했지만, 결국 하드디스크를 찾는 데 실패했다. 5억 달러 상당의 비트코인도 찾지 못했다.

소셜 미디어는 비즈니스를 비롯해 정치 및 대인 관계까지 변화시켰다. 이제는 어떤 소식이든 소셜 미디어를 타고 빠르게 전파되는 것이 일상이 됐다. 금융업 역시 전 세계 금융기관과 개인이 연결되는 형태이므로 지구 반대편에서 발생하는 인적 오류에 매우 취약하다.

내 친구이자, 컬럼비아대 경영학 교수인 리타 맥그래스 Rita McGrath에 따르면 불과 수년 전만 해도 대부분 기관은 독립된 형태였기에 외부에서 발생하는 오류의 영향을 비교적 덜 받았다고 한다. 하지만 지금은 아니다. 디지털화된 정보가 기하급수적으로 많아졌고, 독립적으로 통신하는 시스템으로 인해 잠재적 오류가 일어날 가능성은 무한대로 늘어났다. 이러한 디지털 상호 의존성은 복합적 실패의 주요한 원인 중 하나다.

"분리된 것이 충돌하면(복잡한 시스템이 복합적으로 작용하면) 언제 어떤 일이 일어날지 예측하기 훨씬 더 어려워진다."[46]

맥그래스가 남긴 말이다.

2019년 중국에서 발생해 전 세계로 확산된 코로나19만 봐도, 글로벌 상호 연결성이 복합적 실패의 가능성을 어떻게 높이는지 알 수 있다. 2020년 초, 전 세계적으로 마스크 수요가 급증하자 중국 공장은 생산량을 늘려 마스크를 세계 각지로 수출하기 시작했다. 그 결과 컨테이너가[47] 세계 곳곳으로 분산됐고, 그 후에는 정작 컨테이너를 수급하지 못해 중국의 마스크 수출은 제동이 걸려 버렸다.

코로나19 확진자 그리고 접촉자를 찾아내 모두 격리함으로써 바이러스 확산을 제한하려던 접촉자 추적 시스템은 복합적 실패를 제대로 인식했기에 가능했다. 확진자 및 접촉자는 팬데믹 대응 실패의 여러 원인 중 하나에 해당할 수 있다.

복합적 실패와 그것이 많아지는 이유에 대해 잘 설명한 책이 있다.[48] 내 친구 크리스 클리어필드Chris Clearfield와 언드라스 틸시크András Tilcsik가 쓴 《멜트다운Meltdown》이라는 책이다. 그들은 나와 마찬가지로 특정 시스템을 오류에 취약하게 만드는 위험 요소를 식별한 사회학자 찰스 페로Charles Perrow의 영향을 받았다. 책에서 나오는 원전 사고, 소셜 미디어 관련 재앙, 원유 유출, 부정행위의 공통된 DNA에 대해 다룬다. 책을 읽다 보면 흥미진진하고 때로는 끔찍하기도 하다.

시스템이 복합적 실패를 초래하는 과정

실패의 범주를 프레임워크로 구분하려는 시도는 약 30년 전부터 구체화되기 시작했다. 그 당시 나는 전문가와 대중의 관심이 폭발적으로 늘어난 후에도 최고 수준의 병원에서 의료사고가 지속되는 이유[49]에 대해 연구 중이었다.

1990년대 후반, 병원에서 의도치 않은 과실로[50] 인한 피해가 만연하다는 사실이 밝혀지면서 의료계는 물론 사회 전체가 큰 충격에 휩싸였다. 미국 내 병원에서만 의료사고로 매년 25만 명의 환자가 사망한다는 추정치도 나왔다.[51] 환자를 살려야 하는, 고도로 훈련된 수많은 의료계 종사자가 왜 실수를 반복해서 저지르는 것일까? 나는 그 실수의 주원인이 복합적 실패의 본질[52]이라 생각했다.

공학 전공자였던 덕분에, 나는 페로의 《무엇이 재앙을 만드는가? Normal Accidents》[53]를 일찌감치 접했고, 그의 팬이 됐다. 당시 꽤나 획기적인 이론을 담은 이 책은 1984년 출간된 이후 안전과 위험에 관한 전문가의 사고에 지속적으로 영향을 끼쳤다. 그는 **시스템**이 어떻게 치명적 실패를 초래하는지에 초점을 맞췄다.

실패의 원인 규명에서 개인과 시스템의 구분은 매우 중요하다. 시스템이 어떻게 실패를 일으키는지, 특히 어떤 시스템이 실패에 취약한지 이해하면 개인에 대한 비난을 크게 줄일 수 있기 때문이다. 또한 결함 있는 시스템에서 개인을 바꾸는 대신 시스템을 변경해 실패를 줄일 수 있다.

나는 의료사고의 지속성을 파악하는 데 페로의 연구를 참고했다. 그 연구는 **정상적 사고**에 대해 '복잡한 상호작용'과 '긴밀한 연결성'을 내포한 시스템의 예측 가능한(즉, 정상적인) 결과라고 묘사했다.

먼저 **복잡한 상호작용**은 결과를 예측하기 어렵게 여러 상호작용이 진행된다. 그 예로 토리캐니언호는 갑작스레 나타난 보트로 인해 항로 변경에 실패했고, 이는 치명적 사고로 이어졌다. 그다음, **긴밀한 연결성**은 공학에서 차용한 용어로, 한 동작으로 인한 연쇄 작용을 뜻한다. 은행 ATM 기기에 카드를 넣으면, ATM과 은행 전산이 긴밀하게 연결돼 거래 완료를 위해 함께 작동한다. 여기서 한 요소에 장애가 발생하면 전체 시스템이 마비된다.

페로가 사고에 '정상적'이라는 수사를 붙인 것은 사고가 일어나길 기다리는 상태로 시스템이 작동했음을 뜻한다. 이와 반대로 복잡한 상호작용과 긴밀한 연결성 모두 정도가 낮은 시스템에서는 정상적 사고가 발생할 가능성이 낮다. 복잡한 상호작용이 있지만 긴밀한 연결성은 느슨한 시스템 역시 마찬가지다. 한 부분에서 발생한 문제가 전체에 영향을 미치는 경우는 많지 않다.

페로의 제자인 클리어필드와 언드라스는 《멜트다운》에서 시간이 지나며 점점 더 많은 집단이 페로가 정의한 위험 영역으로[54] 이동한다고 설명했다.

"1984년《무엇이 재앙을 만드는가?》가 출간됐을 때만 해도 페로가 설명한 위험 영역은 드물었다. 원자력 시설과 화학 공장, 우주과학 정도만이 포함됐다. 하지만 지금은 월스트리트부터 댐, 석유 시추에 이르기까지 거의 모든 시스템이 더욱 복합적으로 긴밀히 연결된다."

페로가 책을 쓴 시기는 1979년 펜실베이니아주 스리마일섬 원자력발전소 사고 때다. 그는 원자력발전소가 복잡한 상호작용과 긴밀한 연결성을 가졌으므로 안전한 조직이 아니라고 평가했다. 물론 그는 사회학자였기에 기술적 측면을 간과했을 수도 있다. 물론 해당 전문가의 반박도 있었다. 하지만 그의 이론은 안전과 사고 관련 전문가에게 새롭고 유용한 연구의 가능성을 보여 줬다.

'도표 8'은 페로의 모델을 내가 손본 것이다. 먼저, 1사분면

도표 8 페로의 모델을 기본으로 만든 네 가지 영역

	◀ 선형적	상호작용	복합적 ▶
▲ 긴밀함	통제 영역		위험 영역
연결성			
느슨함 ▼	관리 영역		협상 영역

위험 영역은 페로의 핵심 아이디어다. 복합적 상호작용과 긴밀한 연결성이[55] '원자력발전소' 같은 조직을 만든다는 것이다. 2사분면 **통제 영역**은 선형적 상호작용과 긴밀한 연결성이 '철도' 같은 조직을 만든다. 3사분면 **관리 영역**은 선형적 상호작용과 느슨한 긴밀성이 특징으로, 전형적인 관리 시스템이 잘 작동하는 '제조 공장'이 대표적이다. 4사분면 **협상 영역**은 복합적 상호작용과 느슨한 연결성을 바탕으로 지속적 협상을 통해 팀과 기능을 유지하는 '대학교'가 대표적 조직이다.

나는 의료사고를 연구하면서 병원의 치료 시스템에 복잡한 상호작용, 긴밀한 연결성이 모두 포함되는지(즉, 위험 영역인지) 궁금했다. 만약 그렇다면 병원의 의료사고는 피할 수도, 줄일 수도 없는 셈이다.

병원 조직의 긴밀한 연결성은?

1996년으로 시간을 돌린다 해도, 병원의 치료 시스템 영역은 어디인지[56]에 대해 나의 대답은 같다.

"복잡한 상호작용은 맞고, 긴밀한 연결성은 틀리다."

병원의 환자 치료는 복잡한 상호작용으로 이뤄진다. 의사는 처방전을 쓰고, 약사가 처방전에 의해 약을 조제하고, 그 약은 병실로 전달돼 환자에게 투여된다. 하지만 나는 환자 치료의 연결성은 느슨하다고 봤다. 어느 한 단계에서 오류가 생기면 언제든지 발견하고 수정되는 것으로 보였기 때문이다. 결국 일은 사람이 한다는 사실은 복합적 실패의 한 줄기 희망이었다. 그래서 나는 병원의 치료 시스템이 위험 영역에 속하지 않는다고 결론 내렸다. 무슨 뜻일까? 피해 및 사고가 전혀 발생하지 않는 상황이어야 한다는 뜻이다.

물론 치료 시스템에서 실패가 계속 발생했기에, 나는 이 문제를 좀 더 자세히 연구해 보기로 했다. 그렇게 느슨한 연결 때문에 사고를 막지 못한다는 사실을 알았다. 무슨 뜻일까? 복합적 실패가 발생하기 전에 오류를 발견하고 수정하는 단계가 없다는 뜻이다.

내가 연구했던 실제 사례를 살펴보자. 10세 소년 매튜는 의료진의 실수로 건강에 치명적 결과를 초래할 수 있는 양의 모르핀을 투여받았다. 개별적으로는 무해한 몇 가지 요인이 복합적으로 작용해 발생한 사고의 희생자인 셈이다.

복합적 실패는 어떻게 전개되는가

매튜의 사고를 분석한 결과, 투약 오류에 기여한 일곱 가지 요인을[57] 확인할 수 있었다.

① 중환자실 과잉으로 인해 매튜는 전문 인력이 부족한 일반 병실로 옮겨졌다. 그의 통증 완화를 위해 처방된 모르핀 주입을 맡은 ② 신입 간호사는 ③ 병실의 어두운 구석에 있던 펌프를 작동하려 몸을 숙였다. 하지만 ④ 펌프 작동에 익숙하지 않은 탓에 동료 간호사에게 도움을 청한다. ⑤ 동료 간호사는 자신도 바빴지만, 잠시 멈춰 도움을 줬다. 참고로 펌프를 작동하려면 약물 농도와 주입 속도를 정확히 입력해야 한다.

하지만 ⑥ 약제실에서 포장해 온 모르핀 병은 농도 표기가 일부 가려진 상태였다. 그런데 동료 간호사는 추가 확인 없이, 보이는 표기만을 보고 펌프를 작동했다. ⑦ 신입 간호사는 자신도 옆에서 입력을 계산할 수 있었지만, 동료 간호사가 작동하는 것을 보기만 했다. 이러한 일곱 가지 요인은 각각 사고를 막을 기회이기도 했다.

그렇게 펌프를 작동한 지 몇 분이 채 되지 않아 매튜의 얼굴은 파랗게 변했고, 호흡도 눈에 띄게 가늘어졌다. 신입 간호사는 펌프를 멈추고 의사를 부른 후 인공호흡을 시작했다. 바로 도착한 의사는 적정량보다 몇 배나 많은 모르핀이 투여된 사실을 확인했다. 상황 판단이 빨랐던 의사는 모르핀 효과를 상쇄하는 약물을 투여해 효과를 역전시켰고, 몇 초 만에 호흡은 정상으로 돌아왔다. 일곱 가지 요인 중 하나만 빠졌어도 실패를 피했을 것이다.

매튜의 퍼펙트 스톰은 모든 참여자가 선의로 노력했음에도 평소와 다른 사건이 잇달아 생기며 실패를 초래했다. 오늘날 의료사고 전문가는 이런 종류의 **시스템 실패**를 설명하기 위해 스위스 치즈 모델이라는 것을 사용한다.

스위스 치즈 모델 [58]

영국 맨체스터대 심리학 교수를 지낸, 오류 전문가인 제임스 리즌 James Reason 이 1990년에 소개한 모델이 하나 있다. 일명 '스위스 치즈 모델'은 병원 같은 복잡한 시스템에서 일어나는 치명적 오류를 방지하는 방어책에 주목한다. 왜 하필 치즈냐면 절차상의 작은 결함이나 오류를 치즈의 구멍으로 비유했기 때문이다.

다행히도 대부분 치즈의 구멍은 산발적이라 치즈 모양 자체가 망가지진 않는다. 하지만 여러 구멍이 겹쳐 큰 구멍이 생기면 모양이 무너진다(복합적 결함). 이를 통해 우연성의 역할과 함께 작은 결함이 겹치기 전에 발견하고 막을 수 있는 기회가 있음을 알 수 있다. 신입 간호사가 매튜의 고통을 즉시 알아차리지 못했다면 더 심각한 실패로 끝났을지 모른다.

리즌은 시스템 실패가 흔한 일이지만, 시스템의 여러 방어 계층을 통해 대부분 예방할 수 있다고 강조한다. 일부 병원 경영진의 사무실에는 에멘탈 치즈 모형이 놓인다. 일이 잘못될지 모르므로 피해가 발생하기 전에 알아차리고 중단해야 함을 상기시키기 위함이다.

병원 같은 복잡한 시스템에서 무사고를 목표로 삼는 것은 실수를 완전히 없애자는 뜻이 아니다. 실수의 불가피성을 인식하고, 나아가 큰 피해로 이어지기 전에 발견하고 수정하자는 뜻이다.

복합적 실패를 줄이는 다섯 가지 방법

페로는 복잡한 상호작용과 긴밀한 연결성이 높은 조직은 안전할 수 없다고 주장했다. 하지만 이 주장의 허점은 수많은 조직이 수년, 심지어 수십 년 동안 사고 없이 운영된 데 있다. 다수의 원자력발전소는 큰 사고 없이 운영됐다. 항공교통 관제 시스템, 핵 항공모함 등 기타 위험한 조직도 마찬가지다.

이제 지식과 연구 결과는 복잡한 실패가 얼마든지 예방 가능하다고 주장한다. 그 주장의 시작은 1989년 등장한 이론에서 출발한다. 특정 시스템은 너무 위험해서 안전하게 작동할 수 없다는 페로의 주장을 전면 부정하는 이론이다.

캘리포니아대 버클리캠퍼스의 칼린 로버츠Karlene Roberts가 이끄는 연구 팀은 복잡한 실패의 예방법을 연구했고, 무사고의 핵심은 기술적 측면보다는 행동적 측면에 있었다고 주장했다.[59] 일명 **고신뢰 조직**HRO이라는 용어가 주장의 본질을 잘 보여 준다. 고신뢰 조직은 지속적으로 오류를 발견하고 시정하는 데 구성원 모두 서로에게 책임감을 느끼도록 하는 조직이다. 이를 통해 큰 피해를 예방하므로 안전성이 높다.

고신뢰 조직 연구에서 내게 가장 흥미로웠던 부분은 실패를 '무시하지 않고 **집착**'한다는 점이었다. 칼 와익Karl Weick, 캐시 서트클리프Kathie Sutcliff, 데이비드 옵스트펠드David Obstfeld는 고신뢰 조직의 문화를[60] 묘사한 논문을 발표한 바 있다.

논문에 따르면, 고신뢰 조직은 단순화를 꺼리고, 작업에 예민하고(급작스럽고 미묘한 변화 감지), 회복력(오류 없는 작업보다 오류 발견과 수정을 중시)에 집중하고, 직급보다 전문성을 중시하는 특징이 있다고 한다. 즉, 고신뢰 조직은 일반 조직과 꽤 다르다. 구성원은 상관의 눈치를 보지 않고 거리낌 없이 의견을 말한다. 필요하다면 CEO와 현장직이 대면한다.

나는 복잡한 시스템, 인적 오류, 고신뢰 조직에 관한 연구를 통해 복합적 실패는 충분히 극복할 수 있음을 깨달았다. 우리 앞의 도전 과제를 우습게 봐서는 안 되겠지만 회피해서도 안 된다.

당신이 스위스 치즈 모델에 더 흥미를 느끼든, 고신뢰 조직의 문화적 특성에 더 흥미를 느끼든 이들 이론을 관통하는 메시지는 하나다. 발생한 복합적 실패로부터 최대한 많은 것을 배우고 일련의 간단한(쉽지는 않다) 루틴을 따르면 복합적 실패를 **줄일 수 있다**는 것이다.

과거의 복합적 실패로부터 배우기

재앙적 수준의 복합적 실패는 교육이나 기술, 규정에 대한 조사와 변화를 촉발하는 계기가 되기도 한다. **토리캐니언호** 사고 직후 여러 국제 단체에서는 유조선의 구조 강화(이중 선체)와 원유를 더 효과적으로 통제하기 위해 유조선 보호를 강화하는[61] 새로운 규칙을 제정했다. 과거 과실 책임만 물었던 선주에게도 엄격한 책임이 부과됐다. 1990년 미국이 통과시킨 유류오염법은 치명적인 원유 유출 사고에 대응하기 위한 법적 절차[62]를 비롯해 원유 저장에 관한 규정, 비상사태에 대비하기 위한 요건을 마련했다.

오늘날 우리는 유출된 원유를 어떻게 정화해야 하는지, 피해 지역을 언제 내버려둬야 하는지를 충분히 숙지했다. 토리캐

니언호 사고 당시 프랑스의 잘못된 대응에서[63] 얻은 교훈 덕분
이다. 이제는 원유 유출 시 세정제를 사용하지 않아야 바다의
피해가 덜하고, 원유도 더 효과적으로 분해됨도 알고 있다.

또한 토리캐니언호 사고는 1970년대 환경보호에 대한 인식
과 행동주의를 촉발해 오늘날의 환경 운동으로 이어졌다. 원유
를 뒤집어쓴 바닷새를 구조하기 위한 자원봉사자 행렬이 줄을
이었다. 바닷새뿐 아니라 영국 남부 해안에서부터 프랑스 노르
망디 해안에 이르기까지 해양 생물이 죽어 가는 상황은 대중의
큰 관심을 끌었다. 그로부터 50년 후, 영국 플리머스대 해양연
구소장 마틴 아트릴Martin Attrill은 이 사건으로 천연자원에 대한
대중의 인식이 어떻게 바뀌었는지 설명했다.[64]

"토리캐니언호가 침몰했을 때만 해도 사람은 바다를 쓰레
기 매립지쯤으로 여겼습니다. 환경이 어떻게든 처리할 수 있다
는 생각이었죠. 오로지 관심사는 침몰한 배를 인양할 수 있는지
였습니다."

〈러스트〉 총기 사고 이후 영화계는 촬영장에서의 총기 취
급에 대한 규칙 마련 논의를 적극적으로 진행했다.[65] 또한 스쿠
버다이빙 커뮤니티에서는 버그가 겪은 사고를 막기 위해 더 엄
격한 안전 문화를 적극적으로 만들었다.[66] 사고 후 조사도 중요
하지만, 복합적 실패가 더욱 강한 형태로 증가함에 따라 후처리
에만 의존할 수는 없다.

복합적 실패의 예방은 **모호한 위협**에 주의를 기울이는 데서
시작된다. 우리는 명확한 위협(내일 태풍이 온다는 예보)에는 즉

각적인 대응 조치(대피 장소로 이동)를 하지만, 모호한 위협이라면 경시하는 경향이 있어 예방 기회를 놓치는 경우가 많다. 이처럼 모호한 위협을 경시하는 태도는 고신뢰 조직의 모습과 정반대다.

나는 나사 우주왕복선 프로그램에서부터 월스트리트의 기업, 신약 개발 프로젝트에 이르기까지 다양한 환경과 조직에서 일어난 경시 풍조를 생생히 목격했다. 이 조직에는 복잡성 외에 어떤 공통점이 있을까? 높은 위험 부담과 성공에 대한 열망이다. 이 두 가지가 너무 강한 나머지 모호한 위협의 신호를 놓치고 만다.

조기 경고에 주목하기

2003년 2월 1일, 나사 우주왕복선 5기 중 가장 오래된 궤도선인 컬럼비아호가 지구 대기권으로 재진입하는 과정에서 폭발해, 우주 비행사 7명이 전원 사망했다. 조사 결과, 발사 당시 외부 연료 탱크에서 떨어진 절연체 조각이 날개에 부딪쳐 큰 구멍을 낸 것이 직접적 원인으로 밝혀졌다.[67]

이 소식을 들었던 순간을 당신은 기억할지 모르겠다. 아니면 이보다 앞선 1986년 챌린저호 발사 실패 소식을 접했던 순간을 기억할지 모르겠다. 나는 둘 다 생생히 기억나는데, 소식을 접했던 순간 두 실패는 미리 막을 수도 있었겠다는 두려움이 엄습했다. 실패는 아무도 예상하지 못한 상황(실패 가능성이 전혀 없다고 생각한 상황)에서 갑작스레 찾아온다. 하지만 컬럼비아호의 실패는 이 경우가 아니었다.

컬럼비아호가 성공적으로 발사된 것처럼 보인 다음 날(폭발하기 15일 전)인 2003년 1월 17일, 나사 엔지니어 로드니 로차 Rodney Rocha는 발사 영상을 자세히 살피는 중이었다. 문득 영상에서 울퉁불퉁한 입자가 보였다. 그는 입자가 무엇인지 확신할 순 없었지만, 거품이 굳어 생긴 절연체 조각이 외부 연료 탱크에서 떨어져 나와 왼쪽 날개에 부딪친 것은 아닌지 걱정했다.[68] 그러니까 모호한 위협을 발견한 것이었다.

해당 상황을 좀 더 자세히 알아보기 위해 로차는 정찰위성이 촬영한 컬럼비아호의 날개 사진을 보고 싶었다. 하지만 사진을 보려면 국방부에 지원을 요청해야 했다. 하지만 나사 관리자는 연료 탱크에서 발생한 작은 거품은 대체로 위험하지 않다 판단했고 사진 요청을 거절했다. 날개 사진만 확인했어도 재앙을 피했을지 모른다.

모호한 위협은 말 그대로 모호하다. 실패나 사고의 위협이 **될 수 있고**, 아무것도 아닐 수 있다. 당신의 자동차가 내일 사고 없이 운행될 수도 있고, 자녀가 책임감 있게 행동할 수 있으며, 주식시장의 하락이 아무것도 아닐 수 있다. 지금 생각하면, 챔플레인타워 붕괴 전 엔지니어가 발견한 침식은 붕괴가 임박했다는 분명한 신호였지만, 당시에는 반응이 모호했다. 모호한 위협을 경시하는 인간의 본능이 문제를 일으킨다.

확증편향[69]이란 용어를 들어 봤을 것이다. 자신이 옳다고 믿는 정보에는 집중하는 반면 그렇지 않은 정보는 알아채지 못함으로써 기존의 믿음이나 예측을 강화하는 현상을 말한다. 한마디로 기대하는 것만 보는 성향이다. 이를 막기 위해 자기 인식능력을 높인다면 조기 경고를 인지하고, 확신이 덜한 데이터라도 만약을 대비해 적극적으로 찾아갈 수 있다.

이상 징후를 찾아내고자 노력하는 대신 관망하는 태도를 취하는 건 당연한 일이다. 금융업은 상환할 자산이나 소득이 없는 사람에게 대출을 제공하는 모기지담보부증권의 위험에 집단적으로 눈을 감았다.[70] 이후 부동산 거품이 꺼지고 모기지와 연결된 방대한 금융자산의 가치가 폭락하면서 또 다른 퍼펙트 스톰이 촉발됐다.

이와 비슷하게 보잉 경영진은 비용 절감에 바빠 새로운 소프트웨어의 오작동 위험을 경시했다. 그간의 연구를 통해 우리는 미묘한 경고신호를 경시하는 태도는 자연스러운 것이지만, 또 그렇다고 마냥 경시하지 않음도 알았다. '잘되리라'라는 확신은 희망과 기대 그리고 정상적으로 작동했던 예전 경험에 의해 강화된다.

공공 부문 실패 사례를 연구할 때 좋은 점은 풍부한 정보다. 2003년 8월 26일, 미국 정부의 컬럼비아호 사고조사위원회 CAIB [71]가 방대한 분량의 상세 보고서를 발표한 뒤, 나는 동료인 마이크 로베르토Mike Roberto와 함께 조직적 관점에서 사고 원인을 분석하기 시작했다. 후에는 의사인 리처드 보머Richard Bohmer도 합류했고, 그렇게 수개월간 사고와 관련된 녹취록과 이메일을 분석했다. 그 결과 모호한 위협이 컬럼비아호 사고의 핵심 원인임을 밝혀냈다.

모호한 위협은 1명 이상이 잠재적 위험을 감지할 때 나타나는데, 그 위협은 결코 명확하지 않게 나타난다. 예를 들어 자동차 엔진음이 평소와 다르게 들린다면 고장일 수 있지만, 그날만 그런 소리가 날 수도 있다. 주택 압류가 많아지면 이는 금융 붕괴의 신호일 수 있다. 컬럼비아호 발사 영상에서 울퉁불퉁한 입자를 알아챈 경우도 그렇다.

챌린저호 발사 실패 이후, 나사의 우주왕복선 프로그램은 17년 동안 무려 110회 이상 성공적으로 임무를 수행했다. 이는 컬럼비아호 발사에서의 모호한 위협을 경시한 배경이 됐다. 충분한 자료는 없었지만, 로차는 영상에서 발견된 입자가 실제로는 더 크고 빠르게 우주선 날개로 돌진했을 수 있다 생각했다. 그러나 고위 관리자는 이를 성가신 유지 보수 문제로 간주했다. 고위 관리자의 강한 믿음은 더 이상의 조사를 차단했다.

인간의 인지와 조직 시스템이 서로 결합하면, 모호한 위협의 신호를 간과하게 만들어 복합적 실패의 가능성을 높인다. 나사 관리진이 엔지니어의 우려를 일축한 이유가 여기 있다. 그동안의 성공에 대한 관리진의 인지와 팀 내 프로토콜이 결합해, 입자 충돌은 기껏해야 유지 보수 정도면 끝날 상황이라는 믿음을 강화했기 때문이다. 실제로 그전에도 수년간 입자 충돌이 있었지만, 우주왕복선은 무사히 지구로 귀환했었다.

팬데믹이 전 세계를 멈추게 하고, 수백만 명의 사망자를 초래한다는 사실을 세계 각국의 지도자가 잘 파악하지 못한 이유도 이것으로 설명이 가능하다. 바이러스의 위협을 더 쉽게 인식했다면 더 빠르게, 확신에 찬 상태에서 예방적 공중보건 조치를 시행했을 것이다.

모호한 위협에 대응하는 것이 본질적으로 어렵다는 점을 고려하면, 삶에서 발생하는 복합적 실패 예방을 위해 우리는 과연 무엇을 할 수 있을까?

'기회의 창문' 활용하기

모호한 위협을 경시하지 않으려면, '기회의 창문'이라는 것을 기억하자. 이 가상의 창문은 (아무리 미약하더라도) 실패 신호를 감지하면 활짝 열린다. 그리고 실패가 발생하면 닫힌다. 이 과정은 짧게는 몇 분, 길게는 몇 달까지 이어진다. 우리는 기회의 창문을 통해 위험 인지와 상황 인식·평가를 할 수 있고, 실패에 대응할 기회를 얻을 수 있다. 그렇게 현재 상황을 파악하고 고치는 게 가능해진다.

예를 들어, 나사가 위성사진을 국방부에 요청했다면(기회의 창문이 열렸다면) 입자 충돌로 인한 손상이 승무원에게 실질적 위험이 될 수 있음이 보였을 것이다. 하지만 나사는 기회의 창문을 닫고 말았다.

〈러스트〉 총기 사고도 마찬가지다. 허친스가 사망하는 비극적 사고가 발생하기 전, 일주일이나 주어진 기회의 창문은 제 역할을 못했다. 연달아 발생한 737맥스 추락 사고 역시 첫 번째 사고 이후 파일럿이 네 차례나 우려 사항을 보고했음에도, 보잉

측은 아무런 조치를 취하지 않았다. 737맥스 출시 당시 시뮬레이터 훈련만 제대로 진행했어도 여객기 급강하 시 파일럿이 수월하게 대응했을 것이다.[72]

기회의 창문은 거절의 두려움 없이 기꺼이 이야기하려는 의지에 달려 있다. 즉, 심리적 안정성이 높은 환경은 잘못된 행동을 예방하는 데 도움이 된다.

오경보 환영하기

복합적 실패의 신호는 어떻게 감지해야 할까? 여러 요인이 독특하고 전례 없는 방식으로 얽혀 일어나는 복합적 실패의 특성상 지금 이야기는 다소 의아하게 들릴 수 있다. 하지만 들어 보라. 무척 간단하고 명쾌하다. 바로 오경보를 환영하는 것이다.

앞에서 말했듯, 토요타 공장은 누구나 안돈 코드를 잡아당길 수 있다. 이를 통해 실패가 일어나기 전에 문제를 함께 검토해 실패 요소를 제거할 수 있다. 그렇다면 안돈 코드를 열두 번 당겼지만 그중 진짜 문제가 한 번일 경우는 어떨까? 열한 번의 오경보로 시간을 방해했다며 핀잔을 듣진 않을까 걱정할 수 있다. 하지만 현실은 그 반대다.

누군가가 안돈 코드를 잡아당겼을 때, 실제 오류가 아닌 경우라 해도 이 역시 유용한 상황이다. 어떻게 오경보가 작동했는지, 오경보의 가능성을 줄이는 방법을 파악하는 경험으로 여기기 때문이다. 그렇게 안돈 코드는 장기적으로 시간을 절약하고, 품질을 개선하는 귀중한 실천으로 인식된다.

신속대응팀이라는 흥미로운 의료 혁신에도 안돈 코드의 의도가 적용된다. 신속대응팀은 응급 상황일 수도, 아닐 수도 있는 미묘한 변화(환자의 안색이나 기분)에 대응하기 위해 만들어졌다. 해당 신호가 울리면 의사와 간호사가 수 분 내에 병상에 모여 환자를 진단하고 필요 시 개입한다. 기존에는 '응급 상황이 발생했을 때만' 간호사가 외부 팀에 도움을 요청해 필요한 조치를 취했었다. 20년 전 호주에서 처음 도입한 신속대응팀은 실제로 심장마비 발생 횟수를 크게 줄였다.[73]

신속대응팀이 도입된 지 10년 후, 나는 로베르토, 데이비드 아거David Ager와 함께 하버드대 학부에서 우수상을 받은 논문을[74] 평가했었다. 신속대응팀을 빠르게 도입한 미국 내 병원 4곳에 대해 제이슨 박Jason Park이 연구한 내용이었다. 그런데 그 이후 우리는 신속대응팀을 '모호한 위협을 증폭시키는 도구'로 보기 시작했다. 확성기를 쓰면 목소리가 크게 들리는 것처럼 신속대응팀과 안돈 코드는 복합적 실패를 알리는 신호를 증폭시켰다. 여기서 증폭은 조용한 신호가 잘 들리도록 도와준다는 뜻이다. 없는 신호를 들리도록 한다는 뜻이 아니다.

다시 말해, 신속대응팀은 환자에게 문제가 있을지 모른다는 신호를 증폭시킴으로써 궁극적으로 심부전 발병률을 낮췄다. 그로 인해 병원 계층에서 상대적으로 낮은 위치인 간호사가 환자의 호흡이나 인지 변화 같은 경고신호를 보고했을 때[75] 무시당할 가능성이 낮아졌다. 신속대응팀은 이런 보고에 정당성을 부여했다. 또한 경험이 부족한 간호사도 환자의 외모나 기분 같은 사소한 변화까지 안심하고 공유할 수 있었다.

당신은 《이솝우화》의 '양치기 소년' 이야기를 기억할 것이다. 소년이 늑대가 나타났다고 자꾸 거짓말하는 통에, 막상 진짜로 늑대가 나타나자 아무도 믿지 않아 모든 양(일부 판본에는 소년도 포함)이 잡아먹히고 만다. 본래 어린이에게 전하려 한 메시지는 "거짓말을 하지 말라"겠지만, 정작 우리가 내면화한 메시지는 "확실하지 않으면 말하지 말라"다.

실제로, 제기한 문제가 아무것도 아닌 것으로 판명돼 바보처럼 보이는 상황을 원하는 이는 아무도 없다. 당신도 잘못된 경고일지 모른다는 두려움 탓에 보고를 망설였던 적이 있을 것이다. 실제로 누군가가 말을 꺼낼 때까지 기다리는 게 마음은 더 편하다.

사람의 이러한 성향을 극복하는 데 도움이 되도록, 신속대응팀 운영을 위한 사례집에는 호출을 정당화하는 데 참고할 수 있는 '조기 경고신호 목록'이 있다. 이 목록은 간호사가 모호한 직감을 발전시키는 데 큰 도움이 됐다.

예전에는 단순히 프로토콜에만 의존했지만, 신속대응팀이 도입된 후에는 좀 더 체계적인 눈으로 환자의 상태를 확인할 수 있었다. 여기서의 확인 작업은 '경계하는 것' 그 이상의 의미다. 안돈 코드나 신속대응팀처럼 약한 위험 신호를 증폭하고 평가할 수 있는 권한이 주어지는 순간, 우리는 능력을 다해 맡은 일에 참여한다. 그러면서 본질적인 불확실성 자체를 받아들이고 자신의 오감과 이성이 매우 중요함을 깨닫는다.

오히려 잘 설계된 신속대응팀은 사망자를 줄일 수 있다면 위험 신호 진단에 걸리는 시간이 가치 있음을 강조하므로, 수용적 측면에서 오류를 범한다. 다만 문제를 빨리 발견할수록 이를 해결하고 피해를 낮출 가능성이 높아진다.

스탠퍼드대의 한 연구에 따르면, 신속대응팀 도입 이후[76] 코드 블루(병원에 심정지 환자가 왔다는 신호)와 위험 조정 사망률(지역 간 차이를 고려해 비교한 사망률 지표)이 각각 71퍼센트, 16퍼센트 감소한 것으로 나타났다. 흥미롭게도 다른 연구에서는 신속대응팀 도입의 효과가 나타나지 않았다. 왜 이런 차이가 생겼을까?

신속대응팀은 도입했다고 끝나는 시스템이 아니다. 도입 후 프로그램을 어떻게 구성하는지가 더욱 중요하다. 호출 때마다 드러나지 않은 치명적인 위험이 드러나길 기대한다면,[77] 거듭된 신호에 지쳐서 신속대응팀은 곧 사라져 버릴 것이다. 오경보를 팀워크 강화 수단으로 인식하는 분위기가 만들어져야 신속대응팀이 가치를 발한다. 로베르토는 《Know What You Don't Know(당신이 모르는 것을 알라)》에서 신속대응팀의 근간이 되는 사고에 대해 '불을 끄는 것이 아니라 연기를 감지하는 것'이라고 설명했다.[78]

그렇다면 로베르토의 개념을 팀이나 가족에는 어떻게 적용해야 할까? 우려가 상상이든 현실이든, 이를 보고한 이에게 고마움을 표하면 된다. 불확실한 상황에서 위험을 무릅쓰고 목소리를 낸 사람이기 때문이다. 이들에게 고마움을 전하면, 그 행동이 강화되고 사고를 주기적으로 예방하는 효과가 나온다.

문제 '너머'를 생각하기

실패로부터 안전한 조직을 만들기 위해서는, 오류를 '경계하는 문화'가 필요하다. 안돈 코드가 이 같은 문화를 형성하는 데 도움이 된다. 작은 실수도 일을 그르칠 수 있다는 것을 모두가 확실히 인지하기 때문이다.

나는 해군 파일럿으로 일했던 애런 딤목Aaron Dimmock을 만나 복합적 실패를 성공적으로 피한 경험을 인터뷰했었다. 그는 '해군 항공 훈련 및 작전 절차 표준화' 분야의 교관으로서 비행 준비 점검 등 수많은 작전과 훈련 임무를 수행했다.

딤목은 몇 년 전 푸에르토리코에서 유지 보수 일을 할 때 겪었던 일화를 전했다. 당시 그의 팀은 비행에 차질이 없는지 동체를 점검하는 임무를 맡았다. 비행기에는 딤목 외에 부기장, 비행 엔지니어, 참관인이 같이 탑승했다.

그런데 점검 비행 중에 예상치 못한 네 가지 문제가 발생했다. ① 이륙 후 랜딩 기어가 끝까지 올라가지 않았으며, ② 정지 후 엔진이 재시동되지 않았다. 그러자 ③ 두 번째 엔진이 오작동하기 시작했다. 그리고 ④ 하강 도중 랜딩 기어가 오작동했다. 스위스 치즈 모델처럼 네 가지 문제가 한꺼번에 터졌다면, 추락으로 인한 막대한 손실에 인명 피해라는 복합적 실패로 이어졌을 것이다.

하지만 딤목의 팀이 적절히 조치를 취한 덕분에 비행기는 안전하게 착륙했다. 어떻게 그게 가능했는지 물었더니 다음과 같은 대답이 돌아왔다.

"문제가 생길 때마다 문제 너머의 것을 떠올렸어요. 문제 자체나 눈앞의 오류에 갇히지 않고, 그 너머를 생각했죠. 그리고 서로가 협력해 문제를 발견하고 수정했습니다."

구체적으로 하나씩 살펴보자. 첫 번째, 이들은 랜딩 기어와 엔진 등에 문제가 있음을 확인했다. 문제를 **발견**한 과정이었다. 두 번째, 이들은 오류를 발견할 때마다 체계적이고 신중하게 대응했다. 이에 대해 딤목은 이렇게 설명했다.

"자신감을 가지되 과신하진 않았습니다. 여기에 침착함을 유지한 덕분에 모두가 의견을 잘 나눴죠. 엔진 상태는 어떤지, 어떤 소리가 들리는지 등이요. 우리는 각자가 본 상황을 최대한 정확히 공유한 다음, 그 정보를 종합해 결정했습니다. 각자 목소리를 자유롭게 공유하는 '안전한' 공간 속에 있었던 셈이죠."

문제의 **수정** 과정은 이렇게 진행됐다. 팀 리더로서 가장 중요한 책임에 대해 딤목은 이렇게 대답했다.

"모두가 각자 목소리를 내야 합니다. 엔지니어가 자신이 의견이 전부인 양 말했던 순간이 있었습니다. 그때 바로 개입해서 다른 팀원에게도 의견을 물었습니다. '톰, 자네는 어떻게 생각하나? 로빈스, 자네 생각은 어때?'라는 식으로요."

팀 내에서 존재하는 중요한 목소리를 놓치지 않으려면 심리적 안정성이 중요하다. 모든 의견을 경청하는 것은 단순히 태도나 포용성으로 볼 문제가 아니다. 안전과 실패 예방에 영향을 미치는 문제다.

실패 가능성을 인정하라

실패에는 기술, 심리, 관리, 시스템 등 다양한 요소가 작용하기에 그 누구도 "이렇게 하면 됩니다"라고 말할 수 없다. 다만 복합적 실패를 예방하는 데 도움이 되는 간단한 실천법 몇 가지는 말할 수 있다.

첫 번째, **프레임**이다. 상황의 복잡성, 참신성을 명시적으로 강조하면 실패를 대하는 마음가짐에 좋다. 이 과정이 없다면 "어떻게든 되겠지"라고 말하기 바쁘다.

6장에서 등장할, 파일럿 벤 버먼Ben Berman은 '자신은 완벽한 비행을 해 본 적이 없다'고 말했다. 자신의 높은 직급 때문에 팀 내에서 직언을 주저하는 상황을 이해하고, 자신도 실수할 수 있음을 일부러 알림으로써 위험을 낮췄다. 늘 반복되는 비행이라도 매번 완전히 달라질 수 있다고 프레임한 것이다.

두 번째, 약한 위험 신호 **증폭**하기다. 군중 속에서 혼자 목소리를 내는 상황을 생각해 보자. 당신의 목소리는 바로 묻혀버린다. 확성기가 필요한 이유다. 팀이나 가족도 마찬가지다.

복합적 실패를 예고하는 약한 위험 신호를 무시(허친스 총기 오발 사고)하거나 경시(737맥스 추락 사고, 컬럼비아호 폭발 사고)하는 우리의 성향을 고려할 때, 상대방이 귀를 기울이도록 신호를 증폭하는 것은 자신의 몫이다. 증폭한다 해서 말을 과장하거나 끊임없이 반복하라는 게 아니라 **신호가 잘 들리게 하라**는 뜻이다. 또한 나중에 '문제없음'으로 결론 나더라도 문제를 제기하길 잘했다고 여겨야 한다.

세 번째, **연습**의 습관화다. 뮤지션, 운동선수, 연설가, 배우는 실전에 이르기 전까지 끊임없이 연습을 거듭한다. 앞에서 말한 알코아처럼 훌륭한 안전 기록을 보유한 팀은 일상적으로 연습을 반복한다. 알코아의 안전 기록은 인적 오류를 없애는 방법을 알아서가 아니다. 끊임없이 오류를 발견하고 수정했기 때문이다. 여기엔 연습이 필수다.

이에 더해, 연습을 장려하는 문화도 중요하다. 비행기 시뮬레이터나 소방 훈련, 실탄 사격 훈련, 신속대응팀 모두 실전을 위한 준비 과정의 일환이다. 물론 실패를 대비해 완벽한 준비를 수립하는 건 불가능하다. 하지만 인적 오류와 예기치 않은 사건에 '신속, 차분하게' 대응하도록 정서적·행동적 근육을 단련하는 건 가능하다.

이 세 가지 실천법은 모두 자기 인식, 상황 인식, 시스템 인식이라는 역량에 의해 활성화되고 강화된다. 다음 장에서 구체적으로 살펴보자.

2부

옳은 실패
실천법

5장

자기 인식: 진짜 자신과 만나는 법

자극과 반응 사이에는 반응을 선택할 힘이 존재한다.
우리의 성장과 자유가 그것에 좌우된다.

빅터 프랭클

모두가 부러워할 만한 열정과 두뇌, 여기에 하버드대 경영대학원이라는 학벌까지 갖춘 레이 달리오Ray Dalio는 수익률 예측법을 열심히 익혔다. 그렇게 스물여섯 살에 설립한 투자사 브리지워터 어소시에이츠Bridgewater Associates는 7년간 경이로운 수익률을 찍었고, 그는 경제나 주식 시황을 다루는 경제 프로그램에 자주 출연했다. 특히 장기적 추세를 정확하게 예측하는 능력에 그는 큰 자부심을 가졌다.

하지만 1982년, 서른세 살의 달리오는 공과금도 내지 못할 만큼 어려운 상황에 내몰렸다. 그는 변동성이 출렁이는 몇몇 지표를 보며 미국 경제가 위기로 가는 중이라 확신했다. 그 확신에 논란의 여지가 있음도 알았지만, 그는 자신을 굳게 믿었다. 더 노골적으로 표현하면 남들이 모두 틀렸다고 생각했다. 그렇게 그는 전 재산을 베팅했다.[1] 엄청난 위험을 감수한 것이다. 그리고 미국 경제는 역사상 가장 긴 성장기[2]를 맞이했다.

당신이 여기까지 책을 읽었다면, 잘못된 판단 역시 우리 삶의 일부임을 잘 이해할 것이다. 빗나간 예측은 결코 부끄러워할 게 아니다. 아무리 열심히 공부하고, 아무리 깊은 생각을 거쳐 예측해도 틀릴 수 있다. 아무리 교훈적 실패를 한다 해도 다시 도전하지 않으면 아무것도 얻을 수 없다.

하지만 달리오의 실패는 교훈적 실패의 기준을 전혀 충족하지 못했다. 분명 그는 **새로운 영역**에서 기회를 추구했고, 공부도 충분히 했다(그만큼 시장을 깊게 연구한 사람은 거의 없다). 하지만 자신의 모든 것을 걸면서도 '작은 위험 감수'라는 아주 중요한 기준을 놓쳤다. 경제의 불확실성을 고려할 때 그의 베팅은 무모에 가깝다. 당시 상황을 그는 이렇게 회상했다.

"베팅에 실패했을 때, 야구방망이로 머리를 맞은 것 같았죠.[3] 나는 파산했고, 아버지에게 4,000달러를 빌려 공과금을 내야 할 정도였어요. 아꼈던 사원을 내보낼 수밖에 없었고, 결국 회사에는 저 혼자만 남았습니다."

달리오의 베팅은 내가 아는 한, 가장 큰 실패 사례 중 하나다. 또한 내 개인적으로도 극적 전환점이 됐다. 베팅의 실패 이후, 브리지워터 어소시에이츠는 역사상 최대 규모의 최대 수익을 내는 헤지펀드로 성장했다. 그는 그때 실패가 성공의 동력이 됐다고 말한다.

"돌이켜 보면 그때 실패는 제 인생에서 가장 잘한 일 중 하나입니다.[4] 그 실패를 통해 겸손함을 얻었죠. 덕분에 공격성도 많이 내려놓았고요. '내가 옳다'라는 단정적 생각에서 벗어나 **'내가 옳다는 사실을 어떻게 알 수 있을까?'**라고 질문하는 식으로 사고방식을 바꿨죠."

"내가 옳다는 걸 어떻게 알 수 있을까?"

이는 아주 강력한 질문이다. 옳게 실패하고, 잘살기 위해서는 겸손함과 호기심이 필요하다. 하지만 이 두 가지 모두 성인에게는 자연스레 생겨나지 않는다. 심리학 그리고 신경과학에서는 '스스로 옳다고 믿는 자동적인 감각', 즉 확증편향이 우리를 눈멀게 하는 경우가 너무나 많다고 지적한다. 확신을 깨는 증거를 찾지 않는다. 아니면 실패했음을 알면서도 스스로 인정하지 않는다. 달리오가 실패를 선물로 여긴 게 바로 이런 이유 때문이다. 다음의 말처럼, 그는 실패로부터 큰 배움을 얻을 수밖에 없었다.

"너무나 큰, 특히 공개적으로 실패했다는 사실이[5] 저를 매우 겸손하게 만들었습니다. 회사에서 쌓아 올린 거의 모든 것을 한순간에 잃었으니까요."

실제로 우리 대부분은 그다지 운이 안 좋다. 실패가 주는 소중한 교훈을 배우기 어렵게 만드는 인간의 성향은 우리의 일과 삶을 방해한다. 문제는 실패를 남과 나누길 꺼린다는 데 있다, 이는 인간의 타고난 특성이지만, 오늘날 소셜 미디어의 등장으로 더욱 강해져 실패로부터 배우는 역량을 더욱 감소시킨다. 실패에 감춰진 중요한 정보는 날아가 버리고, 예방할 수 있는 실패조차 반복하는 운명에 처했다.

실패로부터 배우려면, 누군가에겐 '정말 부인할 수 없을 정도'의 실패 경험이 필요하다. 달리오 말대로 머리를 세게 얻어맞고 나서야 고민하기 시작한다. 그의 실패는 금전적으로는 물론 지적·정서적으로도 엄청난 타격이었다. 그렇게 오직 자신을 탓할 수밖에 없었다. 게다가 그는 무리 가운데 가장 똑똑한 사람이었기에 실패는 더욱 고통스럽게 다가왔다. 하지만 그 실패의 경험은 그동안의 일하는 법을 바꾸는 데 큰 도움이 됐다.

사고방식을 바꾸는 자세는 일상의 사소한 실패로 인한 불편함과 당혹감을 처리하는 데도 필요하다. 그렇다고 달리오 정도의 실패를 겪어야 한다는 건 아니다. 새로운 것을 선호하는 태도로 바꾸는 정도면 된다.

내가? 그럴 리 없어!

가장 먼저 필요한 자세는 '남 탓하기' 극복이다. 미국 동요 중에 '쿠키 바구니'라는 노래가 있다. 한 아이가 "누가 쿠키 바구니에서 쿠키를 훔쳤지?"라고 외치면 다른 아이가 "내가? 그럴 리가!"라고 손사래를 친다. 이 구절이 반복되는 돌림노래 형식이다. 책임을 부정하고 전가하는 성향을 아이의 눈으로 유쾌하게 드러낸 노래다. 그만큼 우리는 본능적으로 비난을 피한다. 접촉 사고가 나자 깜짝 놀라며 자신의 결백을 주장한 아이처럼 말이다.

이전 장에서는 모든 종류의 실패(다수는 교훈적 실패)로부터 배운 사람을 묘사했다. 2장에서 본 제임스, 헴스트라, 데니스 같은 이들은 고통스러운 좌절에서 얻은 교훈을 삶에 능숙하게 적용했다. 하지만 우리 대다수는 실패에 신중하게 맞설 능력을 가지지 못했다. 배우고 단련해야 하는 이유다.

이제 우리의 즉흥적 사고가 어떻게 교훈적 실패를 직면하기 어렵게 하는지, 여기에 해결 방법은 무엇이 있는지 보겠다. 제임스, 헴스트라, 데니스처럼 살고 싶다면 꼭 적용하도록 하자. 여러 심리학자와 예술가, 운동선수, 과학자, 의사 등은 이미 이를 실천 중이다. 참고로 개인 및 직장 생활 모두에 적용 가능하다. 단, 누구도 대신해 줄 수 없다. 스스로 해야 한다.

우리가 연결된 방식

실패에 대한 인간의 혐오는 신경과학에서 조직행동에 이르기까지 다양한 분야에서 연구된다. 나는 대니얼 골먼Daniel Goleman 의 《Vital Lies, Simple Truths(중요한 거짓말, 단순한 진실)》을 통해 인간의 뇌, 사회 시스템의 상호 연관된 역학 관계를 처음 이해했다. 그리고 책 내용에 깊이 매료됐다. 그는 인지, 집단역학(집단 내 상호작용의 힘을 연구하는 분야_옮긴이), 제도적 시스템이라는 세 가지 단계[6]가 서로를 강화해 불편한 진실을 외면하도록 만드는 메커니즘에 대해 기술했다.

실패는 분명 유쾌하지 않은 진실이다. 하지만 자기 보호 메커니즘은 당장은 기분을 좋게 하지만, 장기적으로는 삶에 해를 끼친다.

뇌과학적 측면: 믿어야 진실이 보인다

인간의 뇌는 실수를 놓치기 쉬운 방식으로 연결돼, 우리는 종종 자신의 부족함을 깨닫지 못한다. 실수를 일부러 부정한다기보다, 실수가 생기기 이전의 위험 신호를 놓친다는 것이다. **확증편향**의 개념을 알더라도, 위험 신호가 어떤 역할을 하는지 일상 속에서 생각해 본 사람은 거의 없을 것이다.

생각해 보라. 목적지를 향해 제대로 운전 중이라 확신했는데, 갑자기 길을 잃었다는 사실을 깨달은 적이 있는가? 길을 잃기 전, 깨달음을 얻을 수 있었던 신호('이상하네. 못 보던 표지판인데' 등)를 무시한 적이 있는가? 나 같은 경우, 이 상황이 너무나 당황스러워 웃음이 터져 버린 적이 있다. 심지어 데이터 전문가도 확고한 믿음에 속는다.

그만큼 우린 기존의 믿음을 강화하는 신호는 쉽게 알아채지만, 이에 도전하는(부정하는) 신호는 무의식적으로 거른다. 이는 특정 상황(잘못된 길로 운전하는 일)이나 사회에 대한 일반적인 의견(기후변화 음모론) 모두에 해당한다. 자신이 위험 신호를 어떻게 거르는지 알아보는 방법은 매우 쉽다. 페이스북에서 특정 사건에 대한 포스팅이 올라올 때, 당신의 믿음을 강화하는 뉴스피드[7]에만 끌리는 것만 봐도 알 수 있다.

경제 전망에 대해, 달리오가 자신의 예측을 반박하는 신호를 어떻게 놓쳤을지 생각해 보자. 그 역시 자신의 예측을 강화하는 신호에만 집중하는 상황을 알아차리지 못했다. 이런 확증편향은 당신 삶의 어느 부분에서 어떻게 작용할까? 대개 자초한 실패(회의 발표를 제대로 못함)는 인식하지 못한 채 다른 실패(직장에서 해고됨)의 신호를 놓치고 놀랄 가능성이 크다.

앞에서 본 매몰비용의 오류 역시 확증편향의 일종이다. 그만하는 것이 이익인데도, 이미 투자한 돈이나 시간이 아까워 행동을 계속하는 성향 말이다. 초반 판단이 틀렸다는 사실을 받아들이지 못하고, 그에 대해 다시 생각하길 꺼리고, 오히려 더 진행해 더 큰 실수를 저지른다. 그동안 투자한 게 아깝다며 망해가는 기업에 계속 투자하는 셈이다.

매몰비용의 오류, 확증편향의 태도는 새로운 영역에서의 교훈적 실패(기업 혁신)가 교훈적이지 못한 방향으로 움직이는 요소다. 실패할 것이라는 암묵적 인식이 커짐에도, 눈과 귀를 막고 계속 추진하는 것이다.

확증편향은 자존감을 유지하려는 인간의 본능적 동기에 의해 촉진되며, 우리가 틀렸을지도 모른다는 신호를 차단하는 데 '도움'이 된다. 자아도취의 정도가 높을수록[8] 확증편향도 강화된다. 토머스 차모로-프레무지크Thomas Chamorro-Premuzic가 지적했듯 우리의 자아도취 정도는 최근 수십 년간 점점 심해지는 경향을 보인다.[9]

비합리적으로 자기중심적이고 자신을 과신하는 사람뿐 아

니라, 평소의 우리도 합리적이고 가장 이익이 되는 일(개선을 위한 학습)을 내버려두곤 한다. 일부러 인식하고 노력해야 하는 일이다.

신경과학적 측면: 낮은 길을 택하기

신경과학 연구에 따르면, 인간의 뇌에는 '낮은 길'과 '높은 길'이라는 두 가지 기본 경로가 있다.[10] 이러한 경로 구분은 손실에 대한 혐오가 이득이 주는 매력을 압도한다는 사실을 밝혀낸 심리학자 카너먼의 2011년 저서 《생각에 관한 생각Thinking, Fast and Slow》에서 널리 알려졌다.[11]

높은 길은 사려 깊고 합리적이며 정확하지만 속도가 느리고, 낮은 길은 본능적이고 자동적이므로 속도가 빠르다. 길의 구분이 왜 중요할까? 실제로 뇌에서 본능적이고 자동적인 길을 통해 실패를 처리하는 것은 더욱 쉽고 자연스럽다. 문제는 낮은 길을 통할 경우, 뇌의 편도체에서 실패에 대한 즉각적 반응이 나타난다는 점이다. 위험 감수 행위를 방해하는, 자기 보호를 위한 공포 모듈이랄까.

앞서 살펴본 것처럼, 우리가 사건을 해석하는 방식은 사건에 대한 감정 반응에도 영향을 미친다. 다행히도 우리는 사건을 '재해석하는 법'을 배움으로써 (비생산적인) 부정적 감정에 사로잡히는 걸 막을 수 있다. 어떻게 가능할까? 위험 감지 시 뇌가 낮은 길로 가지 못하도록, 정보와 추론을 통해 경로를 바꿔야 한다.

당신이 예기치 않은 사건으로 인해 격렬한 감정적 반응을 겪었던 때를 떠올려 보자. 점심시간에 자신을 뺀 팀원 모두가 같이 나가는 사건이 발생하면, 자신만 따돌림당한다고 생각할 수 있다(낮은 길). 하지만 실제로 1명은 치과 예약이 있었고, 다른 1명은 학부모 모임이 있었고, 나머지 1명은 샌드위치를 사러 나간 것으로 확인됐다면(높은 길), 그 즉시 기분이 좋아질 것이다. 때로는 초기 반응과 어긋난 정보를 빨리 받아들이지 못해 평정심을 되찾는 데 시간이 걸리기도 하지만, 잠시 멈추고 심호흡을 하면 정보를 받아들일 수 있다.

반대로, 운전 중에 교차로에서 갑자기 차가 나타나 급브레이크를 밟는 경우를 생각해 보자. 편도체가 촉발하는 공포 반응에 따른 행동이 생명을 구한 것이다(낮은 길). 하지만 오늘날에는 실제 위협보다 인지된 위협으로 편도체가 더 자주 활성화되는 경우가 많다.

과거 수많은 실제 위협으로부터 인간을 보호했던 편도체는 '나중에 후회하는 것보다 미리 조심하는 게 낫다'라는 논리로 작동한다. 밤에 숲속을 걷다가 눈앞에 크고 거대한 형체가 나타났다고 상상하자. 곰일까? 아니면 바위일까? 생존의 관점에서 보면, 계속 걷다가 곰에 물려 죽기보다는 바위가 아니라 곰일지도 모른다 가정하고 재빨리 도망치거나 숨는 등의 과잉 반응이 더 낫다.

오늘날 우리에게도 곰을 미리 피하는 논리가 작동한다. 비록 생존을 위협하진 않지만, 경력과 대인 관계에 존재하는 위험을 감수하려 들지 않는 이유다.

심리학적 측면: 준비된 공포에 사로잡히기

심리학에서는 인간이 '준비된 공포에 사로잡혀 있다'고 말한다. 그 공포에는 맹수, 소음, 갑작스러운 움직임에 대한 공포가 포함된다. 집단으로부터의 거부에 대한 공포도 추가된다.

나와 버지니아대 교수 제임스 디터트James Jim Detert 는 '집단으로부터의 거부에 대한 공포'[12]를 '생존에 기반을 둔 준비된 공포'라 간주한다. 상관 등 권위자의 눈에 들지 못할 위험은 오래전 부족 집단으로부터의 추방과 같은 준비된 공포를 뇌에 유발한다. 오래전 부족 집단에서의 추방은 노출이나 굶주림 등으로 인한 죽음과 같았다.

하지만 오늘날에도 실패를 말하기 두려워하면, 동료의 소중한 대리 학습 기회를 박탈하는 것이다. 예방 가능한 실패를 피할 기회도 놓친다. 이와 함께 준비된 공포에 사로잡혀 기후변화, 식량 공급, 해수면 변화 등 장기적 위험 신호를 놓치기도 한다. 실제로 높은 길을 통한 느린 사고가 필요한 상황에서는 생존에 실제적 위험이 더욱 강하게 느껴진다. 자연스레 빠르고 자동화된 낮은 길을 가면서, 확증편향이 강해지고 안일함이 생기며 실패가 주는 값진 교훈까지 숨어 버린다.

실패를 예방하는 데 필요한, 높은 길을 통한 느린 사고는 자동화된 사고를 멈추고 현재 어떤 상황인지, 그 상황이 무엇을 의미하는지 의문을 제기할 때야 비로소 이어진다. 여기서 가장 중요한 것은, 지금 행동이 실패에 어떻게 기여하는지를 자신에게 물어봐야 높은 길로의 느린 사고가 작동한다는 사실이다.

낮은 길과 높은 길의 차이에 대해 흥미로운 사실 한 가지가 있다. 이 습관적 인지를 막기 위해 전문가와 학자가 고안한 실천법이 모두 비슷하다는 점이다. 정신의학, 신경과학, 조직행동학 등 다양한 분야에서 나온 해당 전략은 우리가 일관적으로 **특정 반응을 선택하기 전에 잠시 멈출 수 있는 가능성**을 말한다.

이번 장에서는 우리가 높은 길을 갈 수 있도록 여러 실천법을 개발한, 내가 가장 선호하는 학자 몇몇을 소개하려 한다. 다만 이들의 이야기를 읽기 앞서, 실패를 예방하는 길에 놓인 장애물에 대해 자세히 살펴볼 필요가 있다.

실패에서 배우는 데 실패

물론 지금의 우리는 실패로부터 교훈을 얻는 것을 지지하는 사회에 산다. 하지만 실제로는 실패로부터 교훈을 얻는 것을 어려워한다. 실패를 외면하거나 숨기려는 본능 탓이다. 실패에 대한 본능이 배우려는 태도가 아니라 외면하거나 숨기려는 것이라면 과연 어떨까?

행동과학자 로런 에스크레스-윈클러Lauren Eskreis-Winkler 와 아일릿 피시바흐Ayelet Fishbach 는 실패가 학습을 촉진하기보다 오히려 **저해한다**는 가설[13]을 검증하기 위해 다섯 가지 연구를 수행했다.

먼저, 한 연구에서는 두 그룹의 참가자에게 가상의 고대 문자에 나오는 두 가지 기호 중 어떤 것이 동물을 나타내는지 물었다. 그리고 한 그룹에는 "정답입니다(성공 피드백)"라는 대답을, 또 다른 그룹에는 "틀렸습니다(실패 피드백)"라는 대답을 들려줬다.

이후 두 피드백을 바탕으로 얼마나 잘 학습했는지 확인하기 위해 추가 질문을 던졌다. 이번에는 첫 질문 때와 똑같은 기호를 보여 주고 무생물을 나타내는 기호가 무엇인지 물었다. 답은 매우 간단해 보였다. 하지만 첫 번째 퀴즈에서 "정답입니다"를 들은 사람이 "틀렸습니다"를 들은 사람보다 두 번째 퀴즈에서 더 높은 점수를 받았다. 이후 퀴즈에서도 결과는 마찬가지였다. "정답입니다"를 들은 사람이 지식을 더 잘 흡수했다는 뜻이다.

첫 번째 연구의 결과는 무슨 의미일까? 단순히 성공 피드백이 학습에 적용하기 쉬웠기 때문일까? 이를 확인하기 위해 두 번째 연구에서는 "틀렸습니다"에 '정신적 추론'과 '절차적 단계'가 덜 요구되도록 설계했다. 즉, 성공 피드백보다 실패 피드백을 적용하는 것을 덜 부담스럽게 설계한 것이다. 하지만 "틀렸습니다"를 들은 참가자는 계속해서 나쁜 성적을 냈다! 실패 피드백을 적용하는 데 유리한 금전적 혜택을 제공했음에도 패턴은 변하지 않았다. 성공 피드백은 여전히 실패 피드백보다 학습에 더 효과적이었다. 연구진은 실패가 자존심을 위협해[14] 사람을 위축시킨다는 결론을 내렸다.

다섯 번째 연구에서는 이런 사실을 뒷받침하는 결과가 나왔다. 이번에는 참가자가 직접 문제를 푸는 대신 남이 문제를 푸는 모습을 관찰하게 했다. 그랬더니 "정답입니다"를 들었을 때처럼 똑같이 많은 것을 배웠다. 자존심에 대한 위협이 사라지자 "틀렸습니다"에 대한 부담도 함께 사라진 것이다. 이렇게 보면, 우리는 남의 실패로부터 배우는 데는 꽤 능숙하다! 하지만 실제 일상에서는 남의 실패를 접할 기회가 많이 없다.

에스크레스-윈클러와 피시바흐의 연구가 밝혀낸 또 다른 사실은, 사람이 성공과 비교해 실패에 대한 정보를 공유할 가능성이 낮다는 점이었다.[15] 실제로도 그렇다. 남 앞에서 안 좋게 보이고 싶은 사람은 없기 때문이다.

하지만 다소 미묘한 지점도 있다. 공립학교 교사 57명에게 '익명으로' 과거에 있었던 실패/성공 사례 중 어느 쪽을 공유하고 싶은지 물었더니, 응답자의 68퍼센트가 성공 사례를 택했다. 익명이라 해도 여전히 성공 사례를 공유하겠다고 선택했다. 왜 그럴까? 실패는 **하지 말아야 할 것**을 알려 줄 뿐, 성공을 위해 무엇을 해야 하는지는 알려 주지 않는다는 믿음 때문이다.

에스크레스-윈클러와 피시바흐의 연구 결론은 이렇다. 실패가 주는 유용한 정보를 인식하지 못하면, 실패로부터 배우기 어렵다는 것. 그래서 참가자가 실패에서 유용한 정보를 찾아내도록 도와주고, 이를 통해 실패를 공유할 가능성을 높이도록 실험을 설계해 해당 결론을 검증했다.

노스캐롤라이나대 교수였던 브래들리(브래드) 스타츠Bradley (Brad) Staats 와 프란체스카 지노Francesca Gino 는 10년간 총 6,516건의 심장 수술에서 71명의 외과 의사가 실패와 성공 중 무엇으로 부터 배웠는지를 연구했다. 연구 결과 외과 의사는 자신의 수술에서는 성공에서 더 많은 것을 배웠고,[16] 다른 의사의 수술에서는 실패에서 더 많은 것을 배웠다고 답했다. 개인적 성공 경험이 있는 경우 '자존감 보호' 효과가 크게 두드러지지 않았다. 자신의 성공 경험이 완충 작용을 해 실패를 덜 아프게 느꼈을 것으로 추정된다.

에스크레스-윈클러와 피시바흐, 스타츠와 지노의 연구 역시 동료로부터 단점을 지적받는 '동료 검토' 과정을 거쳤다. 내 경험에 비춰 보면 이 동료 검토는 심리적으로 꽤나 잔인한 과정이다. 연구의 개선을 위해 동료가 제기하는 비판은 일종의 실패 피드백이다. 아무리 선의의 충고라 해도 피드백을 받고 나면 '이렇게 형편없는 평가를 받았는데 보완해서 뭐 해?' 같은 생각에 빠지기 쉽다. 더 비생산적인 생각을 할 수도 있다. '자기들도 뭔 말을 하는지도 모르면서!'처럼 말이다. 나 역시 그 시간이 매우 고통스러웠지만, 연구에 도움이 안 되는 생각과 짜증은 잠시 멈추고, 비판을 수용함으로써 연구를 개선하는 법을 배웠다.

당신도 살면서 실패와 닿을 듯한 순간을 겪은 때가 있을 테다. 나쁘게 끝날 듯하다 다행히 그렇게 끝나지 않은 위기 말이다. 운전대를 빠르게 꺾어 마주 오는 차와 충돌하지 않은 경험, 5분 전에 가까스로 도착해 여객기를 놓치지 않은 경험, 심각한 실수를 저지를 뻔했지만 순간의 기지로 위험을 모면한 경험 등이 좋은 예다.

이 같은 '아차 사고'의 경우 자존심을 위협하는 강도가 실제 실패보다 훨씬 더 낮다. 당황스럽거나 창피한 상황을 피했으니 말이다. 하지만 이것은 우리가 아차 사고를 더 냉정하게 바라보고, 그로부터 더 많은 것을 배울 수 있음을 의미할까?

내가 주도한 연구를 비롯해 아차 사고에 관련된 연구는 점점 많아지는 추세다.[17] 그리고 해당 연구를 통해 밝혀진 한 가지는 '프레임워크가 중요하다'는 것이다. 예를 들어, 당신은 '아차 사고'의 상황을 어떻게 바라봤는가? 실패(거의 실패할 뻔한 상황)로 봤는지, 성공(아슬아슬하게 성공한 상황)으로 봤는지에 대한 질문이다. 만약 당신이 성공으로 봤다면, 동료나 가족에게 이 이야기를 할 가능성이 높고, 그 경험으로부터 모두가 더 많은 것을 배울 수 있다.

실패로부터 배우는 건 실제로도 어렵다. 대부분이 실패에 관심 자체를 두지 않고, 실패가 자존심을 위협하는 것도 사실이다. 실패가 딱히 가치 있는 것으로 안 보이기도 하며, 실패에 대한 발언 자체를 꺼리는 경우가 많다. 이런 인지적 장벽은 실패가 유발하는 불쾌감, 특히 타인과의 비교와 관련된 불쾌감으로 인해 더욱 악화된다.

수치심의 조용한 힘

성공에 집착하는 현대사회에서 실패는 매우 위협적 존재다. 많은 사람이 조용한 절망이 아니라 조용한 수치심의 삶을 살기 바쁘다. 이러한 수치심이 만드는 정서적 고통을 설명하고 이를 완화하기 위해 누구보다 노력한 인물이 있다. 바로 휴스턴대 사회복지학 교수 브레네 브라운Brené Brown이다. 그는 다양한 저술 활동과 팟캐스트, 테드TED 강연 등으로 수치심, 취약성, 공감에 관한 자신의 연구 내용을 대중에게 알렸다.

수치심보다는 죄책감

우리 모두는 자신 혹은 타인의 눈에 실패가 보였을 때, 수치심이 올라오는 경험을[18] 겪어 봤을 것이다. 브라운은 수치심을 '우리가 가진 결함 때문에 누군가에게 받아들여지고 소속될 가치가 없다고 믿는 극도의 고통스러운 감정 또는 경험'[19]으로 정의한다. 일부 연구에서는 수치심을 '우리 시대 정서적 고통의 가장 큰 원인'[20]으로 지적한다.

실제로 그 누구도 극심한 고통 속에 오래 머물고 싶어 하지 않는다. 실패를 수치스러운 것으로 여기는 순간 우리는 이를 숨기려 한다. 교훈을 얻고자 실패를 주의 깊게 살펴보지도 않는다.

브라운은 수치심과 죄책감을 구별한다. 그에 따르면 수치심은 '나는 나쁘다'라는 인식이다. 죄책감은 '내 행동이 나쁘다'라는 인식이다. 숙제를 깜빡한 실패를 겪었을 때, 자신이 나쁘다고 생각하면 수치심이 올라온다. 하지만 내 행동이 나쁘다고 생각하면(죄책감) 오히려 책임감이 생긴다. 당연히 수치심보다 죄책감을 느끼는 게 좋다. 이에 대한 그의 설명이다.

"수치심은 중독, 우울증, 폭력, 공격성, 괴롭힘, 자살, 섭식 장애[21] 등과 매우 높은 상관관계를 보입니다. 반면 죄책감은 이 모든 것과 반비례하죠."

이제, 실패에 대해 이렇게 생각해 보면 어떨까? 승진에 실패했을 때 '나는 실패자다'에서 '나는 승진에 실패했다'로 리프레임하자. 이러면 실패로부터 교훈을 얻는다. 실수를 했기에 '나는 최악의 간호사다'에서 **의지적으로** 벗어나 "나는 실수를 했다. 그 실수에서 무엇을 배워야 할까?"라고 묻자. 실패와의 관계가 한층 좋아진다.

'좋아요'와 공유

우리가 애용하는 소셜 미디어는 '실패를 나누기 꺼리는' 습성을 약삭빠르게 활용한다. 그들이 끊임없이 생산하는 시각적 이미지는 '남에게 자신이 어떻게 보이는지'에 집착하게 만든다. 어떻게든 무리의 생각과 부합하지 않으면 수치심을 느끼기 쉬운 게 우리의 본능이니까. 한 대학생은 인스타그램Instagram을 사용하면서 느낀 감정을 이렇게 설명했다.

> 당시 저는 인스타그램의 기준에 맞지 않다고 생각했기에 많은 불안감을 느꼈어요. 그런데 '좋아요'를 받았죠. 그리고 어느 순간 사진을 좀 더 예쁘게 편집할수록 '좋아요'를 더 받는다는 걸 깨달았습니다. '좋아요'를 많이 받으니 제가 가치 있는 사람이 된 것 같았어요. 반대로 기대했던 만큼 '좋아요'를

못 받으면 거부당한 느낌이 들었죠. 인스타그램은 인생의 온갖 감정을 공유하는 공간이어야 하지만 이젠 그렇지 않아요. 그저 좋아 보이는 걸 공유할 뿐이죠. 우리는 기쁜 일만 공유합니다. 인스타그램에 좋은 모습만 보이는 이유입니다.[22]

여러 연구에 따르면, 소셜 미디어 사용은 청소년, 특히 십 대 소녀의 자의식 형성에 해롭고,[23] 신체상에 대해 왜곡된 생각을 주입시키며, 자존감을 떨어트리는 것으로 나타났다.

페이스북Facebook은 2019년부터 2년간 인스타그램이 신체상에 미치는 영향에 대해 내부 연구를 진행했다. 비밀리에 진행한 이 연구는 2021년 외부에 유출돼 파문을 일으켰다. 해당 연구 결과, 인스타그램 사용이 십 대 소녀에게 악영향을 끼친다는 점이 잇달아 확인됐다. 내부 프레젠테이션에서는 이를 더욱 직설적으로 표현했다.

"인스타그램은 십 대 소녀 3명 중 1명에 대해 신체상 문제를 악화시킴."[24]

이후 다른 내부 보고서에서는 "십 대 소녀의 32퍼센트가 자신의 신체에 안 좋은 감정이 들 때 인스타그램을 보면 기분이 더 나빠진다고 답했다"라고 밝혔다. 한 여대생은 이렇게 답했다고 한다.

"탄력 있고 홀쭉한 배를 가진 또래 여자애의 사진을 죽 보고, 전 세계에서 가장 매력적인 곳에서 멋진 의상을 입고 시시때때로 휴가를 보내는 여자애의 사진을 보면서 나는 압도적인 무능함을 느꼈습니다."[25]

집단으로부터의 거부에 대한 인간의 타고난 두려움을 나타내는 사례다.

여기서 거부를 피하는 것은 남이 자신을 어떻게 보는지를 '리프레임하는' 능력에 달렸다. 관련 연구 역시 이를 뒷받침한다. 소셜 미디어 사용 및 정신 건강, 신체상에 관한 연구는 광범위하게 진행됐다. 2018년 〈사회 및 임상심리학 저널 Journal of Social and Clinical Psychology〉에 실린 한 연구에 따르면, 소셜 미디어 사용 시간을 줄이면[26] 기분이 좋아지는 것으로 나타났다. 펜실베이니아대의 심리학 수석 연구원 멜리사 헌트 Melissa Hunt는 〈포브스〉와의 인터뷰에서 해당 연구에 대해 이렇게 평했다.

"소셜 미디어 사용을 줄이면 외로움을 덜 느낀다는 얘기입니다. 뭔가 아이러니한 상황이죠."[27]

'비교'란 인간에게 매우 자연스러운 현상이다. 가장 보편적이고 지속적인 특징 중 하나인 비교는 여러 세대에 걸쳐 사람이 협력과 건강에 기여하는 방식으로 행동하도록 만들었다.[28] 하지만 소셜 미디어가 비교 대상을 쉽게 확장하고, 비현실적 기준에 맞춰 콘텐츠를 체계적으로 편향시킴으로써 비교의 기능이 왜곡됐다. 은밀하게 타인을 살펴볼 수 있는 소셜 미디어의 관음증적 특성 또한 비교의 기능을 왜곡한다.

우리는 직접 소통하면 서로의 행동과 희망, 고민을 비교적 객관적으로 본다. 이러한 상호작용에서 비교는 기능적인 면을 가진다! 수용 가능하고 바람직한 것을 모두가 지속적으로 조정해 그룹이 기능하도록 돕기 때문이다. 반대로 직접적 소통 없이 남의 편집된 게시물만 보면? 왜곡된 시각으로 비교를 한다. 편집된 이미지로 끊임없이 올라오는 남의 모습은 행복을 위협한다. 헌트는 십 대 소녀들의 말을 인용해 이렇게 말했다.

"인스타그램에서 남의 삶을 보면, 그들의 삶이 내 삶보다 더 멋지거나 낫다는[29] 결론을 내리기 쉽습니다."

그렇게 소셜 미디어는 문제나 실수, 실패의 공유를 그 어느 때보다 어려워지도록 만든다. 앞에서 본 연구 결과를 생각해 보자. 편집된 남의 성공과 즐거움, 완벽한 외모에 지속적으로 노출되는 것이 미치는 악영향에 초점을 맞춘다.

실제로 소셜 미디어에서 실패 혹은 실패를 회피하는 것을 드러내는 경우는 매우 드물다. 게다가 흠잡을 데 없는 성공을 강조하는 내용은 실패를 받아들이는 태도를 더욱 억누른다. 소셜 미디어에서 오랜 시간 머물다 보면 자신을 실패자로 여길 위험이 높아지는 것은 확실하다.

취약성 포용하기

특히 유명인은 대중의 눈에 완벽하게 보이기 위해 '좋은 점'만 공유해야 한다는 압박을 더욱 느낀다. 자신의 취약성을 기꺼이 인정한 몇몇 유명인이 더욱 존경스럽게 보이는 건 바로 이 때문이다.

역대 올림픽에서 가장 많은 메달을 획득한 수영 선수[30] 마이클 펠프스Michael Phelps는 자신이 우울증을 앓는다고 공개했다.

또한 체조 부문에서 가장 많은 메달을 보유했던[31] 스물네 살 유망주 시몬 바일스Simone Biles는 공중회전 동작의 문제로 도쿄올림픽 출전을 포기했었는데, 그는 연습 때의 괴로움을 이렇게 설명했다.

"그야말로 생사의 갈림길[32]이었어요. 두 발로 착지한 게 기적이었죠. 남이었다면 들것에 실려 나갔을 겁니다. 착지하자마자 코치에게 '더 못하겠다'라고 말할 정도였어요."

그렇게 바일스는 결국 은퇴했다. 전 세계 미디어와 소셜 미디어의 '좋아요' 속에 성장했지만 그는 '좋지 않은 모습'도 기꺼이 공유했다. 고개를 들어 패배를 깨끗이 인정했고, 그 기회를 동료의 성공을 진심으로 응원하는 데 사용했다.[33] 패배를 당당히 받아들인 그의 '탁월한' 능력은 사회가 우리에게 강요하는 성공에 대한 메시지를 압도하는 힘이 있다.

"작디작은 완벽한 아이를 손에 올려놓을 때, 우리가 할 말은 '애 좀 봐, 완벽해'가 아닙니다. 그럼 5학년에는 테니스 팀에 보내고, 7학년 때는 예일대 입학을 보장받도록 완벽함을 유지하게 하는 것일까요? 그것도 아닙니다, 우리가 해야 할 일은 이렇게 말하는 겁니다. '그거 아니? 넌 불완전해, 그래서 어려움을 겪지만,[34] 너는 사랑받고 무리에 속할 만한 가치 있는 사람이란다'라고요."

브라운이 말한, 부모의 역할이다.

앎을 넘어 배움으로

우리 사회는 실패를 가볍게 여기고, 실패와 학습 지향적 관계(이 책이 추구하는 방향)를 맺는 데 매우 불리한 환경이라는 점이 그간의 설명으로 분명해졌다. 실패가 주는 불쾌감을 완충하고 자존감을 강화하는 두려움과 방어적 습관의 문제도 마찬가지다. 한 가지 다행스러운 점은, 이전과 다르게 생각하는 법을 배운다면 더 보람 있고 즐거운 삶을 이끄는 것이 가능하다는 점이다.

애덤 그랜트Adam Grant는《싱크 어게인Think Again》에서 의식적 노력을 통해 '자동적' 사고에 도전하는 법을[35] 배울 수 있다고 말했다. 그와 동시에 우리의 경계를 넓히고, 피할 수 없는 실패를 좀 더 편히 받아들이도록 하는 몇 가지 실천법을 제안했다.

옳은 실패를 위한 실천에서 가장 중요한 기술은 **리프레임**이다. 프레임이란 우리의 자연스럽고 필수적인 인지 기능으로, 끊임없이 쏟아지는 혼란스러운 정보를 이해하는 방식이다. 구체적 상황의 특징에 주목하도록 하는 가정의 집합이라 생각하면 조금 더 편하다. 그림에서 특정 색상과 모양에 집중하는 식이다.

우리는 프레임을 통해 현실을 '걸러진 모습'으로 경험하는데, 이를 두고 좋다 나쁘다 논할 수는 없다. 하지만 적합하지 않은 프레임에 대해 인식하고 도전하지 않으면 안 된다. 대개 우리는 실패를 나쁜 것으로 프레임해, 자기 보호적 반사를 이용해 모든 호기심을 차단해 버리기 때문이다.

다행히도 **리프레임**, 즉 현실을 보는 프레임을 바꾸는 건 가능하다. 하지만 자동적인 연상 작용에 도전해야 하는 만큼, 충분히 멈추고 생각하는 법을 배워야 가능하다. 중요한 회의에 늦은 상황을 생각해 보자. 이때 우리는 심호흡을 하면서 '얼마든지 상황을 개선하고, 생사가 달린 문제가 아님'을 상기함으로써 자발적 혼란에 도전할 수 있다.

훨씬 더 극적인 예를 들어 보겠다. 나치 강제수용소 생존자 빅터 프랭클Victor Frankl은 역작으로 평가받는 《죽음의 수용소에서 Man's Search for Meaning》를 통해 리프레임의 힘을 설명했다.[36] 아우슈비츠를 포함한 강제수용소 생활을 견딘 그는, 수감 생활로 인한 공포를 의도적으로 리프레임했다. 당시 발견한 용기를 남에게 전하는 미래의 모습을 상상하며 말이다.

정신과 의사 겸 심리치료사로 활동했던 프랭클은 수감 시기를 '완전한 변화의 시기', 즉 나름의 비전을 바탕으로 고통과 두려움을 희망으로 바꾼 때로 회상한다. 그의 놀라운 회복력은 주어진 상황을 새로운 방식으로 바라보는 것이 어떻게 삶을 향상시키는지를 여실히 보여 준다.

리프레임

현대 심리학 역시 실패에 관한 프레임을 몇 가지를 제공했다. 그 중 하나는 더 건강하고 건설적이지만, 나머지 하나는 더 자연스러운 성격이었다. 전자인 '건설적 프레임'은 좌절에 대해 필요하고 의미 있는 경험으로 정의한다. 후자인 '자연스러운 프레임'은 좌절을 무능력의 고통스러운 증거로 정의한다.

스탠퍼드대의 드웩이 식별한, 가장 대중적이면서 강력한 프레임 중 하나는 '고정형 사고방식fixed mindset'과 '성장형 사고방식growth mindset'의 대조다.[37] 드웩과 그의 동료는 수많은 실험 연구를 통해, 고정형 사고방식을 가진 사람(특히 학령기 아동의 경우)은 성장형 사고방식을 가진 사람보다 회피 성향이 강하며, 극복 의지가 약하다는 것을 입증했다.

예를 들어, 고정형 사고방식을 가진 아동은 '나는 수학을 못하니까 더 잘하려 노력하지 않을 거야'라고 생각한다. 반면 성장형 사고방식을 가진 아동은 '나는 수학을 못하지만 더욱 집중해서 노력하다 보면 더 잘할 거야'라고 생각한다.

난관에 부딪혔을 때 이를 배우고 성장할 기회로 여기는 성장형 사고방식은 어려운 과제를 인내심 있게 해결하도록 이끈다. 실제로 성장형 사고방식을 가진 아동은 그렇지 않은 아동보다 더 많은 것을 배운다. 그러나 안타깝게도 학교 시스템에서 몇 년의 '사회화'를 거치다 보면 고정형 사고방식으로 바뀌고 만다.

버락 오바마Barack Obama 정부 시절 교육부 장관이었던 안 덩컨Arne Duncan의 초대로, 나는 워싱턴 D.C.에서 드웩을 만났었다. 각자의 연구가 학교 교육에 주는 시사점을 모색하기 위한 자리였다.

덩컨의 사무실 옆 회의실에 긴 직사각형 마호가니 테이블에 둘러앉은 우리는 각자의 연구 내용을 간단히 발표한 후 오늘날의 교육 과제를 토론하기 시작했다. 성장형 사고방식이 도전적 수행에 어떻게 도움이 되는지에 대한 드웩의 연구와, 심리적 안정성이 어떻게 실수를 인정하는 문화를 조성하는지에 관한 내 연구가 어느 정도 통한다는 사실을 확인하는 자리였다. 드웩과 나는 우리가 도전과 역경을 피하지 않고 그 속에서 어떻게 학습해야 하는지를 연구하는 것도 기쁜 마음으로 확인했다.

덩컨이 우리의 말을 경청하고 좋은 질문을 많이 하는 모습을 보며, 다음 세대의 교육을 변화시키겠다는 그의 의지를 느낄 수 있었다. 나도 학교와 기업, 가정에서 학습에 대한 사고방식과 학습 환경이 어떻게 서로를 강화하는지에 대해 많은 생각을 했다.

드웩의 연구에서 깊은 감명을 받아, 성장형 사고방식 구현을 위해 기업 문화를 바꾼 경영자가 있다. 바로 마이크로소프트 CEO 사티아 나델라Satya Nadella다. 2022년 1월, 내가 강의에 쓸 목적으로 녹화한 영상에서 그는 이렇게 말했다.

"성장형 사고방식을 도입하고자 했을 때 이미 구성원은 누구보다 그것을 원했습니다. 행운이었죠. 이 사고방식은 직장과 가정에서 더 나은 관리자, 더 나은 배우자로 거듭나는 데 도움이 됩니다. 스스로 학습하며, 주변 상황을 더 낫게 만들기 위해 기꺼이 노력하기 때문이죠. 이는 매우 강력한 힘입니다. 사람이 스스로 밀어붙이는 심리적 안정성을 조성한 것이 판도를 바꿨습니다."[38]

나델라의 말처럼 성장형 사고방식을 하려는 노력은 학습과 성장을 독려하는 분위기에서 더 잘 이뤄진다.

드웩이 연구하는 사고방식은 '뇌에 대한 당연한 믿음'에서 비롯된다. 고정형 사고방식을 가진 아동은 지능이 고정됐다는 믿음을 내면화한다. 즉, '머리는 타고난다'는 것이다. 자연스럽게 자신이 똑똑하지 않다는 사실을 숨기기 위해 도전을 피하고, 잘할 수 있는 과제만을 찾는다.

그러나 일부 아동은 '머리는 얼마든지 좋아질 수 있다'고 내면화했다. 자연히 더 똑똑해지기 위해 도전을 자처한다. 이런 사고방식 덕분에 호기심과 결단력을 가지고 실패를 경험한다.

내 연구에 큰 영향을 준, 이제는 고인이 된 하버드대 교수 크리스 아지리스Chris Argyris는 '사용 중 이론theories-in-use'에서 우리의 행동을 형성하는 기준을 모델1, 모델2로 나누어 설명했다(프레임과 유사하다. 그는 사람의 행동에 내재된 정신 지도를 '사용 중 이론'으로, 의식적으로 가지는 신념과 행동을 '지지하는 이론'으로 설명했다). 모델1은 은연중에 상황을 통제하고, 상대방을 이기며, 합리적으로 보이려고 노력하는 경우다.

모델1 사고로 보면, 타인의 동기는 대부분 부정적으로 보인다. 더욱이 내가 지금 무엇을 놓치는지, 무엇을 배우는지 궁금해하지 않게 한다. 반대로 모델2는 호기심이 넘치고, 사람 간 생각에는 차이가 있다는 걸 인정하며, 뭐든 배우고자 하는 열망을 준다.

아지리스는 모델2의 경우는 드물지만, 노력하면 가능하다고 주장했다.[39] 이는 자신의 강점뿐 아니라 약점도 기꺼이 발견하려는 의지에서 출발한다. 이와 관련해 정신과 의사 맥시 몰츠비Maxie Maultsby는 '합리적 신념'과 '비합리적 신념'으로 구분해 설명한다. 이 부분은 뒷부분에서 다루겠다.

지금까지 만난 학자들은 학습 의지가 부족한, 자기 보호에만 초점을 맞추는 프레임을 대부분 '성인의 표준'이라 간주한다. 특히 성취도가 높은 사람에게 자주 보이는 가면증후군(자신은 자격이 없는데 주변 사람을 기만해 이 자리에까지 왔다는 불안 심리)은 해당 프레임의 결과다. 우리 대부분은 자신이 옳거나 성공해야만 가치 있다는 생각을 내면화함으로써, 무의식적인 호기심과 학습에 대한 의지를 방어와 자기 보호로 바꿔 버린다. 물론 이는 극복 가능하다. 플로리다 모핏 암센터의 마취과 전문의 조너선 코헨Jonathan Cohen은 최근 엑스에 이렇게 자문했다.

"누군가 내 실수를 지적할 때 기분이 어떤가요?"

이에 대한 그의 자답은 매우 놀랍다.

"사실 꽤 좋아요. 물론 늘 좋은 건 아니지만."[40]

2022년 3월, 내가 코헨과 만났을 때, 그는 이렇게 말했다.

"누군가 내 실수를 지적하면요, '환자가 더 안전한 치료를 받기 위한' 단계라고 받아들이도록 마인드 컨트롤했죠."

보통은 실수를 지적당하면 기분이 나빠지는데, 그 나쁜 기분이 환자의 위험을 초래하니 이를 극복하고자 노력했다는 뜻이다.

우리가 앞에서 살펴본, 실수를 기꺼이 인정하도록 심리적 안정성을 조성함으로써 발전할 수 있었던 의료 팀처럼 코헨도 자신의 실수를 환자의 치료 개선에 기여하는 학습의 과정으로 보는 법을 터득한 셈이다.

코헨의 사례에서 알 수 있듯 학습 프레임은 성과 프레임보다 더 건강할 뿐 아니라 합리적이기까지 하다. **학습 프레임은 우리 삶에 끊임없이 등장하는 불확실성과 도전 과제에 더 적합하다.** 애당초 우리는 실패와 이로 인한 실망으로부터 자신을 보호할 수 없다. 좌절과 성취 모두에 대한 건강하고 생산적인 대응법을 배우는 건 가능하다.

멈춤의 기술

지금으로부터 60여 년 전, 미니애폴리스의 젊은 보험 설계사 래리 윌슨Larry Wilson은 수시로 비참한 생각에 빠졌다. 예비 고객에게 거절당할 때마다 자신이 끔찍한 실패자로 느껴졌다. 거절당할까 봐 불안한 마음에 전화를 걸고 싶지 않았을 정도였다. 여기서 우리는 윌슨이 고정형 사고방식의 소유자라 생각할 수 있다. '또 실패할 거라면 군이 전화할 필요가 있을까'라는 생각을 하니 말이다. 실제로 그는 수시로 퇴사를 고려했다.

그러던 어느 날, 상관이 윌슨에게 충고했다. 거절에 대한 생각을 바꿔 보라는 내용이었다. 당시 초보 설계사가 1건 계약을 성사시키려면 약 20번의 통화가 필요했고, 커미션은 약 500달러였다. 그러니까 통화당 약 25달러의 가치가 있던 셈이다. 상관의 충고대로, 윌슨은 거절을 당할 때마다 '25달러를 줘서 고맙다'라고 생각을 바꿀 수 있었다.

이 간단한 변화로 윌슨은 기분이 나아진 것은 물론 고객에게 더 집중함으로써 실적을 늘렸다. 얼마 지나지 않아 그는 평균 10번의 통화로 1,000달러의 커미션을 얻었다. 그때부터는 거절당할 때마다 '100달러를 벌게 해 줘서 고맙다'라고 생각했다. 실패에 대한 프레임을 완전히 바꾼 것이다.[41] 그렇게 그는 보험 설계사로서 큰 성공을 거뒀고, 29세의 나이로 MDRT Million Dollar Round Table(생명보험 업계 내 고소득 설계사의 모임) 최연소 회원이 됐다. 이후 그는 교육 프로그램 설계 일을 시작했다.

1987년 내가 윌슨을 처음 만났을 때, 그는 이미 연쇄 창업가로 다양한 도전을 시도 중이었다. 그중 하나가 기업을 위한 팀 효율성 및 문화 혁신 프로그램 운영이었다. 거기에 나는 연구 책임자로 합류했다. 주로 한 일은 회의에서 그가 말한 내용을 제안서와 보고서에 싣도록 정리하는 것이었다.

당시 윌슨은 철학과 심리학 분야의 독서광으로 인간의 조건을 끊임없이 탐구했다. 또 해당 분야의 작가, 학자와 함께하는 시간을 즐겼다. 몰츠비를 초대해 뉴멕시코 페코스리버 콘퍼런스센터에서 '합리적 행동 치료법 RBT'[42]을 기업 교육 프로그램에 적용하는 방법에 대해 이야기를 나눈 것도 그 맥락에서였다.

센터가 한눈에 내려다보이는 넓은 발코니에서 나와 윌슨, 몰츠비는 커피를 마시며 오랜 시간 대화를 나눴다. 윌슨과 몰츠비는 친구임에도 성격이 정반대였다. 그야말로 연구 대상이었다. 윌슨은 밝고 표현력도 풍부한 스타일로 각종 아이디어와 가능성을 쉽게 받아들였다. 반대로 몰츠비는 신중하고 사려 깊으며 지극히 이성적이었다. 모든 각도에서 대상을 바라보며 그것이 가진 뉘앙스를 탐구하는 스타일이었다. 이렇게 극과 극의 조합은 내 연구에 실로 강력한 영향을 미쳤다. 두 사람 모두 '사고하는 방법을 배워서 어떻게 더 행복하고 성공적으로 살아갈 수 있는가?'라는 아이디어 탐구에 열정적이었기 때문이다.

몰츠비의 혁신적 아이디어는 '뇌가 건강한 사람', 그러니까 생물학적으로 큰 결함이나 부상이 없는 사람은 공식적인 치료 없이도 정서적 고통에서 스스로 벗어난다는 것이다. 그는 인지 행동 치료의 선구자인[43] 심리학자 앨버트 엘리스Albert Ellis의 제자였는데, 점차 자신만의 치료법을 발전시켜 나갔다. 그리고 그는 생각과 태도를 통제하는 법을 배우면 훨씬 더 행복하고 건강하게 살 수 있다고 믿었다. 이에 대한 그의 설명이다.

"시상과 편도체에 단단히 연결된 인간의 감정은 자극에 대한 자신의 평가로 활성화됩니다. 외부 자극이 아니죠. 그 평가는 피질에서 일어나고, 감정을 유발해 충동적 행동으로 이어집니다. 그러니까 중요한 건 사건 자체가 아니라 사건을 어떻게 생각하는지입니다."[44]

하지만 우리 대부분은 몰츠비가 정의한 '비합리적 신념'을 통해 생각한다. 사건이 우리의 감정을 유발한다는 생각이 매우 해롭다고 그는 지적한다. 그러한 생각이 자신을 피해자로 몰아가기 때문이다.

그리고 몰츠비는 모든 사람이 더 나은 정신 건강 치료를 받는 분위기를 위해 노력했다. 그러나 플로리다주 출신의 1932년 생 아프리카계 미국인 소년에게 정신과 의사라는 직업은 꿈조차 꾸기 힘든 목표였다. 활발한 저술 활동을 펼칠 미래의 모습도 상상하기 힘들었을 테다.

몰츠비의 아버지는 농장 나무에서 채취한 송진을 끓여 테레빈유를 뽑는 일을 했다. 어머니는 농장에 딸린 학교에서 초등학생을 가르쳤다. 자연히 어머니의 교실에서 자란 그는 일찍이 뛰어난 학생으로 두각을 나타냈다. 18세에는 앨라배마주의 유서 깊은 흑인계 인문 대학인 탈라데가대에 입학했다. 1953년에 졸업한 그는 케이스웨스턴리저브대 의학과에 장학생으로 들어갔다.

의대 졸업 후 개업의로 활동하던 몰츠비는 미국 공군에 입대해 4년간 복무했다. 그리고 전쟁을 겪으며 정신적 충격을 받은 환자와 그 가족의 이야기를 접하고 정신과를 선택했다.[45] 그럼에도 그는 자신의 인생에서 마주한 가장 큰 장벽[46]은 '억압적이고 엄격했던 인종 분리 정책과 그로 인해 겪었던 열등한 교육 경험'이라고 토로했다.

평생을 바쳐 흑인의 고통을 덜어 주기 위해 노력했던 몰츠비는 RBT가 자신의 목표를 이뤄 가는 데 특히 적합하다고 여겼다. RBT의 단기적 효율성과 장기적 효과는[47] 인종과 관계없이 대부분의 환자에게 큰 매력으로 다가왔기 때문이다.

몰츠비는 인간의 고통을 덜겠다는 일념, 우리는 누구나 도전을 감행할 수 있다는 생각으로 똘똘 뭉친 이상주의자였다. 그와 동시에 내가 만난 사람 중 가장 이성적이고, 데이터 기반으로 사고하는 사람이었다.

몰츠비에게서 내가 얻은 가장 중요한 교훈은 '멈춤의 기술'이었다. 더욱 건강하고 생산적인 반응을 위해 자동 반응에 도전하는 습관이다. 그는 2016년 세상을 떠나며 수많은 유산을 남겼다. 12권의 책과 함께 수십 편의 학술 논문, 평소 그가 멘토로 삼았던 의사와 과학자가 참여한 각종 클리닉, 연구소, 센터 간 네트워크다.[48] 또한 내게 남긴 선물은 생각을 바꾸는 방법을 배웠던 평범한 사람에 대해 들려준 이야기였다.

브리지 게임의 교훈

제프리Jeffrey는 똑똑한 데다 얼굴까지 잘생긴, 인기 많은 고등학교 풋볼 선수로 17세 초반에 많은 성공을 경험했다. 학업과 운동에서 훌륭한 성과를 보인 것은 물론 사회성도 좋았다. 교사와 친구는 물론 그 자신도 뭐든 잘할 거라고 기대하기 시작했다.[49]

그러던 겨울방학 어느 날, 추워서 외부 활동이 어려워지자 친구 셋이 제프리에게 브리지 게임을 배워 보자고 했다. 2대 2로 진행하는 카드 게임인 브리지는 초보자에겐 꽤나 어려운 종목이다.

사실 제프리는 브리지 게임에 큰 흥미가 없었지만, 친구와 함께하니 즐거울 것이라 생각했다. 하지만 그는 곧 게임을 하면서 비참한 기분이 드는 자신을 발견하고 말았다. 실수할 때마다 그는 좌절하고 화를 냈다. 다행인 건 자신의 '어리석음'에 화를 냈을 뿐, 친구나 게임을 탓한 건 아니었다. 그의 좌절감은 커져만 갔고, 친구들까지 게임으로 즐거움을 얻지 못했다. 세 번째 판이 끝나자 그는 게임을 그만두기로 했다.

그런데 마침 학교에서 몰츠비의 강의 프로그램이 있었고, 제프리는 곧바로 등록했다. 브리지 게임에서의 경험과 프로그램 주제가 꽤 밀접히 연관돼 보였기 때문이다. 흥미를 느낀 그는 해당 주제를 더 깊이 알고 싶어졌다. 이후 그는 프로그램 내용을 자신에게 하나하나 적용하기 시작했다.

몰츠비의 신념 분리에 매료된 제프리는 처음부터 브리지 게임을 잘해야 한다고 여겼던 생각이 비합리적 신념이었음을 깨달았다. 객관적 현실에 근거하지 않은 생각이었다. 그 실수는 어리석어서가 아니라 경험이 부족했던 탓이었다. 새로운 것, 특히 어려운 것을 배우는 데 실수는 필요한 부분임도 확인했다.

그리고 제프리는 브리지 게임에 다시 도전했다. 물론 초보자로서 계속 실수했지만, 더는 예전처럼 자책하지 않았다. 실수 덕분에 오히려 게임을 더 쉽게 배웠다. 몰츠비는 고통스럽고 부정적 감정에 휩싸이면, 실패가 주는 교훈을 진단하고 기억하는 능력이 떨어진다고 지적한 바 있다.

부정적 감정을 크게 줄이고, 실수에 좀 더 신중하게 접근하자 제프리의 브리지 게임 실력도 좋아지기 시작했다. 얼마 지나지 않아 그는 여느 친구만큼 게임을 잘할 수 있었다. 여기서 더 중요한 것은 친구도 그와 게임하는 시간을 즐길 수 있었다는 점이다.

물론 자신의 생각이 비합리적이라는 것을 깨달았다 해서 제 프리의 문제가 바로 해결된 건 아니다. 모든 좌절과 분노가 사라져, 한순간에 평온하고 사려 깊은 모습까지는 이르지 못했다. 적시에 자신을 파악함으로써, 실수할 때 자동으로 따라오는 부정적 감정을 멈추고 감정의 방향을 바꾸는 일을 반복해야 했다. 그렇게 그는 고통스러운 감정이 발동하기 전에 이를 포착하고 바로잡을 수 있었다. 심지어 '새로운 시도에서의 실패가 어리석음을 뜻한다'는 생각에 대해서는 웃어넘기는 수준에 이르렀다.

제프리의 사례는 여느 고등학생의 성공담과 다르지 않다. 모든 면에서 뛰어난 경우, 새로운 장벽에 부딪히면 외부 요인을 탓하거나 새로운 도전 자체를 포기하며 발전을 포기하는 경우가 매우 많다.

내가 강의하는 하버드대에서도 전교 1등에 익숙했던 학생이 입학 후 학업에 어려움을 겪는 경우가 실제로도 많다. 강의 난도보다 자신의 역량 부족에 대한 과도한 생각이 학업을 어렵게 만드는 것이다.

멈춤, 도전 그리고 선택

윌슨은 간단하게 질문한다.

"당신은 게임을 **이기려고** 하나요? 아니면 지지 않으려고 하나요?"[50]

이기려고 게임을 한다면, 도전적 목표와 만족스러운 관계를 추구하기 위해 기꺼이 위험을 감수하겠다는 뜻이다. 하지만 우리 대부분에 해당하는, 지지 않으려 게임을 한다는 것은 실패를 피하겠다는 뜻이다.

윌슨은 이기려 하는 게임은 큰 발전과 기쁨을 가져다주지만, 여기엔 항상 좌절이 따라옴을 지적한다. 지지 않으려 하는 게임은 통제 가능한 상황에 머물러 안전하게 있겠다는 뜻이다. 그는 이런 결정이 본질상 인지적임을 설명한다. 하지만 이기기 위한 게임을 하기로 생각을 바꾸고, 마음을 먹는다면 얼마든지 변화의 길로 나갈 수 있다는 게 그의 설명이다.

윌슨은 몰츠비의 합리적인 자기 상담 과정을 '멈춤, 도전 그리고 선택'이라고 명료히 정리했다. **멈춤**은 말 그대로 잠시 중단이다. 자동으로 떠오르는 쓸데없는 생각에 도전하는 시간이다. 멈춤 후 자신의 생각이 합리적인지, **도전**에 도움이 되는지에 대한 대답이 "아니요"라면, 즉 목표 달성에 더 효과적인 반응을 **선택**하면 된다. 참고로 선택은 옳고 그름의 문제가 아니다. 무엇이 도움이 되는지에 관한 것이다. '도표 9'는 세 가지 인지 습관 각각을 구체적으로 설명한다.

이 일련의 과정은 어떻게 작동할까? 제프리의 경우를 보자. 브리지 게임을 그만둬야겠다고 생각이 들었을 때 일단 **멈추고** 그만두고 싶은 이유를 자문했다. 답은 명확했다. 자신이 멍청하다고 느꼈기 때문이다. 그런 생각에 **도전**하니, 처음부터 잘해야 할 이유가 없다는 걸 깨달았다. 실제로 브리지 게임은 연습이 필요했다. 게임을 익히는 데 실수는 필수다. 그렇게 계속 브리지

도표 9 몰츠비의 '멈춤, 도전 그리고 선택'[52]

습관	의미	방법	유용한 질문
멈춤	특정 상황으로 인해 자동으로 일어나는 감정과 생각을 멈추고, 그 방향을 전환	심호흡 후 생각을 점검하면서 그 생각이 합리적인지, 도전에 도움이 되는지를 고려	• 지금 어떤 일이 일어나는가? • 큰 그림은 무엇인가? • 그 상황 직전의 기분은 어땠는가?
도전	자동으로 일어나는 감정과 생각이 목표 달성에 유용한지 평가	떠오르는 생각을 말로 옮기면서 어떤 생각이 객관적으로 현실을 반영하는지, 건강과 효율성 증진에 도움이 되는지, 생산적 반응을 끌어낼 가능성이 큰지를 스스로 질문. 이를 통해 대안을 찾음(미래 지향적 태도로 나쁜 감정을 회복하는 데 도움이 되는 방식으로 상황 리프레임)	• 지금 기분의 원인이라고 생각하는 것은 무엇인가? • 내 해석을 뒷받침하거나 부정하는 객관적 데이터가 있다면 무엇인가? • 상황에 대한 다른 해석으로 무엇이 가능한가? • 상황 해석이 장기적 이익에 부합하는가?
선택	목표 달성에 도움이 되도록 말하거나 행동	리프레임 후 그에 따른 방식으로 대응 및 행동	• 내가 진정으로 원하는 것이 무엇인가? • 목표 달성을 위해 무엇을 해야 하는가?

게임을 하겠다고 **선택**해, 불가피한 실수로부터 게임을 배우고 즐길 수 있었다.

이런 연습은 멜라니Melanie에게도 도움이 됐다. 은퇴 생활을 즐기던 그의 아버지가 뇌졸중으로 갑자기 거동할 수 없게 됐다. 큰 충격을 받은 아버지는 성격과 인지 능력이 그대로였지만, 휠체어 생활을 해야 했기에 24시간 돌봄이 필요했다. 이후 몇 달간 그는 아버지의 생활을 개선하기 위해 모든 걸 다했다. 병원 진료에 동행하며, 간병인도 고용했다. 아버지가 좋아하는 식사를 준비하며 매일같이 방문하거나 전화를 걸었다. 아버지 친구들을 초대했고, 아버지가 좋아할 만한 오디오북과 영화도 검색했다. 각종 세금과 공과금을 대신 납부한 것은 물론 이따금 선물도 준비했다.

하지만 멜라니가 아무리 애를 써도 충분하지 않았다. 그의 아버지는 여전히 슬픔에서 벗어나지 못했다. 자신의 삶이 얼마나 제한돼 버렸는지를 항상 불평했다. 6개월 정도 지나자 그도 너무나 지쳤음을 깨달았다. 아버지의 삶에 너무 얽매이다 보니 자신의 일과 가족마저 소홀히 했기 때문이다. 삶의 변화가 절실했다.

멜라니도 잠시 **멈추고** 자신이 지금 무엇을 하는지 생각했다. 그렇게 한발 물러났다. 친구와 오랜 시간 산책하면서 자신을 짓누르는 무게와 걱정에 대해 이야기하기도 했다. 그렇게 내린 결론은, 지금처럼 자신의 삶이 힘들어질 뿐만 아니라 아버지를 계속 도울 만큼 건강을 유지하기도 힘들다는 것이었다.

친구의 도움으로 멜라니는 자신의 상황에 대한 리프레임에 **도전**했다. 앞으로 얼마나 더 해야 하는지가 아니라, 지금까지 얼마나 더 했는지로 말이다. 먼저, 그는 아버지가 안전하게 잘 지내는지, 제대로 보살핌을 받는지 늘 확인했었다. 하지만 그렇게 계속 노력한들 아버지가 과거의 능력을 되찾을 순 없었다. 아버지의 장애를 이젠 받아들여야 했다.

이제 멜라니는 아버지를 돕되 자신의 삶도 제대로 살기로 **선택**했다. 병원 진료는 동행하되 본가에는 일주일에 한두 번만 갔다. 요리 횟수를 줄이고, 남매 사이에 책임을 분담했다. 그렇게 타지에 사는 여동생이 아버지를 돌봤고, 세금과 공과금 납부는 오빠가 맡았다. 그제야 그는 휴가를 즐길 수 있었다. 자신의 필요와 남이 원하는 것의 균형을 맞추는 법을 배운 건 덤이다.

'멈춤, 도전 그리고 선택'의 힘은 단순함에 있다. 리프레임에 도움이 되는 이 프레임워크는 내가 아지리스와 함께 기업을 연구하며 얻은 혜안[51]과도 들어맞는다. 그 혜안이란 인간의 근본적 한계로 "이미 알면 배우기 어렵다"라는 한 문장이다.

안타깝게도 우리는 마치 모든 걸 아는 것처럼 느끼도록 타고났다. 편견이나 배경, 전문 지식으로 걸러진 현실을 보면서도, 그것이 진짜라고 인식한다. 제프리나 멜라니처럼 학습을 통해 이런 습관적 인식을 버린다면, 삶에 다시 호기심이 생길 것이다.

학습을 선택하기

자신의 눈과 생각이 현실과 다를 수 있음을 인정할 만큼 겸손하다면, 나쁜 상황에 새로이 접근할 준비가 된 것이다. 제프리는 모든 일이 곧바로 성공할 수 없음을 깨달았다. 멜라니는 자신의 손해와 한계를 받아들였다.

자신의 예측을 과신했던 달리오가 '자신이 옳다'에서 '자신이 옳다는 걸 **어떻게 알 수 있을까?**'[53] 라는 질문으로 리프레임한 과정을 떠올려 보자. 이 새로운 사고방식은 배움으로 가능했다.

그는 자신과 의견이 다른 이를 찾아 그 논리를 이해하려 했고,[54] 의견을 내야 할 때와 내지 말아야 할 때를 구분하는 눈을 가졌다. 멜라니가 자신이 아버지를 '구할' 수 있다는 현실 인식을 버려야 했던 것처럼, 달리오도 자신의 두뇌 속 현실 인식을 버리고 남으로부터 배워야 했다. 그 결과 성공적으로 기업을 재건했다.

아지리스는 이들의 현실 인식을 '사용 중 이론'이라 명명했다. 즉, 기존의 현실 인식은 자아를 보호하지만 (특히 남과의 어려운 대화에서) 실질적인 효과를 발휘하는 데 방해가 된다. 이 맥락에서 달리오는 생각을 바꾸는 법을 배운 셈이다. 이에 대해 그는 이렇게 말했다.

"나는 단지 옳고 싶을 뿐입니다. 정답은 누구에게서 나오든지 상관없어요."[55]

코헨이 자신의 옳음보다 환자의 안정에 집중하기로 결단한 것처럼, 달리오는 아집에서 벗어남으로써 이전보다 효과적 결정을 내릴 수 있었다.

아지리스는 우리가 학습 지향적이고 효과적인, 기쁨이 넘쳐 나는 상태로 살기 위해 꼭 배워야 하는 것으로 인지 과정을 꼽았다. 즉, 우리에게 일어나는 일과 대응 방식 사이의 연결 고리를 끊어야 할 때가 있음을 깨달아야만 삶에 기쁨이 찾아온다. 리프레임이 중요한 이유다. "상황에 대한 반응에 성장과 자유가 좌우된다"[56] 라는 프랭클의 말처럼.

몰츠비와 아질리스는 삶의 고통과 낭비를 줄이고자 사람의 학습과 성장을 돕는 데 진지하고 열정적으로 노력했다. 또한 이를 드러내지 않은 채 이성적 태도로 일관했다는 공통점도 있다. 뛰어난 실력에도 늘 연구에 헌신적이었던 이들은 학교에서 배울 수 없는 학습과 성장을 누구나 할 수 있음을 알았다. 내게도 실패의 가능성을 열어 준 이들이다.

앎에 머무르기보다 배우는 것을 선택하면 지혜와 평정심이 생긴다. 그로 인해 현명해지고, 배려하며, 존중하고, 기꺼이 도전하며 (특히 자기 자신에게) 더 큰 성취감을 맛보도록 한다.

그간 몰츠비와 윌슨에게서 배운 것이 내 생각과 연구에 얼마나 큰 영향을 미쳤는지 생각해 보면 그저 고마울 따름이다. 그들은 습관적인 사고 패턴을 바꾸는 법을 배우면 성공과 행복의 열쇠가 된다고 믿었다. 이는 내가 대학원에 진학한 배경이 되기도 했다. 내가 내린 결론도 마찬가지다. 앎에 머무르지 말고 배우기를 선택하자고.

이제, 고통과 당혹감을 유발하는 자동적인 생각을 잠시 멈춰 보자. 생각의 리프레임을 통해 앎에 머무르지 말고 배우자. 놓쳤던 것을 바라봄으로써 열정과 기쁨을 회복하자. 리프레임의 핵심은 머릿속 생각을 소리 내어 표현할 때 쓰는 단어에 있다. 다음 질문에 답해 보자.

"나는 실패했는가? 아니면 새로운 것을 발견했는가?"

"더 잘했어야 하는데 그렇게 못해 자신이 형편없다고 생각하는가? 아니면 상황을 받아들이고 그로부터 최대한 많은 것을 배울 것이라 생각하는가?"

"새로운 경험에서 오는 불편함을 감수할 것인가?"

"실패하는 내 모습을 받아들일 것인가?"

"실패로부터의 배울 것인가?"

가장 큰 적은 바로 자신이다. 모든 실패를 피하려는, 자신의 왜곡되고 비현실적인 기대가 적이다. 옳은 실패는 '자기 인식'에서 시작된다. 우리가 개발해야 할 세 가지 역량 중 가장 먼저 개발해야 할 중요한 역량이다. 나머지 두 가지 역량인 상황인식과 시스템 인식은 자신에게 계속 학습할 권한을 부여할 때만 개발할 수 있다. 이 둘은 다음 장에서 순서대로 살펴보겠다.

6장

상황 인식: 실패의 맥락 파악하는 법

바람의 방향을 바꿀 수 없어도
돛은 조정할 수 있다.[1]

돌리 파튼

지금 당신은 가로 2미터, 세로 3미터의 체크 무늬 카펫 앞에 있다. 체크 무늬는 가로 6개, 세로 9개다. 각 무늬를 밟으면 삐 소리가 날 수도, 안 날 수도 있다. 이제 당신은 20분 안에 삐 소리를 듣지 않고 카펫을 건너가야 한다. 20분보다 빠르게 건너간다면 보너스 점수를 받는다. 다만 어떠한 힌트도 없다. 무늬를 밟아 가며 삐 소리가 나는지 확인해야 한다.

지금까지 설명한 게임은 버클리대 학위를 2개나 소지한 전기공학자 보이드 왓킨스Boyd Watkins가 30년 전에 고안한 '전기미로'[2]다. 강의 때는 규칙이 몇 가지 추가되는데, 팀으로 진행하며 한 번에 한 사람만 무늬를 밟을 수 있다. 여기서 삐 소리가 들리면 다음 사람이 무늬를 밟는다. 여기서 또 삐 소리가 울리면, 그 팀은 카펫의 첫 번째 줄에서 무늬를 다시 밟아야 한다. 나 같은 경우, 게임 시작 전에 '작전타임'을 몇 분 준다. 하지만 게임 도중에는 손짓만 해야 한다. 즉, 팀원이 각자 무늬를 손으로 가리켜 경로를 찾아야 한다.

사실 전기미로는 두뇌 싸움이 아니다. 전문적 지식도 필요 없다. 그저 무늬를 밟아 삐 소리가 나는지 확인하고, 어떤 무늬가 삐 소리를 내는지 기억만 하면 된다. 누구도 경로를 모르기에 삐 소리를 듣지 않고 한 번에 건너갈 수 없다.

그런데 막상 게임을 해 보면 재미있는 상황이 벌어진다. 첫 번째 팀원이 운 좋게도 삐 소리가 안 나는 무늬를 밟았다. 그런데 막상 다음 발걸음에서 망설인다. 한쪽 발을 어디에 둘지 몰라 두리번거린다. 하지만 이 게임은 제한 시간이 있다. 이해는 되지만, 한 발을 공중에 띄운 채로 시간을 끄는 건 현명하지 않다. 반대 상황으로, 첫 번째 팀원이 삐 소리가 나는 무늬를 밟으면 어떨까? 팀의 탄식 소리가 들린다. 삐 소리가 울리지 않으면 환호성이 들릴 테다.

아이러니하게도 나머지 팀원의 반응을 상상하는 과정은 행동을 더욱 망설이게 만들고, 다음 팀원도 역시 발을 빠르게 내딛지 못한다. 그간 내 경험상, 대부분이 20분 내로 카펫을 건너가는 데 실패한다. 게임이 끝난 후, 실패 원인을 이해시키기 위해 나는 이런 질문을 던진다.

"카펫 위에서 내딛기를 주저할 때 무슨 생각을 했죠?"

그럼 대답은 늘 똑같다.

"실수하기 싫었어요."

조금 더 구체적으로 말해 보라 했으면?

"소리가 안 나는 무늬 대신에 소리가 나는 무늬를 밟아 당황했어요."

자, 이쯤 되면 당신은 삐 소리를 낸 것이 실수가 아님을 분명히 알 것이다. 삐 소리는 실수의 결과가 아니라 경로에 대한 정보일 뿐이다. 지극히 올바른 실패다. 정답을 모르는 영역(삐 소리가 난 무늬든, 최악이었던 데이트든)에서 그것은 실수가 아니다(실수는 피할 방법을 이미 알 때만 발생한다는 점을 기억하자).

전기미로에서 성공하는 방법은 삐 소리가 나는 무늬에 대한 정보를 최대한 빨리 모으는 것이다. 이론적으로는 삐 소리가 나든 안 나든 무늬를 밟은 모든 팀원에게 박수를 보내야 한다. 삐 소리가 났다 해도 하나의 정보이기 때문이다. 하지만 우리는 삐 소리를 듣는 순간 이를 교훈적 실패가 아니라 실수로 받아들인다. 그리고 실수가 주는 당혹감은 주변 반응으로 더욱 증폭된다. 실패의 맥락에 대한 이해가 부족하기 때문이다.

전기미로에서 들리는 삐 소리는 옳은 실패다. 지금부터는 삐 소리를 '미래 지향적 신호음'이라고 하겠다. 익숙하지 않은 상황에서 발생하는 실수라는 뜻이다. 미래 지향적 신호음을 내는 무늬를 밟지 않으면 카펫을 건너갈 수 없듯이, 새로운 상황에 직면할 때도 전기미로의 게임처럼 임해야 한다. 다만 미래 지향적 신호음을 듣고 당황하거나 불안해하지 말고, 수치심을 느끼면 안 된다.

전기미로에서 미래 지향적 신호음을 울리는 무늬를 최대한 빨리 찾고자 팀원 모두가 '주저하지 않고' 한 발씩 나아간다면 결과는 어떨까? 대부분 7분 이내에 성공한다. 20분을 넘겼다면 **맥락을 잘못 해석**했기 때문이다. 그러나 우리는 미래 지향적 신호음에 무척 감정적으로 반응한다. 마치 공략 방법이 있는 게임을 하는 것처럼. 전기미로를 처음부터 완벽히 맞혀야 하는 시험으로 인식하는 셈이다.

미시간대 심리학 교수 피오나 리Fiona Lee는 나와 함께 전기미로를 심리학 실험에 적용해 봤다. '실행 지향성(실수를 피하고 옳음을 강조)'과 '학습 지향성(실험과 학습을 강조)'의 차이를 확인하고자, 무작위로 두 팀을 가른 다음 각각 리더를 배치했다(팀 리더는 연구 조교로 신상을 공개하지 않았다). 실험 결과, 학습 지향성 팀이 실행 지향성 팀보다 성과가 좋았다.[3] 리더의 지침이 게임의 맥락과 일치했고, 성공에 꼭 필요한 실험도 수월하게 진행됐다. 반대로 실행 지향성 팀은 과제의 맥락이 충돌해 진행이 쉽지 않았다.

우리는 미로 앞에서 올바른 길을 찾으려고만 한다. 우리는 늘 전기미로처럼 불확실성과 마주치며, 이는 위험일 수도 있지만 발견의 기회이기도 하다. 삶에서 중요한 순간이든 그렇지 않든, 일단 멈춰 맥락을 파악하는 루틴은 큰 도움이 된다. 실제로 우리가 겪는 수많은 실패는 맥락 파악을 못하기 때문에 발생한다. 실패는 전기미로의 미래 지향적 신호음일 뿐이지만 필요 이상으로 우리는 이를 고통스레 여긴다. 전기미로의 목표가 여기 있다. 우리의 혁신을 가로막는 심리적 장벽을 보게 하자는 것이다. 미래 지향적 신호음 없이는 혁신도 없다.

이번 장의 목표는 맥락을 파악하기 위한 새로운 사고방식을 제안해, 특정 실패를 예방하고 교훈적 실패가 가져오는 감정적 부담을 덜어 내는 것이다. 먼저, 옳은 실패를 하려면 '불확실성 정도(상황이 얼마나 많이 알려졌는지)', '위험 정도(무엇이 위태로운지)'의 두 맥락을 인식해야 한다.

예를 들어, 전기미로의 실패는 위험 정도가 낮다. 우주왕복선을 궤도에 진입시키는 일이라면 위험 정도가 매우 높다. 다만 이러한 정도 평가는 주관적임을 알아 두자. 실제로 자신에게 엄청난 위험이 남에게는 별것 아닌 경우가 매우 많지 않은가. 다만 그 평가가 주관적이든 아니든, 상황의 불확실성 정도와 위험 정도는 모두 맥락 파악에 반영해야 한다.

실패의 세 가지 맥락

'당신은 오늘도 실패할까?'

당신이 처한 상황에 따라 그 답은 달라진다. 좀 더 정확히 말하면, 불확실성 정도에 따라 답이 달라진다. 실패가 얼마나 **중요**한지에 따라서도 달라진다. 안전을 위협할 정도라면, 재정이나 평판에 심각한 피해가 갈 수 있다면 말이다.

여기서는 맥락에 대한 **인식 부족**이 피할 수 있는 실패 혹은 불필요한 불안으로 어떻게 이어지는지 살펴볼 것이다. 맥락을 **제대로 인식**한다면, 위험 정도에 따라 시간과 자원을 절약하는 게 가능하다. '멈춤, 도전 그리고 선택'의 과정과 어느 정도 통한다. 올바른 맥락 파악을 통해 상황을 적절히 평가함으로써, 자동으로 떠오르는 (나쁜) 생각에 도전하고, 올바른 마음가짐을 선택하는 것이다.

맥락 파악부터 올바른 마음가짐 선택까지의 과정을 습관화한다면, 다양한 상황에서 좀 더 효과적으로 대처할 뿐 아니라 불필요한 불안으로 생기는 감정적 피해를 줄일 수 있다. 좀 더 구체적으로는, 위험이 없는 곳에서 위험을 보지 않고, 위험이 있는 곳에서 경계를 늦추지 않는 등의 유연한 대응이 가능해진다.

앞에서 이야기했듯, 맥락은 불확실성 정도로 형성된다. 그 스펙트럼의 한쪽 끝에는 요리처럼 매뉴얼이 주어지는 일(일관적 맥락)이 있다. 그 반대쪽에는 소설 쓰기처럼 정답이 없는 일(새로운 맥락)이 있다.

요리는 계량부터 익히는 시간, 조리 순서가 정확하게 존재하기에 실패할 가능성이 낮다. 하지만 당신이 소설을 써야 하는 경우를 생각해 보라. 무한한 가능성이 존재하되 전기미로의 미래 지향적 신호음이 당신을 기다린다. 무슨 문장부터 써야 할지 확신도 안 서고, 그 결과물이 잘되리란 보장도 없다. 당연히 요리와 소설 쓰기 사이에는 엄청나게 다양한 맥락이 존재한다.

먼저, 일관적 맥락은 상대적으로 확실하다. 절차적 지식이 잘 발달하고 이를 실행한다면 실패 확률이 낮다. 반면, 새로운 맥락의 경우 절차적 지식은 '없음과 불완전함' 사이 어딘가에 존재한다. 소설을 쓰거나, 전에 없던 제품을 디자인하거나, 전기미로처럼 말이다. 새로운 맥락에서는 거의 실패가 따라온다. 그러니까 실패했다고 고통스러워할 필요가 없다. 실패는 분명히 귀중한 정보를 제공하며, 맥락을 바르게 인식하게 만든다.

　회사 업무로 생각해 봐도 이해된다. 제품 생산이나 품질 검사 등의 반복 작업에서부터 R&D까지 회사 업무에는 다양한 맥락이 존재한다.[4] 다만, 절차적 지식이 있되 상황에 따라 지식을 지속적으로 바꿔야 하는 맥락도 존재한다. 병원이 대표적인 예다. 치료가 어려운 환자가 몰리는 날이 있는가 하면, 비교적 가벼운 부상을 입는 환자만 올 때도 있다.

　우리 일상도 병원과 같다. 항상 **일관적·가변적·새로운** 맥락과 마주하기 때문이다. 여기서 우리는 그 맥락을 확실히 구분하는 것보다 불확실성 자체에 집중하는 게 좋다.

일관적 맥락: 눈 감고도 할 수 있다고?

최근 콜밴에 아이가 혼자 남겨진 뉴스가 보도됐다. 한 가족이 공항에서 콜밴을 타고 집으로 돌아갔는데, 부모가 자녀 중 하나를 두고 내린 것이다. 콜밴이 떠난 후에야 부모는 그 사실을 알았고, 아이는 다행히 몇 시간 후 무사히 발견됐다. 마을 외곽 주차장에 주차된 콜밴 맨 안쪽에서 곤히 잠을 자던 상태였다.

　나는 이 실수가 어떻게 일어났을지 그 부모 관점에서 상상해 봤다. 밤이 깊었고, 긴 여행을 마친 뒤라 모두가 피곤했을 테다. 자녀를 돌보고 짐을 챙기면서 집 열쇠도 찾아야 했을 것이

다. 이렇게 복잡한 상황에서 부모는 서로가 아이를 챙겼겠거니 지레짐작했을 수 있다.[5]

이 뉴스는 우리가 가변적 맥락을 얼마나 경시하는지 잘 보여 준다. 공항에서 집까지 가는 길은 루틴에 가까워 크게 주의할 필요가 없어 보인다. 하지만 여러 여행 가방, 자녀, 늦은 시간이라는 맥락이 실패에 작용했다. 집까지 가는 길이 완벽히 예측 가능하지 않고, 어느 정도 변수가 있었다면 부모는 더 주의를 기울였을 것이다.

콜밴 기사 또한 교대 근무가 끝나고 퇴근하는 루틴에서 온전히 주의를 기울이지 않았다. 하필 그날은 퇴근 전 콜밴에 아무도 타지 않았는지 확인하는 것을 빼먹었다. 가변적 맥락에서 예방 가능한 복합적 실패에는 부모와 콜밴 기사 모두가 원인을 제공했다.

이러한 루틴이 바로 **일관적 맥락**의 특징이다. 매일 똑같은 출근길, 설거지가 끝난 그릇을 놓는 자신만의 방식 등도 루틴이다. 특정 시간에 공원 조깅을 정기적으로 할 수도 있다. 요리할 때 꼭 누군가의 레시피만 쓸 때도 있다. 무엇을 어떻게 해야 할지에 대한 압박이 상대적으로 덜하다.

일관적 맥락은 원하는 결과를 얻을 수 있는가에 대해 불안감을 주지 않는다. 이런 상황에서 우리는 대개 "할 수 있다"라고 말할 수 있다. 원하는 결과를 얻으면 만족감과 안도감이 느껴진다. 문제는 가변적 맥락과 새로운 맥락의 상황을 일관적 맥락으로 착각할 때다. 아이를 콜밴에 두고 내린 부모처럼.

나도 사람이다 보니 맥락을 착각할 때가 있다. 하버드대 경영대학원 신학기 때, 전년도에도 사례연구 강의를 한 나머지 실수를 저지르곤 했다. 학기가 바뀌면 새로운 학생을 만난다. 전에 만난 학생과는 다른 경험과 기대치를 가진 이들이다. 게다가 시간이 흘러 사회적 변화도 있을 테니, 아무리 같은 사례연구 강의라도 전년도와는 달라야 한다. 실제로 좋은 강의를 하기 위해서는 주변 미묘한 차이에 주의를 기울여야 한다.

실제로 일상에서 일관되고 예측 가능한 맥락은 많지 않다. 하지만 우리는 일관적 맥락이 많은 것처럼 행동할 때가 많다. 실제로 더 많이 "눈 감고도 할 수 있다"라는 말을 하지 않는가?

가변적 맥락: 익숙한 것도 새로운 것도 아닌

가변적 맥락은 우리를 계속 긴장하게 만든다. 테니스 경기를 상상해 보라. 매 경기 시 상대 선수는 물론 복식 파트너까지 바뀌는 경우가 있지만, 숙련된 선수라면 집중력을 발휘하며 반전에 반전을 거듭하는 경기를 이끌 것이다.

업무 자체가 가변적 맥락에 속할 수도 있다. 앞에서 말한 의사나 변호사처럼 수시로 마주하는 각기 다른 상황에서 전문 지식을 활용하고, 시간대별로 각기 다른 프로젝트에서 팀을 이뤄 일하는 경우도 있다. 가변적 맥락에서는 기존 지식이나 전문성을 각 상황에 맞게 적용으로써 매 순간 발생하는 일에 대응해야 한다. 일관적 맥락보다 불확실성이 높지만, 그만큼 상황 탐색력을 키울 수 있다.

현대사회는 매우 복잡해 마주치는 대부분 상황이 가변적 맥락을 가진다. 따라서 우리는 어느 정도 매사에 주의를 기울여야 한다. 일관적 맥락으로 보여도 생각보다 훨씬 불확실할 수 있다. 일관적 맥락의 대표적 예인 요리도 그렇다. 애플파이를 수없이 구워 봤어도 다른 집 주방에서 만들어야 한다면? 제대로 구울지 장담할 수 없다. 하다못해 벽에 액자를 거는 일도 가변적 맥락일 수 있다(망치 자루가 빠지거나, 유난히 그 벽이 튼튼하거나).

새로운 맥락: 지금까지 이런 상황은 없었다

앞에서 본 혁신의 대명사 아이데오에서처럼, 우리 삶에서도 **새로운 맥락**은 결과를 보장하진 않아도 매력적인 가능성을 제시한다. 새로운 맥락에서 성공하려면 당연히 새로운 것을 시도해야 한다. 처음부터 쉽고 완벽하게 성공할 순 없다.

예를 들어 보자. 많이 다뤄 보지 않은 식재료로 음식을 만들어 보고 싶다. 그동안 요리에 익숙하니 재료의 조화와 조리에는 문제가 없겠다 여길 수 있다. 하지만 직접 해 봐야 안다. 처음으로 집을 살 때도 마찬가지다. 그간 가지 않았던 지역을 둘러보고, 대출 조건 등 다양한 정보를 인터넷으로 찾아봐야 한다. 이성 간 첫 데이트, 스쿠버다이빙 배우기 등도 새로운 맥락이다.

삶에서 새로운 상황에 도전하지 않으면 새로운 시도나 도전이 줄어들고 정체된다. 과학에서처럼 우리도 새로운 영역에 도전하고, 그에 따른 실패도 기꺼이 받아들여야 한다. 실패를 피할 순 없으니 실패를 통한 배움의 기회 자체를 더욱 환영해야 한다. 새로 시도한 음식이 끔찍한 맛일 수도 있고, 더 높은 입찰가를 제시한 사람 때문에 원하던 집을 못 살 수도 있다. 이성과의 첫 만남이 최악일 수도 있다. 감수할 만한 가치가 있는, 비교적 위험이 낮은 사례가 대부분이다. 아무리 최악의 상황이라 생각이 들어도, 막상 닥치면 대부분 극복 가능하다.

진짜 위험을 찾는 두 가지 방법

상황 인식을 연습할 때 두 번째로 고려해야 할 것은 위험 정도다. 내 경험으로 봤을 때, 위험 정도가 낮은 실패는 기꺼이 받아들이고, 위험 정도가 높은 실패는 예방 조치를 취하는 게 답이다. 상황은 불확실성과 잠재적 결과의 조합으로 정의된다. 평판 또는 신체적·재정적 위험이 예상될 경우 위험 정도가 높다. '도표 10'에는 세 가지 범주에 대한 고위험 및 저위험 사례가 기록됐다.

식기세척기에서 그릇을 꺼내 쌓는 일, 익숙한 메뉴 요리하기, 전기미로 모두 **위험 정도 낮음** 상황이다. 즉, 이들 일은 실패한다 해도 심각한 결과를 초래할 가능성이 낮다. 그릇을 쌓다 깨트리더라도 다음엔 좀 더 주의해야겠다고 다짐하면 그만이다. 요리를 망쳤다면 '다음엔 이렇게 해야지'라는 태도로 가볍게 넘어가는 게 낫다.

미국 내 프랑스 요리 대중화에 앞장선 선구적인 요리사 줄

도표 10 '위험 정도'에 대한 범주

	위험 정도 낮음	위험 정도 높음
평판의 위험	친밀감이 덜한 이와의 논쟁	준비 및 자격이 부족한 상태에서의 외부 활동
신체적 위험	가벼운 부상 위험이 있는 활동	생사의 위협이 있는 활동
재정적 위험	사전 정보 없는 영화 선택	고위험 고수익 상품 투자

리아 차일드Julia Child 는 1960년대 요리 프로그램에서 자신의 실수를 유쾌하게 넘기는 것으로 유명했다. 공중으로 멋지게 들어 올린 팬케이크가 팬이 아니라 도마에 떨어지면 그는 천연덕스럽게 말했다.

"이런 일이 생기면 아무도 몰래 팬에 다시 넣음 돼요. 본 사람 아무도 없잖아요?[6] 언제나 생각하세요. 주방에는 오직 나 혼자라고!"

이렇게 천연덕스럽게 실패를 넘기는 차일드의 모습은 다른 요리사에게도 공감을 불러일으켰고, 시청자에게는 어렵거나 새로운 요리에도 도전해 봐야겠다는 자신감을 불어넣어 줬다.

모험을 즐길 것

차일드 같은 이들은 새로운 맥락 속 위험 정도 낮음의 상황을 잘 활용했다. 여기서 최선의 상황은 '새로운 것을 발견한 정도'다. 최악의 상황은? 전기미로의 미래 지향적 신호음이 전부다.

전기미로의 핵심은 **위험이 낮을 때 즐겁게 모험하라**는 것이다. 위험 정도 낮음의 상황에서 실패에 대한 경험을 잘 쌓으면 쓸데없는 완벽주의를 막아 준다.

그렇다면 위험 정도는 어떻게 알 수 있을까? 상황에 맞닥 트리면 잠시 멈추고 파악하는 '재인식'의 시간을 가지면 된다. 우리가 불확실성을 대수롭지 않게 보듯이 위험 정도에 '엄살'을 부리기도 함을 잊어선 안 된다. 방송 프로그램에 출연하는 것이 대부분에겐 큰 부담과 위험으로 다가올 수 있다. 하지만 차일드 는 그렇지 않았다! 실수로 떨어트린 팬케이크나 닭고기 때문에 창피해하지 않았다. 그저 부끄럽게 여길 가치도 없는 위험 낮음 의 실패로 인식했다.

일상 속 위험 정도, 특정 활동 때 발생할 수 있는 위험을 재 인식하는 습관을 들이면, 삶을 개선하는 데 매우 중요한 역량이 된다. 우리 삶에는 경계심이 필요한 상황이 많지만, 그렇지 않은 상황도 분명 있다. 요리, 에세이 쓰기, 제2외국어 배우기처럼 중 요하되 위험 정도가 낮은 일은 좀 더 유쾌하고 가벼운 마음으로 임할 수 있다.

경계심은 키우지 말고 조절할 것

하지만 위험 정도가 높은, 즉 안전 관련 위험이 큰 상황이라면 실험 및 실행을 모두 신중하게 해야 한다. '도표 10'에 위험 정도 가 높은 상황을 보면 이해가 쉽다. 앞에서 봤듯이, 한 번의 실수 로 사람의 생명과 기업의 평판을 망치고 막대한 비용까지 물어야 한 백신 제조 업체가 좋은 예다.

승진에 큰 영향을 미치는 제품 발표 프레젠테이션도 그렇다. 이는 가변적 맥락임과 동시에 위험 정도가 상대적으로 높은 상황이다. 당연히 수많은 연습이 필요하다. 하지만 똑같은 제품 발표인데, 생전 처음 보는 소비자들 앞에서 하는 상황도 있다. 이는 새로운 맥락이다. 이런 경우 수많은 연습에 더해 소비자들을 배려한 설명과 용어 선택 등에도 신경 써야 한다.

위험한 상황에서 무모하게 행동하고 싶지 않은 마음은 인간으로서 당연하다. 하지만 위험 정도가 낮은 상황에서 지나친 경계심을 가지는 것도 안 좋다. 전기미로 때 발을 떼지 못하고 우물쭈물하는 행동이 대표적이다. 마찬가지로 남의 시선을 지나치게 신경 쓰면, 경계심을 풀고 남과 진정으로 소통하는 상황 자체를 위험하다고 오해할 수도 있다.

반대로 위험 정도가 높은 상황은 어떨까? 이 역시 필요 이상으로 고통스럽거나 부담스럽게 느낄 필요가 없다. 역풍을 맞

도표 11 위험의 크기에 따른 맥락 유형

	일관적 맥락	가변적 맥락	새로운 맥락
높은 위험도	신중한 실행	꼼꼼한 조처	주의 깊은 실험
낮은 위험도	평상시와 같은 행동	가벼운 접근	실험과 학습 즐기기

으며 요트 항해를 할 때 바람이나 속도, 균형 등 매 순간 접하는 상황을 해결하다 보면 걱정거리와 잡념이 사라진다. 가변적 맥락에서 집중력이 요구될 때(특히 탁월함이 필요한 경우) 끊임없이 노력하되, 상황에 대해 비참한 감정을 가지지는 말자.

'소박한 실재론'에 대하여

상황 인식이 부족하면 예방 가능한 실패를 할 수 있다. 이는 대개 '소박한 실재론'(자신이 사회를 객관적으로 본다고 믿는 경향_옮긴이)이라는 인지적 편향 때문이다. 로스에 따르면 소박한 실재론은 배경이나 전문 지식에 의해 걸러진 사회가 아니라 현실 그 자체를 본다고 우리를 착각하게 만든다.[7] 이는 과한 믿음의 원인이고, 예방 가능한 실패의 원인이기도 하다.

소박한 실재론은 각종 변수나 새로운 상황까지 예측 가능한 것으로 해석해 버리도록 한다. 콜밴에 자녀를 두고 내린 부모와 전기미로가 대표적이다. 꼭 성공할 줄 알았던 신제품 판매가 부진하거나, 발전 중이라 생각했는데 더 만나지 못한 이성처럼 말이다. 상황의 친숙함만 보고 불확실성을 우습게 보면 예방 가능한 실패와 마주칠 확률이 높다.

옳은 실패에서의 상황 인식은 불확실성의 수준을 보고 그에 따를 결과를 인식하는 것이다. 잠시 행동을 멈추고 어떤 맥락의 상황인지를 파악하는 과정이다. 이를 통해 예방 가능한 실패를 피하고, 위험을 감수함으로써 교훈적 실패를 이룰 수 있다.

위험을 우습게 보는 경우

제이Jay는 공학과 디자인을 배우는 학생으로, 대형 조형물을 제작하는 스튜디오에서 일했다. 금속 조각을 서로 붙인 다음, 그라인더를 들고 용접 부위를 다듬는 게 그가 맡은 일이었다.

입사 첫 주, 제이는 헬멧, 고글, 마스크, 강철 신발, 장갑 등의 안전 장비를 언제, 어떻게 사용해야 하는지에 대한 지침을 교육받았다. 그는 이를 진지하게 받아들였고, 성실히 따랐다. 금속 절단기 사용법과 함께 칼날이나 기어, 뜨거운 용접 도구로부터 안전거리를 유지하는 법도 교육받았다.

그렇게 공장에서 일한 지 1년쯤 지난 어느 날, 제이는 그날도 용접 부위를 다듬는 중이었다. 하지만 평소보다 몸을 많이 구부렸다. 머리가 그라인더에 닿을 듯했지만 상황을 인식하지 못하고 용접에만 집중했다. 그리고 그라인더가 순식간에 그의 손에서 튕겨 아랫입술을 찔렀다.

"저런, 위험한 상황임을 몰랐네."

상관은 이렇게 말하며 제이를 병원으로 데려갔다.

그라인더 작업에 익숙했던 제이는 의식적이 아니라 무의식적으로, 그러니까 자동적으로 작업했다. 가변적 맥락을 일상적 맥락으로 착각한 셈이다. 그라인더를 잡기 전에 **위험한 작업이니 잘못하면 다칠 수도 있지**'라고 인식하지 않았다. 위험한 작업에서 상황 인식을 위해 잠시 멈췄더라면 몸을 덜 구부렸거나 재빨리 물러나 입술 부상을 막았을 것이다.

예방 가능한 실패가 항상 신체적 상해와 관련된 것은 아니다. 다만 제이의 사례는 하던 일을 잠시 멈추고 상황을 인식하는 과정을 놓쳤을 때 어떤 일이 일어날 수 있는지를 여실히 보여 준다. 아무리 매일 하던 일이라도 잘못될 위험이 언제나 있음을 제대로 인식하면, 신중하고 주의 깊게 일을 진행할 수 있다. 실패도 그만큼 예방된다.

변수를 우습게 보는 경우

지금 당신은 기업의 기존 제품을 새로운 시장에 출시하는 업무를 맡았다. 신제품도 아니고 제품을 팔아 본 경험이 있으니, 당신은 이 업무를 단순한 실행 정도로 여기는 함정에 빠지기 쉽다. 변수를 딱히 중요하게 생각하지 않는다. 2004년 코카콜라가 똑같은 함정에 휘말려 복합적 실패를 겪었다.[8] 당시 언론이 '완전한 실패', '홍보 대참사'[9]라고까지 혹평한 사건이다.

1990년대 후반 미국에서는 탄산음료의 대안으로 생수가 떠올랐다. 자연히 코카콜라의 생수 브랜드 다사니Dasani도 인기를 끌기 시작했다. 자연스레 코카콜라는 다사니를 영국 시장에 팔 생각을 했다. 다만, 영국 생수 시장은 미국보다 더 역사가 길다. 또한 생수에 대한 인식 자체가 미국과는 달랐다. 영국은 생수를 '편리한 식수'가 아닌 '자연에서 얻는 유익한 물'로 여겼다.

1992년, BBC의 시트콤 〈온리 풀스 앤드 홀스Only Fools and Horses〉에서는 수돗물을 생수병에 담아 파는 장면이 나왔다. 이

장면은 상당한 논란을 불러일으켰는데, 그 수돗물이 오염됐다고 나왔기 때문이다. 주말에 방영된 해당 에피소드는 무려 2,000만 명이 시청했으며,[10] 재방송을 통해 여러 번 방영됐다.

영국 내 생수에 대한 부정적 이미지만 극복했더라면 다사니의 영국 출시는 성공했을지도 모른다. 시트콤 한 편 때문에 코카콜라 생수를 사지 않는 사람은 거의 없을 테니 말이다. 실제로 영국 시장 출시 후, 처음 몇 주 동안은 다사니 판매가 순조로웠다.

그런데 문제는 다른 데 있었다. 기존 생수 대비 수질을 강조하기 위해 병에 '화학적으로 정화 처리를 했다'는 문구를 넣었던 것이다. 영국 내 다사니 출시를 앞둔 때 업계 전문지 〈그로서〉는 이렇게 지적했다.

"큰 거래처 한 곳이 수원지를 정확히 알 수 없어 일부 소비자가 구매를 망설인다고[11] 경고했다. 하지만 아무도 이 문제를 알아차리지 못했다."

결국 시트콤이 현실이 돼 버린 안타까운 사건이 발생했다. 런던 남동부 수원지에서 사용한 화학물질로 인해 다사니가 브로민산염의 법적 기준치를 초과한 것으로 밝혀졌다. 인체에 해가 될 정도의 양은 아니었지만, 부정적 여론은 피할 수 없었다. 결국 코카콜라는 50만 병의 다사니를 리콜해야 했다.[12] 출시 당시 홍보비로만 약 700만 파운드를 쓴 상태였다.[13] 다사니는 영국 시장에서 완전히 철수했다. 막대한 비용이 수반된 복합적 실패였다.

다사니의 실패를 보고 운이 좋지 않았기 때문이라고 생각하기 쉽다. 하지만 한 편의 시트콤이 사람의 머릿속에 각인된 것을 비롯해, 수원지 테스트를 꼼꼼히 진행하지 못한 것, 지역별 시장의 특성과 인식을 안일하게 본 것 등이 복합적으로 작용해 제품 하나를 사지로 몰았다.

코카콜라가 새로운 시장에 필연적으로 따라오는 변수를 명확히 인식했다면 다사니의 실패는 피했을 것이다. 수원지 테스트를 꼼꼼히 진행해 위험 요인을 더 빨리 발견했을 테고, 시장 내 회의적 반응을 예상해 홍보 문제를 해결했을 것이다. 저널리스트 톰 스콧Tom Scott은 다사니 사건을 한마디로 요약했다.

"불가피한 사건이 아니었다."[14]

새로움을 우습게 보는 경우

2년이 넘는 개발 기간에 10억 달러 이상의 자금이 투입된[15] 프로젝트가 있었다. 개발 목표는 '5~6만 명이 일시 접속 가능한 웹사이트 제작'이었다. 모두의 기대 속에 드디어 첫선을 보인 날, 처음 몇 시간은 웹사이트가 원활하게 작동하는 듯했다. 하지만 실제 접속에 성공한 이는 소수에 불과했고, 그마저도 멈춘 화면만 떴거나 접속이 끊어졌다. 재접속에는 몇 시간씩 걸리기도 했다.

출시 첫날, 그 웹사이트에 정상적으로 접속한 사람은 단 6명이었다. 그 이후 1개월간 수용한 인원은 개발 목표의 5퍼센트에 불과했다. 전문가들의 평가도 냉혹했다. "직관성이 떨어지고, 메뉴 탐색이 어려우며, 레이아웃도 알아보기 힘들다"[16]는 의견이 쏟아졌다.

이 웹사이트는 미국 건강보험개혁법ACA 시행을 위해 만들어진 헬스케어HealthCare.gov였다. 일명 '오바마 케어'로 알려진 ACA는 보험이 없거나 혜택이 부족한 수백만의 미국인에게 의료 서비스를 제공하기 위해 제정됐다. 법안 통과 전 의회에서 치열한 찬반 논쟁이 있었던 것으로 유명하다.

헬스케어는 미국인 누구나 연방정부에서 제공하는 건강보험 제도를 둘러보고 원하는 플랜에 가입하도록 하는 웹사이트였다. 하지만 헬스케어는 완벽한 실패로 끝났다. 당시 미국 언론은 이와 관련해 연일 혹평했다. 모든 사람이 의료 서비스를 이용하도록 하겠다는 목표가 있으면서도 왜 웹사이트를 제대로 만들지 못했을까?

조사 내용을 통해 헬스케어 실패에 두 가지 원인이 있었음이 드러났다. 우선 의회는 법안 통과와 정책 시행을 동일시했다. 즉, 법안 통과만 신경 썼을 뿐, 수백만 명의 이용자를 수천 곳의 보험사에 어떻게 연결할지[17] 깊게 고민하지 않았다. 더구나 미국의 의료보험은 주별로 규제가 모두 달라 매우 복잡했다.

웹사이트 개발 자체는 생각보다 간단하다. 하지만 한 번에 수만 건의 접속을 처리하는 플랫폼의 수준이라면 여느 웹사이트 제작보다 더 많은 요소를 고려해야 한다. 의회에서 떠올린 웹사이트와는 차원이 달랐다. 한마디로, 미국 정부는 헬스케어가 제시하는 목적과 기능을 제대로 이해하지 못했다. 여느 웹사이트를 개설하는 정도라 여겼고 인력과 자원의 규모, 개발 절차를 상세히 설계하지 못했다.

나는 헬스케어를 강의 소재로 즐겨 쓴다. 정책이란 것이 비전과 카리스마만으로 실행되지 않음을 각인시키기 위해서다. 관리자라면 상황을 제대로 파악하고, 그에 따라 인력과 자원을 적절히 배분한다. 이러한 파악과 배분이 없으면 예방 가능한 실패를 참혹히 겪는다. 오바마 당시 대통령마저 '충분히 예고된 재앙'임을 인정해야 했다.[18]

대개 플랫폼을 개발할 때는 비공개로 시작한다. 초반에는 결함이 무조건 있음을 가정하고, 베타테스터와 함께 수많은 테스트를 비공개로 반복해 결함을 잡아 나간다. 개발 환경이 새롭고 잠재적 위험성이 크다는 것을 잘 알기 때문이다.

헬스케어는 그간 전례 없는, 완전히 새로운 거대 프로젝트였다. 하지만 개발 인력은 이러한 상황을 대수롭지 않게 여겼다. 개발에서 작업과 테스트가 얼마나 필요한지를 제대로 파악하지 못했다는 뜻이다. 처음 남극을 가는데 동네 뒷산 가듯이 모자와 장갑, 물이 든 배낭만 챙겨 가는 탐험대와 같았다. 헬스케어 실패에 대해 한 언론은 이렇게 보도했다.

"공무원들은 사업의 중요성을 제대로 인식하지 못했고, 팀은 무질서하고 파편화된 상태로 굴러갔다. 여기에 ACA가 뒤늦게 수정되며 혼란을 더했고, 플랜 가입 쪽에도 문제가 있었다. 아무런 손을 쓸 수 없을 때까지 각종 문제는 철저히 무시당했다."[19]

실제로 웹사이트에 문제가 있다는 목소리가 있었지만, 이는 철저히 무시됐다. 당연히 관리자에게 보고되지도 않았다. 모두가 내부 고발을 꺼렸다.

결국, 실리콘밸리 출신 전문가 팀이 합류해 문제 해결에 나서야 했다. 이들은 상황을 제대로 진단하는 경험과 관리 기법을 잘 알았다. 이를 바탕으로 팀 문화와 기술을 살리기 위해 노력했다. 그 전문가 팀에는 헬스케어 개발자도 다수 합류했다. 이들은 전과 달리 끈질기고 체계적인 실험을 통해 작동하는 부분과 그렇지 않은 부분을 파악해 나갔다.

전문가 팀 중 구글Google의 마이키 디커슨Mikey Dickerson은 프로그래머 팀을 이끌었다. 프로그래머 팀의 임무는 코드 점검이었다. 그는 하루에 두 번씩 스탠드업 미팅(자리에 앉지 않고 선 채로 진행하는 회의_옮긴이)을 열어 '서로를 비난하지 않는 문화'[20] 속에서 각종 문제를 논의하고 실수를 인정하며 질문할 수 있는 분위기를 만드는 데 애썼다. 심지어 자신의 코딩 실수로 웹사이트가 멈췄음을 인정한[22] 개발자에게 박수를 보내기도 했다. 그리고 그들 사무실 벽에는 다음과 같은 규칙이 붙었다.

"회의실과 회의는 문제 해결을 위한[21] 공간과 시간임을 기억할 것. 남을 비난하는 데 창의적인 에너지를 쓸 거면 다른 곳으로 갈 것."

이러한 노력에도 불구하고, 헬스케어는 새로운 맥락에서 발생한 복합적 실패임이 확실하다. 그러니까 옳은 실패가 **아니었다**. 위험 신호는 무시됐고, 가설 기반의 실험도 없었다. 작은 실패에서 학습하지 않았기에 필요 이상으로 '파괴적 실패' 사례가 돼 버렸다. 새로운 영역에서의 도전이었다는 점에서 헬스케어가 교훈적 실패 사례로 보일 수 있다. 하지만 교훈적 실패는 '작고 통제된' 실패다. 고통스럽지 않다.

맥락과 실패 유형으로 보는 '실패 경우의 수'

이제 당신은 맥락의 세 유형과 실패 유형 간 상관관계를 어느 정도 파악했을 것이다. 정리하자면, 새로운 맥락과 교훈적 실패는 관계가 밀접하다. 70퍼센트(대부분 교훈적 실패)의 실패율은 최고 수준의 과학자에게도 지극히 정상적 수치다. **새로운 맥락**에서는 실험이 필요하고 여기에는 교훈적 실패가 필수로 따라온다.

다만 여객기가 목적지에 도착하지 못하거나(단순히 늦는 수준이 아니다), 프랜차이즈 식당인데 맛이 들쑥날쑥하다고 상상해 보자. 당신뿐만 아니라 모든 소비자가 분노할 수준이다. 이처럼 일관적 맥락의 고위험 상황은 단 1퍼센트 확률의 실패만으로도 최악의 상황을 맞을 수 있다.

일관적 맥락에서의 실패

일관적 맥락에서는 '눈 감고도 할 수 있다'라는 안일한 생각 탓에 '기본적 실패'가 자주 발생한다. 방법을 알아도 실수가 생긴다. 레시피를 알아도 타이머 설정을 '깜빡해' 파이를 태울 수 있다. 이러한 작은 실수를 저지르면 자신을 자책하기 쉽지만, 이는 도움이 되지 않는다.

실수했으면 이를 기록하고 배우며, 다음에 잘해야겠다고 다짐하는 것이 제일 좋다. 크고 작은 실패로부터 배워야만 옳은 실패다.

가변적 맥락에서의 실패

가변적 맥락에서는 '복합적 실패'가 자주 발생한다. 그날 햇빛이 강하지 않았다면, 무릎이 아프지 않았다면, 상대가 갑작스레 서브 리턴을 하지 않았다면 테니스 경기 결과가 달라졌을 수 있다. 다만 복합적 실패가 비극적인 정도는 아니다.

복합적 실패를 잘 극복하려면, 경계심과 회복력을 길러야한다. 내가 1990년 대학원 면접을 보러 뉴멕시코주에서 보스턴으로 갈 때의 일이다. 당시 나는 뉴멕시코주에서 윌슨과 함께 일했었다. 꽤 긴장한 상태로 나는 직접 운전해 1시간 반 거리에 있는 앨버커키공항에 도착했다. 그리고 순조롭게 여객기에 탑승했다. 댈러스로 가는 첫 번째 여정이었다.

하지만 극심한 뇌우로 인한 지연 및 결항으로, 항공교통 관리에 큰 차질이 생겼다. 공항 터미널 게이트에는 출발하지 못한 여객기가 꽉 찼다. 대부분의 승무원은 근무시간 한도를 넘긴 상태였고, 새로운 승무원을 데려올 수도 없었다. 발이 묶인 승객들로 공항이 가득 찼고, 공항 식당은 식재료가 떨어졌다. 인근 호텔 객실은 예약이 모두 찼다.

그때 나는 가변적 맥락 속 복합적 실패의 한가운데 섰다. 터미널에서 노숙하며 이 모든 혼란이 수습되길 기다릴 수밖에 없었다. 다만 이 실패는 내가 어떻게 할 수 없는 경우였다(이런 상황에 대비해 하루 일찍 출발하지 않은 것 외에는). 그렇게 면접에 하루 늦었지만, 다행히도 면접관은 이를 문제 삼지 않았다. 무사히 박사 과정 입학 면접을 치른 순간이었다.

새로운 맥락에서의 실패

새로운 곳으로 이사하거나 이직할 때, 외국어를 배우거나 새로운 메뉴를 개발하는 등의 새로운 맥락일 경우 실패는 피할 수 없다. 새로운 화학반응이나 은하계 발견에는 수많은 실패가 있다. 신약의 90퍼센트 이상은 임상에서 실패해 시장에 출시되지 못한다.[23] 물론 일상에서는 실패율이 상대적으로 낮다. 하지만 실험의 가치만은 꼭 인정해야 한다.

여담으로, 내 남편은 요리 솜씨가 매우 좋다. 대학에서는 과학자이기도 하다. 그는 여행지에서 먹었던 요리를 꽤 근사하게 재현한다(눈이 제일 반짝이는 순간이다). 몇 년 전 일이다. 그는 뉴욕의 유명 레스토랑에서 먹었던 문어 요리를 재현하겠다고 했다. 문어 요리는 어렵기로 유명하다. 하지만 그에게 문어 요리는 도전 가치가 충분했다.

결과는? 꼴답잖았다. 처음에는 레시피를 따라 하는 정도로 시작했지만, 그 뒤로는 재료와 레시피를 나름대로 바꾸면서 자신만의 창작 요리를 만들었다. 그렇게 나온 문어 요리는 고무

씹는 수준이었다(엄청나게 절제한 표현이다). 사람 먹으라고 내놓은 게 아니었다는 말이 적절하겠다.

그렇다면 그의 문어 요리는 시도할 가치가 있었을까? 물론이다. 그렇다면 다시 시도했을까? 그렇다. 비록 내가 가장 좋아하는 정도는 아니지만, 그럭저럭 먹을 만하다. 이처럼 우리 삶은 단순하면서도 복잡하다. (충분히 노력한다면) 교훈적 실패로 가득하다.

이처럼 맥락과 실패 유형의 상관관계는 꽤 간단하다. 새로운 맥락에서는 주로 교훈적 실패, 일관적 맥락에서는 주로 기본적 실패, 가변적 맥락에서는 주로 복합적 실패가 발생한다. 물론 항상 그런 것은 아니다. 일관적 맥락에서도 교훈적 실패가 물론 가능하다. 새로운 맥락에서도 기본적 실패가 일어날 수 있다. 이외 다른 조합도 가능하다. 즉, 세 가지 맥락 유형과 세 가지 실패 유형을 결합하면 아홉 가지 조합이 생긴다.

기타 유형의 실패

공장 관리자가 운영 개선을 위한 아이디어를 테스트하고자 주기적으로 크고 작은 실험을 진행했는데 딱히 효과가 없는 경우가 있다. 이는 일관적 맥락-교훈적 실패다.

천재지변이나 팬데믹으로 공장이 멈추는 경우, 갑작스러운 정전으로 파이 굽기를 망치는 경우도 가능하다. 일관적 맥락-복합적 실패다.

앞에서 본 에어플로리다 추락 사고는 가변적 맥락-기본적

도표 12   맥락과 실패 유형으로 보는 '실패 경우의 수'

[맥락]

		일관적	가변적	새로운
[실패 유형]	결론적	생산 라인 개선을 위한 실험 실패	시뮬레이터에서 충분한 휴식을 취한 승무원이 휴식 시간이 적지만 업무 경력이 많은 승무원을 능가하지 못함	처음 시도한 문어 요리 맛이 최악
	복합적	태풍으로 부품 수급에 차질이 생겨 생산 라인이 멈춤	날씨와 교통 문제, 승무원 부족으로 승객 수천 명의 발이 묶임	팬데믹으로 인한 공급망 마비 및 연구진 이탈로 연구 중단
	기본적	실수로 굴을 오래 끓인 덕분에 굴소스가 탄생	결빙 방지 장치를 켜지 않아 추락 사고 발생	잘못된 피펫 사용으로 실험을 망침

실패의 확실한 예다. 참고로 이러한 실패는 아주 쉽게 발생한다.

앞에서 본, 파일럿 피로도를 분석했던 포쉬는 시뮬레이터에서 파일럿을 가변적 맥락 상황에 놓도록 해 안전한 비행이 가능하도록 훈련시켰다. 가변적 맥락-교훈적 실패다. 한 테니스 선수가 새로운 기술을 실험하기로 했다고 가정하자. 연습이나 실전에서 한참을 시도했지만 제대로 기술을 발휘하지 못했다면, 이 역시 가변적 맥락-교훈적 실패다.

새로운 맥락에서도 복합적 실패나 기본적 실패가 가능하다. 앞에서 본, 피펫을 잘못 사용해 실험을 망쳤던 헴스트라의 경우가 그렇다. 아무리 신중하게 계획을 짜고 가설을 세웠더라도 새로운 맥락-복합적 실패가 발생할 수 있다. 팬데믹 때, 각종 연구가 제대로 진행되지 못한 경우는 새로운 맥락-기본적 실패다.

원치 않는 실패를 방지하는 데 상황 인식은 매우 중요하다. 또한 이는 좀 더 즐겁고도 안전한 시도를 가능케 한다. 상황 인식에 따라 접근법을 잘 조정하면 어떤 맥락에서도 실패를 피할 수 있다.

일관적 맥락에서의 상황 인식은 신뢰성을 높이고, 검증된 기술의 개선을 돕는다.

가변적 맥락에서의 상황 인식은 강화된 경계심으로 추진력을 높일 수 있다. 실패 직전의 순간을 포착한 데 따른 보상은 우리의 일이 언제든지 잘못될 수 있음을 인식하는 데도 도움이 된다. 물론, 피해가 발생하기 전에 미리 오류를 발견하고 수정하는 능력이 가장 중요하다.

새로운 맥락에서의 상황 인식은 신중한 실험과 교훈적 실패가 준 교훈을 즐기도록 한다. 전기미로에서 미래 지향적 신호음이 울려도 당황하지 않고 웃는 법을 배우는 것이다.

예상치 못한 상황에 대비하라

파일럿인 버먼은 수십 년간 항공 안전 분야에 종사한 인물이다. 유나이티드항공 기장 출신인 그는 미국 NTSB에서 사고 조사를 담당했으며, 나사에서 주의 산만, 방해, 인지 오류 등 인간의 취약성이 업무 수행에 미치는 영향을 연구하기도 했다.

화려한 경력에 비해 버먼은 매우 겸손한 인물로도 정평이 나 있다. 그리고 어떤 비행에서든 발생할지 모를 변수에 주의를 기울이는 것으로도 유명했다.

"난 말이죠. 완벽한 비행을 해 본 적이 없어요."

기장 시절 버먼이 동료 파일럿에게 항상 했다는 말이다. 곧 자신이 아무리 능력 있고 경험 많은 파일럿이라도 예상치 못한 문제에 직면할 수 있으며, 완벽하게 대응할 수 없다는 걸 잘 안다는 뜻이다. 이러한 인식은 숙련된 리더의 임무이기도 하다. 팀이 가장 효과적으로 상황을 인식하고 재구성하는 데 리더의 도움이 필요하다는 사실을 잘 알기 때문이다.

2022년 5월 초, 버먼과 내가 나눴던 대화에서, 그는 매번 새로운 팀을 만나 합을 맞추던 초기를 이렇게 회상했다.

사람 머릿속에 있는 얼음을 깨서 물길을 열고 싶었어요. 그래서 "난 말이죠. 완벽한 비행을 해 본 적이 없어요. 조만간 이를 다시 한 번 증명해 보이죠"라고 말을 붙였죠. 그러면 팀원이 막 웃어요. 그럼 저는 또 이렇게 말해요. "그러니 잘못한 게 있으면 바로 말해 주세요. 저도 여러분께 똑같이 할게요." 그러면 다들 입가에 미소를 띤 채 모두 고개를 끄덕였습니다.

버먼은 일상적인 비행이라는 건 없다고 여겼다. 비행 시 궁금한 점이나 우려 사항이 생겼을 땐 주저하지 말고 빨리 말해 주길 원했다.

> 질문을 유도하고 소통의 채널을 여는 것이 두 가지 목표 중 하나였습니다. 나머지 하나는 실수의 가능성을 인정하는 것이었죠. 저는 완벽한 비행을 해 본 적이 없습니다. 뭐 완벽에 가깝게 비행한 적은 있겠지만요. 지금도 버튼 누르는 걸 잊어 버릴 때가 있어 부기장이 알려 주곤 합니다. 그러면 나 자신에게 무척 화가 났습니다. 제가 비행에서만큼은 완벽을 추구했으니까요. 당연히! 부기장에게는 화를 내지 않았죠!

버먼에게 가장 인상 깊었던 것은, 비행이라는 업무적 상황에 대한 그의 이해도가 매우 높다는 것이었다. 즉, 비행은 위험도가 높고 가변적 맥락에서 적당한 불확실성이 존재한다는 것을 잘 알았다는 것이다. 여기서는 완벽주의와 자존심이 위험 요소로 작용할 수 있다. 이에 대해 버먼은 어떻게 생각할까?

> 비행은 매우 역동적이고, 주의를 흩트리는 상황이 많아요. 그러면 파일럿은 피로감을 느끼고 자만할 수 있죠. 이 모든 게 오류의 원인이 됩니다. 실수가 생기는 거죠. 저 역시 실수를 하기에 모든 승무원이 비행에 참여해야 합니다. 완벽한 비행은 없다는 말을 자주 하는 이유가 바로 여기에 있죠.

분야를 막론하고, 전문가라면 습관적으로 상황을 인식하고 맥락을 파악한다. 우리도 그래야 한다. **상황 인식**을 연습한다는 건 자신이 처한 상황을 인식함으로써 맥락과 이해관계에 적합한 사고방식을 택하는 것이다. 직장에서 맡은 역할이나 프로젝트에서 성공할지 불안해하며 자신을 괴롭혔던 순간을 떠올려보자. 연습해야 한다.

심지어 나도 성공 앞에서 자신을 괴롭혔던 적이 있다. 심지어 이 책을 쓰는 동안에도 여러 번! 하지만 상황 인식을 통해 진짜 상황을 파악하고 적절히 대처함으로써 쓸데없는 불안과 위험 요인을 줄일 수 있었다.

"맥락 스펙트럼 중 어디에 있는가?"

"무엇이 위태로운가?"

상황 인식 때 당신은 이 두 가지 질문에 답할 수 있어야 한다. 그전에는 잠시 멈춰야 한다. 그렇게 불확실성과 위험의 정도를 가늠하는 동안 또 이렇게 질문할 수 있다.

"해 본 일인가?"

"성공 가능성을 높이기 위해 도움을 받을 수 있는가?"

책을 쓸 때는 내용 구성이나 예상 독자 파악 등에 불확실성이 존재한다. 막상 글을 쓰는 동안에는 위험을 덜 느낀다. 아니다 싶으면 지우고 다시 쓰면 되니까. 돈 드는 일도 아니고, 글이 완성될 때까지는 누군가에게 보여 주지 않아도 된다. 이는 '도표 11' 오른쪽 아래 '실험과 학습을 즐기기' 맥락과 같다.

7장

시스템 인식: 내 주변을 이해하는 법

나쁜 시스템이
좋은 사람보다 낫다.[1]

W. 에드워즈 데밍

1968년 어느 날, 스펜서 실버Spencer Silver는 여느 때처럼 미니애폴리스 인근 쓰리엠3M 중앙 연구소[2]에서 연구에 몰두 중이었다. 그의 과제는 '비행기 제작에 쓸 정도'의 강력 접착제 개발이었다.

그런데 권장량보다 많은 화학물질을 쓰니, 표면에 강력하게 달라붙은 후 곧바로 떨어지는 접착제가 나왔다. 비행 조건을 견디기는커녕 장난감도 수리하지 못할 정도였다. 과제를 생각하면 실버는 명백히 실패했다. 실패한 접착제는 연구실 구석에 놓일 운명으로 보였다.[3]

하지만! 이 '실패'가 포스트잇Post-it이라는, 수십 억 달러 규모의 비즈니스로 성장했다는 사실을 당신은 잘 알고 있다. 하지만 이런 혁신의 기회를 획기적으로 높인 비결이 바로 쓰리엠의

'시스템'이었다는 사실을 아는 이는 많지 않다. 실패한 접착제가 혁신 제품이 되기까지의 여정, 그리고 개발진의 끈기와 협업의 조합이 없었다면 포스트잇은 너무나도 쉽게 놓쳐 버릴 수 있었던 기회였다.

포스트잇을 둘러싼 이야기는 시스템이란 것에 유용한 정보를 제공한다. 군이 쓰리엠 같은 거대 기업이 아니어도 가족, 학교, 생태계 등 우리의 일상 모두에 시스템이 있다. 따라서 **시스템 인식**, 그러니까 특정 시스템이 실패를 초래할 수 있는지, 초래한다면 어떻게 해야 하는지를 이해하는 것은 매우 중요한 주제다.

시스템의 성패는 부분보다는 부분 간 연관성으로 좌우된다. 이 간단하지만 강력한 아이디어는 일상 속 다양한 시스템을 분석하고 보완해 더 나은 결과를 얻는 데 도움이 된다.

그래서 쓰리엠이 옳은 실패를 위해 어떻게 시스템을 설계했냐고? 이번 장 뒷부분에서 자세히 살펴보려 한다. 그전에 먼저 '시스템 관점에서 생각한다는 것'이 어떤 의미인지부터 알아야 한다.

시스템 속 부분을 보라!

그리스어 'systēma'에서 기원한 단어 **시스템**은 의미 있는 '전체'를 형성하기 위한 일련의 요소를 뜻한다. 한마디로 '인식 가능한 실체'다. 그렇게 시스템은 **시너지** 효과를 낸다. 전체는 부분의 합보다 크다.

시스템에서는 부분의 행동만으로 전체의 행동을 예측할 수 없다. 부분 간의 관계를 고려해야만 시스템 설명이 가능하다. 인간이 만들었든, 자연이 만들었든 모든 시스템이 해당된다. '변하지 않는 사랑'을 상징하는 다이아몬드와 연필심의 차이를 생각해 보자. 이 둘은 완전히 다른 물질로 보이지만, 둘 다 탄소로만 구성됐다(부분은 같다). 다이아몬드와 연필심의 차이점은 탄소 사이의 관계에서 생긴다.[4] 다이아몬드의 탄소 구조는 삼각형 매트릭스고, 연필심의 탄소 구조는 이동이 가능한 육각형이다(이동이 가능하니 무르다).

다이아몬드와 흑연(연필심)에 이은 자연 발생 탄소인 풀러린Fullerene 은 1985년에 발견됐다. 버키볼buckyballs이라는 별칭으로도 불리는 풀러린은 60개의 탄소 원자가 각각 이웃한 2개의 원자와 결합해 공 모양을 만든다. 이를 발견한 공로로 로버트 컬Robert Curl, 해럴드 크로토Harold Kroto, 리처드 스몰리Richard Smalley는 1996년 노벨상을 수상했다. 그리고 풀러린은 의약품과 전자 제품, 페인트 등에 사용되는 혁신 소재로 탄생했다.[5]

참고로, 풀러린이란 이름은 풀러린과 같은 구조로 돔을 건축한 버크민스터 풀러Buckminster Fuller 의 이름에서 땄다. 그는 오늘날의 교육만으로는 시스템을 제대로 보는 눈을 기를 수 없다고 지적했다. 학교에서는 문제를 여러 부분으로 나누는 법을 배우기에, 지식적으로 많은 분야에 집중하고 발전을 꾀할 수 있다.

다만 더 큰 패턴과 관계를 보는 눈을 키우기엔 부족하다. 기업의 전통적 시스템 역시 그렇다. 효율이란 이름으로 업무를 세분화하기에 신뢰성과 효율성이 강조되는 대신, 협업과 혁신은 그만큼 배제된다.

4장에서 본 것처럼, 상호작용이 복잡하고 긴밀한 시스템은 실패에 취약하다. 하지만 시스템 작동 방식을 '주의 깊게 다룬다면' 실패를 피할 수 있다. '주의 깊게 다룬다'는 시스템 속 부분의 연결이 어떤지, 그 연결에서는 어떤 약점이 있는지를 이해하는 것에서 출발한다. 한발 물러나 시스템을 고려한다면, 수많은 실패는 예측 가능하다.

지금, 당신의 아들은 이미 소속된 야구 지역 팀 외에 원정 팀에도 가입하고 싶어 한다. 가입하면 그만큼 야구 실력을 키울 테고, 그렇게 좋아하는 스포츠를 더 자주 할 것 같다. 쉽게 승낙해도 될 듯하다. 그렇지 않은가? 하지만! 답은 "아니요"다.

한발 물러나 생각해 보자. 아들이 팀에 추가로 가입한다면, 그의 일상과 형제자매 간 관계, 가족 활동에 어떤 영향을 미칠지를 생각하자. 원정 팀에서 활동하려면 당연히 시간이 더 필요하니, 그만큼 다른 활동을 할 수 없다. 가장 먼저 공부할 시간이 줄어들 테니 장기적으로는 학습 습관이나 학업 성취도에도 영향이 간다.

또한 대부분의 야구 경기는 평일 저녁에 열리니 항상 차로 데려다줘야 하고, 가족끼리 저녁 식사도 할 수 없다. 회비도 내야 하니 경제적으로 여유가 없어진다. 마지막으로, 다른 자녀들도 추가로 하고 싶은 취미 생활이 있다고 말할 수 있다. 아들의 원정 팀 가입 하나만으로도 가족 전체에 수많은 영향이 간다. 그렇다고 가족 구성원의 요청을 무조건 거절하라는 건 아니다. 가장 중요한 연관 관계를 진단해 신중하게 승인 여부를 선택하자는 것이다.

"이 변화로 누구와 무엇이 영향받는가?"

"이 변화로 나중에 어떤 일이 일어날 수 있는가?"

이 질문에 답하기만 해도 큰 혜택을 볼 것이다.

앞에서 본 〈러스트〉 촬영장의 허술한 총기 안전 시스템을 떠올려 보자. 실탄이 사용되지 않도록 반복 점검을 통해 더 나은 시스템을 설계했다면 그런 비극은 예방했을 것이다.

또한 시스템 인식은 업무나 일상에서 벌어지는 잘못된 일에 나쁜 감정을 줄여 준다. 왜 그럴까? 대부분의 실패에 대한 책임이 **전적으로** 자신에게 있지 않음을 보여 주기 때문이다. 물론 자신이 기여한 부분에 책임을 느끼고 다음에는 더 잘해야겠다 결심해야겠지만, 모든 책임이 자신에게 있다는 착각에 빠지는 일은 확실하게 줄어든다.

물론 시스템에서는 목표나 목적도 실패 예방만큼이나 중요하다. 이번 장 뒷부분에서는 쓰리엠이 단순히 혁신을 목표로 잡고 기대하는 대신, 이를 **촉진**하기 위해 시스템을 어떻게 설계했는지 볼 것이다. 또한 이번 장에서는 시스템적 사고, 시스템 역학, 생태 시스템, 가족 시스템, 조직 시스템 등 시스템의 모든 분야를 다루진 않을 것이다.[6] 대신 옳은 실패에서 시스템 인식이 얼마나 중요한지를 설명하고자 한다. 이것이 당신에게 제일 중요한 것 아닌가?

하버드 경영대학원의 시스템 수업

강의실 곳곳에서 좌절의 소리가 터져 나온다. 하버드 경영대학원 학생이 20개의 팀을 이뤄 긴 테이블에 나란히 모여 '비어 게임Beer Game'[7] 중이다. 좌절이 주는 황당함에 웃음을 터트리는 학생도 있다.

1960년대 메사추세츠공과대 교수 제이 포레스터Jay Forrester가 개발한 비어 게임은 경영학 강의에서 많이 활용된다. 나는 1980년대 후반 애플(아이폰 만드는 그곳 맞다) 관리자에게 비어 게임을 소개했고, 그로부터 10년 후 하버드 경영대학원 1학년 강의에서 게임을 가르치기 시작했다.

참고로 비어 게임에는 맥주가 필요 없다. 펜, 종이, 포커 칩만 있으면 된다(그마저 없다면 인터넷에서 할 수 있다). 게임 목적은 시스템에 대한 이해 증진이다. 시스템 속 부분에만 집중하는 것을 벗어나 부분 간 상호 연관성이 어떻게 의도치 않은 결과로 이어질 수 있는지 이해하는 것이다.

먼저, 팀원 4명이 공장, 물류, 도매, 소매를 각각 맡는다. 소매는 주문할 맥주 수량(임의로 정해짐)을 확인해 도매에 주문을 넣는다. 그리고 도매는 물류, 물류는 공장에 맥주를 주문한다

(주문 이외의 대화는 할 수 없으며, 맥주 도착까지는 3주가 걸린다). 만약 자신의 재고가 충분하지 않을 때(결품), 공장은 맥주를 추가로 보내 주고 수량 오차를 기록한다(일반 주문 시 비용은 50센트지만, 결품 주문 시에는 1달러를 내야 한다). 각자 재고가 얼마나 있는지는 확인 가능하다. 이렇게 4명 모두가 총 50턴을 돌면서 각자의 재고 수량과 주문 비용을 기록한다. 참고로 게임이 끝나고 팀원의 점수를 합산하면 최종 점수가 나온다.

지금 바로 구매하겠다는데 맥주를 주지 못하면 비즈니스에 부정적 영향을 끼친다. 이럴 때는 다른 곳에서 거래하도록 유도함으로써 문제를 해결한다. 대부분 기업은 결품 비용보다는 재고 비용을 부담하려 한다. 택한다. 따라서 비어 게임의 주문 비용 구조는 합리적이다. 결품 상태에서 맥주를 추가로 주문해 받으면, 그만큼 뒤늦게 배송해야 한다. 그렇다면 강의실에서 터져 나오는 좌절의 소리는 어떤 의미일까?

게임을 시작하고 몇 턴이 지나면 재고가 너무 많다가 나중에는 너무 적고, 또다시 너무 많아지는 상황이 생긴다. 마치 '사인파sine wave(사인 함수로 표시되는 파_옮긴이)'를 그리는 것 같다. 초반에 주문이 가파르게 많아진다. 아마도 그때가 공휴일이라 수요가 급증한 것 같다. 주말 매출을 놓친 게 아까워, 다음 주에는 맥주를 더 많이 주문한다. 그렇게 얼마 지나지 않아 재고가 많이 쌓인다. 늘어나는 비용을 확인하며 모두가 좌절한다.

이러한 수요 정보의 왜곡을 '채찍효과'[8]라고 한다. 시스템 문제로 수요가 크게 왜곡된 결과다. 소매로부터 멀어질수록 채

찍효과는 더 강하게 나타난다. 소매에서 가장 멀리 떨어진 공장은 공급망 3곳의 연결 고리이기도 하므로 수요 변동 폭이 가장 크다. 물론 소매 역시 변동 폭이 크다. 게임을 진행하면서 각자 수요 앞에서 좌절하기도 하고 웃기도 한다.

물론 비어 게임에서 비용을 최소화하기 위해 모두가 고민하고 나름 합리적인 결정을 내린다. 그런데 각자의 합리적 의사결정이 하나로 합쳐지면? 공급망 전체에서 비용 초과가 일어난다. 이러한 변동 폭은 일상의 혼란을 일으키고, 기업의 경우 해고와 파산을 겪기도 한다.

피터 센게Peter Senge가 1990년《제5경영 The Fifth Discipline》에서 소개해[9] 유명해진 이 비어 게임은 시스템이 간단하다. 각 주체는 매주 한 번만 주문한다. 오히려 시스템이 단순하니, 각 주체의 합리적 결정이 원치 않는 역학 관계를 어떻게 만들어 내는지를 더 쉽게 확인할 수 있다. 당연히 게임을 벗어나면, 공장마다 수백 곳의 물류와 도매, 수천 곳의 소매가 물려 있다. 수요 왜곡이 더욱 크게 일어난다. 팬데믹 때 마스크 생산 문제가 좋은 예다.

비어 게임의 시스템 장애에는 세 가지 원인이 있다. 첫 번째는 단순한 비용 구조다. 자연히 결품보다 재고가 유리한 구조로, 과거보다 더 많은 주문을 유도한다. 두 번째는 배송 기간이다. 3주의 기다림 역시 더 많은 주문을 하라고 자극한다. 마지막 세 번째는 소매의 많은 주문으로, 재고 부족에 대한 불안감을 유발한다.

그러나 시스템 장애의 진짜 원인은 따로 있다. 각자가 자신의 주문만 최적화하고자 했을 뿐 행동 하나가 다른 이에게 어떤 영향을 미칠지 전혀 고려하지 않았다는 것이다. 최종 점수는 각자의 점수를 합한 것이니 **자신의 성과를 최적화하면 팀의 성과도 좋을 것**이라는 강력한 믿음으로 비어 게임에 임하는 것이다. 물론 이는 잘못된 가정이다.

앞에서 말한 것처럼 누군가가 더 많이 주문하면? 당연히 다른 누군가는 재고 부족을 겪는다. 그 누군가도 같은 팀이다! 게임 중 한발 물러나, 자신의 주문이 다른 이에게 어떤 영향을 미치는지를 고려하는 학생은 매우 드물다. 학생들과 비어 게임을 한 다음, 실패를 분석하는 시간을 가지면 더욱 그렇다.

"주문 비용이 왜 이렇게 많이 나왔죠?"

그러면 대부분은 이렇게 대답한다.

"주문량이 너무 많았다가, 줄었다가 또다시 늘어나서 그런 거 같아요."

대부분은 실패를 소매 주문량 탓으로 돌린다. 그러면 나는 소매 업체 고객 주문은 4주 차에 한 번 약간 늘어나는 것을 제외하고 기본적으로 평탄했다고 알려 준다. 그러면 다들 깜짝 놀란다. 주문량이 최고조에 달했을 때 일부 공장은 소매 주문량의 10배가 넘는 맥주를 생산했기 때문이다. 이런 값비싼 실패를 초래한 건 결국 스스로 내린 결정이었다. 그리고 다들 의아하단 듯이 나를 쳐다본다.

비어 게임 같은 모의실험이 효과적인 이유는 잘못된 가정에서 비롯된 예기치 못한 실패를 더 쉽게, 집중해 들여다볼 기회를 주기 때문이다. 수년간 강의를 하면서, 자발적으로 비용을 최소화하는 팀은 **딱 한 번** 있었다. 그 비결에 대해 팀원 중 하나는 이렇게 대답했다.

"제가 원하는 만큼의 재고가 없다는 걸 알았습니다. 그럼에도 제가 주문을 밀어붙였다면? 배송 지연이 생겨 전체 비용이 늘었을 것 같았어요."

이 얼마나 간단한 논리인가! 전혀 어려울 게 없다. 그럼에도 매우 드문 경우다. 머릿속 가정이 시스템의 관계와 역학을 반영하지 못하면, 예방 가능한 실패로 이어질 위험이 높다. 비어 게임 후, 최종 점수가 낮은 원인이 자신의 잘못된 가정에 있었다는 사실을 안 학생들은 그제야 실패의 원인이 어디에 있는지를 궁금해하기 시작한다.

시스템적 사고

3장에서 본 '시점할인'을 다시 생각해 보자. 즉, 미래에 일어날 일보다 현재 일을 더욱 신경 쓰는 인간의 경향 말이다. 여기에 자신의 결정과 행동이 초래할 결과를 신경 쓰지 않는 경향까지 고려한다면, 갑자기 찐 살부터 기후변화에 이르기까지 다양한 문제의 원인이 쉽게 보인다.

시스템적 사고의 연습은 현재 시공간부터 미래 시공간까지 모든 것을 보도록 렌즈를 확장하는 데서 시작한다. 다음의 두 가지 질문이 그 확장에 도움을 줄 것이다.

"이 결정이나 조치로 영향을 받을 사람과 대상은 무엇인가?"

"이 결정이나 조치가 추가적 결과를 초래할 수 있는가?"

우리 대부분은 '임시방편'을 경계해야 함을 잘 안다. 하지만 그 유혹적인 지름길을 계속 택함으로써 생기는 문제는 제대로 인지하지 못한다. 그렇게 우리는 비어 게임을 소개한 센게가 '실패한 수정'[10]으로 명명한 함정에 빠지기 쉽다.

임시방편으로 인한 실패에는 인간의 멘털 모델도 어느 정도 기여한다. 멘털 모델이란, 외부 세계가 어떻게 기능하는지에 대한 직관적 개념을 포착하는 인지 지도다. 대개 우리는 멘털 모델에 주의를 기울이지 않지만, 외부 세계의 작동을 이해하는 데 엄연히 작용한다. 그러니까 보이지 않는 방식으로 우리의 반응을 형성하는 셈이다. 여기서 가장 중요한 것은, 멘털 모델이 원인과 결과에 대한 믿음을 '암호화'한다는 것이다.

멘털 모델 덕분에 우리는 복잡한 상황에서 단순한 결정조차 하지 못하는 마비 상태를 겪지 않고 세상을 헤쳐 나간다. 하지만 멘털 모델의 문제는 시스템 기반이 아니라는 점이다. 그러므로 자동적 사고에 도전하는 것을 연습하고 습관으로 만들어야 한다.

우리는 원인과 결과가 선형적으로 작동한다고 사고하는 경향이 강하다. 만약 아들이 야구 원정 팀에 가입하고 싶다는 말에 허락해 주면 분명 아들은 행복해할 것이다. 여기서 생각이 끝난다. 의도한 결과가 어떻게 다른 결과의 원인이 되는지 알아차리지 못한다. 퇴근 후 스트레스를 술로 푸는 것은 당장 효과가 있다. 하지만 술자리가 늘어나고 마시는 양이 많아진다면, 알코올 의존증을 유발해 삶의 질을 낮추고, 스트레스는 더욱 심해진다.

일상에서든 직장에서든 나름의 임시방편이 실패로 돌아온 경험을 떠올려 보자. 이번 주에 일이 많다고 미팅을 다음 주로 미룬다면? 다음 주에도 과부하 상태가 전혀 나아지지 않고, 미팅이 지연됐다는 이유로 더 큰 문제가 생길 수 있다. 그러면 어찌해야 할까?

우선, 업무 대비 자신의 역량을 진지하게 평가해야 한다. 이를 바탕으로 업무의 우선순위를 정하고, 나머지는 과감히 거절하거나 포기해야 한다. 임시방편이 실패로 끝나는 이유는 간단하다. 증상을 일시 완화할 뿐, 시간이 지남에 따라 오히려 증상을 키우기 때문이다.

자녀가 과자를 사 달라고 떼쓸 때, 가장 쉬운 해결책은 과자를 사 주는 것이다. 하지만 과자의 효과는 아주 짧다. 자녀의 기분은 바로 제자리로 돌아오고 만다. 더 큰 문제는, 나쁜 행동에 보상을 받은 선례가 남았다는 것이다. 자녀는 앞으로도 계속 과자를 요구할 가능성이 높다. 이러한 임시방편은 단기 피드백 시스템(과자 충동)과 장기 피드백 시스템(문제 행동) 모두를 무시한다.

부가적 결과 예측하기

2021년 연말, 컨테이너선 57척이 로스앤젤레스 인근에서 발이 묶였다.[11] 항구에서 화물을 내리지 못해 연말 쇼핑 수요에 대응하지 못했는데, 그렇다고 돌아갈 수도 없는 상황이었다. 이 배송 지연 사태는 몇 주간 계속됐다. 수에즈운하에서도 비슷한 일이 있었다. 대형 컨테이너선 좌초로 운하 통행이 엿새간 마비된 것이다.[12]

팬데믹 동안 해운 업계는 이런 복합적 실패를 수없이 겪었다. 팬데믹에서 비롯된 공급 부족으로 인한 충격이 멀쩡한 시스템을 고장 낸 것일까? 시스템적 사고를 한다면, 여기에 추가로 고려해야 할 사항이 있음을 알 수 있다.

그간 수십 년, 컨테이너선은 효율과 비용 절감을 위해 그 크기가 엄청나게 커졌다. 너무 큰 나머지 해당 크기의 컨테이너선을 수용할 정도의 항구가 1991년 기준 몇 곳에 불과할 정도였다. 조건이 완벽하게 맞춰지지 않는 한, 많은 선박이 항구에 접근할 수 없었다. 대형 컨테이너선이 들어갈 항구 수가 줄어드니, 인력 배치나 운영에서 작은 혼란이 발생해도 그 여파가 엄청났다. 더욱이 팬데믹 때는 그 여지가 더욱 컸다. 〈와이어드〉 기자 마이클 워터스Michael Waters는 이 상황을 이렇게 말했다.

"컨테이너선 크기가 빠르게 커지면서 기존 항구가 대형 선박을 수용할 수 없었습니다. 우리 명절 선물이 늦게 도착하는 이유가 여기 있죠.[13] 게다가 수많은 중·소규모 항구는 완전히 사라질 위기에 처했습니다."

이 문제를 과연 어떻게 해결해야 할까? (시스템 사고에 기반을 두지 않는) 선형적 사고를 한다면, 다음에 어떤 일이 일어날지 알 수 있다. 워터스의 다음 설명에서 알 수 있다.

"대형 선박을 수용할 공간을 확보하기 위해, 일부 항구는 대규모 준설 프로젝트를 진행했습니다.[14] 하지만 비용이 만만치 않았죠. 잭슨빌의 경우 수로를 파는 데 무려 8,400만 달러 이상을 지출합니다. 휴스턴의 경우는요? 10억 달러 넘게 들어갈 겁니다."

이런 준설 프로젝트는 임시방편에 가깝다. 즉, 대부분 실패로 끝난다. 다음의 간단한 질문을 하지 않았기 때문이다.

"이 결정이 미래에 어떤 결과를 가져올까?"

매 순간 옳은 결정을 하기 위해 노력하는 학자나 전문가조차 눈앞의 상황에 치우쳐 잘못된 의사 결정을 할 때가 있음을 꼭 기억하자.

임시방편에 저항하기

나는 보스턴대 교수 아니타 터커Anita Tucker와 병원 9곳의 간호사를 대상으로 연구를 진행한 적이 있다. 터커는 타임스탬프와 메모 등을 활용해 헌신적으로 일하는 이들의 업무 과정을 꼼꼼히 기록했다. 그 기록 결과, 간호사는 1시간에 한 번꼴로 '프로세스 실패'를 겪는다는 사실을 발견했다.[15]

프로세스 실패란 무엇일까? 침대 커버나 약품 등의 예상치 못한 공급 부족처럼, 특정 업무를 완료하는 데 방해가 되는 모든 상황을 뜻한다. 물론 간호사는 이 같은 일상적 실패에 대해 이미 잘 알고 있다. 미처 끝내지 못한 업무를 마무리하기 위해 퇴근 시간을 넘겨 (무급으로!) 평균 45분간 추가 근무를 했다.

그리고 우리는 프로세스 실패에 대한 간호사의 대응이 크게 두 가지로 나뉜다는 사실도 확인했다. 첫 번째는 '1차적 해결'이다. 무려 93퍼센트의 비중인데, 말 그대로 임시방편이다. 예를 들어 병상이 부족할 때 다른 병동에서 몇 개 가져오는 식이다. 최소한의 시간과 노력만 투입해 해결은 가능하다. 게다가 수완을 발휘해 주도적으로 문제를 해결했다. 하지만! 다른 병동의 병상이 부족해진다는 사실은 전혀 신경 쓰지 않은 방법이었다. 간단하지만 필수인 질문에 답하지 않았다.

"이 결정이 미래에 어떤 결과를 가져올까?"

그리고 단 7퍼센트만이 '2차적 해결'로 문제에 대응했다. 다른 병동에서 병상을 가져오는 건 같지만, 여기에 상관이나 병상 담당자에게 재고 부족 상황을 알리는 행동이 더해진다. 문제 재발을 막는 조치까지 염두에 둔 것이다.

과자를 사 달라고 떼쓰는 자녀에게 부드럽지만 단호한 말투로 진정시키면서, 다른 물건으로 주의를 분산시키며 나쁜 행동에 대한 보상을 억제하는 것도 여기에 해당된다. 또 낮잠 시간을 놓친 것이 자녀의 짜증의 원인이 된 건 아닌지도 잠시 생각해 보고, 앞으로 같이 외출할 때는 먼저 낮잠을 재워야겠다고 결심하는 것도 도움이 된다.

안 그래도 바쁜 간호사가 1차적 해결에 의존하는 이유는 쉽게 이해할 수 있다. 물론 1차적 해결로 인해 좌절감을 계속 느낄 수밖에 없었다. 1차적 해결은 프로세스 실패 횟수 자체를 줄이지 못하기 때문이다.

이 연구에서 간호사가 프로세스 실패를 해결하는 평균 시간은 교대 근무당 약 30분이었다. 숙련된 전문가의 시간이 너무나 낭비됐다. 모든 임시방편이 그렇듯 간호사 역시 1차적 해결이 **효과적일 것으로 착각**했다. 문제와 마주했으니 해결 방법을 실행하면 됐다고 말이다. 하지만 그렇지 않았다.

시스템 관점에서 간호 업무를 분석한 결과, 1차적 해결은 단기적 효과는 있어도 시간이 지남에 따라 오히려 시스템 효과를 줄이는 것으로 나타났다. 시스템 개선은커녕 악화시키는 것이다. '도표 13'은 이러한 **단순 수정 역학**이 어떻게 작동하는지를 보여 준다. 프로세스 실패가 많을수록 1차적 해결이 더 많이 발생한다.

도표 13   프로세스 실패를 연결하는 단순 수정 역학 고리(1차적 해결)

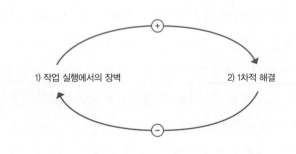

'도표 13'의 고리에서 검은색 화살표의 플러스(+)는 한 요소의 증가(또는 감소)가 다른 요소의 증가(또는 감소)로 이어짐을 뜻한다. 즉, 요소의 방향이 같다. 반대로 회색 화살표의 마이너스(-)는 한 요소가 증가할 때 다른 요소는 감소한다는 뜻이다. 즉, 1차적 해결은 작업에서의 장벽을 줄인다. 셴게 같은 시스템 역동주의자는 이 두 요소의 시스템을 '균형 고리'[16]라고 지칭한다. 자, 이제 한발 물러나서 바라보자.

경계 다시 그리기

눈앞의 문제에서 벗어나면 결정이나 조치의 경계를 다시 그릴 수 있다. 비어 게임에서도 개인의 비용을 최소화보다는 팀 차원으로 비용을 줄여야 승리한다. 아들의 야구 원정 팀 참여에 대한 승낙 여부는 아들의 기분뿐 아니라 여타 문제를 두루 포함해 결정해야 한다. 즉, 아들과 원정 팀 중심의 경계를 다른 가족 구성원으로까지 확대하고, 향후 예상되는 상황까지 포함시켜야 한다. 물론 관련되는 요소를 모두 고려할 필요는 없다. 이는 개인적 판단의 몫이다.

그렇다면 간호사를 위해 '도표 13'의 고리를 확장시켜 보면 어떨까? 추가적인 역학 관계가 더 보일 것이다. 그렇게 다시 '도표 14'에서처럼 확장해 보는 시스템에는 8가지 관련 요인이 추가로 포함된다. 가장 관련성이 높은 요소와 이들의 역학 관계가 합리적으로 완전한 집합을 이룬다.

많은 간호사는 아무리 1차적 해결이라 해도, 환자가 마땅히

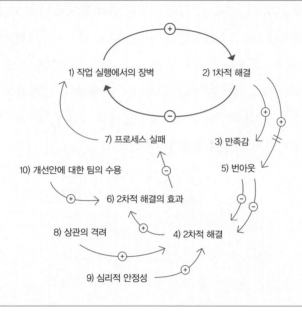

받아야 할 치료를 받게 했으니 마치 '영웅이 된 느낌'을 받는다고 설명했다. 여분의 병상을 얻으려 계단을 뛰어 내려가거나 미처 챙기지 못한 약을 받기 위해 약제실로 달려가는 등, 업무 장벽을 극복하는 과정에서 만족감(3)을 얻는다. 하지만 만족감과 2차적 해결(4)의 관계는 마이너스 관계다. 즉, 영웅이 된 느낌은 2차적 해결 시도에 대한 동기를 약화시킨다(이쯤이면 되겠지!).

더 부정적인 상황은, 시간이 지남에 따라(화살표 사이 빗금) 간호사가 1차적 해결에 쏟는 노력과 시간이 길어질수록 번아웃 (5)이 쉽게 찾아온다는 점이다. 이는 2차적 해결 효과(6)를 더욱 감소시켜 노력 효과를 반감시키고, 프로세스 실패(7)가 계속 발생하도록 한다. 시스템 속에 있다 해서 1·2차적 해결 사이가 균형적이라 생각하는 건 **착각**[17]이다. 물론 단기적으로 보면 균형적으로 보이지만, 시간이 지남에 따라 그 균형은 악화된다.

이런 문제 있는 시스템 속에서 간호사가 해야 할 일은 무엇일까?

지렛대 찾기

과자를 사 달라고 떼쓰는 자녀에게 규칙적인 낮잠 시간 부여 등 긍정적 방향으로의 전환과 제한 두기를 실천하는 것은 일종의 '지렛대' 역할을 한다. 이제 이 지렛대 사용을 위해 시스템의 경계를 다시 그려 보자. 임시방편 대신, 한발 물러나 지금 상황에서 합당하다고 생각되는 결정이 추후 어떤 결과를 가져올지를 예측하는 것이다.

스트레스를 술로 푸는 상황에서 경계를 넓히면, 술보다는 운동이 스트레스 해소에 더 좋은 수단임을 알 수 있다. 시스템의 경계를 확장해 새로운 요소(운동)를 도입함으로써 실패한 해결책(음주)으로 인해 발생하는 역학 관계(알코올의존증)를 멈출 수 있다.

'도표 14' 왼쪽 부분을 보면, 역학을 바꾸고 시스템 개선을 유도해 2차적 해결을 활성화하는 세 가지 요소가 있다. 먼저 상관의 격려(8)는 2차적 문제 해결 시도를 늘려 프로세스 실패를 줄이는 첫 번째 지렛대다. 심리적 안정성(9)을 통해서는 서로가 문제 해결에 대한 아이디어를 터놓고 말할 수 있다. 개선안에 대한 팀의 수용(10)은 아이디어 제안 및 채택 가능성을 높인다.

이렇듯 시스템 개선을 위한 지렛대는 언뜻 시스템 바깥에 있는 것처럼 보인다. 업무 장벽에 대응하는 1차적 해결이 이를 보여 준다. 하지만 시스템의 경계를 의식적으로 다시 (넓게) 그리면, 해당 문제에 영향을 미치는 다른 요인까지 보인다. 이를 통해 원치 않는 결과를 초래하는 요인, 원치 않는 결과를 바꾸는 데 도움이 될 만한 요인을 봐야 한다.

물론! 1차적 해결의 유혹을 거부하긴 어렵다. 이미 커져 버린 컨테이너선을 작게 만들 수는 없다. 하지만 기대 효과(선박의 대형화가 지금은 합리적이지만, 그만큼 가용 항구 수가 제한돼 병목 현상이나 하선 지연의 가능성이 커져 궁극적으로는 문제가 됨)의 책임을 자신에게 지우면 시스템 설계나 변경 때 더욱 신중한 자세로 임할 수 있다.

그 예로, 탄소 배출 없는 항로를 도입해[18] 해운 업계의 온실가스 배출 감소를 목표로 하는 탈탄소화 경쟁은 항만과 대형 선박까지 시스템 변경에 포함한다. 이렇듯 시스템 설계는 달성하고자 하는 목표를 명확히 하는 데서 시작해야 한다.

좋은 시스템 설계 사례

인센티브가 오히려 독으로 작용하는 팀에서 근무해 본 적 있는가? 몇 년 전 나는 한 제약 업체의 팀워크 개선 프로젝트를 진행했다. 업체 경영진은 다양한 전문가가 팀을 이뤄 혁신해야만 지식 집약적 비즈니스가 성공한다는 사실을 잘 알았다. 자연히 협업 과정을 좀 더 쉽게 만드는 데 진심 어린 열정을 보였다. 하지만 문제가 있었다. 여전히 사원 순위를 최고부터 최하까지 매겼기 때문이다. 이 제도는 수년간 개정되거나 없어지지 않고 혁신의 걸림돌로 작용했다.

이런 종류의 단절은 자주 발생한다. 경영에서 관리 루틴은 해당 전문가가 팀 시스템에서 필요한 논리를 반영해 설계하기 마련이다. 하지만 그 시스템의 다른 부분에서 의도치 않은 결과가 터져 업무를 방해하기도 한다.

예를 들어, 한 소매 업체가 주중 쇼핑객 유치를 위해 항상 금요일에 했던 프로모션 행사를 수요일에 하기로 했다 본사 및 경영진 입장에서는 꽤 일리 있는 아이디어로 보인다. 하지만 매장 관리자에게도 그럴까? 행사 날짜를 옮기면 실무자가 그간의 생활 패턴을 바꿔야 하고, 이러한 변화는 결근이나 퇴사로 이어진다.[19]

내가 오랜 기간 시스템을 연구했으니, 나의 가족이 그 혜택을 누린다고 당신이 생각할 수도 있다. 하지만! 전혀 그렇지 않다. 나 역시도 임시방편의 유혹에 자주 빠지곤 한다. 큰아들 잭이 야구 원정 팀에 합류하고 싶다고 했을 때 그 자리에서 바로 "좋아!"라고 대답한 것이 그런 경우다(해당 예시의 주인공은 바로 나였다). 아마도 자녀를 행복하게 만들어 주고 싶다는 동기 때문이었던 것 같다. 당연히 그 이후의 생활은 너무나 힘들었다.

평일 밤이면 잭은 벤치에 몇 시간씩 앉아 있고, 막내아들 닉이 관람석에서 뛰어다녔다. 가족이 함께하는 저녁 식사는 생각조차 할 수 없었고, 나는 장거리 운전에 지쳐 갔다. 그는 숙제할 시간이 부족하다며 늘 투덜댔다. 그렇게 가족 시스템에서 야구는 엄청난 비중을 차지하며 삶을 파먹었다. 다행히도 이 붕괴는 한 시즌까지만 이어졌다.

시스템적 사고는 더 나은 시스템 설계를 가능케 한다. 기업 경영 시스템 혹은 가족 일정에 시스템적 사고를 적용해 품질이나 안전, 혁신 같은 핵심 우선순위를 강화할 수 있다. 그 좋은 사례를 소개해 보겠다.

혁신을 위한 시스템: 쓰리엠

실패한 결과물을 뛰어난 제품으로 성공시키는 확률을 높이려면 어떻게 해야 할까? 먼저, 호기심이 넘치고 기꺼이 위험을 감수하는 이들을 불러 모으는 시스템이 있어야 한다.

그다음 경계를 넘나드는 시도를 장려하고 축하하며, 그 시도를 위한 자원과 여유 시간도 줘야 한다. 교훈적 실패를 독려하고 판을 뒤엎는 시도까지 환영해야 한다. 수익의 상당 부분을 신제품, 혁신의 과정 및 경험에서 창출하겠다고 공개 선언해야 한다. 고독한 천재가 혁신을 만들지 않는다. 전체는 부분의 합보다 더 크다.

앞에서 봤던 포스트잇 이야기를 마저 하겠다. 실버가 접착제 발명에 실패하고 몇 년 후, 쓰리엠의 또 다른 연구원이었던 아서 프라이Arthur Fry는 타탄파크 골프장에서 자주 골프를 쳤다. 쓰리엠 사원용이었던 그 골프장은 서로가 소통하고 머리를 식히도록 장려하는 시스템 요소 중 하나였다.

프라이가 골프장을 자주 방문한 이유는 따로 있었다. 동료가 무슨 일을 하는지 늘 궁금해하고 아이디어를 주고 싶어 했던 그였기에, 회사에 어떤 일이 있는지 알기 위해 주기적으로 골프를 쳤던 것이다. 그러던 어느 날, 두 번째 홀에 도착한 그는 동료에게 몇 가지 가벼운 질문을 던졌다.

그런데 한 동료가 "실버라는 친구가 있는데요"라며 말문을 열었다. 그 동료는 실버가 만든 실패한 접착제에 대해 설명했다. 쓰리엠 혁신 시스템의 또 다른 요소인 '기술포럼'[20]이 없었다면 이들의 대화는 골프장에서 끝날을지 모른다. 기술포럼은 사원이 강연자로 나서 서로의 아이디어를 나누는 자리였다. 실버는 금속에 접착제를 쓰는 데[21] 실패한 사례를 기술포럼에서 발표했고, 프라이는 그 내용을 들었다.

그즈음 실버는 다른 프로젝트에 배정됐지만, 자신이 개발했던 그 접착제 '아크릴레이트 코폴리머 마이크로스피어Acrylate copolymer microspheres'에 충분한 잠재력이 있다 확신했고, 특허까지 출원했다. 실패한 접착제에 대해 끊임없이 생각하고 고민하는 그의 모습에 주변 동료는 '미스터 퍼시스턴트Mr. Persistent'[22]라는 별명까지 붙여 줬다.

실버와 프라이는 진지하면서도 유쾌한 방식으로 탐구를 즐기는 실패 전문가였다. 이들 자체가 훌륭한 과학자였다. 하지만 혁신을 위한 쓰리엠 시스템의 중요성도 우습게 봐선 안 된다. 그렇다면 쓰리엠에는 이 외에도 혁신 시스템이 또 있었을까?

경영 효율성을 중시하던 쓰리엠에서 가장 급진적인 시스템 중 하나는 엔지니어가 근무시간의 15퍼센트를 '기발한' 아이디어를 짜는 데[23] 쓰도록 한 것이었다. 아이디어의 성패는 전혀 상관없었다. 훗날 구글과 아이데오 등도 이 정책을 채택했다. 이 정책의 목적은, 수많은 실패 속에서 한 번씩 걸출한 성공이 나온다는 기대 때문이었다. 경영상 인내만 있다면 분명 효과적인 제도다. 그만큼 눈앞의 수익을 넘어 미래의 수익까지 고려하도록 시스템의 경계를 확장하는 작업이 필요하다. 프라이가 실버를 만났을 당시, 쓰리엠의 가장 큰 성공작은 테이프였다. 그 유명한 스카치 매직 테이프부터 녹화용 자기테이프, 이중 코팅 테이프 등이었다.

1974년, 미네소타주 세인트폴의 일요일 아침에 일어난 일이다. 그날 프라이는 교회 예배에서 찬송가 페이지를 찾기 위해 연신 엄지손가락을 움직이는 중이었다. 그러다 문득 실버의 접착제가 문득 떠올랐다.

수요일 저녁에 성가대 연습을 할 때 프라이는 일요일 예배 때 부를 찬송가를 미리 표시해 두기 위해 종잇조각을 해당 페이지에 끼워 두곤 했다. 그런데 그 종잇조각이 바로 날아가 버리는 게 문제였다.[24] 그는 퍼뜩 이런 생각이 들었다.

'날아가지 않고 종이에 붙는 책갈피가 있으면 좋겠어!'

실버의 접착제가 이 문제를 해결할지도 모른다는 생각이
들었다.[25]

다음 날 출근한 프라이는 곧바로 접착제 샘플을 구해 실험
을 시작했다. 동료들의 반응은 시큰둥했다.[26] 하지만 그는 집 지
하실에 공간을 만들고, 종이에 붙는 책갈피를 생산하는 기계 제
작에 돌입했다.

그로부터 한참 시간이 지나 일흔 후반이 된 프라이는 포스
트잇을 개발하기까지 6년간 일어난 일은 "결코 우연이 아니었
다"[27]라고 단언했다. 일련의 교훈적 실패가 준 결과였다. 그 교
훈적 실패 뒤에는 혁신을 위한 끈기 있는 도전을 장려하도록 설
계된 쓰리엠 시스템이 있었다.

포스트잇 개발 과정에서 프라이가 극복해야 했던 몇 가지
장벽을 살펴보자. 먼저, 종이의 접착제가 일관되게 끈적이도록
해야 하는 문제가 있었다. 이 문제를 해결해야만 동료 및 상관
에게 보고할 수 있었다. 당연히 성공 여부는 불투명했다. 또한
멋진 아이디어라 해도 과연 얼마나 많은 사람이 구매할 것인지
도 미지수였다.

이후 프라이가 "유레카!"[28]라 일컬었을 때는, 포스트잇 샘
플에 내용을 적어 보고서를 올렸는데, 상관이 그 샘플에다 답장
을 써 준 순간이었다. 자유자재로 붙였다 뗄 수 있는 **메모지!** 처
음 생각했던 책갈피보다 더 많은 사람이 쓸 수 있을 듯했다.

자유롭게 붙였다 뗄 수 있는 메모지에 대한 프라이의 설명
에 확신을 얻은 쓰리엠 경영진은 먼저 소량 생산을 하기로 했다.

하지만 그 발걸음은 이내 좌절로 바뀌었다. 프레스 앤 필_{Press'n}

Peel이란 이름으로 생산된 메모지가 초기에 별다른 반응을 얻지 못했기 때문이다.

프라이는 첫 번째 판매 시도가 실패로 끝났다 판단하고 다음 작전에 들어갔다. 이번엔 다른 타깃을 대상으로 마케팅을 하기로 했다. 그 대상은 바로 동료였다. 그렇게 동료에게 제품을 한 묶음씩 나눠 주고, 다 쓰면 더 주겠다고 했다.

그리고 프라이는 동료마다 메모지를 얼마나 많이 썼는지를 꼼꼼하게 기록했다. 확인 결과 1인당 연간 최대 20묶음을 사용한 것으로 나타났다. 이후 사내에서 몇 차례 더 테스트를 실시했고, 쓰리엠은 마침내 1980년부터 집중적인 마케팅을 시작했다.[29] 포스트잇 신화의 시작이었다.

품질을 위한 시스템: 토요타

기본적 실패를 줄이고 지속적 개선을 촉진하는 시스템 설계에서 토요타를 능가하는 기업은 많지 않다. 수십 년에 걸친 실험을 통해 발전한 토요타의 시스템을 TPS라 한다. 많은 제조업 전문가는 TPS가 부분의 합보다 훨씬 더 많은 가치를 창출한다고 평가한다.

앞에서 본 안돈 코드부터 살펴보자. 안돈 코드는 TPS에서 가장 잘 알려진 요소로, '우리는 여러분의 의견을 듣고 싶다, 특히 문제 상황에 대한 의견을 수렴해 이를 개선하고 싶다'라는 정신이 담겼다.

오류로 인해 다음 단계가 중단되기 전에 미리 오류를 막고자 하는 열망은 시스템 효과에 대한 직관적 인식을 나타낸다. 아무리 작은 오류라도 바로잡지 않고 방치하면 다음 단계에서 큰 오류로 돌아올 수 있다.

TPS의 또 다른 주요 요소는 낭비를 최대한 줄이는 데 있다. 과도한 재고 역시 낭비의 일종이므로(비어 게임을 떠올리자!) 적시생산Just-In-Time, JIT을 목표로 한다. JIT는 안돈 코드와 보완 관계에 있다. 이들이 함께 작동해 생산 중인 제품의 결함을 제때 발견해 고치도록 한다. 이를 통해 학습된 내용을 시스템에 다시 반영함으로써 지속적 개선이 이뤄진다.

토요타 시스템을 다룬 기사와 책은 수없이 많다. 그렇기에 이 시스템의 복잡성과 작동 원리에 대해서는 설명을 생략하겠다. 다만, 내 제자 스티븐 스피어Steven Spear와 하버드대 동료 켄트 보언Kent Bowen이 TPS를 요약한 내용은 참고할 만하다.

(⋯) 핵심은, TPS가 일종의 과학자 커뮤니티를[30] 구성한다는 데 있습니다. 토요타는 제품 사양을 정의할 때마다 테스트해야 할 일련의 가설을 수립했습니다. 과학적 방법을 따르는 것이죠. 토요타는 현재 상황에 대한 구체적 평가와 개선 계획, 즉 제안된 변경 사항에 대해 실험적 테스트를 시행하는 문제 해결 절차를 사용합니다. 이런 엄격함이 없다면, 토요타의 변화는 그저 시행착오나 임시방편에 지나지 않을 것입니다.

'과학자 커뮤니티'를 만든다는 구절에 당신은 적잖이 놀랐을 것이다. 자동차 공장에서 과학자 커뮤니티라니! TPS 외에도 쓰리엠, 아이데오의 혁신 시스템도 똑같다. 과학자 커뮤니티를 구성한다. 즉, 주어진 가설이 옳겠거니 생각하기보다 '겸손하고 호기심 어린 태도로' 가설을 검증하려는 과학자처럼 행동하라는 것이다.

다만 토요타와 쓰리엠 시스템에는 차이가 있다. 실험의 범위와 재량 측면에서 그렇다. 토요타의 경우 '원치 않는 변수 제거, 완벽한 품질 보장'을 위해 노력한다. 이와 대조적으로 쓰리엠에서는 '틀에 박힌 사고에서 벗어나, 세상에 없던 제품을 마음껏 상상하고 실험하기'를 위해 노력한다. 공통점도 있다. 모두 심리적 안정성이 핵심적 역할을 한다.

경영자이자 작가인 제임스 와이즈먼James Wiseman이 〈패스트 컴퍼니〉 기자에게 들려준 이야기³¹를 살펴보자. 제조 분야에서 상당한 경험이 있던 와이즈먼은 1989년 토요타에 합류해 켄터키주 홍보 프로그램 관리를 맡았다. 그리고 그는 토요타에서의 경험에 놀라움을 금치 못했다고 한다. 참고로 당시 켄터키주 공장장이었던 조 후지오는 훗날 토요타 회장에 오른다. 어느 금요일, 간부 회의에 참석한 그는 토요타 시스템에 대한 그의 고정관념을 완전히 바꾼다. 그날 회의 중에 발언권을 얻어 몇 가지 업무 성공 사례를 보고하는 상황이었다.

"회의에서 그간 진행한 활동에 대해 보고했습니다. 아주 긍정적으로요. 약간의 자랑도 곁들여서."

여기까진 특별할 게 없다. 상관 앞에서 성과를 자랑하거나 자신의 업무를 긍정적으로 설명하는 회의 풍경은 너무나 익숙하기에. 우리 모두 비슷한 경험이 있을 것이다! 그런데 그날 회의는 특이한 방향으로 흘러간다.

"그렇게 2~4분간 보고하고 자리에 앉았습니다. 그런데 후지오 씨가 굉장히 당황한 표정으로 저를 쳐다보더군요. 그러더니 이렇게 말했습니다. '당신이 능력자인 건 여기 사람들이 다 알아요. 그렇지 않았으면 우리가 고용하지도 않았겠죠? 그러니까 여기서는 우리가 해결해야 하는 문제를 이야기해 주세요.'"[32]

이때 와이즈먼은 "뒤통수를 세게 맞은 것 같았다"[33]라고 말했다. 그러면서 대체로 성공적이었던 프로젝트에서도 토요타는 무엇이 잘 안 됐는지, 어떻게 하면 더 잘할 수 있는지를 묻곤 했다는 것을 떠올렸다.

그날 와이즈먼이 발견한 것은 TPS의 핵심 요소였다. 즉 '문제 해결은 팀 스포츠'라는 뿌리 깊은 믿음 말이다. 우리는 유능한 전문가라면 **대부분**의 업무를 성공적으로 수행하리라 기대한다. 그러니 굳이 소중한 시간을 들여 성공담을 들을 필요가 없다 여긴다. 후지오의 '당황하는 표정'은 바로 이 때문이었다. 회의에서 기대한 것(문제를 공유하고 함께 해결하기) 대신 다른 행동(자랑)이 나온 것이다.

하지만 후지오처럼 당황해할 상관은 생각보다 없다. 내가 연구한 기업 중 99퍼센트가 그렇다. 우리는 누군가에게 자신의 성과와 좋은 소식을 뽐내도록 사회화됐다. 자연스러운 것이다.

내가 보기에 TPS의 가장 인상적인 결과는 나쁜 소식, 도움 요청, 각종 문제 등의 실패를 '정상화한다'는 점이다. 그렇게 과학자 커뮤니티가 탄생한다.

품질 보장 및 개선을 위한 시스템은 일상에도 쉽게 적용할 수 있다. 자녀를 등교시킬 때만 봐도 복합적 실패가 자주 일어난다. 자녀는 더 자고 싶다며 떼쓰고, 숙제를 빼먹고, 내일 일정을 두고 따지기도 한다. 그렇게 아침 시간은 스트레스로 가득해지고 일련의 계획이 어긋난다. 하지만 작은 변화로도 이 문제는 해결 가능하다.

먼저, 알람을 10분만 일찍 맞춰도 여유가 생긴다. 입을 옷을 전날 밤에 정해 둬도 좋다. 시스템을 개선하는 작은 변화를 테스트할 기회는 얼마든지 있다. 여기서 핵심은 아침 시간을 구성하는 가변적 요소 간 관계에 집중하는 것이다. 그러니까 자녀가 학교생활에 대해 어떻게 느끼는지, 평소 아침 식사 시간은 얼마나 걸리는지, 숙제는 완료했는지 등이 해당된다. 이러한 요소 간 관계를 명확히 알면, 전날 밤에 안돈 코드를 잡아당길 수 있고, 다음 날 등교가 늦어지는 걸 막는다. 숙제는 전날 밤에 미리 확인해 보고, 아침 식사 시간이 부족하다 싶으면 간식을 챙겨 보내면 된다.

그렇다면 가변적 상황에서 기본적 실패와 복합적 실패를 모두 방지하는 시스템은 어떻게 설계할까? 그 답은 병원에 있다.

안전을 위한 시스템: 미니애폴리스 아동병원

대형 병원에서는 의료진과 환자 사이에 수많은 상호작용이 매일 일어난다. 여기서의 복합성과 가변성이 결합하면 어지러울 정도로 복합적 실패가 발생할 수 있다. 4장에서 본, 매튜에게 치사량 수준의 모르핀이 투여된 사건에는 최소 일곱 가지 원인이 복합적으로 작용했다. 다행히도 제때 심각한 상황을 막았다.

병원에서 매튜의 상황은 매우 위험하므로, 그저 운이나 영웅심에 의존하는 건 어리석은 일이다. 학습을 위한 시스템을 설계하는 것이 도움이 된다. 여기서 학습이란 '잘못된 실패를 피하면서 치료를 지속적으로 개선하는 것'이다. 이 같은 시스템을 고민하기 시작한 건 불과 20년 전의 일이다.

나는 환자 안전을 위해 노력 중이던 줄리안 모라스Julianne Morath의 활동을 연구했었다. 환자 안전에 대한 중요성을 누구보다 강하게 설파했던 모라스는 병원 내 학습 시스템을 만드는 이니셔티브를 이끌었다.

1999년 미니애폴리스 아동병원에 부임한 모라스는 의료계의 뿌리 깊은 ABC 모델에서 병원 문화가 형성됨을 확인했다. 여기서 ABC란 고발Accuse, 비난Blame, 비판Criticize의 머리글자를 따 만든 조어다.[37]

고발, 비난, 비판이 만들어 낸 문화를 바꾸기 위해 모라스는 병원 운영에 몇 가지 새로운 요소를 도입했다. 각 요소만 보면 매우 단순하고 부적절하게 보이겠지만, 이들이 어우러져 놀랍도록 효과적인 학습 시스템을[38] 만들었다. 그 내용은 뒤에서 확인 가능하다. 이후 그는 종종 포럼을 열어 오늘날 의료사고가 만연하다는 연구 결과를 발표했는데, 당시 미국 병원에서만 매년 9만 8,000명이 의료사고로 사망하는 것으로 집계됐다.[39]

내가 모라스를 처음 만났던 2001년 1월, 그는 미네소타주 미니애폴리스 아동병원의 최고운영책임자coo였다. 차분하고 온화하면서도 명료한 인상의 그는 병원 내 모든 이들이 '환자 안전 100퍼센트 달성'[34] 목표에 동참하도록 교육하고 독려했다.

그 뒤로 모라스는 미국 전역에서 환자 안전 캠페인을 이끄는 리더로 성장해 많은 기여를 했다. 의료 업계에 상당한 영향을 끼친 보고서 〈To Do No Harm(해를 끼치지 말라)〉[35]을 쓰고, 의료개선협회 산하 국립환자안전재단의 루시안리프연구소[36] 설립을 도왔으며, 공동위원회의 선출직 위원으로 임기를 마쳤다.

오류에 대한 인식을 바꾸라

오류에 대한 우리의 인식을 바꾸기 위해 모라스가 강조한 부분 중 하나는, 의료 서비스가 본질적으로 '오류에 취약하고 복잡한 시스템'[40]이라는 것이다. 그래서 원하든 원하지 않든 간에 병원은 오류가 발생할 수 있는 시스템일 수밖에 없다고 이야기했다. 제일 중요한 것은, 환자에게 피해가 가기 전에 오류에 대해 빠르게 공유함으로써 문제 해결을 도와야 한다는 사실이었다.

모라스는 페로의 말을 인용해 일부 시스템은 본질적으로

위험하다는 사실을 모두가 이해하도록 했다. 즉, **누군가에게 책임이 있다고 가정하지 말라**는 것이다. 의료사고를 한 사람의 책임으로 돌리면 다들 비난과 수치심이 두려워 사고를 덮기 바쁘다. 그는 의료사고를 스위스 치즈 모델에 비유해 설명하곤 했는데, 의료사고는 한 사람의 실수가 아니라 일련의 프로세스 실패가 연쇄적으로 발생한 결과라는 것이다.

이 같은 모라스의 접근법에 미니애폴리스 아동병원 내 반발은 매우 심했다. 병원 안전에 문제가 있다고 여기지 않았기 때문이다. 물론 그들 중 상당수는 의료사고를 경험했고, 이를 솔직히 밝히지 못했기에 수치심을 느꼈을 것이다. 이에 대해 그간 누구도 공개적으로 말한 적이 없었다.

질문을 활용하라

모라스는 의료진이 실패를 인정하고 받아들이도록 어떻게 도울지 고심했다. 그의 논리는 한마디로 이렇게 정리된다.

"우리는 복잡한 시스템에서 일하지 않는가? 일이란 잘못될 수 있다!"

모라스는 의료진에게 자신의 논리를 억지로 주입하는 대신, 매주 환자와의 경험을 복기하게 했다. 그리고 이렇게 물었다.

"모든 의료 절차가 당신이 원한 만큼 안전하게 진행됐나요?"[41]

이 질문이 그야말로 물꼬를 텄다. 모라스의 말을 빌리면 다들 뭔가 제대로 돌아가지 않은 상황을 겪었다.[42] 문제 상황을 복기하고 나자 문제가 보였고, 이를 어떻게 개선할지에 대해 터놓고 이야기하고 싶어 했다.

모라스는 이 욕구를 충족하기 위해 환자안전운영위원회 PSSC[43]를 설립했다. 그가 만든 시스템의 구심점인 PSSC는 의료진 전체의 다양한 관점이 공유되도록 여러 부서로 구성된 다단계 팀이었다.

먼저, PSSC의 핵심 루틴은 **'책임 없는 보고'**였다. 이를 통해 모두가 오류나 실수를 거침없이 말하도록 했다. 3장에서 본, 안전을 진지하게 고민하는 많은 기업과 가정 역시 이와 비슷한 루틴을 따른다.

그리고 '처벌에 대한 두려움 없이' 모든 직급과 직위의 사원이 익명으로 소통하는 도구와 절차를 도입했다. 이를 통해 모두가 자유롭게 목소리를 낼 뿐 아니라, 병원은 시스템상 오류가 발생할 가능성이 있는 약점에 대한 정보를 모을 수 있었다. 또한 사고의 단일 원인이 아니라 다중 원인 방식의 보고가 가능했다.

언어를 바꾸라

환자 안전 시스템의 또 다른 요소는 모라스가 이름 붙인 '업무용 언어'[44]다. 이는 비난에서 학습으로 전환하는 데 도움을 주기 위해 도입됐다.

예를 들어, 모라스는 '조사'처럼 사람을 방어적으로 만드는 위협적 단어를 '학습' 같은 중립적 단어로 대체했다. 사고 발생

직후 사고의 전반적인 원인 파악을 위해 '집중사건연구팀'을 만든 것도 같은 이유에서였다. 이런 과정에서 나온 결과는 유사한 오류 방지를 위한 프로세스 개선에 도움이 됐다. 즉, 2차 해결을 위한 수단으로 활용된 셈이다!

모라스의 이런 노력이 성공했던 건 구성원의 솔직함을 장려하고 비밀 보장을 위해 일련의 명시적인 규범과 규칙을 적용했기 때문이다. 심리적 안정성을 교육받은 관리자는 누군가 심적으로 불편함을 느끼거나, 반대 의견 공유에 주저함을 나타내는 비언어적 신호에 주목했다. 또 집중사건연구팀에서는 조사 결과를 문서화함으로써 학습한 내용을 팀 전체에 공유하도록 했다.

시너지를 중요시하라

환자 안전 시스템을 위한 일련의 구성 요소는 서로가 함께 작동할 때 시너지가 난다. 예를 들어, '업무용 언어'는 '책임 없는 보고'를 통해 촉진된 오류 보고 의지를 강화한다. 오류 예방 교육은 의료사고에 대한 시스템적 관점과 결합해 수치심과 비난 등을 제거한다.

거듭 말하지만, 전체는 부분의 합보다 크고 중요하다. 새로 설계한 시스템이 새로운 지원 요소를 창출하기 시작하면 그 시스템이 제대로 작동한다는 뜻이다. 미니애폴리스 아동병원에서도 같은 일이 일어났다.

일선 간호사는 환자 안전 시스템의 두 가지 요소를 추가로 구현했다. 바로 '안전조치팀'과 '아차사고팀'[45]이었다. 안전조치

팀은 임상 영역에서 잠재적 위험을 식별하고 줄이기 위해 모인 간호사 팀이었다. 이를 통해 실제로 2차 해결이 가능했다.

아차사고팀은 말 그대로 아차 사고를 '축하'하기 위한 수단이었다. 간호사는 아차 사고 사례를 문서화함으로써 프로세스 개선의 기회를 추가적으로 발견했다. 쓰리엠과 토요타 시스템과 마찬가지로, 미니애폴리스 아동병원 역시 강력한 학습 시스템을 만들어 환자 안전에 모든 의료진이 적극적으로 참여하도록 했다.

모라스의 접근법은 단순히 제도 하나만 바꾼다고 시스템 설계가 성공하는 게 아님을 일깨워 준다. 여러 구성 요소와 제도를 검토하고 그것이 어떻게 작동하는지 충분히 검토해야 한다.

나와 로베르토, 터커가 2001년 쓴 모라스에 관한 사례연구로 강의를 할 때, 나는 깜짝 놀라곤 한다. 기업 경영진이나 경영대학원 학생 모두 처음에는 시스템이 전체적으로 어떻게 작동하는지 파악하려 노력하기 때문이다. 물론 부문만을 나열해 좋거나 나쁘다고 판단하며 숲을 보지 못하는 경우도 있다. 하지만 비어 게임에서의 결과처럼, 전체가 부분의 합보다 크다는 사실을 깨달으면 그들은 더욱 희열을 느낀다.

실패 시스템 이해하기

시스템을 이해하는 것은 옳은 실패를 실천하기 위한 세 가지 역량 중 마지막이다. 제대로 된 시스템 인식은 부분이 아니라 전체를 보는 훈련에서 시작된다. 경계를 다시 넓게 그린 다음에 시스템 전체와 그것을 형성하는 관계를 봐야 한다.

우리는 많은 교육과 업무를 통해 줄곧 '부분을 진단해 전문가가 되는 법'을 배웠다. 자연히 부분을 하나로 묶는 관계를 바라보는 것의 필요성은 간과했다. 하지만 예방 가능한 실패를 줄이고, 옳은 실패를 하려면 시스템의 가치를 발견하고 이와 관련한 지식을 적극 사용해야 한다.

그렇게 시스템을 이해하면, 우리 주변의 모든 실패가 '한 사람만의 책임이 아니다'라는 사실을 깨닫는다. 그렇다고 책임에 면벌부를 주자는 게 아니다. 그저 예측하거나 통제할 수 없는 복잡한 더 큰 시스템 속에 우리가 살아간다는 뜻이다. 시스템적 사고는 품질, 안전, 혁신 같은 명시된 목표를 효과적으로 달성하는 시스템을 설계하도록 돕는다.

시스템적 사고나 시스템 설계가 쉽고 단순한 역량은 아니다. 시스템에는 끝없는 복잡성이 있다. 경계는 늘 달라진다. 시스템 속에서 어떤 부분까지 자신의 관심 분야로 두는지는 각자 판단에 맡길 문제다. 이는 지극히 개인적인 판단의 문제다.

그러나 시스템 경계를 정확히 파악하는 게 가장 중요한 것은 아니다. '정확히'보다는 '신중히' 파악하자는 것이다. 정답이 없기에 꽤 힘든 작업이다. 하지만 결정과 실행에 힘을 실어 주기도 한다. 당신의 선택에 따라 실험과 학습의 기회가 확대되기 때문이다.

8장

옳은 실패로 성공하라

내가 경기에 진 건 실패가 아니다.
연구일 뿐이다.

빌리 진 킹

바르브-니콜 퐁사르댕 클리코Barbe-Nicole Ponsardin Clicquot가 스물일곱 살에 갑작스레 미망인이 됐을 때, 모두는 그가 어머니로서 조용히 살아갈 것으로 기대했다.[1]

니콜은 1777년 프랑스 랭스에서 태어났다. 당시 여성은 재산을 가질 수도, 남편을 대신해 가정의 재정적 결정을 내릴 수도 없었다. 하지만 이제 남편의 죽음이라는 비극적인 상황으로 니콜은 완전히 새로운 상황에 놓였다. 미망인은 거의 모든 재정적 자유를 누릴 수 있었기 때문이다.

니콜은 남편의 유지를 바탕으로, 샹파뉴 지역에서 와인 사업을 키우던 부부의 꿈을 계속 이어 갔다. 미망인에게는 사업을 경영하고, 새로운 아이디어를 시도하며, 또 실패하고 성공할 기회가 주어졌다. 부유한 집안에서 태어난 니콜은 딱히 예쁘진 않았다. 그렇다고 화려한 옷이나 사교 행사를 즐기지도 않았다(그때 인스타그램이 있었다면 그의 외모보다는 와이너리 사진이 더 많은 '좋아요'를 받았을 것이다).

니콜의 남편은 랭스의 부유한 상인 가문 자손인 프랑수아 클리코Francois Clicquot였다. 두 사람은 퍽 잘 어울렸다. 결혼 후 6년간 위험 요소가 많은 와인 사업을 일구며 배워 나갔다.

당시 프랑스 북동부 샹파뉴 지역은 화이트 와인으로 유명했지만 유럽 전역, 특히 러시아에서는 거품 있는 술이 유행하기 시작했다. 넓은 포도밭을 소유한 프랑수아 가문은 본업인 은행업과 섬유 무역에 더해 와인 유통에까지 진출했다.

사업 확장을 위해 프랑수아는 한 번에 몇 달씩 독일과 스위스 등지로 출장을 다니며 거래처를 텄다. 당시 샹파뉴 지역 와인 판매는 저조했다. 그들의 고객은 소수 귀족뿐이었는데, 다른 와이너리와의 경쟁까지 치열했다. 첫 출장의 성과도 미미했다.

날씨도 도와주지 않았다. 어느 해 프랑수아와 니콜은 처음으로 제법 많은 와인을 주문받았지만, 그해 여름이 지나치게 건조하고 더워 포도나무가 시들기 시작했다. 포도 재배와 수확은 물론 와인 제조, 병입, 배송까지 모든 단계에서 실패의 가능성이 짙었다. 하지만 부부는 포기하지 않았다. 그들은 결단력과 근성이 강했다.

프랑수아와 니콜은 인근 포도밭과 농장을 돌며 와인을 시음하고 공부하기 시작했다. 세일즈맨 루이 본느Louis Bohne를 고용하기도 했다. 부부는 새로운 시장을 과감하게 정복하겠다는 희망으로 본느를 1년간 러시아로 보냈다. 하지만 이는 잘못된 선택이었음을 뒤늦게 깨달았다. 그해 여름은 오히려 너무 습해 포도 수확에 실패했다. 그렇게 6년간 노력했지만 별다른 성과가 없었다. 안 좋은 일은 겹쳐서 오는 법이다. 1805년 10월, 프랑수아가 전염성 열병으로 사망하고 말았다.

혼자 남은 니콜은 놀라운 결단을 내렸다. 와인 사업을 잇기로 한 것이다. 사업은 거의 파산 직전이었고, 동업자이자 남편의 죽음으로 성공 가능성은 그 어느 때보다 희박했다. 하지만 그는 직관적으로 상황을 인식하는 능력을 발휘했다.

불확실성이 높았기에 실패 가능성도 컸지만, 위험은 감당 가능한 수준이었다. 또 시가에서 지원을 받을 수도 있었다. 니콜이 시가를 설득해 투자만 받는다면 말이다. 은행업과 섬유 무역만으로도 집안의 금고는 두둑했지만, 그는 샴페인에 대한 열정을 버릴 수 없었다.

당시 니콜이 매우 똑똑하고 유능한 사람이었을 것으로 추정되는 여담이 하나 있다. 그는 남편의 유산을 담보로 시아버지 필리프Philippe에게 자금 융통을 요청했다. 지금 가치로는 100만 달러로 상당한 금액이었다.

사업적 위험에도 불구하고 필리프는 이를 흔쾌히 수락했다. 단, 한 가지 조건이 있었다. 와인 생산자인 제롬 푸르노Jérôme Fourneaux 밑에서 4년간 와인 생산과 무역 기술을 배우라는 것이었다. 불확실성이 가득한 새로운 영역에 뛰어든 니콜은 열심히 일하고 준비하며, 그간의 지식과 경험을 바탕으로 최대한 많은 것을 배워야 했다.

당시 프랑스 황제였던 나폴레옹 1세(나폴레옹 보나파르트)가 유럽 전역에서 12년에 걸쳐 전쟁을 치렀기에 사업 환경 역시 여러모로 좋지 않았다. 무역에 제한이 생겼고, 항구는 불시에 봉쇄됐다. 배로 옮기는 중 와인 병이 폭발하는 일도 빈번했다. 어느해에는 암스테르담에서 기착 시일이 늦어져 5만 병이 넘는 와인중 3분의 1이 열을 받아 폭발하기도 했다. 여기에 전쟁이 장기간이어지다 보니 고급 와인을 구매할 고객 층도 점점 줄었다.

약속했던 4년 후, 푸르노와 니콜은 각자의 길을 가기로 했다. 푸르노는 아들과 함께 와인 사업을 시작했고, 1931년 피에르 떼땅저_{Pierre Taittinger}에게 매각했다. 이후 떼땅저는 가족의 이름으로 사업을 다시 시작했다.

이처럼 끊임없는 실패에도 니콜의 결심은 굳건했다. 그는 개인적 사색에 필요를 느끼지 않는 철의 기업가였다. 조금의 선입견 없이 매사에 실무적 디테일을 추구했다. 그렇게 샴페인의 대모로 우뚝 선 니콜은 증손자에게 이런 유언을 남겼다.

"세상은 끊임없이 움직이니 우리는 늘 미래를 향해 나아가야 한단다.² 남들보다 늘 앞서 나가면서 단호하고 엄격하게 행동하거라. 그리고 지성이 삶을 이끌도록 하거라."

그러니까 '이기기 위한 싸움'을 하라는 뜻이다.

니콜의 사업 시작 후 10년은 고통스러운 실패의 시간이었다. 물론 몇 번의 성공이 있었지만, 파산 직전까지 내몰리며 힘든 시간이 이어졌다. 그러던 1811년, 모처럼 포도 수확이 풍성했다. 게다가 그해는 76년 만에 혜성을 볼 수 있는 시기였다. 그는 상서로운 해를 기념하기 위해 코르크 마개에 별 모양을 새겼다.

그로부터 3년 후인 1814년 러시아 군대가 랭스를 점령하자, 니콜은 저장고에 쌓아 둔 샴페인을 러시아 군대에 판매했다. 전쟁 중이라 러시아에 직접 진출이 어려웠지만, 이제 그의 집 앞에는 자신의 와인 브랜드 '뵈브 클리코Veuve Clicquot'의 홍보 대사가 될 열성적인 고객이 기다리기 시작했다. 그해 4월, 나폴레옹 1세가 황제 직위를 포기하자 러시아 장교들은 랭스에서 뵈브 클리코 샴페인으로 축하 파티를 열었다.

전쟁은 끝났고, 유럽 전역이 샴페인 잔을 들고 축하하기 시작했다. 조만간 항구 봉쇄도 해제될 터였다. 그러던 어느 날, 니콜은 러시아 수출을 감행했다. 비밀리에 배를 빌려 당시 최고급으로 꼽혔던 1811년산 코멧 빈티지Comet vintage 1만 병 이상을 상트페테르부르크로 보내는 데 성공했다. 수많은 경쟁자를 물리친 후 얻은 성과였다.

당시 상황을 목격한 와인 판매자에 따르면, 니콜은 샴페인을 구하기 위해 항구에서 몸싸움까지 벌였고, 경쟁자인 루이 본느Louis Bohne 관계자의 호텔 방까지 찾아와 달라는 대로 줄 테니 와인을 자신에게 넘기라고 닦달했다 한다. 그 후 두 번째 수출도 성공적이었다. 러시아 알렉산드르 1세는 자신이 가장 좋아하는 와인 브랜드로 뵈브 클리코를 꼽기까지 했다. 그렇게 단 몇 주 만에 니콜과 뵈브 클리코는 엄청나게 유명해졌다.

샴페인 만들기는 까다롭고 비용도 많이 들며, 무엇보다 시간이 오래 걸린다. 러시아 수출이 크게 성공한 후 주문이 밀려들다 보니, 관건은 생산성 향상이었다. 설탕과 효모를 첨가해 거품을 만드는 2차 발효만 해도 몇 달이 걸렸다. 게다가 샴페인을 투명하게 만들려면 병을 옆으로 세워 보관해야 한다. 효모 찌꺼기를 병 윗부분에서 모아 버리기 하기 위함이다.

출하해야 할 물량이 급속도로 늘자, 니콜은 병을 세우고 돌릴 수 있는 특수 선반 '푸피트르pupitres'를 고안했다. 손으로 병을 세우고 돌릴 필요 없이 효모 찌꺼기가 저절로 모였다.

단순해 보이는 푸피트르의 혁신은 가히 혁명적이었고, 니콜은 더욱 유명세를 얻었다. 생산 효율성이 눈에 띄게 증가했고, 이는 샴페인 대량 생산에 결정적 역할을 했다. 그렇게 니콜이 만든 뵈브 클리코는 전후 선두 와인 업체로 우뚝 올라섰다.

1815년 여름, 뵈브 클리코는 그야말로 와인 제국이 됐다. 포기하고 싶은 순간이 수없이 많았지만 그 모든 걸 참고 견딘 니콜은 와인 업계에서 가장 성공적이고 영속적인 기업을 세웠다. 오늘날 우리가 샴페인으로 아는 투명한 샴페인이 그의 손에서 탄생한 것이다.

19세기 초, 몇 안 되는 기업가 중에서 '유일한' 여성이었던 니콜은 샴페인 산업을 글로벌 비즈니스로 탈바꿈하는 데 중추적 역할을 했다. 오늘날 우리는 선구적인 와인 제조 업자 겸 기업가로서 그의 성공을 축하하지만, 실패도 그의 여정에서 결코 빼놓을 수 없는 부분이다. 그는 실패를 두려워하지 않는 실패 전문가로서 시대를 앞서 나간 인물이었다.

반복되는 실패 속에서도 니콜이 강한 회복력을 유지했던 비결은 무엇일까? 먼저, 사업에 영향을 미치는 날씨나 세계정세는 자신이 통제할 수 없음을 기꺼이 받아들였기 때문이었다. 또한 샴페인 품질을 개선하고 사업을 확장하며 많은 위험을 기꺼이 감수했다. 그럼에도 고급 와인의 제조 및 판매, 배송 과정에서 발생한 여러 실패에 대해서는 크게 자책하지 않았다. 아마도 교훈적 실패라는 것을 직감했던 듯하다.[3]

인간, 실패 가능한 존재

'실패 가능한 존재'인 인간은 어떻게 성공할 수 있을까? '실패 가능한 존재' 개념은 30여 년 전 몰츠비가 처음 사용했다. 'FHB Fallible Human Being'라는 약자로 부르기도 했다.

뭔가 달리 생각하는 법을 배움으로써, 우리 모두의 성공을 돕고자 했던 몰츠비의 간절한 염원을 생각하면 나는 절로 미소가 지어진다. 그는 "실패 가능성을 **받아들이는 것**에서 성공이 시작되죠"라고 말하기도 했다.

맞다. 자신의 모습을 있는 그대로 받아들이는 법을 배울 때 자유가 찾아온다. 실패 가능성은 우리의 일부다. 그런 맥락에서 자기 수용은 용감한 태도다. 자기 자신에게 솔직하려면 생각보다 큰 용기가 필요하고, 자신에게 솔직해야 남에게도 솔직해진다. 실패는 '만약'의 문제가 아니라 '언제, 어떻게'의 문제다.

실패하는 존재로서 우리는 기본적 실패를 가능한 줄이고, 복합적 실패는 예방하고, 교훈적 실패는 (여파가 크지 않는 한에서) 더욱 자주 해야 한다. 이 책 내용을 요약하면 이렇다. 이 세 가지 유형의 실패를 인식하고 학습하며 각각에 대한 인식 영역을 강화하는 것은 우리가 평생 해야 하는 일이다.

얼핏 이상하게 들릴 수도 있지만, 실패는 선물이다. 그 선물 중 하나는 우리의 능력 중 어떤 부분에 노력이 필요한지 명확히 알려 준다는 점, 그리고 또 다른 하나는 우리의 진정한 열정에 대한 혜안을 제공한다는 점이다.

대학 시절 내가 다변수 미적분 시험에서 낙제한 것은 공부가 부족했던 탓이다. 하지만 그 일을 계기로 내가 진정으로 좋아하는 일이 무엇인지, 그 일이 과연 남에게 기쁨과 감동을 주는 일인지 질문을 던질 수 있었다. 낙제는 내게 선물이었다. 그 당시에는 그렇게 느껴지지 않았을지라도 말이다.

실패도 불평등하다?

실패는 특권이다. 저널리스트이자 콜로라도대 교수인 애덤 브래들리Adam Bradley는 〈뉴욕타임스〉 칼럼에서 "백인의 숨은 특권 중 하나는 두려움 없이 실패할 수 있는 자격"[4]이라고 말했다.

"소수자 문화에 속한다는 것은, 특히 실패가 공개적으로 드러날 경우 그것이 집단 전체의 실패로 여겨질 가능성이 크다는 걸 뜻한다."

이런 분위기에서 개인의 실패는 같은 집단에 속한 모든 사람에게 나쁜 영향을 끼친다. 캘리포니아대 리버사이드캠퍼스 교수 존 제닝스John Jennings는 브래들리에게 이렇게 말했다.

"흑인도 안전하게, 평범하게 실패할 수 있는 사회가 돼야 합니다."[5]

흑인에게도 실패할 자유가 있다는 것이다.

일렉트렛 마이크를 포함해 250건 이상의 특허를 가진 발명가 겸 음향학자 제임스는 그가 아프리카계 미국인이라는 점에서 더욱 이목을 끈다. 그가 벨연구소에서 과학자로 근무할 때는 청소부로 오해를 받은 적이 있을 만큼 당시는 인종차별이 심했다.[6] 그럼에도 그는 자신의 분야에서 성공했다. 다른 흑인이 벨연구소 등의 엘리트 기관에서 자신의 발자취를 좇을 기회를 잃지 않도록 하고자 그가 느꼈을 압박감은 상당했을 것이다.

이공계 분야의 여성도 상황은 비슷하다. 주목받지 못하고 실패할 여유가 거의 없다. 자신의 실패가 다른 여성의 기회를 망칠지 모른다는 압박을 엄청나게 느낀다. 이에 대해 헴스트라는 이렇게 말한다.

"과학계를 포함해 학계 전반에, 실패를 솔직히 말할 수 있는 문화가 생겨야 합니다.[7] 실패를 공유해야 할 책임은 학계 내 자신의 권력에 비례하죠."[8]

이제 헴스트라는 자신의 실패에 매우 개방적이다. 하지만 늘 그런 것은 아니었다. 이전 대학에서 종신 교수로 뽑히지 못했던, 극도의 고통이 따랐던 실패는 오히려 선물로 돌아왔다. 그 실패 덕분에 자신의 삶을 돌아볼 수 있었다. 그는 실패를 연구하는 베로니카 체플리기나 Veronika Cheplygina 에게 그간의 경험을 구체적으로 털어놓았다.

종신 교수로 선발되지 못한 것은 내 인생에서 가장 고통스러운 실패였어요. 가족과 연구소 동료를 비롯해, 내가 아끼는 모든 이에게 실망을 안긴 것 같았죠. 정말 끔찍했습니다. 겪지 않은 사람은 모를 걸요. 그런데, 또한 저를 겸손하게 만든 아름다운 경험이기도 했습니다. 힘들어하는 저를 주변 사람이 따뜻이 보살피며 지켜 주는 모습을 보면서 제 세계관과 우선순위가 완전히 바뀌었습니다.[9] 학문이 무엇인지에 대한 새로운 시각을 가졌고요, 그것을 탐구하고 싶은 욕심이 생겼어요. 두려움도 없어졌습니다. 현실이 될까 봐 오랫동안 두려워했던 그 실패가 진짜 현실로 닥쳤기 때문이죠. 제가 가장 두려웠던 그 일이 눈앞에 펼쳐졌고, 그 상황에 대처하고 나아가는 것 외에는 선택의 여지가 없었습니다. 그럼에도 불구하고 계속해서 열심히 일하고, 조금씩 성취를 맛보며, 결국 그 상황에서 벗어나면서 저는 제가 생각했던 것보다 훨씬 더 강하다는 것을 깨달았습니다. 타인의 생각으로 제 자신을 정의할 필요가 없다는 것도 알았고요.

헴스트라는 "정말 끔찍했습니다"라는 표현으로 자신의 감정을 기꺼이 명명했다. 외면하거나 회피하지 않았다. 자신의 감정을 인정하고 명명했으며, 그런 감정이 자연히 사라질 때까지 그대로 됐다.[10] 이 같은 행동의 효과는 실제 연구로도 입증됐다.

노엘 넬슨Noelle Nelson 의 2017년 연구에 따르면, 실패에 대한 생각보다 자신의 감정에 집중[11]하면 (자기 정당화로 이어지는 경향이 있지만) 실패를 통한 학습과 개선에 오히려 도움이 되는 것으로 나타났다.

뼈아픈 실패의 경험을 계기로 헴스트라는 실패에 깊은 관심을 뒀고, 이는 본격적인 연구 활동으로 이어졌다. 그는 스템 과정에서 학생이 실패를 경험하는 방식이 과학 분야에서의 경력 유지 결정에 어떤 영향을 미치는지를 연구했다. 이후 연구 팀을 꾸려 학생이 직접 실험에 참여하도록 커리큘럼을 수정했고, 연구에 참여한 학생은 이를 통해 옳은 실패를 경험했다.[12]

나 역시 학계의 여성이라 헴스트라의 고통을 충분히 이해했다. 종신 교수에서 탈락당할지 모른다는 두려움에 마음을 억지로 다스렸다는 대목에서였다. 나는 다른 대학과 기업에도 연구자와 학자를 위한 기회가 얼마든지 있다고 되뇌었다. 지금 있는 자리에서 쫓겨나도 다른 곳으로 가면 된다고 다독였다. 이렇듯 실패에 대한 마음의 준비는 실패를 더 가볍게 여기도록 했고, 그 덕분에 예상되는 실패에 괴로워하지 않고 내가 좋아하는 일에 집중할 수 있었다.

실패에 대한 포용은 성소수자LGBTQIA 이론과 정치의 핵심이다. 트렌스젠더 미디어 이론가인 잭 핼버스탬Jack Halberstam 은 자신의 저서 《The Queer Art of Failure(실패의 퀴어 예술)》[13]에서 이렇게 주장한다.

"성공의 척도와 의미는 개인에 의해 정의되지 않고 공동체에서 비롯됩니다. '성공'이라는 기준은 '무의식적 순응'으로 이어집니다.[14] 그러나 실패를 수용하면 사회가 강요하는 가정을 비판할 수 있는 '자유로운 재창조의 공간'[15]이 생겨납니다."

핼버스탬은 사회의 기대에 부응하지 못한 실패의 경험을 성소수자 문화의 기초로 보는 성소수자 사상가 그룹의 일원이다. 이들은 차별적 입양법, 고용에 대한 편견, 폭력과 왜곡, 심지어 에이즈HIV/AIDS 등을 내세우며 생물학적 후손, 경제적 안정, 건강, 장수 등을 '성공적인' 삶의 기준으로 바라보는 시각을 오랫동안 거부했다. 이성애 중심 사회규범의 기대에 부응하지 못한 이들은 자신만의 '성공' 방정식을 찾아야 했는데, 그 핵심은 바로 '실패'를 인정하는 것이었다.

예를 들어, 드래그 퍼포먼스Drag Perfomance (성별을 벗어나 자신의 모습을 표현하는 행위_옮긴이)는 예술의 형태로 성소수자의 경험을 축하하며, 사회의 기대에 부합하지 못한 것을 경시하기보다 오히려 환영한다. 과장된 대비를 통해 사회의 기본적 기대치를 극명하게 드러내는 식이다.

리얼리티 예능 〈루폴의 드래그 레이스RuPaul's Drag Race〉[16]에서는 남성으로 보이는 출연자가 모델과 미인대회 참가자를 흉내 내며 과장된 여성성을 표현한다. 프라임타임에 배정된 이 프로그램은 별 반응을 얻지 못할 것으로 예상됐으나 모두의 예상을 깨고 큰 인기를 끌었다. 2021년 1월 방영된 시즌13 첫 에피소드는 130만 명이 동시에 시청하며 역대 최고 시청률을 기록했

다. 이는 2020~2021 시즌 평균 NBA 경기 시청자 수인 132만 명에 버금가는 수준이다.[17]

실패의 가능성을 인정한다는 것은 **사회**에서의 실패 가능성을 받아들임으로써 평정심으로 대응한다는 뜻이다. 버넬은 휴이시의 연구 조교로 일하며 펄서 발견에 핵심적 역할을 했지만 그 공로를 제대로 인정받지 못했다. 노벨상은 그의 지도 교수에게 돌아갔다. 그로부터 몇 년 후, 버넬은 실패에 대한 최종 책임은 감독자에게 있으니 성공에 대한 책임도 그래야 한다는 생각을 밝혔다.

"화가 나진 않더라고요.[18] 좋은 동료와 함께하니까!"

나는 버넬의 성숙함과 강한 자존감에 찬사를 보낸다. 외부의 찬사 없이도 자신의 기여가 중요하다고 생각하는 것에서 그가 얼마나 지혜로운지를 알 수 있다. 5장에서 본, 사려 깊고 합리적인 높은 길이 후회로 이어지는 경우는 드물다.

지난 몇 년간 사회적 불평등이 연구 과제로 떠오르면서 나는 다양성, 형평성, 포용성에 대한 내 전문 지식이 부족하다는 것을 자주 느꼈다. 심리적 안정성에 대한 내 연구를 지켜본 이들도 이런 문제가 중요한 연관성을 가진다는 걸 잘 알았기에 더했다. 하지만 나는 그 연관성을 직접 연구한 적이 없었다. 심리적 안정성을 키우는 것과 소속감을 키우는 것은 완전히 별개기 때문이다. 하지만 많은 이들은 이 두 가지를 혼동한다.

내 생각은 이렇다. 심리적 안정성, 즉 어떤 말을 해도 안전하다고 믿는 것은 소속감에 매우 중요한 요소다. 소속감이 개인적 감정인 반면, 심리적 안정성은 집단적이고(집단의 고유한 속성으로 개념화됨), 개인과 집단이 함께 만드는 것이기 때문이다.

불평등의 심리학·사회학·경제학을 연구할수록, 나는 사회적 실패를 바로잡는 일이 얼마나 중요한 문제인지 실감한다. 누구나 평등하게 교훈적 실패를 하는 사회를 만들기 위해 모두가 노력해야 하는 게 맞다. 물론 지금 사회는 그렇지 않다.

그럼에도 나는 불과 몇 년 전보다는 교훈적 실패를 향한 열망에 사회가 좀 더 가까워졌다고 믿는다. 우리 사회가 어떠한 규범으로 생각하는 렌즈를 장착했음을 인식하는 것이 그 첫걸음이다. 이런 도전에 좀 더 일찍 뛰어들지 못한 것에 학자로서 후회는 있다.

하지 못한 것에 대한 후회

으레 우리는 실패 중에서 '가장 큰 실패'에 대해 후회할 것이라 생각한다. 하지만 연구 결과는 그렇지 않다. 베스트셀러 작가인 다니엘 핑크Daniel Pink는 '후회'를 좀 더 깊이 이해하기 위해 전 세계 105개국 1만 6,000여 명의 후회 사례를 모았다.[19]

핑크는 후회를 크게 네 가지 범주로 분류했는데, 유독 한 가지 범주의 사례가 부쩍 많았다. 이는 '대담성 후회'로 꿈에 대담하게 도전하지 못한 것에 대한 후회였다. 관심 있는 상대에게 용기를 내 데이트 신청을 하지 못한 것을 후회하기도 했다. '안 될 것 같아 시도하지 않은' 행동이 결국 후회로 남은 것이다. 흥미롭게도, 도전했다가 실패한 경험에는 비교적 후회를 덜했다.[20] 그는 이를 통해 "이른바 '좋은 삶'을 구성하는 요소가 무엇인지 알 수 있었다"라고 말했다.

누구나 실패하듯 누구나 후회한다. 후회와 실패는 삶의 일부다. 그러니 경멸과 비난 말고 연민과 친절로 자신을 대해야만 삶의 균형을 찾고 성취감을 맛볼 수 있다. 실수를 드러냄으로써 그에 대한 부담을 줄이는 것처럼, 후회도 드러내야 숨은 상처를 치료하고 자신을 진정으로 이해할 수 있다.

과도한 완벽주의

완벽주의, 즉 지나치게 높은 기준[21]으로 자신을 비판하는 행위는 꽤나 많이 연구된 주제다. 런던정치경제대 교수 토머스 커런 Thomas Curran이 이 분야의 전문가다.

커런이 대학생을 대상으로 설문 조사를 실시한 결과, 완벽해야 한다고 느끼는 이들의 비율이 지난 27년간 엄청나게 높아진 것으로 나타났다. 그는 완벽해야 한다는 중압감, 타인과 사회 전반에서 느끼는 기대감을 구분한다. 다만 두 유형 모두 우울증과 기타 정신 질환을 유발할 가능성이 높다.

완벽주의의 또 다른 문제는, 실패에 대한 두려움 때문에 도전하는 데 어려움을 겪는 것이다. 끊임없이 변화하는 사회에서 이런 어려움이 지속되면 혁신에서 뒤처질 위험이 있다. 완벽주의자는 특히 번아웃에 취약한데,[22] 커런은 이에 대해 이렇게 설명한다.

"완벽주의로 인해 우리는 일상 속 좌절과 실패에 매우 민감하고 취약해집니다. 우리가 원하는 이상적 모습에 위협이 될 수 있으니까요."

완벽주의의 덫에 빠지면 실패를 수용하는 존재가 되기 어렵다.

올림픽 메달리스트와 함께 일하는 다이빙 코치 에릭 베스트 Eric Best 는 《싱크 어게인》 저자 그랜트를 지도했었다. 1990년대 그랜트가 고등학생일 때였다. 자타가 공인하는 완벽주의자인 그랜트는 2022년 베스트와 팟캐스트 '워크라이프WorkLife'에 출연해 다이빙 선수 시절 겪었던 어려움을 회상했다.

당시 베스트는 일이나 취미가 좀 더 건강하게 발전하려면[23] 완벽함보다는 탁월함을 목표로 삼아야 한다고 그랜트에게 조언했다. '완벽한 10점'이라는 기준을 달성하기보다 현재 위치에서 합리적으로 이룰 수 있는 현실적 목표를 설정하라는 것이었다. 이상적인 상태로부터 얼마나 떨어졌는지에 집중하기보다, 얼마나 성장하는가에 초점을 맞추라는 것이었다. 잘못한 것에 얽매이지 말고 의식적으로 개선하고 싶은 몇 가지에만 주목하라는 것이었다.[24]

완벽함의 덫이 주는 심리적 위험성과 실패가 학습 및 발달에 미치는 중요한 역할을 부모가 잘 이해하면, 자녀의 실패와 성공 모두를 좀 더 쉽게 받아들인다. 넘어지지 않고 자전거를 배우는 아이는 없다. 부모와 교사는 아이가 실패를 안전하게 느끼도록 함으로써 학습을 지원하는 성장형 사고방식을 수용하도록 독려해야 한다.

만약 자녀가 완벽주의 성향을 보이면, 부모는 실패가 결코 부끄럽거나 실망스러운 일이 아니라 새로운 것을 배울 기회임을 알아차리도록 도와야 한다. 자전거를 배우다 넘어진 자녀에게 "넘어져서 옷 버렸네"라고 말하는 것보다 "이것도 배우는 과정이야"라고 말하는 게 바람직하다.

제프리가 브리지 게임에서의 패배를 '필요한 것'이라 리프레임한 것을 기억하자. 점차 발전하는 과정이 주는 만족감에 집중해야, 우리는 어려운 것을 빨리 숙달해야 한다는 비합리적인 생각에 맞설 수 있다.

더 자주 실패하기

실패의 가능성을 받아들여야 하는 가장 중요한 이유가 있다. 그래야 더 많은 위험을 감수할 수 있기 때문이다. 그만큼 우리는 '이기기 위한 게임'을 더 자주 시도할 수 있다. 다음은 달리오가 2022년 10월 20일 엑스에 남긴 포스팅이다.

"누구나 실패합니다. 성공하는 사람은 자신이 집중한 일에서만 그럴 뿐, 다른 일에서는 실패합니다. 제가 존경하는 사람은 옳은 실패를 하는 사람입니다. 성공하는 사람보다 옳은 실패를 하는 사람[25]을 저는 더 존경합니다."

큰아들 잭이 고등학교 3학년이 되던 해, 그는 여름방학 때 태양광 패널을 방문판매하는 일을 하겠다고 했다. 나는 방문판매가 숱하게 거절당하는 일임을 알았기에 그의 결정에 걱정스러웠다. 사려 깊지만 내성적인 그가 많은 거절을 어떻게 감당할지

도무지 상상이 안 됐다. 그렇다고 "안 사요"라는 일반적인 거절을 걱정한 게 아니다. "(기후변화와 관련된 핵심 이슈인 태양에너지에) 관심 없어요"라는 대답은 부정적 반응 그 이상의 의미다.

부모로서 자녀를 실패로부터 보호하고 싶은 건, 교육상 도움은 안 되지만 당연한 일이다. 하지만 내 예상은 보기 좋게 빗나갔다. 잭은 그 어느 때보다 멋진 여름을 보냈다. 많은 고객이 승낙했고, 그는 뉴잉글랜드의 일부 지붕을 바꿀 수 있다는 사실에 흥분을 감추지 못했다.

물론 대부분 잭의 판매 제안을 거절했다. 하지만 그는 그때마다 "25달러를 벌게 해 줘서 고맙습니다"라고 되뇌었다고 한다. 윌슨의 고객 대처법을 배웠기 때문이다. 일부 고객이 적대적 태도를 보이기도 했지만, 이를 개인적으로 받아들이지 않는 법도 바로 배웠다. 그해 여름은 재생에너지에 대한 깊은 관심과 함께 실패의 근육을 단단히 키운 때였다.

실패를 더 자주 경험하는 또 다른 방법이 있다. 바로 새로운 취미를 가지는 것이다. 내 친구 로라Laura는 마흔 초반에 아이스하키를 시작했는데, 그때 나는 당황스러움과 진한 감동을 동시에 느꼈다.

뉴욕에서 함께 자란 로라와 나는 고등학교 시절 운동에 특별한 재능이 없었다. 더군다나 아이스하키는 남자의 운동이라는 인식이 강했다. 그와 만나면 주로 숙제를 하거나, 댄스 관련 영상을 찾아보고 이야기를 나눌 뿐이었다.

그로부터 수년이 지나 두 아이의 엄마가 된 로라가, 그것도 이미 다양한 취미를 즐기는 그가 왜 군이 무거운 장비를 들고 빙판에서 넘어져 가며 잘하지도 못하는 활동을 위해 귀중한 시간을 낭비하는지 궁금했다. 그런데 그는 제대로 된 선수가 되겠다며 의지를 불태웠다. 그의 모습에 감탄이 절로 나왔다. 정말로 그는 수년간 선수 생활을 했고, 성인 리그에서 활약하며 아이스하키에 대한 열정을 쏟아 냈다. 자신을 '하키 광신도'라고 칭할 정도였다.

새로운 스포츠나 언어 등을 배우는 건 어렵다. 잘하지 못할 거라는 두려움 때문이다. 제프리가 브리지 게임을 완전히 그만둘 뻔했던 것처럼 말이다. 가장 큰 이유는 성공에 대한 비현실적 기대 때문인데, 자연히 완벽주의의 희생양이 되고 만다. 그다음으로, 남에게 무능해 보이고 싶지 않기 때문이다. 대개 우리는 사람들 사이에서 멋지게 시도하는 자신의 모습을 상상하곤 한다.

하지만 취미는 실패를 연습하는 무대다. 취미는 성취나 생계가 아니라 재미와 학습에 대한 자극을 주기 위한 일이다. 그만큼 위험 부담이 적다. 취미에서의 실패가 아무리 커도 업무 실패와 비교하면 아무것도 아니다.

뭔가를 더 잘하기 위해 노력하는 과정이니까 얼마든지 실패해도 괜찮다는 사실을 스스로 되뇌도록 하자. 시도 자체로 우리는 위험을 감수하는 근육을 키울 수 있다.

중심축 전환을 축하하라

일본 제약 업체 다케다Dakeda의 부사장 제이크 브리든Jake Breeden 과 내가 처음 만났을 때, 그는 이렇게 말했다.

"실패를 축하한다고 요즘 많이 말하는데, 대부분의 회사에선 여전히 어려운 일이죠. 우리는 자신을 성숙하다고 여기고 싶어서, 그동안의 시도가 실패로 끝나면 마음의 문을 닫아 버립니다. 심리학적으로 보면요. 실패를 축하하는 건 정말 비현실적이에요. 실패는 결과니까요. 그것도 아주 안 좋은!"

그 뒤로 2021년 12월, 브리든은 흥분한 모습으로 나를 찾아왔다. 실패 경험 방식에 대한 공감을 바탕으로 좋은 해결책을 찾아냈다면서. 들어 보니 그가 일했던 기업의 프로젝트 중 실패한 프로젝트는 언제나 신규 프로젝트로 연결됐다는 이야기였다. 이를 두고 그는 이렇게 말했다.

"결국은 중심축만 바뀔 뿐이잖아요?"

그렇다. 결국은 실패를 축하하는 것보다 중심축 전환을 축하하는 게 더 빠르다. 중심축 전환을 한다는 것은 다음 단계, 목표를 향해 좀 더 전진할 기회라는 뜻이니까. 과거 말고 앞을 바라보자는 뜻이니 후회보다 가능성의 메시지가 가득하다.

새로운 맥락에서는 잠시 멈춰 다음 행동을 고려하자고 말했다. 원하는 곳으로 가기 위해 진정으로 배워야 할 것은 무엇인지를 알아야 하기에. 중심축 전환이란 기존과 전혀 다른 이야기를 전달하는 새로운 방식이다. "계획했지만 실패했고, 거기서 이런 교훈을 얻었다"라고 내러티브를 바꿔 보는 것이다. 이 같은 변화는 단지 말을 바꾼 것 이상이다. 이야기가 다음 단계로 나아가는 데 초점을 맞추기 때문이다. 수치심보다는 긴장감을 불러일으킨다.

이 같은 브리든의 논리에는 반발이 컸다. 단순히 말만 바꾼 거 아니냐는 이유였다. 그런데 그는 그 반발에 동의한다며 이렇게 말했다.

"그런데요. 단어를 바꾸면 뜻까지 바뀝니다. 말만 바꿨다는 지적은 올바른 단어 사용의 중요성을 우습게 본다는 뜻입니다. 말을 바꾸는 것만으로 실패에 관한 이야기를 더 많이 했죠!"

브리든은 다케다가 신약 개발에 최종 실패했을 때 상황을 설명했다. 임상 테스트 단계에 문제가 생겨 개발이 중단됐다. 막대한 투자금을 날린 것은 물론 개발에 참여한 모든 이의 노력이 허사가 됐다. 기업의 꿈과 희망도 사라졌고, 주가도 덩달아 바닥을 뚫었다.

이에 브리든은 임상 테스트 책임자를 비롯해 프로젝트 전체 인원을 불러 회의를 열었다. 회의에서 그는 실패를 '더 큰 실패를 막은 기회'로 리프레임했다.

지금 우리에겐 축하할 일이 많습니다. 먼저, 우리의 신호가 매우 정교해서 누군가에게 심각한 피해를 주기 전에 미리 막았다는 사실이죠. 그리고 달걀을 한 바구니에 담지 않았다는 것입니다. 우리에겐 돈을 벌어다 줄 여러 개의 파이프라인이 있다는 점이죠. 이 모든 것을 우리가 여기서 이렇게 공개적으로 공유한다는 사실 그리고 우리가 신약 개발에 계속해서 전념하리라는 사실 또한 축하해야 할 일입니다.

더 나은 방향으로 프로젝트를 바꾸든, 역할이나 관계를 바꾸든 중심축 전환은 새로운 맥락에서 오는 불확실성을 헤쳐 가는 데 필수 요소다. 이러한 전환을 축하하는 것은 기업 관리자는 물론 부모 혹은 연인에게도 필수다. 실패 가능성을 받아들이는 가장 쉬운 방법이기 때문이다.

옳은 실패를 가능케 하는 네 가지 방법

실패 가능성을 받아들이는 게 첫 번째라면, 두 번째는 무엇일까? 옳은 실패라는 것은 아직 완성되지 않았다는 점이다. 모두가 아직도 매뉴얼을 작성 중이며, 앞으로도 계속 수정할 예정이다.

새로운 것을 시도할 땐 항상 실패의 위험이[26] 따른다. 하지만 이를 통해 실패에 더 익숙해진다. 더 많은 위험을 감수하면 당연히 더 많은 실패를 한다. 하지만 여기엔 혜택이 따른다. 먼저, '실패한다고 죽는 건 아니다'라는 점을 실감한다. 그리고 실패에 근육이 붙어 다음 실패를 겪어도 덜 아프다. 실패를 거듭할수록 괜찮은 자신을 발견한다. 괜찮은 걸 넘어서면 성공함을 발견한다.

이를 위해서는 끈기, 자아 성찰, 책임감, 사과가 필요하다.

이것이 전부는 아니지만, 실패와의 건강한 관계를 만드는 데 도움이 된다.

팬티스타킹 같은 끈기 가지기

팩시밀리 방문판매를 하던, 스물일곱 살의 사라 블레이클리Sara Blakely는 저녁 파티에 갈 준비 중이었다. 그는 바지 안에 입을 팬티스타킹의 발 부분을 잘라 냈다. 스타킹이 약간 말려 올라가긴 했지만, 차림새가 한층 나아 보여 기분도 좋았다. 얼마 후 자른 부분을 약간 수정해 주변에 보여 줬더니 그 호응이 엄청났다. 이후에는 발 부분이 없는 몸매 보정용 스타킹을 만들어 팔아 보기로 했다. 하지만 그때부터 계속해서 실패만 뒤따랐다.

스타킹 제조 업체와 특허 변호사는 블레이클리의 아이디어를 비웃기 바빴다.[27] 그가 패션이나 사업, 제조업에 대한 경험이 전혀 없었기 때문이다. 다른 이라면 여기서 포기했을 것이다. 하지만 그는 끈기 있게 도전했다.

블레이클리는 실패로 힘들 때마다 어린 시절을 떠올렸는데, 특히 실패를 인생에 꼭 필요한 부분으로 받아들이라는 부모님의 말씀을 자주 떠올렸다. 그의 아버지는 매일 저녁 식사 자리에서 자녀에게 그날 무엇을 실패했는지를 꼭 묻고,[28] 시도 그 자체를 축하해 주곤 했다. 실패해도 괜찮다는 것을 어릴 때부터 교육받은 셈이다.

블레이클리는 더 열심히 노력하기로 다짐했다. 그는 실패에 대한 건강하고 유쾌한 태도와 함께 니콜처럼 장기적 목표를 추구하는 인내와 열정을 가진 인물이었다. 앤절라 더크워스Angela Duckworth가 말하는 그릿,[29] 곧 열정적 끈기의 전형이었다.

블레이클리는 직접 관련 정보를 알아보며 특허 출원서를 썼고, 애틀랜타에서 노스캐롤라이나주 공장으로 찾아가는 열정을 보였다. 하지만 그의 아이디어를 알아보는 이는 없었다. 나중에 공장 딱 한 곳만이 그의 제안을 수락할 때까지는.

블레이클리는 기업 이름을 짓고 본격적인 사업에 들어갔다. 다양한 음절과 소리를 실험해 본 끝에 기업 이름은 스팽스Spanx로 정했다. 첫 주문 때는 포장지까지 직접 만들었고, 소비자 상담을 할 공간이 없어 욕실을 써야 했다. 이후 스팽스는 수영복과 레깅스로 제품 종류를 확장했고, 2021년 그는 〈포브스〉 선정 최연소 자수성가형 억만장자로 선정됐다.[30] 이듬해 그는 자신의 재산 절반을 기부하기로 약속했다.[31] 이는 여성 지원에 사용될 예정이다.

블레이클리의 성공에서 끈기의 역할은 부인할 수 없다. 그릿에 대한 더크워스의 연구에 따르면, 장기적 목표를 향한 끈기와 열정은[32] 성공의 강력한 요인이다. 지능지수와 전혀 상관없는 그릿은 재능을 보완하는 중요한 요소다. 즉, 성공하려면 오랜 시간 진득히 하는 게 중요하다.

더크워스의 연구가 널리 알려지며 교육 및 아동 발달에서 그릿에 대한 관심이 급증했다. 그릿의 역할은 부정하기 어렵지만, 실패에서는 끈기와 고집을 구분해야 한다. 나는 실패한 아이디어에 집착해 시간을 낭비하며, 결국 분야를 떠나는 동료를 숱하게 봤다. 과연 실패를 잘한다는 건 무엇일까? 중심축을 언제 바꿀지 빠르게 아는 것이다. 사업 아이템이나 프로젝트, 대인 관계 등에서 포기해야 할 때를 잘 알면, 미래를 위해 새로운 행동을 취할 수 있다.

그렇다면 끈기를 부리거나 포기할 타이밍은 어떻게 알 수 있을까? 먼저 끈기가 정당화되려면 실현되지 않은 목표에 투자할 가치가 있는지 입증해 줄 증거가 있어야 한다. 또한 잠재 타깃에 먼저 테스트를 실시해, 진행 방향이나 성사 가능성을 확인해야 한다.

그러니, 당신에겐 무엇이든 터놓을 수 있는 친구가 있어야 한다! 브레이클리는 이미 확고한 믿음과 열정을 가졌지만, 친구와 가족의 반응이 그 믿음을 더욱 강하게 했다. 잠재 타깃의 열광적 반응은 제품이 잘 팔릴 거라는 확신을 줬다.

전문 연주자처럼 자아 성찰하기

전문 연주자 대부분은 연습 일지를 쓴다고 한다. 시간 순으로 각 세션에서 무엇을 연주했는지, 당시 어떤 느낌이었는지, 무엇을 연습할지, 실수한 부분이 무엇이었는지 등을 쓴다.

공연을 위해 연주를 준비한다는 건 단순한 연습이 아니다. 수많은 반복 연주에서 실수를 하고, 그 실수를 통해 정확한 음을 찾고, 그다음에는 프레이징(일련의 악구를 한 단락으로 분절하는 연주법_옮긴이)이나 템포 같은 미묘함까지 개선하는 것을 뜻한다.

메트로폴리탄 오페라 오케스트라의 타악기 연주자인 로브 노퍼Rob Knopper도 그랬다. 그 역시 실수와 실패를 거듭하며 자신을 성찰하는 데 많은 시간을 썼다. 덕분에 지금은 후배에게 실수와 실패를 활용하는 법을 알려 주는 코치로도 활동한다. 특히 오디션 실패가 전문 분야다.

"여기까지 오는 동안 나는 수년간 오디션에 떨어졌고,[33] 서류 접수에서 탈락하는 등 실패를 거듭했습니다."

노퍼는 개별 곡마다 어려웠던 점, 그리고 그것을 해결했던 과정을 연습 일지로 기록해[34] 나중에 참고하라고 조언한다. 그리고 중요한 순간에 손이 떨리고, 음정을 틀리고, 만족스럽지 못한 음악적 기교로 연주를 망쳤던 경험까지 솔직하고 자세하게 이야기해 준다. 부끄럽고 고통스러운 순간, 그 경험이 주는 혜택을 그는 이렇게 설명한다.

"실패한 연주는 실력 향상을 위해 가장 중요한 두 가지를 제공합니다. 개선해야 할 점, 그리고 개선을 향한 동기부여입니다."[35]

악기 연주만큼이나 삶에서도 실패로부터 배울 자원이 풍부하다. 실패를 부정하며 외면하지 말고, 파고들어 배우는 게 더 낫다. 비행 통제권을 잃었다가 되찾은 상황을 기록하고 곱씹는 파일럿, 복기를 바탕으로 개선 조치를 취하는 신속대응팀처럼 기본적이고 복합적 실패를 줄이기 위해서는 실패 과정을 되짚어 보는 시간이 꼭 필요하다.

불과 몇 시간 사이에 자동차 열쇠를 잃어버리고, 회의에 늦고, 빙판길에서 미끄러질 뻔한 일이 모두 일어났다고 가정하자. 머피의 법칙일 수도 있다. 하지만 평소에 스트레스가 많이 쌓였거나 다른 일에 과도하게 몰두했다는 신호일 수 있다. 잠시라도 시간을 내서 돌이켜 보면 이제 자신이 무엇을 해야 하는지를 알 것이다. 그렇게 성찰의 과정을 제대로 거치면, 우리의 행동이 여러 실패에 어떻게 기여했는지 훨씬 더 잘 보인다.

고위 임원처럼 책임감 가지기

A라는 고위 임원이 있다고 가정하자. 그는 얼마 전 있었던 중대한 프로젝트 실패에 책임이 있음을 인정한 후 안도감을 느꼈던 순간을 떠올렸다.

몇 달 전, A가 일하는 기업에서는 타 기업 인수 가능성에 대한 토론이 있었다. A는 인수 및 토론 내용에 대해 의구심을 느꼈지만 말로 꺼내진 않았다. 그의 예상대로 인수는 복합적 실패로 이어졌다.

대책 회의 자리에 참석해서야 A는 자신의 우려 사항을 진작 말하지 못했음을 인정했다. 그리고 감정이 격앙된 그는 "행여 내 말이 틀려 동물원의 원숭이가 될까 봐 두려웠다"라고 고백하며 인수 실패에 대해 실무자로서 모든 책임을 지겠다고 말했다.

자신이 실패에 기여한 부분을 제대로 파악하는 것은 부끄러운 일이 아니다. 실패를 통해 더 건강하고 현명한 사람이 되는 과정이다. 물론 적시에 해결했다면 실패를 겪지 않았을 것이다. 하지만 사후에라도 자신의 책임을 인정하고 나면? 좌절에서 벗어나 다른 길을 찾을 뿐만 아니라 향후 오류를 줄이는 데 도움을 주는 시스템을 만들 수 있다.

A의 경우 해당 문제를 파악했으니 지침을 수정해 다시 정상화하고, 팀원에게 비슷한 오해가 재발하지 않도록 피드백을 요청하면 된다. 사과와 책임감은 서로 밀접히 관련됨을 꼭 기억하자.

좋은 사과하기

실수에는 실패가 따르고, 실패에는 사과가 따른다. '좋은' 사과는 실패로 인해 손상된 관계를 회복하는 데 마법 같은 힘을 발휘한다. 용서에 관한 최근 연구[36]에 따르면, 좋은 사과는 공감, 고마움, 용서 등 긍정적 감정을 높이는 반면에 부정적 감정은 감소시키고, 심장박동수까지 낮추는 효과가 있는 것으로 나타났다.

하지만 우리는 사과가 그렇게 효과적임에도 불구하고, 왜 그토록 사과하는 것 자체를 피할까? 그리고 왜 좋은 사과라고 단서를 달았을까?

먼저, 개인 간 사과부터 보자. 내가 됐든 남이 됐든 잘못을 저질렀을 때 관계에 파열이 생긴다. 그 파열을 복구하는 것이 사과의 역할이다. 좋은 사과라면 자신의 자존심보다 대인 관계를 더 중시한다는 신호여야 한다. 즉, 사과를 통해 상대방에게 관심을 가진다는 분명한 메시지를 전해야 한다.

안타깝게도 좋은 사과의 예는 흔치 않다.[37] 실제로 쉽지도 않다. 왜 그럴까?

먼저, 남에게 피해를 끼쳤음을 인정하는 것은 자신의 이미지에 위협이기[38] 때문이다. 자존심에도 타격이 간다. 사과를 한다는 것은 해당 위협과 직접 대면하는 것인데, 대부분이 기피하는 상황이다. 특히 고정형 사고방식을 가진 사람, 남에게 피해를 주면 자신을 나쁜 사람이라 생각하는 사람에게서 더욱 두드러진다. 반면 성장형 사고방식을 가진 사람은 상황에서 방어적 태도로 후퇴하지 않는다. 대신 실패를 통해 배운다.

좋은 사과를 막는 두 번째 요인은 자신으로 인해 피해 입은 이와의 관계에 신경 쓰지 않으려는 태도다. 세 번째 요인은 사과 자체가 도움이 안 되리라는 믿음[39]이다. 이 외에도 침묵을 자기 보호와 동일시하는 암묵적 규범이 작용할 수도 있다.

하지만 사과는 제대로 해야 한다. 많은 연구를 통해 밝혀진 좋은 사과의 공통된 특징은 다음 세 가지로 요약된다.[40] '후회함을 명확히 표현'하고, '책임을 인정'하며, '수정 또는 개선을 제안'하는 것이다.

"본의 아니게 알람이 울리지 않았어요. 물론 저는 제대로 맞췄습니다."

사과가 아니다. 역효과를 내는 변명이다.

"전화 못 드려 죄송합니다. 어머니께서 쓰러지시는 바람에 병원에 가느라 깜빡 잊었습니다. 다시 이야기를 나누고 싶습니다. 통화 일정을 잡을 수 있을까요?"

잘못을 인정하고, 관계를 소중히 여기고, 실수를 보완하겠다는 의사가 전해지는 좋은 사과다.

실패에 대한 책임을 받아들여야 한다는 두려움이 나쁜 사과의 원인으로 작용하는 경우가 많다. 책임을 인정하는 것은 곧, 자신이 나쁜 사람이며 의도적으로 해를 입혔음을 인정하는 것으로 느낄 수 있기에. 붐비는 매장에서 실수로 남과 부딪쳤을 때 사과하는 것은 무척 쉽다. 부딪친 것에 고의성이 없다는 게 명백하므로 실수를 인정하는 데 두려움이 없기 때문이다.

과거 당신이 사과했던 때를 떠올려 보자. 이런 나쁜 사과를 한 적은 없는가?

"그렇게 느꼈다면 미안합니다."

"유감스럽게도 오해가 있었던 거 같습니다."

"그렇게 예민하게 받아들이실 줄 몰랐습니다."

아니면 이런 좋은 사과를 했는가?

"그날 그 행동에 진심으로 사과드립니다."

"그 행동에 대해 반성하며, 모든 것을 책임지고 재발 방지를 약속하겠습니다."

좋은 사과는 잘못의 '의도'가 아니라 '영향'에 초점을 맞춘다. 결과적으로 실수를 인정하는 것에 대한 두려움을 줄인다. 물론 나 역시 이 글을 쓰면서 부족했던 과거를 돌아봤다. 실패에 대해 배우려면 우선 자신의 실패에서부터 배워야 한다.

"내 인생에서 가장 소중한 사람에게 얼마나 자주 좋은 사과를 했던가?"

그간 나는 많은 연구와 책 쓰기를 하면서, 좋은 팀은 더 많은 오류를 범하는 대신 더 많은 오류를 보고한다는 사실을 발견했다. 리프는 환자의 치료 및 의사와 환자의 신뢰 관계 유지에서 사과의 중요성에 대해 언급한다.

"'죄송'이라는 단어를 사용하는 것에 많은 혼란이 있습니다. 하지만 치료 과정에서 사과는 필수입니다. 사과한다고 해서 항상 책임을 인정하는 건 아니지만, 피해에 대한 책임을 지겠다는 이야기는 양쪽 모두에게 도움이 되니까요. 의료진이 환자에게 사과하는 건 잘못을 바로잡고 당신과 함께한다는 걸 가장 잘 보여 주는 방법입니다."

리프의 이 같은 논리는 좋은 사과의 또 다른 이점을 강조한다. 즉, 심리적 안정성을 조성하는 데 사과가 도움이 된다는 것이다.

기업이나 고위 임원의 공개 사과 역시 개인 간 사과와 원칙은 같다. 지난 2018년, 필라델피아 스타벅스 매장 사원이 자리에 앉고선 아무것도 주문하지 않았다는 이유로 유색인종 남성 2명을 경찰에 신고했다. 하지만 스타벅스 측은 이 사건으로 그동안 쌓은 가치 제안과 소비자 신뢰가 무너질 수 있음을 직감했다. 그 가치 제안이란 직장과 가정에 이은 '제3의 장소'로 자리매김하겠다는 것이었다. 그런 장소[41]에서 확실한 이유도 없이 경찰을 불러 사람을 쫓아낸다는 건 있을 수 없는 일이다.[42]

바로 스타벅스는 미국 전역 8,000곳의 매장을 임시 폐쇄하고, 사원을 대상으로 인종차별 교육을 실시했다. 4장에서 본 에퀴팩스의 개인 정보 유출 사고 때와 매우 대조적이다.

에퀴팩스 경영진은 사고 후 거의 6주가 지나서야 겨우 사실을 인정했다. 그 뒤로 좋은 사과와 보상을 제공하기는커녕 사고 확인에 필요하다며[43] 고객에게 사회보장번호를 다시 알려달라고 요청하는 짓을 저질렀다. 심지어 신원 도용 방지 서비스를 판매하겠다고 나서기도 했다. 그렇게 에퀴팩스는 안일하고, 소비자에게 무관심하며, 신뢰할 수 없는 기업으로 찍혔다.

2013년, 야후Yahoo!가 100만 명의 사용자에게 이메일 관련 불편을 끼친 사건이 발생한 후 CEO 마리사 메이어는 엑스를 통해 사과문을 게시했다.[44]

"이번 주 저희는 회원 여러분께 매우 큰 실망을 안겼습니다. 정말 죄송합니다."

공개 사과 역시 깊이 후회함을 표현하고, 책임감 및 향후 개선 의지를 보임으로써 관계에 신경 씀을 드러내야 한다.

6장에서 본, 헬스케어 출시 실패 후 보건복지부 장관 캐슬린 시벨리어스Kathleen Sebelius는 '극도로 실망스러운 경험'을 준 것에 사과했다. 동시에 책임과 공감, 결단을 동시에 보였다.

"진심으로 사과드립니다. 모든 책임은 제게 있습니다. 여러분의 신뢰를 되찾기 위해 최선을 다하겠습니다."[45]

오바마 역시 NBC 뉴스에 출연해 '확신을 제대로 실현하지 못했다'며 자신의 책임을 인정했다.[46]

2013년 휴가 시즌, 백화점 니먼마커스Neiman Marcus에서 고객 신용카드 정보가 유출된 사건이 일어났다. CEO 카렌 카츠Karen Katz가 발 빠른 대응에 나섰다. CEO 명의의 사과문을 발표하면서 "고객 신뢰는 우리의 최우선순위"[47]라며 "최근 1년간 신용카드로 결제한 모든 고객에게 신용 모니터링 서비스를 1년간 무료 제공하겠다"라고 밝혔다. 정보 유출을 당한 소비자 우려에 적극적으로 대응했고, 개선안(무료 신용 모니터링)을 제공한 좋은 사과였다.

2018년, 코미디 작가이자 프로듀서인 댄 하몬Dan Harmon은 자신의 팟캐스트 '하몬타운Harmontown'에서 공개 사과를 했다.[48] 10년 전 함께 일했던 작가 메건 간즈Megan Ganz에게 성적·업무적 위법행위를 반복적으로 저질렀다는 내용이었다.

하몬은 코미디 프로그램 〈커뮤니티Community〉의 제작자로서, 애니메이션 시트콤 〈릭 앤 모티Rick and Morty〉로 비평가의 찬사를 받아 업계에서 입지가 탄탄한 인물이었다. 그의 공개 사과 일주일 전, 간즈는 다른 팟캐스트에서 자신이 부당한 대우를 받았음을 암시했다. 그 소식을 들은 하몬이 바로 공개 사과를 자청한 것이다.

하몬에 따르면 "법률 자문을 포함한 주변 사람은 그냥 조용히 있으면 지나간다고 말했다"라고 한다. 공개 사과를 한 이유에 대해서는 '자신의 실패로 인한 결과와 파장을 모두 감내하기 위해서'라고 전했다.

공개 사과에서 하몬은 자신의 위법행위에 대해 직접적이고 명확하게 밝혔다. 그 상황에 대한 맥락도 전했지만 문제의 책임을 상황 탓으로 돌리지는 않았다. 마지막으로 지금까지 침묵을 지킨 것에 대해 설명하며 사과를 마무리했다.

진심으로 사과를 전하고 싶지만, 그리 중요하지 않을 수도 있을 듯합니다. 저는 그때 별생각 없이, 아무 생각 없이 행동했습니다. 간즈가 이 일을 말하지 않았다면 (…) 마음은 늘 조마조마해도 지금처럼 굳이 나서서 사과하지 않았겠지요.

하몬은 자신의 행동이 잘못된 것이었음을 다시 한 번 인정했고, 같은 행동을 반복하지 않겠다고 말했다. 그는 자신의 실패를 이해하고 그로부터 교훈을 얻은 듯했다.

여기서 하몬의 사과는 좋은 사과일까? 상대에게 연민을 표출했으며, 변명하거나 회피하지 않고 상황을 솔직히 전달했다. 좋은 사과다. 이런 사과는 건강한 실패 문화를 조성하는 데 도움이 된다.

건강한 실패 문화

나는 모두가 과도한 두려움 없이 일하고 배울 수 있는 환경에 대해 이해하고자 수년간을 노력했다. 이런 환경에서는 구성원이 지속적 학습의 필요성을 인식하고, 위험을 감수하며, 잘못된 부분을 빠르게 보고한다. 자연히 도전을 즐긴다. 실패가 발생해도 열린 태도와 가벼운 마음으로 실패로부터 배워 계속 나아간다. 과다한 자기 보호에서 벗어나 이기기 위한 게임에 임한다.

다음의 몇 가지 실천 방법을 통해 당신 그리고 당신의 조직에서 옳은 실패가 가능한 문화를 만들어 보자.

맥락에 주목하기

마주한 위험과 불확실성의 수준을 충분히 고려한 다음에는 주의에 대한 환기가 중요하다. 버먼이 자신은 완벽한 비행을 해 본 적이 없다고 말한 이유가 여기 있다. 맥락에 주목하게 하기 위함이었다. 모라스가 "우리는 복잡한 시스템에서 일하지 않은가? 일이란 잘못될 수 있다!"라고 말한 것 역시 맥락에 다시 집중하도록 유도하기 위해서였다.

텔러는 "연구소(엑스디벨롭먼트)가 거의 터무니없는 수준의 도전을 한다"라고 말한다. 5~10년 후에나 답을 찾을 수 있는 어려운 문제를 '일부러' 선택했다는[49] 것이다. 그의 말은 이렇게 해석할 수도 있다.

"오늘, 아니 올해 안에 성공할 거라 절대 기대하지 마세요. 하지만 도전하세요!"

텔러는 자신의 블로그에 이런 글을 남겼다.

금세기 우리가 마주한 문제에는 폭넓은 사고와 함께 '날것'의 상상력, 엄청난 시간과 자원, 여기에 관심이 필요하다. 나의 최우선 과제는 엑스디벨롭먼트 구성원 모두가 '보이지 않는 해로운 제약'에서 벗어나 잠재력을 마음껏 발휘하도록 돕는 것이다.

텔러의 접근법은 꽤 효과 있어 보인다. "오늘은 어떤 식으로 프로젝트를 죽여 볼까요?"[50]라는 아침 농담이 오고 간다니 말이다. 자주 실패하는 것은 아이디어를 테스트하는 방법일 수 있다. 자율 주행 자동차에 관한 엑스디벨롭먼트의 연구는 교통사고에서 상당 부분이 인적 오류에서 비롯된다는 것에서 출발했다.

엑스디벨롭먼트의 자율 주행 자동차 프로젝트는 2009년, 기존 자동차에 자율 주행 모드를 추가하는 것부터 시작했다. 여기서의 문제는, 필요한 상황에선 운전자가 자동차를 다시 제어해야 하는데, 운전대에서 손을 떼는 상황 때문에 그만큼 주의력을 유지하지 못한다는 것이었다. 그래서 연구 팀은 '완전' 자율 주행 자동차로 목표를 바꿨다.[51] 2020년 2월, 텔러는 블로그에 이런 말을 남겼다.

> 때로는 같은 실험을 수십 번씩 반복한다. 현재 연구소 내 한 팀은 사람이 듣는 방식을 개선하기 위해 노력하며, 35건의 아이디어를 탐색한[52] 끝에 적용해 볼 만한 것을 찾았다.

이렇듯 혁신 기업에서는 교훈적 실패를 환영할 뿐만 아니라 이를 널리 나누는 것도 하나의 문화로 자리 잡았다.

실패 공유를 장려하기

당신 소셜 미디어 폴로어 수가 원하는 만큼 늘었거나, 큰 대회에서 우승했거나, 동료보다 더 큰 성공을 거뒀다고 상상해 보자. 자연스레 당신은 질투의 표적이 될 수 있다. 심리학에서는 이를 '부러움의 대상에 해를 끼치려는 파괴적 대인 관계 감정'이라 정의한다.

하버드대 연구진은 일련의 실험을 통해 부러움의 대상이 실패 경험을 공유할 경우 그 대상에 대한 질투가 줄어든다는 사실을 밝혀냈다. 직관적으로도 타당하다. 우리는 바일스, 달리오, 블레이클리처럼 엄청난 성공을 거둔 사람을 존경한다. 그들은 수많은 실패에도 불구하고 그것을 딛고 일어나 성공했다고 인식하기 때문이다. 이렇듯 실패를 나누면 공감을 불러일으키고 호감을 준다. 더욱 인간적으로 보일 수 있다.

유럽의 패션 소매 업체 씨앤에이C&A CEO 지니 보어Giny Boer는 기업 내 심리적 안정성에 대한 생각을 이렇게 밝혔다.

"구성원이 중심이 되고, 이들이 성장하도록 지원하는 문화를 만드는 게 중요합니다. 이를 위한 토대는 모두가 가치 있는 존재로 느끼고, 실수해도 괜찮다고 느끼는 안전한 환경입니다. 그래서 나는 매주 금요일을 '실패의 날'로 정해 동료가 각자의 실패를 나누고 그로부터 무엇을 배웠는지까지 나누도록 했죠. 이를 통해 서로가 배울 수 있습니다."

실패 경험을 공유하면 더 긴밀한 관계를 형성할 뿐만 아니라 혁신을 촉진할 수 있다. 신약 개발에 실패하면 팀 전체에 알려야 한다! 교훈적 실패가 묻히거나 논의되지 않으면 누군가가 똑같은 실패를 반복할 수 있으니 말이다. 반복의 결과는? 비효율성이다. 실패가 공유되지 않아 팀의 누군가가 같은 실패를 반복하는 건 최악의 낭비다. 아이데오 같은 혁신 기업이 실패 경험을 널리 나누도록 장려하는 이유가 여기에 있다. 물론 쉬운 일은 아니다.

과학자 멜라니 스테판Melanie Stefan은 〈네이처〉에 이른바 '실패 이력서'[53] 쓰기를 제안하는 글을 기고한 적이 있다. 자신은 직업적으로 성공보다 실패를 훨씬 더 많이 경험했다며, 거절의 아픔으로 낙담 중일 동료에게 용기를 주기 위해 기고했다는 것이었다.

스테판의 글을 본 프린스턴대 경제학 교수 요하네스 하우스호퍼Johannes Haushofer도 자신의 실패 이력서를 웹사이트에 공개했다. 그의 웹사이트에는 여러 학위 프로그램, 학술지, 일자리, 수상 후보 등에서 거절당한 사례를 볼 수 있다. 그 익살스러움에 웹사이트가 입소문을 타자 그는 실패 이력서 맨 끝에 이렇게 추가로 적었다.

"이 망할 이력서가 학문 업적보다 더 관심을 받네요?"[54]

메릴랜드주 출신의 교육자인 존 하퍼Jon Jarper는 '마이 배드My Bad'라는 팟캐스트를 진행한다. 팟캐스트에서 그는 자신의 실수담을 나누는 교사들을 인터뷰했다. 그는 '교사가 혼자가 아님을 깨닫게 하기 위해' 해당 인터뷰를 진행했다고 말했다. 이 인터뷰에 참여한 교사는 학생 및 동료가 함께 저지른 실수에 대해 말하면서 자신이 배운 것을 이야기한다.[55]

초등학교 교장 벤저민 키츨라르Benjamin Kitslaar는 육아휴직을 끝낸 후, 학기가 시작되고 6주 정도가 지나 학교로 돌아왔다. 펜데믹 기간에 원격 강의만 하다가 최근에야 돌아온 교사들은 새롭고 다양한 도전에 직면 중이었다. 휴직 동안 학교에 적용할 아이디어를 모았던 키츨라르는 이를 하나씩 실행하며 교사들이 자신을 지지하리라 믿었다.

하지만 어느 날, 키츨라르는 한 교사로부터 이메일을 받는다. 그 내용은 일련의 시도가 일선 교사의 스트레스를 전혀 이해하지 못한 처사이니 시도의 속도를 줄여 달라는 내용이었다. 그는 바로 실수했음을 깨달았고, 그 교사에게 고맙다는 답장을 보냈다.

교사가 보낸 경고신호[56]는 키츨라르가 구성원을 더 잘 파악하는 데 도움이 됐다. 그는 바로 시도의 속도를 늦췄고, 소통 창구를 열어 두는 것이 얼마나 중요한지도 깨달았다. 이런 변화는 그가 자기 인식을 할 수 있기에 가능한 일이었다.

실패협회Failure Institute라는 단체가 있다. 이들은 정기적으로 '실패의 밤Fuckup Nights' 행사를 열어 회원이 일상과 업무에서 더욱 진정성 있는 사람이 되도록 돕는다. 참가자는 무대에 서서 자신의 실패담을 나누고, 마치 슈퍼스타라도 된 듯 열렬한 환호와 축하를 받는다.

실패협회의 창립자 5명은 모두 친구 사이인데, 2021년 어느 밤, 멕시코시티에서 각자의 실패담을 나누다가 큰 변화를 맞았다고 한다.[57] 이후 이들은 실패협회를 만들고 '실패의 밤' 행사를 열기 시작했다. 실패는 성공의 조건이라는 것을 증명이라도

하듯 실패협회는 세계 90개국, 300개 도시로 뻗어 나가며 글로
벌한 조직으로 성장했다.

위험을 무릅쓰며 실패담을 공개하고, 박수를 받으며 보람
을 느끼는 기회로 인해, 심리적 안정성이 얼마나 중요한지를 발
견하는 선순환 구조가 실패협회 회원의 성공을 이끌었다.

옳은 실패에 보상하기

기업이나 가정에서 실패에 대한 보상을 주는 것도 좋다. 실패의
유쾌함이 배가 된다. 프로젝트 실패를 더 빨리 공개하라고 독려
한 일라이릴리의 경우를 떠올려 보자. 빨리 고백할수록 시간 낭
비를 줄이고, 프로젝트를 재정비할 수 있어 돈도 절약한다.

물론 실패에 대한 보상은 쉽지 않다. 성공보다 실패에 관용
적이고 포용적인 분위기를 우려하기 때문이다. 틀렸다! 공개성
과 투명성에 대한 보상을 실패 자체에 대한 보상과 혼동했기 때
문이다. 우리는 능력을 인정받고자 하는 욕구가 있다. 다만 실
패를 드러내고 분석하려는 욕구는 그에 미치지 못한다. 그래서
가볍고 장난스러운 형태로 격려해야 한다.

실제로 실패에 대한 포상 제도는 이제는 드문 일이 아니다.
광고 대행 업체 그레이애드버타이징Grey Advertising 은 '영웅 실패
상'[58]을 제정해 운영 중이다. 이는 당시 최고크리에이티브책임
자CCO였던 토르 마이렌Tor Myhren 이 고안한 제도다.

2006년, 마이렌이 주도한 자동차 광고가 최악의 슈퍼볼 광
고로 선정됐던 뼈아픈 실패 경험이 영웅 실패상 제정의 모티브

가 됐다. 그 일이 있은 이후 그는 그레이애드버타이징에 합류했고, 2007년에는 말하는 아기가 등장하는 금융 플랫폼 이트레이드E*Trade 광고를 제작해 큰 히트를 쳤다.

영웅 실패상의 첫 수상자는 아만다 졸튼Amanda Zolten이었다. 그는 프레젠테이션 전날, 클라이언트가 의뢰한 고양이 배변판[59]을 회의실 탁자 밑에 숨겼다. 그의 반려 고양이도 함께. 그리고 프레젠테이션 당일, 배변판의 탈취 효과를 강조하던 그는 탁자 밑을 가리킨다. 그곳에는 그의 반려 고양이와 더러워진 배변판이 있었다. 깜짝 놀란 클라이언트 임원은 자리를 박차고 나가 버렸다. 클라이언트와의 계약 여부는 불투명해졌지만, 첫 번째 영웅 실패상 수상자가 결정되는 순간이었다.

인도의 타타그룹TaTa Group은 결과와 상관없이 혁신을 기리는 '용감한 도전상'[60]을 제정했다. 역대 수상자로는 비용 문제로 구현이 어려웠던 신형 변속기를 개발한 기술 팀, 세간의 불신에도 불구하고 비용을 아끼는 플라스틱 도어를 개발한 팀 등이 선정됐다. 나사는 컬럼비아호 실패 이후 각종 아이디어와 우려 사항을 신속하게 말하도록 장려하는 문화를 심기 위해 '적극적 실패상'[61]을 제정했다.

옳은 실패가 통하는 문화라면 교훈적 실패에 꼭 보상을 제공한다. 실패에 대한 보상 없는 혁신은 없다. 혁신 없이는 생존이 불가능하다. 반대로 '실패하지 않은 것'에 대한 부정적 보상은 옳은 실패가 통하는 문화를 더욱 강화한다.

2019년 가을, 내가 엑스디벨롭먼트를 방문했을 때 텔러가

했던 말이 무척 인상적이었다. 과거의 나 역시 상관으로부터 정말 듣고 싶었던 말이지만, 결국 듣지 못한 말이기도 했다. 어떤 질문에 대한 답변이었는데, 그는 (자신을 포함해) 그 누구도 정리 해고 대상이 안 되리란 법은 없다고 말했다. 다만 정리 해고를 한다면, 그 1순위는 '한 번도 실패하지 않은 사람'이라고 말했다.

텔러의 이 멋진 말은 조심히 해석해야 한다. 위험을 감수하지 않는 사람이 위험한 사람이라는 말이다. 위험을 감수할 줄 아는 사람은 실패할 수밖에 없다는 말이다.

병원이나 비행기 안에서는 정리 해고 1순위는 조금 다르다. 오류나 사고를 경험하고도 '보고하지 않은 사람'이다. 건강한 실패가 통하는 문화라면, 모두가 학습과 실패는 함께 간다고 믿기에 신속한 의견 제시가 한결 수월해진다.

가정에서는 어떨까? 각종 실패와 좌절에도 불구하고 도전을 감행한 자녀에 대한 보상이 필요하다. 이는 그릿, 곧 장기적 목표에 대한 인내와 열정을 다룬 더크워스 연구 내용과 일치한다. 그릿에는 잘한 일뿐 아니라 잘못한 일에 대한 결과도 기꺼이 책임지려는 의지(인성의 요소)가 포함된다.

수많은 기업 관리자가 이런 질문을 한다.

"우리가 건강한 실패 문화를 가졌는지 어떻게 알죠?"

그러면 나는 그 회사 업무에 불확실성, 참신성, 상호 의존성이 포함됐는지를 먼저 확인한다. 그리고 되묻는다.

"당신이 한 주 동안 보고받은 사항 중 '좋은 소식과 나쁜

도표 15 건강한 실패 문화 진단하기

이것	이것이 아닌 경우
좋은 소식	나쁜 소식
발전 사항	문제 사항
동의	반대
모두 괜찮음	도와야 함

소식', '발전 사항과 문제 사항', '동의와 반대', '모두 괜찮음과 도와야 함'에서 각 답변의 비율은 어떻게 되나요?"

'도표 15'의 '이것'이 대부분이라면 상관으로서 행복하다. 하지만 좋은 징조가 아니다. 회사란 나쁜 소식, 문제 사항, 반대, 도움이 필요한 사항이 대부분이기 때문이다. 나쁜 일이 없는 게 아니라 보고되지 않았을 가능성이 더 높다. 관리자는 기분 좋은 일이 나쁜 일일 수 있다는 사실을 깨달아야 한다.

차이를 아는 지혜 키우기

샴페인의 대모 니콜은 현대의 수사학이나 연구의 도움 없이, 옳은 실패의 방법을 홀로 익혔다. 그는 기본적 실패, 복합적 실패, 교훈적 실패의 차이를 직감했을까? 그랬기에 그의 실패는 그토록 인상적이었을까? 어쨌든 위험을 감수하고, 자신의 강점을 살리고, 좌절을 견디며 계속 전진한 그의 능력은 옳게 실패하는 법에 얼마나 숙달된 사람이었는지를 보여 준다.

니콜은 자신의 장점(비상한 두뇌, 결단력, 와인에 대한 열정)과 단점(평범한 외모, 사교적이지 않음)을 잘 파악했고 장점에 베팅했다. 상황 인식이 빠른 기업가로서 위험 요인도 잘 관리했다.

또한 니콜은 결단력, 독창성, 끈기를 바탕으로 샴페인 제조 기술 및 판매 지역, 산업 전체의 광범위한 시스템을 만들었다. 그 시스템은 글로벌 시장 형성에 토대가 됐다. 시스템 중심으로 사고한 덕분에, 포도를 수확해 샴페인을 생산하고 유통하는 과정에서 발생하는 지연 요소를 수용해 체계적 방식으로 시장을 발전시켜 나갔다.

이제 마지막이다. 분별력에 대해 간단히 말하고자 한다. 신학자 라인홀트 니부어Reinhold Niebuhr의 〈평온을 비는 기도〉에서는, 바꿀 수 있는 것과 없는 것의 차이를 아는 지혜가 평온의 열쇠라고 말한다. 분별력은 평온함, 그리고 평온함이 수반하는 자기 수용에 필수적이다. 즉, 옳게 실패하는 법에서 분별력은 매우 중요하다. 다만 교훈적 실패와 그렇지 않은 실패를 구별하기는 매우 어렵다.

"새로운 영역은 얼마나 새로워야 하는가?"

"기회가 있다는 확신은 얼마나 있어야 하는가?"

"가설을 얼마나 잘 고려했는가?"

답하기 쉽지 않다. 다만, 교훈적 실패와 그렇지 않은 실패를 구별하는 것의 목표는 정말로 정확히 구별하라는 것이 아니다. 기존과 다른 생각을 일부러 하면서 좀 더 신중한 태도를 가지라는 의미다.

"위험은 얼마나 큰가?"

"불확실성은 어떻게 평가해야 하는가?"

"시스템 동작을 예측하는 데 가장 중요한 관계는 무엇인가?"

"진단하거나 변경하려는 시스템을 알기 위한 경계는 어디까지인가?"

이 질문에 대한 답은 당신의 판단과 경험에 달려 있다. 옳은 실패를 많이 할수록 답이 명확해진다.

자신의 결점을 인정하려면 지혜가 필요하고, 이를 인정할수록 지혜는 커진다. 지혜는 우리가 최선을 다한 시점을 분별하게 한다. 옳게 실패하는 법에서 가장 어렵고도 중요한 것이 자신을 직시하는 것이다.

당신도 그렇게 되길 바란다.

고마움의 말

이 책을 쓰는 과정은 혜안과 불안을 동시에 가져다준 모험과 같았다. 여느 책 쓰기의 시작이 그렇듯, 이 책을 쓰는 게 맞는 건지 의심한 순간이 많았다. 이 모험과 함께한 동료가 없었다면, 결코 모험의 여정이 시작되지 못했을 것이다. 나 자신이 너무나 부족하지만, 한 사람 한 사람에게 고마움을 전한다.

먼저, 실패에 대한 책을 써 보자고 제안한 마고 플레밍Margo Fleming에게 고맙다. 사실 몇 달간 나는 그 제안을 피하기에 바빴다. 이런 말을 하면서 말이다.

"〈하버드 비즈니스 리뷰〉에 쓴 글이면 충분하지 않을까요?"

"지금도 비슷한 책이 많은데 굳이 또 쓸 필요가 있을까요?"

하지만 플레밍은 이 어려운(그러나 시의적절한) 주제에 대해 아직 읽고 싶은 책이 없다며, 그 책을 써야 할 사람은 바로 나라고 열심히 설득했다. 그는 기획서부터 '가볍게' 써 보라고 제안하며 나를 계획에 교묘하게 끌어들이기 시작했다. 그로부터 얼마 후, 나는 그의 말이 맞았음을 깨달았다. 이 책은 꼭 써야 했던, '가볍게'가 아니라 제대로 집중해서 써야 했기 때문이다. 그렇게 책을 쓰기 시작하자 그는 열렬히 응원하며, 아이디어를 나눠 주고, 출판사와도 연결해 줬다. 그리고 충분히 할 수 있을 거라며 내게 자신감을 불어넣었다.

한 권의 책을 완성하려면 '팀'이 필요하다. 많은 도움을 준 이들 가운데 특히 '생각의 파트너'로 함께했던 캐런 프롭Karen Propp에게 고마움을 전한다. 아이디어를 책으로 만들기 위해서는 각종 개념과 스토리를 장별로 구성하는 작업이 필요한데, 이 과정에서 그가 중요한 역할을 했다. 또한 댄 포크Dan Falk, 이언 그레이Ian Grey, 패트릭 힐리Patrick Healey, 수전 솔터Susan Salter, 페이지 차이Paige Tsai 등의 동료, 연구원과 함께 각종 아이디어와 프레임워크에 생동감을 불어넣을 스토리를 찾고 개발하는 데 큰 도움을 줬다.

책 쓰기가 막바지였을 때, 헤더 크라이들러Heather Kriedler는 지루하지만 매우 중요한 작업인 서식, 인용 권한 등을 꼼꼼하게 확인해, 책이 견고한 토대 위에 설 수 있도록 도왔다. 카피라이터인 스티브 볼드Steve Boldt의 세심한 배려와 솜씨에도 고마움을 표한다.

최고의 편집자 스테퍼니 히치콕Stephanie Hitchcock은 적절한 피드백과 격려로 책 쓰기를 응원했다. 잘 이해되지 않는 부분을 확인하고, 빠진 부분은 없는지 한 발짝 물러나 전반적으로 확인해 줬다. 하지만 그가 보낸 제안에 무척 난감했던 순간도 있었다. 독자를 초청해 함께 아이디어를 나누자는 제안을 어떻게 받아들여야 할지 도무지 알 수 없었다. 하지만 그의 천재적인 제안을 실행에 옮기니 "유레카!"에 도달했다. 그는 처음부터 끝까지 독자의 편에 섰다. 그리고 내가 당신의 직장뿐 아니라 삶 속에서 이야기하도록 했다.

호주에서 아티스트 겸 의사로 활동하는 어밀리아 크랩트리Amelia Crabtree에게도 고마움을 표한다. 도표 작업을 맡은 그는 따분한 학문적 개념을 자신의 스타일로 유쾌히 옮겼다. 그를 내게 소개해 준 낸시 보호시안Nancy Boghossian, 그리고 이 프로젝트를 같이 진행한 많은 이들에게도 고맙다. 네덜란드에서 디자이너로 활동하는 브렌던 티머스Brendan Timmers는 7장의 시스템 역학 그림을 맡아서, 인간 상호작용의 복잡한 관계를 쉽게 이해하도록 했다.

이 책의 시작은 미약했다. 2011년 〈하버드 비즈니스 리뷰〉의 실패 특집호에 내가 쓴 글이다. 의미 있는 글을 쓸 것이라며 내게 글을 믿고 맡긴 스티브 프로케시Steve Prokesch에게 깊은 고마움을 전한다. 명확성과 논리에 대한 그의 끝없는 압박은 나를 더 나은 작가로 만들었다.

이 책의 기초가 된 연구를 하도록 기꺼이 문을 열어젖힌 많은 팀의 간호사, 의사, 엔지니어, CEO 등 수많은 이들에게도 엄청난 빚을 졌다. 각종 인터뷰와 연구에 기꺼이 응한 모든 이들에게 고마움을 전한다. 연구에 필요한 재정적 지원을 아끼지 않은 하버드대 경영대학원 연구 팀에도 고맙다.

끝으로 우리 가족에게 특히 고맙다. 훌륭한 요리는 말할 것도 없고, 늘 사랑과 응원으로 용기를 주고 책을 완성하도록 많은 시간을 할애한 남편 조지 데일리George Daley에게 깊이 고맙다. 그는 지난 30년간 내 모든 성공과 실패를 함께하며 변함없는 믿음을 보였다. 과학자로서도 옳게 실패하고, 잘 성공하는 데 오랜 시간을 쏟았다. 하지만 내 아이디어가 자신의 성공에 도움이 됐다고 말할 만큼 더없이 겸손한 사람이다. 그가 준 자신감 덕에 내 아이디어가 누군가에게도 도움이 되리란 확신이 생겼다.

마지막으로, 반짝이는 호기심과 열정으로 내가 더 나은 사회를 만들도록 영감을 주는 두 아들인 잭과 닉에게 이 책을 바친다.

주

실패라는 녀석에 대해

1   H. C. Foushee, "The Role of Communications, Socio-psychological, and Personality Factors in the Maintenance of Crew Coordination", *Aviation, Space, and Environmental Medicine* 53, no. 11(November 1982): 1062~1066.

2   Robert L. Helmreich, Ashleigh C. Merritt, and John A. Wilhelm, "The Evolution of Crew Resource Management Training in Commercial Aviation", *International Journal of Aviation Psychology* 9, no. 1(January 1999): 19~32; Barbara G. Kanki, José M. Anca, and Thomas Raymond Chidester, eds., Crew Resource Management, 3rd ed.(London: Academic Press, 2019).

3   For an overview of Hackman's work on teams, see J. Richard Hackman, *Groups That Work(and Those That Don't): Creating Conditions for Effective Teamwork*, 1st ed., Jossey-Bass Management

Series(San Francisco: Jossey-Bass, 1990).

4   Ruth Wageman, J. Richard Hackman, and Erin Lehman, "Team Diagnostic Survey", *Journal of Applied Behavioral Science* 41, no. 4(2005): 373~398, https://doi.org/10.1177/0021886305281984

5   Sim B. Sitkin, "Learning through Failure: The Strategy of Small Losses", *Research in Organizational Behavior* 14(1992): 231~266.

6   For examples of the "all failure is good" culture, and some pushbacks, see Shane Snow, "Silicon Valley's Obsession with Failure Is Totally Misguided", *Business Insider*, October 14, 2014, https://www.businessinsider.com/startup-failure-does-not-lead-to-success-2014-10; Adrian Daub, "The Undertakers of Silicon Valley: How Failure Became Big Business", *Guardian*, August 21, 2018, sec. Technology, https://www.theguardian.com/technology/2018/aug/21/the-undertakers-of-silicon-valley-how-failure-became-big-business; Alex Holder, "How Failure Became a Cultural Fetish", ELLE, February 22, 2021, https://www.elle.com/uk/life-and-culture/elle-voices/a35546483/failure-cultural-fetish/

7   앤디(Andy)는 현재 브랜다이스대의 심리학 및 국제 비즈니스 분야 정교수이다.

8   Amy C. Edmondson, "Psychological Safety and Learning Behavior in Work Teams", *Administrative Science Quarterly* 44, no. 2(June 1, 1999): 350~383.

9   For an overview of this research, see chapter 2 of my book *The Fearless Organization: Creating Psychological Safety in the Workplace for Learning, Innovation, and Growth*(Hoboken, NJ: John Wiley and Sons, 2018). 다음 문헌도 참고하라. Amy C. Edmondson and Zhike Lei, "Psychological Safety: The History, Renaissance, and Future of an Interpersonal Construct", *Annual Review of*

Organizational Psychology and Organizational Behavior 1, no.
1(2014): 23~43; Amy C. Edmondson et al., "Understanding
Psychological Safety in Healthcare and Education Organizations:
A Comparative Perspective", *Research in Human Development*
13, no. 1(January 2, 2016): 65~83; M. Lance Frazier et al.,
"Psychological Safety: A Meta-Analytic Review and Extension",
Personnel Psychology 70, no. 1(Spring 2017): 113~165; Alexander
Newman, Ross Donohue, and Nathan Eva, "Psychological Safety: A
Systematic Review of the Literature", *Human Resource Management
Review* 27, no. 3(September 1, 2017): 521~535; Róisín O'Donovan
and Eilish Mcauliffe, "A Systematic Review of Factors That Enable
Psychological Safety in Healthcare Teams", *International Journal for
Quality in Health Care* 32, no. 4(May 2020): 240~250.

10 다음 문헌을 참고하라. Atul Gawande, *The Checklist Manifesto: How
to Get Things Right*, 1st ed.(New York: Metropolitan Books and
Henry Holt, 2010).

1장 옳은 실패란?

1 다음 문헌을 참고하라. G. Wayne Miller, *King of Hearts: The True
Story of the Maverick Who Pioneered Open-Heart Surgery*(New
York: Crown, 2000); James S. Forrester, *The Heart Healers: The
Misfits, Mavericks, and Rebels Who Created the Greatest Medical
Breakthrough of Our Lives*(New York: St. Martin's Press, 2015).

2 Forrester, *Heart Healers*, 63.

3 Peter Zilla et al., "Global Unmet Needs in Cardiac Surgery",
Global Heart 13, no. 4(December 2018): 293~303, doi:
10.1016/j.gheart.2018.08.002.

4 다음 문헌을 참고하라. Roy F. Baumeister et al., "Bad Is Stronger

than Good", *Review of General Psychology* 5, no. 4(2001): 323~370, doi: 10.1037/1089-2680.5.4.323

5   Paul Rozin and Edward B. Royzman, "Negativity Bias, Negativity Dominance, and Contagion", *Personality and Social Psychology Review* 5, no. 4(November 2001): 296~320, doi: 10.1207/S15327957PSPR0504_2.

6   John Tierney and Roy F. Baumeister, *The Power of Bad: How the Negativity Effect Rules Us and How We Can Rule It*(New York: Penguin, 2019).

7   Amos Tversky and Daniel Kahneman, "Loss Aversion in Riskless Choice: A Reference-Dependent Model", *Quarterly Journal of Economics* 106, no. 4(1991): 1039~1061.

8   Daniel Kahneman, Jack L. Knetsch, and Richard H. Thaler, "Experimental Tests of the Endowment Effect and the Coase Theorem", *Journal of Political Economy* 98, no. 6(December 1990): 1325~1348.

9   Sydney Finkelstein, *Why Smart Executives Fail and What You Can Learn from Their Mistakes*(New York: Portfolio, 2003). Discussed in Mark D. Cannon and Amy C. Edmondson, "Failing to Learn and Learning to Fail(Intelligently): How Great Organizations Put Failure to Work to Innovate and Improve", *Long Range Planning* 38, no. 3(June 2005): 299~316.

10   "'The Buck Stops Here' Desk Sign", Harry S. Truman Library & Museum, National Archives and Records Administration, https://www.trumanlibrary.gov/education/trivia/buck-stops-here-sign

11   Wayne Gretzky in response to Bob McKenzie, editor of *Hockey News*, in 1983. Another good example of failures on the way to gaining mastery is the Nike commercial "Failure", performed by Michael Jordan(Wieden+Kennedy, 1997).

12 Maya Salam, "Abby Wambach's Leadership Lessons: Be the
    Wolf", *New York Times*, April 9, 2019, sec. Sports, https://
    www.nytimes.com/2019/04/09/sports/soccer/abby-wambach-
    soccer-wolfpack.html

13 Abby Wambach, "Abby Wambach, Remarks as
    Delivered"(commencement address, Barnard College, NY,
    2018), https://barnard.edu/commencement/archives/2018/abby-
    wambach-remarks

14 Victoria Husted Medvec, Scott F. Madey, and Thomas Gilovich,
    "When Less Is More: Counterfactual Thinking and Satisfaction
    among Olympic Medalists", *Journal of Personality and Social
    Psychology* 69, no. 4(1995): 603~610, doi: 10.1037/0022-
    3514.69.4.603

15 Neal J. Roese, "Counterfactual Thinking", *Psychological Bulletin*
    121, no. 1(1997): 133 48, doi: 10.1037/0033-2909.121.1.133

16 다음 문헌을 참고하라. James P. Robson Jr. and Meredith
    Troutman-Jordan, "A Concept Analysis of Cognitive Reframing",
    Journal of Theory Construction & Testing 18, no. 2(2014): 55~59.
    평가 이론은 다음 문헌과 관련된다. Klaus R. Scherer, "Appraisal
    Theory", in *Handbook of Cognition and Emotion*, ed. Tim Dalgleish
    and Mick J. Power(New York: John Wiley and Sons, 1999),
    637~663.

17 Judith Johnson et al., "Resilience to Emotional Distress in
    Response to Failure, Error or Mistakes: A Systematic Review",
    Clinical Psychology Review 52(March 2017): 19~42, doi:
    10.1016/j.cpr.2016.11.007

18 Ibid.

19 Martin E. P. Seligman and Mihaly Csikszentmihalyi, "Positive
    Psychology: An Introduction", in *Flow and the Foundations*

of Positive Psychology by Mihaly Csikszentmihalyi(Dordrecht, Netherlands: Springer, 2014)

20 Joseph E. LeDoux, "The Emotional Brain, Fear, and the Amygdala", *Cellular and Molecular Neurobiology* 23, no. 4/5(2003): 727~738, doi: 10.1023/A:1025048802629; Joseph E. LeDoux, "The Amygdala Is Not the Brain's Fear Center", I Got a Mind to Tell You(blog), *Psychology Today*, August 10, 2015, https://www.psychologytoday.com/us/blog/i-got-mind-tell-you/201508/the-amygdala-is-not-the-brains-fear-center

21 다음 문헌의 2장을 참고하라. in Amy C. Edmondson, *Teaming: How Organizations Learn, Innovate, and Compete in the Knowledge Economy*(San Francisco: Jossey-Bass, 2012).

22 Helmut von Moltke, "Über Strategie", in *Moltkes militärische Werke*, ed. Großer Generalstab(Berlin: E. S. Mittler, 1892~1912), vol. 4, pt. 2, 287~293. 다음 문헌도 참고하라. Graham Kenny, "Strategic Plans Are Less Important Than Strategic Planning", *Harvard Business Review*, June 21, 2016, https://hbr.org/2016/06/strategic-plans-are-less-important-than-strategic-planning

23 Naomi I. Eisenberger, "The Pain of Social Disconnection: Examining the Shared Neural Underpinnings of Physical and Social Pain", *Nature Reviews Neuroscience* 13(June 2012): 421~434, https://www.nature.com/articles/nrn3231; Matthew D. Lieberman and Naomi I. Eisenberger, "The Pains and Pleasures of Social Life: A Social Cognitive Neuroscience Approach", *NeuroLeadership Journal* 1(September 11, 2008), https://www.scn.ucla.edu/pdf/Pains&Pleasures(2008).pdf

24 Pankaj Sah and R. Frederick Westbrook, "The Circuit of Fear", *Nature* 454, no. 7204(July 2008): 589~590, doi: 10.1038/454589a; LeDoux, "Emotional Brain, Fear, and the

Amygdala". 르두(LeDoux)는 최근 몇 년 동안 편도체-공포 연결이 원래 생각했던 것보다 훨씬 더 복잡하다고 말했다. 다음 문헌도 참고하라. Joseph E. LeDoux and RichardBrown, "A Higher-Order Theory of Emotional Consciousness", *Proceedings of the National Academy of Sciences* 114, no. 10(2017): E2016~2025, doi: 10.1073/pnas.1619316114; LeDoux, "Amygdala Is Not".

25   LeDoux, "Amygdala Is Not".

26   다음 문헌을 참고하라. Ulrike Rimmele, "A Primer on Emotions and Learning", OECD, accessed November 13, 2021, https://www.oecd.org/education/ceri/aprimeronemotionsandlearning.htm.

27   Jean M. Twenge, *iGen: Why Today's Super-Connected Kids Are Growing Up Less Rebellious, More Tolerant, Less Happy — and Completely Unprepared for Adulthood: And What That Means for the Rest of Us*(New York: Atria Books, 2017).

28   다음 문헌을 참고하라. Amy C. Edmondson, *The Fearless Organization: Creating Psychological Safety in the Workplace for Learning, Innovation, and Growth*, 1st ed.(Hoboken, NJ: John Wiley and Sons, 2019).

29   다음 문헌을 참고하라. Ingrid M. Nembhard and Amy C. Edmondson, "Making It Safe: The Effects of Leader Inclusiveness and Professional Status on Psychological Safety and Improvement Efforts in Health Care Teams", *Journal of Organizational Behavior* 27, no. 7(2016): 941~966; Amy C. Edmondson, "Learning from Failure in Health Care: Frequent Opportunities, Pervasive Barriers", *Quality and Safety in Health Care* 13, suppl. 2(December 1, 2004): ii3~9; Amy C. Edmondson, "Speaking Up in the Operating Room: How Team Leaders Promote Learning in Interdisciplinary Action Teams", *Journal of Management Studies* 40, no. 6(2003): 1419~1452; Amy C. Edmondson, "Framing for Learning: Lessons

in Successful Technology Implementation", *California Management Review* 45, no. 2(2003): 34~54; Fiona Lee et al., "The Mixed Effects of Inconsistency on Experimentation in Organizations", *Organization Science* 15, no. 3(May~June 2004): 310~326; Michael Roberto, Richard M. J. Bohmer, and Amy C. Edmondson, "Facing Ambiguous Threats", *Harvard Business Review* 84, no. 11(November 2006): 106~113.

30   Amy C. Edmondson, "Strategies for Learning from Failure", *Harvard Business Review* 89, no. 4(April 2011).

31   "The Hardest Gymnastics Skills in Women's Artistic Gymnastics(2022 Update)", *Uplifter Inc.*, October 9, 2019, https://www.uplifterinc.com/hardest-gymnastics-skills

32   Miller, King of Hearts, 5.

33   Ibid.

34   Ibid.

35   Forrester, *Heart Healers*.

36   bid., 87

37   McMaster University, "Better Assessment of Risk from Heart Surgery Results in Better Patient Outcomes: Levels of Troponin Associated with an Increased Risk of Death", *ScienceDaily*, March 2, 2022, www.sciencedaily.com/releases/2022/03/220302185945.htm. 다음 문헌도 참고하라. "Surprising Spike in Postoperative Cardiac Surgery Deaths May Be an Unintended Consequence of 30-Day Survival Measurements", *Johns Hopkins Medicine*, April 10, 2014, https://www.hopkinsmedicine.org/news/media/releases/surprising_spike_in_postoperative_cardiac_surgery_deaths_may_be_an_unintended_consequence_of_30_day_survival_measurements

38   Amy C. Edmondson, Richard M. Bohmer, and Gary P. Pisano, "Disrupted Routines: Team Learning and New Technology

Implementation in Hospitals", *Administrative Science Quarterly* 46, no. 4(2001): 685~716, doi: 10.2307/3094828.

2장 교훈적 실패: 유레카!

1   1997년 개봉한 영화 〈가타카(Gattaca)〉는 공상과학영화로 우수한 유전자를 가진 '밸리드'와 자연적으로 잉태된 인간 '인밸리드'로 인간을 구분한다. 인밸리드는 단순 업무만 맡는 사람이다. 그러나 결국 인밸리드가 우주에서는 엘리트로 변해 토성 임무를 맡아 수행한다. Andrew Niccol, screenwriter, *Gattaca*, drama, sci-fi, thriller(Columbia Pictures, Jersey Films, 1997).

2   Steve D. Knutson and Jennifer M. Heemstra, "EndoVIPER-seq for Improved Detection of A-to-I Editing Sites in Cellular RNA", *Current Protocols in Chemical Biology* 12, no. 2(2020): e82, doi: 10.1002/cpch.82.

3   Steve D. Knutson et al., "Thermoreversible Control of Nucleic Acid Structure and Function with Glyoxal Caging", *Journal of the American Chemical Society* 142, no. 41(2020): 17766~17781.

4   Jen Heemstra(@jenheemstra), "The Only People Who Never Make Mistakes and Never Experience Failure Are Those Who Never Try", Twitter, January 13, 2021, 8:04 a.m., https://twitter.com/jenheemstra/status/1349341481472036865

5   다음 문헌을 참고하라. Margaret Frith and John O'Brien, *Who Was Thomas Alva Edison?*(New York: Penguin Workshop, 2005); Edmund Morris, *Edison*(New York: Random House, 2019); Randall E. Stross, *The Wizard of Menlo Park: How Thomas Alva Edison Invented the Modern World*(New York: Crown, 2007).

6   Frank Lewis Dyer, *Thomas Edison: His Life and Inventions*, vol. 2(Harper and Brothers, 1910), chap. 24, p. 369.

7   Ben Proudfoot, "She Changed Astronomy Forever. He Won the
    Nobel Prize for It", *New York Times*, July 27, 2021, sec. Opinion,
    https://www.nytimes.com/2021/07/27/opinion/pulsars-jocelyn-
    bell-burnell-astronomy.html

8   다음 문헌을 참고하라. Ben Proudfoot, "Almost Famous: The Silent
    Pulse of the Universe"(video), featuring Jocelyn Bell Burnell, July
    27, 2021, at 5:42, https://www.nytimes.com/2021/07/27/opinion/
    pulsars-jocelyn-bell-burnell-astronomy.html

9   Ibid., at 6:54.

10 Martin Ryle and Antony Hewish, "Antony Hewish, the Nobel
    Prize in Physics in 1974", Nobel Prize Outreach AB, https://
    www.nobelprize.org/prizes/physics/1974/hewish/biographical/

11 "Design Technology", Brighton College, accessed October 22,
    2021, https://www.brightoncollege.org.uk/college/arts-life/design-
    technology/

12 Jill Seladi-Schulman, "What Is Avocado Hand?", *Healthline*,
    November 16, 2018, https://www.healthline.com/health/avocado-
    hand

13 "Avogo—Cut and De-stone Your Avocado at Home or on
    the Go", Kickstarter, accessed October 22, 2021, https://
    www.kickstarter.com/projects/183646099/avogo-cut-and-de-
    stone-your-avocado-at-home-or-on

14 Tom Eisenmann, "Why Start-Ups Fail", *Harvard Business Review*,
    May~June 2021, https://hbr.org/2021/05/why-start-ups-fail

15 Ibid. 다음 문헌도 참고하라. Tom Eisenmann, *Why Startups Fail:
    A New Roadmap to Entrepreneurial Success*(New York: Currency,
    2021).

16 "The 10 Worst Product Fails of All Time", *Time*, https://
    time.com/13549/the-10-worst-product-fails-of-all-time/.

크리스털 펩시의 실패에 대한 다른 세부 사항은 다음 문헌을 참고하라. Reuben Salsa, "Pepsi's Greatest Failure: The Crystal Bubble That Burst", May 27, 2020, https://bettermarketing.pub/pepsis-greatest-failure-the-crystal-bubble-that-burst-9cffd4f462ec

17 Proudfoot, "Almost Famous", at 5:42.

18 "Avogo", Kickstarter.

19 Astro Teller, "The Unexpected Benefit of Celebrating Failure", TED2016, https://www.ted.com/talks/astro_teller_the_unexpected_benefit_of_celebrating_failure

20 Thomas M. Burton, "By Learning from Failures, Lilly Keeps Drug Pipeline Full", *Wall Street Journal*, April 21, 2004, https://www.wsj.com/articles/SB108249266648388235

21 다음 문헌을 참고하라. Edmondson, *Teaming*, chap. 7.

22 Blake Morgan, "50 Leading Female Futurists", *Forbes*, March 5, 2020, https://www.forbes.com/sites/blakemorgan/2020/03/05/50-leading-female-futurists/

23 Amy Webb, "How I Hacked Online Dating", TEDSalon NY, 2013, https://www.ted.com/talks/amy_webb_how_i_hacked_online_dating

24 Carol S. Dweck, *Mindset: The New Psychology of Success*(New York: Ballantine, 2006).

25 Rachel Ross, "Who Invented the Traffic Light?", *Live Science*, December 16, 2016, https://www.livescience.com/57231-who-invented-the-traffic-light.html

26 Ibid.

27 Biography.com editors, "Garrett Morgan", Biography, accessed November 4, 2021, https://www.biography.com/inventor/garrett-morgan

28 "Garrett Morgan Patents ThreePosition Traffic Signal", History,

accessed October 24, 2021, https://www.history.com/this-day-in-history/garrett-morgan-patents-three-position-traffic-signal

29 "Engineering for Reuse: Chris Stark", Engineering Design Workshop: Engineering Stories, Boston Museum of Science, accessed October 22, 2021, https://virtualexhibits.mos.org/edw-engineering-stories

30 Information about James West was taken from "James West: Biography" and "James West: Digital Archive", HistoryMakers, accessed October 23, 2021, https://www.thehistorymakers.org/biography/james-west; "Meet Past President of ASA, Dr. Jim West", *Acoustics Today* (blog), September 17, 2020, https://acousticstoday.org/meet-past-president-of-asa-dr-jim-west/

31 James West, "James West Talks about His Father's Career", interviewed by Larry Crowe, HistoryMakers A2013.039, February 13, 2013, HistoryMakers Digital Archive, sess. 1, tape 1, story 7.

32 "Meet Past President", *Acoustics Today*.

33 James West, "James West Talks about His Experience in the U.S. Army", interviewed by Larry Crowe, HistoryMakers A2013.039, February 13, 2013, HistoryMakers Digital Archive, sess. 1, tape 4, story 3.

34 James West, "James West Describes His Earliest Childhood Memories", interviewed by Larry Crowe, HistoryMakers A2013.039, February 13, 2013, HistoryMakers Digital Archive, sess. 1, tape 1, story 9.

35 James West, "James West Remembers Being Electrocuted at Eight Years Old", interviewed by Larry Crowe, HistoryMakers A2013.039, February 13, 2013, HistoryMakers Digital Archive, sess. 1, tape 2, story 5.

36 Ibid., at 5:23.

37 James West, "James West Talks about His Experience Interning at Bell Laboratories, Part 1", interviewed by Larry Crowe, HistoryMakers A2013.039, February 13, 2013, HistoryMakers Digital Archive, sess. 1, tape 4, story 5.

38 Ibid.

39 W. Kuhl, G. R. Schodder, and F.-K. Schröder, "Condenser Transmitters and Microphones with Solid Dielectric for Airborne Ultrasonics", *Acta Acustica United with Acustica* 4, no. 5 (1954): 519~532.

40 West, "James West Talks about His Experience Interning at Bell Laboratories, Part 1".

41 Ibid.

42 James West, "James West Talks about His Experience Interning at Bell Laboratories, Part 2", interviewed by Larry Crowe, HistoryMakers A2013.039, February 13, 2013, HistoryMakers Digital Archive, sess. 1, tape 4, story 6.

43 James West, "James West Talks about the Electret Microphone, Part 2", interviewed by Larry Crowe, HistoryMakers A2013.039, February 13, 2013, HistoryMakers Digital Archive, sess. 1, tape 5, story 5.

44 Biography.com editors, "James West", Biography, accessed December 2, 2022, https://www.biography.com/inventor/james-west

45 Tienlon Ho, "The Noma Way", *California Sunday Magazine*, February 2, 2016, https://story.californiasunday.com/noma-australia-rene-redzepi

46 Ibid.

47 Stefan Chomka, "René Redzepi: 'With Noma 2.0, We Dare Again to Fail,'" 50 Best Stories, November 10, 2017, https://www.theworlds50best.com/stories/News/rene-redzepi-noma-

dare-to-fail.html

48 Tim Lewis, "Claus Meyer: The Other Man from Noma", *Observer*, March 20, 2016, sec. Food, https://www.theguardian.com/ lifeandstyle/2016/mar/20/claus-meyer-the-other-man-from- noma-copenhagen-nordic-kitchen-recipes

49 René Redzepi, *René Redzepi Journal*(New York and London: Phaidon, 2013), 44.

50 Ho, "Noma Way".

51 Ibid.

52 Redzepi, *René Redzepi*, 18~19, entry for February 9, 2013.

53 Ibid., 19.

54 Chomka, "René Redzepi". 다음 문헌도 참고하라. Pierre Deschamps et al., *Noma: My Perfect Storm*(Documentree Films, 2015)

55 Stefano Ferraro, "Stefano Ferraro, Head Pastry Chef at Noma: Failing Is a Premise for Growth", trans. Slawka G. Scarso, Identità Golose Web Magazine internazionale di cucina, March 1, 2020, https://www.identitagolose.com/sito/en/116/25235/chefs-life- stories/stefano-ferraro-head-pastry-chef-at-noma-failing-is-a- premise-for-growth.html

56 Redzepi, *René Redzepi*, 25

57 Redzepi, *René Redzepi*, 48~49, Thursday, March 24.

58 Ho, "Noma Way".

59 Ibid.

60 Redzepi, *René Redzepi*, 160.

61 Ibid., 26.

62 Alessandra Bulow, "An Interview with René Redzepi", Epicurious, https://www.epicurious.com/archive/chefsexperts/celebrity-chefs/ rene-redzepi-interview

63 Deschamps et al., Noma.

64 "Noma", Michelin Guide, accessed December 1, 2022, https://
guide.michelin.com/us/en/capital-region/copenhagen/restaurant/
noma

65 Redzepi, *René Redzepi*, 59.

66 Pete Wells, "Noma Spawned a World of Imitators, but the
Restaurant Remains an Original", *New York Times*, January 9,
2023, https://www.nytimes.com/2023/01/09/dining/rene-redzepi-
closing-noma-pete-wells.html?action=click&module=RelatedLinks
&pgtype=Article

67 다음 문헌을 참고하라. Amy C. Edmondson and Laura R. Feldman,
"Phase Zero: Introducing New Services at IDEO(A)", Harvard
Business School, Case 605-069, February 2005(revised March
2013); Amy C. Edmondson and Kathryn S. Roloff, "Phase Zero:
Introducing New Services at IDEO(B)", Harvard Business School,
Supplement 606-123, June 2006(revised March 2013).

68 다음 문헌을 참고하라. Edmondson and Feldman, "Phase Zero".

69 "Bill Moggridge", IDEO, accessed October 22, 2021, https://
www.ideo.com/people/bill-moggridge

70 Edmondson and Feldman, "Phase Zero".

71 2009년 인기 프로그램 ABC 〈나이트라인〉의 한 코너에는
닷새 만에 획기적인 슈퍼마켓 카트를 디자인한 아이데오
팀이 등장했다. 이 카트는 기능성과 디자인을 겸비해 시선을
사로잡았지만, 사실 이 쇼의 진정한 주인공은 실패의 필요성을
강조할 뿐 아니라 실패 사례를 자랑스러워하는 아이데오의 사내
문화였다. "ABC Nightline—IDEO Shopping Cart", December
2, 2009, https://www.youtube.com/watch?v=M66ZU2PCIcM.
다음 문헌도 참고하라. "Why You Should Talk Less and Do
More", IDEO Design Thinking, October 30, 2013, https://
designthinking.ideo.com/blog/why-you-should-talk-less-and-

do-more

72 Edmondson and Feldman, "Phase Zero", 2.

73 Ibid., 5.

74 Edmondson and Roloff, "Phase Zero".

75 "Eli Lilly's Alimta Disappoints", Yahoo! Finance, June 4, 2013, http://finance.yahoo.com/news/eli-lillys-alimta-disappoints-183302340.html. 다음 문헌도 참고하라. Steven T. Szabo et al., "Lessons Learned and Potentials for Improvement in CNS Drug Development: ISCTM Section on Designing the Right Series of Experiments", *Innovations in Clinical Neuroscience* 12, no. 3, suppl. A(2015).

76 Eric Sagonowsky, "Despite Drug Launch Streak, Lilly Posts Rare Sales Decline as Alimta Succumbs to Generics", Fierce Pharma, August 4, 2022, https://www.fiercepharma.com/pharma/lillys-new-launches-shine-alimta-drags-sales

3장 기본적 실패: 실수하는 인간

1 Chris Dolmetsch, Jennifer Surane, and Katherine Doherty, "Citi Trial Shows Chain of Gaffes Leading to $900 Million Blunder", Bloomberg, December 9, 2020, https://www.bloomberg.com/news/articles/2020-12-09/citi-official-shocked-over-900-million-error-as-trial-begins

2 Eversheds Sutherland, "The Billion Dollar Bewail: Citibank Cannot Recover $900 Million Inadvertently Wired to Lenders", JD Supra, March 11, 2021, https://www.jdsupra.com/legalnews/the-billion-dollar-bewail-citibank-9578400/

3 Atul Gawande, *The Checklist Manifesto: How to Get Things Right*(New York: Metropolitan Books and Henry Holt, 2010).

4   다음 문헌을 참고하라. J. Richard Hackman, *Leading Teams: Setting the Stage for Great Performances*(Boston: Harvard Business School Press, 2002).

5   다음 문헌을 참고하라. Thomas Tracy, Nicholas Williams, and Clayton Guse, "Brooklyn Building Smashed by MTA Bus at Risk of Collapse, City Officials Say", *New York Daily News*, June 9, 2021, https://www.nydailynews.com/new-york/ny-brooklyn-mta-bus-crash-video-20210609-j5picmqwkfghbipx6w2omdu3dy-story.html

6   "'Disturbing' Video Emerges in MTA Bus Crash into Brooklyn Building Case"(video), NBC News 4 New York, June 9, 2021, at 1:06, https://www.nbcnewyork.com/on-air/as-seen-on/disturbing-video-emerges-in-mta-bus-crash-into-brooklyn-building-case/3097885/

7   Martin Chulov, "A Year on from Beirut Explosion, Scars and Questions Remain", *Guardian*, August 4, 2021, sec. World News, https://www.theguardian.com/world/2021/aug/04/a-year-on-from-beruit-explosion-scars-and-questions-remain

8   Sharon LaFraniere and Noah Weiland, "Factory Mix-Up Ruins Up to 15 Million Vaccine Doses from Johnson & Johnson", *New York Times*, March 31, 2021, sec. U.S., https://www.nytimes.com/2021/03/31/us/politics/johnson-johnson-coronavirus-vaccine.html

9   Sharon LaFraniere, Noah Weiland, and Sheryl Gay Stolberg, "The F.D.A. Tells Johnson & Johnson That About 60 Million Doses Made at a Troubled Plant Cannot Be Used", *New York Times*, June 11, 2021, sec. U.S., https://www.nytimes.com/2021/06/11/us/politics/johnson-covid-vaccine-emergent.html

10   LaFraniere, Weiland, and Stolberg, "F.D.A. Tells Johnson & Johnson".

11 LaFraniere and Weiland, "Factory Mix-Up Ruins".

12 다음 문헌을 참고하라. Chris Hamby, Sharon LaFraniere, and Sheryl Gay Stolberg, "U.S. Bet Big on COVID Vaccine Manufacturer Even as Problems Mounted", *New York Times*, April 6, 2021, sec. U.S., https://www.nytimes.com/2021/04/06/us/covid-vaccines-emergent-biosolutions.html

13 LaFraniere and Weiland, "Factory Mix-Up Ruins".

14 U.S. Centers for Disease Control and Prevention, "Sleep and Sleep Disorders", National Center for Chronic Disease Prevention and Health Promotion, *Division of Population Health*, September 7, 2022, https://www.cdc.gov/sleep/index.html

15 다음 문헌을 참고하라. U.S. Centers for Disease Control and Prevention, "Drowsy Driving: Asleep at the Wheel", National Center for Chronic Disease Prevention and Health Promotion, *Division of Population Health*, November 21, 2022, https://www.cdc.gov/sleep/features/drowsy-driving.html

16 Jeffrey H. Marcus and Mark R. Rosekind, "Fatigue in Transportation: NTSB Investigations and Safety Recommendations", *Injury Prevention: Journal of the International Society for Child and Adolescent Injury Prevention* 23, no. 4(August 2017): 232~238, doi: 10.1136/injuryprev-2015-041791

17 Christopher P. Landrigan et al., "Effect of Reducing Interns' Work Hours on Serious Medical Errors in Intensive Care Units", *New England Journal of Medicine* 351, no. 18(October 28, 2004): 1838~1848, doi: 10.1056/NEJMoa041406.

18 Josef Fritz et al., "A Chronobiological Evaluation of the Acute Effects of Daylight Saving Time on Traffic Accident Risk", *Current Biology* 30, no. 4(February 2020): 729~735.e2, doi: 10.1016/j.cub.2019.12.045.

19 다음 문헌을 참고하라. R. D. Marshall et al., *Investigation of the Kansas City Hyatt Regency Walkways Collapse*, NIST Publications, Building Science Series 143(Gaithersburg, MD: National Institute of Standards and Technology, May 31, 1982), https://www.nist.gov/publications/investigation-kansas-city-hyatt-regency-walkways-collapse-nbs-bss-143

20 Rick Montgomery, "20 Years Later: Many Are Continuing to Learn from Skywalk Collapse", *Kansas City Star*, July 15, 2001, A1, archived from the original on May 20, 2017, from https://web.archive.org/web/20160108175310/http://skywalk.kansascity.com/articles/20-years-later-many-are-continuing-learn-skywalk-collapse/

21 Henry Petroski, *To Engineer Is Human: The Role of Failure in Successful Design*, 1st ed.(New York: Vintage, 1992), 88.

22 Montgomery, "20 Years Later". 다음 문헌도 참고하라. *Duncan v. Missouri Bd. for Architects*, 744 S.W.2d 524, January 26, 1998, https://law.justia.com/cases/missouri/court-of-appeals/1988/52655-0.html

23 Staff, "Hyatt Regency Walkway Collapse", engineering.com, October 24, 2006, https://www.engineering.com/story/hyatt-regency-walkway-collapse

24 Petroski, *To Engineer Is Human*.

25 Kansas City Public Library, "The Week in KC History: Hotel Horror", accessed November 9, 2021, https://kchistory.org/week-kansas-city-history/hotel-horror

26 Montgomery, "20 Years Later".

27 "Champlain Towers South Collapse", National Institute of Standards and Technology, June 30, 2021, https://www.nist.gov/disaster-failure-studies/champlain-towers-south-collapse-ncst-

investigation

28 "Pets.com Latest High-Profile Dot-Com Disaster", CNET, January 2, 2002, https://www.cnet.com/news/pets-com-latest-high-profile-dot-com-disaster/

29 Andrew Beattie, "Why Did Pets.com Crash So Drastically?", Investopedia, October 31, 2021, https://www.investopedia.com/ask/answers/08/dotcom-pets-dot-com.asp

30 Kirk Cheyfitz, *Thinking inside the Box: The 12 Timeless Rules for Managing a Successful Business*(New York: Free Press, 2003), 30~32.

31 Beattie, "Why Did Pets.com Crash".

32 Claire Cain Miller, "Chief of Pets.com Is Back, Minus the Sock Puppet", *New York Times*, August 1, 2008, sec. Bits, https://archive.nytimes.com/bits.blogs.nytimes.com/2008/08/01/chief-of-petscom-is-back-minus-the-sock-puppet/

33 Julie Wainwright and Angela Mohan, *ReBoot: My Five Life-Changing Mistakes and How I Have Moved On*(North Charleston, SC: BookSurge, 2009), 63.

34 Maggie McGrath, Elana Lyn Gross, and Lisette Voytko, "50 over 50: The New Golden Age", *Forbes*, https://www.forbes.com/50over50/2021/

35 John Haltiwanger and Aylin Woodward, "Damning Analysis of Trump's Pandemic Response Suggested 40% of US COVID-19 Deaths Could Have Been Avoided", *Business Insider*, February 11, 2021, https://www.businessinsider.com/analysis-trump-covid-19-response-40-percent-us-deaths-avoidable-2021-2

36 Steffie Woolhandler et al., "Public Policy and Health in the Trump Era", *Lancet* 397, no. 10275(February 20, 2021): 705~753, doi: 10.1016/S0140-6736(20)32545-9. 다음 문헌도 참고하라. Haltiwanger and Woodward, "Damning Analysis".

37   Gary Gereffi, "What Does the COVID-19 Pandemic Teach
      Us about Global Value Chains? The Case of Medical Supplies",
      Journal of International Business Policy 3(2020): 287~301, doi:
      10.1057/s42214-020-00062-w; Organisation for Economic Co-
      operation and Development, "The Face Mask Global Value Chain
      in the COVID-19 Outbreak: Evidence and Policy Lessons", OECD
      Policy Responses to Coronavirus(COVID-19), May 4, 2020,
      https://www.oecd.org/coronavirus/policy-responses/the-face-
      mask-global-value-chain-in-the-covid19-outbreak-evidence-
      and-policy-lessons-a4df866d/

38   Aishvarya Kavi, "Virus Surge Brings Calls for Trump to Invoke
      Defense Production Act", *New York Times*, July 22, 2020, sec. U.S.,
      https://www.nytimes.com/2020/07/22/us/politics/coronavirus-
      defense-production-act.html

39   Erin Griffith, "What Red Flags? Elizabeth Holmes Trial Exposes
      Investors' Carelessness", *New York Times*, November 4, 2021, sec.
      Technology, https://www.nytimes.com/2021/11/04/technology/
      theranos-elizabeth-holmes-investors-diligence.html

40   Cathy van Dyck et al., "Organizational Error Management Culture
      and Its Impact on Performance: A Two-Study Replication",
      Journal of Applied Psychology 90, no. 6(2005): 1228~1240, doi:
      10.1037/0021-9010.90.6.1228; Michael Frese and Nina Keith,
      "Action Errors, Error Management, and Learning in Organizations",
      Annual Review of Psychology 66, no. 1(2015): 661~687; Paul S.
      Goodman et al., "Organizational Errors: Directions for Future
      Research", Research in Organizational Behavior 31(2011): 151~176,
      doi: 10.1016/j.riob.2011.09.003; Robert L. Helmreich, "On Error
      Management: Lessons from Aviation", BMJ 320, no. 7237(2000):
      781~785.

41　Carol Tavris and Elliot Aronson, *Mistakes Were Made(but Not by Me): Why We Justify Foolish Beliefs, Bad Decisions, and Hurtful Acts*, 3rd ed.(New York: Houghton Mifflin Harcourt, 2020).

42　Lee Ross, "The Intuitive Psychologist and His Shortcomings: Distortions in the Attribution Process", *Advances in Experimental Social Psychology* 10(1977): 173~220.

43　Donald Dosman, "Colin Powell's Wisdom", *Texas News Today*(blog), October 19, 2021, https://texasnewstoday.com/colin-powells-wisdom/504875/

44　Dan Schawbel, "A Conversation with Colin Powell: What Startups Need to Know", *Forbes*, May 17, 2012, https://www.forbes.com/sites/danschawbel/2012/05/17/colin-powell-exclusive-advice-for-entrepreneurs/?sh=e72e3600251e

45　Steven M. Norman, Bruce J. Avolio, and Fred Luthans, "The Impact of Positivity and Transparency on Trust in Leaders and Their Perceived Effectiveness", *Leadership Quarterly* 21, no. 3(2010): 350~364, doi: 10.1016/j.leaqua.2010.03.002.

46　다음 문헌을 참고하라. Kim B. Clark and Joshua D. Margolis, "Workplace Safety at Alcoa(A)", Harvard Business School, Case 692-042, October 1991(revised January 2000); Steven J. Spear, "Workplace Safety at Alcoa(B)", Harvard Business School, Case 600-068, December 1999(revised March 2000); Charles Duhigg, *The Power of Habit: Why We Do What We Do in Life and Business*(New York: Random House Trade Paperback, 2014), chap. 4, pp. 97~126.

47　Duhigg, *The Power of Habit*, 98.

48　Ibid.

49　Ibid., 99.

50　Ibid.

51　Ibid., 98.

52　Ibid.

53　Ibid., 99.

54　O'Neill for IHI in an IHI blog: Patricia McGaffigan, "What Paul O'Neill Taught Health Care about Workforce Safety", April 28, 2020, https://www.ihi.org/communities/blogs/what-paul-o-neill-taught-health-care-about-workforce-safety

55　Duhigg, *The Power of Habit*, 116.

56　Ibid., 100.

57　Ibid.

58　"The Story of Sakichi Toyoda", Toyota Industries, accessed November 11, 2021, https://www.toyota-industries.com/company/history/toyoda_sakichi/. 다음 문헌도 참고하라. Nigel Burton, *Toyota MR2: The Complete Story*(Ramsbury, Marlborough, UK: Crowood Press, 2015).

59　Satoshi Hino, *Inside the Mind of Toyota: Management Principles for Enduring Growth*(New York: Productivity Press, 2006), 2.

60　Burton, *Toyota MR2*, 10.

61　James P. Womack, Daniel T. Jones, and Daniel Roos, *The Machine That Changed the World: The Story of Lean Production—Toyota's Secret Weapon in the Global Car Wars That Is Revolutionizing World Industry*(London: Free Press, 2007).

62　Kazuhiro Mishina, "Toyota Motor Manufacturing, U.S.A., Inc.", Harvard Business School, Case 693-019, September 1992(revised September 1995).

63　Ibid.

64　David Magee, *How Toyota Became #1: Leadership Lessons from the World's Greatest Car Company*, paperback ed.(New York: Portfolio, 2008).

65 Mary Louise Kelly, Karen Zamora, and Amy Isackson, "Meet America's Newest Chess Master, 10-Year-Old Tanitoluwa Adewumi", *All Things Considered*, NPR, May 11, 2021, https://www.npr.org/2021/05/11/995936257/meet-americas-newest-chess-master-10-year-old-tanitoluwa-adewumi

66 "Yani Tseng Stays Positive After 73", *USA Today*, November 1, 2012, sec. Sports, https://www.usatoday.com/story/sports/golf/lpga/2012/11/15/cme-group-titleholders-yani-tseng/1707513/

67 Tim Grosz, "Success of Proactive Safety Programs Relies on 'Just Culture' Acceptance", Air Mobility Command, February 5, 2014, https://www.amc.af.mil/News/Article-Display/Article/786907/success-of-proactive-safety-programs-relies-on-just-culture-acceptance/

68 Amy C. Edmondson, "Learning from Mistakes Is Easier Said Than Done: Group and Organizational Influences on the Detection and Correction of Human Error", *Journal of Applied Behavioral Science* 32, no. 1(March 1, 1996): 5~28.

69 다음 문헌을 참고하라. Bryce G. Hoffman, *American Icon: Alan Mulally and the Fight to Save Ford Motor Company*(New York: Crown Business, 2012); Amy C. Edmondson and Olivia Jung, "The Turnaround at Ford Motor Company", Harvard Business School, Case 621-101, April 2021(revised March 2022).

70 Hoffman, *American Icon*, 102.

71 Alan Mulally, "Rescuing Ford", interview by Peter Day, *BBC Global Business*, October 16, 2010, https://www.bbc.co.uk/programmes/p00b5qjq

72 Hoffman, *American Icon*, 124.

73 Alan Mulally, "Alan Mulally of Ford: Leaders Must Serve, with Courage"(video), Stanford Graduate School of Business, February 7,

2011, at 31:25, https://www.youtube.com/watch?v=ZIwz1KlKXP4

74   Ibid., at 32:59.

75   Jan U. Hagen, *Confronting Mistakes: Lessons from the Aviation Industry When Dealing with Error*(Houndmills, Basingstoke, Hampshire, UK: Palgrave Macmillan, 2013).

76   Ibid., 143.

77   Ibid., 146, Figure 3.10.

78   Ibid., 145, Figure 3.9b.

79   Ibid., 148.

80   Susan P. Baker et al., "Pilot Error in Air Carrier Mishaps: Longitudinal Trends among 558 Reports, 1983~2002", *Aviation, Space, and Environmental Medicine* 79, no. 1(January 2008): 2~6, as quoted in Hagen, Confronting Mistakes, 143.

81   Andy Pasztor, "The Airline Safety Revolution", *Wall Street Journal*, April 16, 2021, sec. Life, https://www.wsj.com/articles/the-airline-safety-revolution-11618585543

82   다음 문헌을 참고하라. Kris N. Kirby and R. J. Herrnstein, "Preference Reversals Due to Myopic Discounting of Delayed Reward", *Psychological Science* 6, no. 2(1995): 83~89. 또한 시간적 할인은 때때로 현재 편향적이라고도 한다.

83   Stephen J. Dubner, "In Praise of Maintenance", *Freakonomics*, episode 263, produced by Arwa Gunja, October 19, 2016, at 41:41, https://freakonomics.com/podcast/in-praise-of-maintenance/

84   Gawande, *Checklist Manifesto*.

85   National Academy of Sciences, "The Hospital Checklist: How Social Science Insights Improve Health Care Outcomes", From Research to Reward, https://nap.nationalacademies.org/read/23510/

86   "Doctor Saved Michigan $100 Million", *All Things Considered*, NPR, December 9, 2007, https://www.npr.org/templates/story/

story.php?storyId=17060374

87 Andy Pastzor, "Can Hospitals Learn about Safety from Airlines", *Wall Street Journal*, September 2, 2021, https://www.wsj.com/articles/can-hospitals-learn-about-safety-from-airlines-11630598112

88 Ibid.

89 Hagen, *Confronting Mistakes*, 7.

90 *Aircraft Accident Report: Eastern Airlines, Inc., L-1011, N310EA, Miami, Florida, December* 29, 1972(Washington, DC: National Transportation Safety Board, June 14, 1973).

91 For background on the history, principles, and practices of CRM, see Barbara G. Kanki, José M. Anca, and Thomas Raymond Chidester, eds., *Crew Resource Management*, 3rd ed.(London: Academic Press, 2019).

92 Mark Mancini, "The Surprising Origins of Child-Proof Lids", Mental Floss, February 14, 2014, https://www.mentalfloss.com/article/54410/surprising-origins-child-proof-lids

93 Shigeo Shingō and Andrew P. Dillon, *A Study of the Toyota Production System from an Industrial Engineering Viewpoint*, rev. ed.(Cambridge, MA: Productivity Press, 1989).

94 다음 문헌을 참고하라. About Don Norman, December 21, 2020, https://jnd.org/about/.

95 다음 문헌을 참고하라. "What Is Human-Centered Design?", IDEO Design Kit, IDEO.org, accessed November 11, 2021, https://www.designkit.org/human-centered-design

96 Don Norman, "What Went Wrong in Hawaii, Human Error? Nope, Bad Design", *Fast Company*, January 16, 2018, https://www.fastcompany.com/90157153/don-norman-what-went-wrong-in-hawaii-human-error-nope-bad-design

97 Pamela Laubheimer, "Preventing User Errors: Avoiding Unconscious Slips", Nielsen Norman Group, August 23, 2015, https://www.nngroup.com/articles/slips/

98 Ibid.

99 "How a Kitchen Accident Gave Birth to a Beloved Sauce", Goldthread, November 26, 2018, https://www.goldthread2.com/food/how-kitchen-accident-gave-birth-beloved-sauce/article/3000264

100 Bee Wilson, "The Accidental Chef", *Wall Street Journal*, September 18, 2021, sec. Life, https://www.wsj.com/articles/the-accidental-chef-11631937661

101 Ibid.

4장 복합적 실패: 퍼펙트 스톰

1 Richard Petrow, *The Black Tide: In the Wake of Torrey Canyon*, 1st UK ed.(United Kingdom: Hodder and Stoughton, 1968), 245.

2 Adam Vaughan, "Torrey Canyon Disaster—the UK's Worst-Ever Oil Spill 50 Years On", *Guardian*, March 18, 2017, sec. Environment, https://www.theguardian.com/environment/2017/mar/18/torrey-canyon-disaster-uk-worst-ever-oil-spill-50tha-anniversary

3 Petrow, *The Black Tide*, 246.

4 Ibid., 158.

5 Ibid., 182.

6 Ibid., 184.

7 Amy C. Edmonson, *The Fearless Organization: Creating Psychological Safety in the Workplace for Learning, Innovation, and Growth*, 1st ed.(Hoboken, NJ: John Wiley and Sons, 2019), chap. 3.

8   Wendy Lee and Amy Kaufman, "Search Warrant Reveals Grim
     Details of 'Rust' Shooting and Halyna Hutchins' Final Minutes",
     Los Angeles Times, October 26, 2021, sec. Company Town, https://
     www.latimescom/entertainment-arts/business/story/2021-10-
     24/alec-baldwin-prop-gun-shooting-halyna-hutchins-search-
     warrant

9   Wendy Lee and Amy Kaufman, "'Rust' Assistant Director
     Admits He Didn't Check All Rounds in Gun before Fatal
     Shooting", *Los Angeles Times*, October 27, 2021, sec. Local, https://
     www.latimes.com/california/story/2021-10-27/rust-assistant-
     director-dave-halls-protocol-alec-baldwin-shooting

10   Julia Jacobs and Graham Bowley, "'Rust' Armorer Sues Supplier of
     Ammunition and Guns for Film Set", *New York Times*, January 13,
     2022, sec. Movies, https://www.nytimes.com/2022/01/12/movies/
     rust-film-ammunition-supplier-sued.html

11   Emily Crane, "'Rust' Set Had Two 'Negligent Discharges' before
     Fatal Shooting, New Police Report Reveals", *New York Post*,
     December 5, 2022, https://nypost.com/2022/11/18/rust-set-had-
     two-negligent-discharges-before-fatal-shooting-cops/

12   Matthew Shaer, "The Towers and the Ticking Clock", *New York
     Times Magazine*, January 28, 2022, https://www.nytimes.com/
     interactive/2022/01/28/magazine/miami-condo-collapse.html

13   Ibid.

14   Kevin Lilley, "Navy Officer, 35, Dies in OffDuty Diving Mishap",
     Navy Times, June 7, 2018, https://www.navytimes.com/news/your-
     navy/2018/06/05/navy-officer-35-dies-in-off-duty-diving-
     mishap/

15   Gareth Lock, *If Only...*(documentary)(Human Diver, 2020), at
     34:03, https://vimeo.com/414325547

16 Ibid.

17 Ibid.

18 Meg James, Amy Kaufman, and Julia Wick, "The Day Alec
    Baldwin Shot Halyna Hutchins and Joel Souza", *Los Angeles Times*,
    October 31, 2021, sec. Company Town, https://www.latimes.com/
    entertainment-arts/business/story/2021-10-31/rust-film-alec-
    baldwin-shooting-what-happened-that-day

19 Mark D. Cannon and Amy C. Edmondson, "Failing to Learn and
    Learning to Fail(Intelligently): How Great Organizations Put
    Failure to Work to Innovate and Improve", *Long Range Planning* 38,
    no. 3(June 1, 2005): 299~319.

20 Vaughan, "Torrey Canyon Disaster".

21 Raffi Khatchadourian, "Deepwater Horizon's Lasting Damage",
    New Yorker, March 6, 2011, http://www.newyorker.com/
    magazine/2011/03/14/the-gulf-war

22 Vaughan, "Torrey Canyon Disaster".

23 Ved P. Nanda, "The Torrey Canyon Disaster: Some Legal Aspects",
    Denver Law Review 44, no. 3(January 1967): 400~425.

24 Vaughan, "Torrey Canyon Disaster".

25 Alan Levin, "Lion Air Jet's Final Plunge May Have Reached
    600 Miles per Hour", *Bloomberg*, November 2, 2018, https://
    www.bloomberg.com/news/articles/2018-11-03/lion-air-jet-s-
    final-plunge-may-have-reached-600-miles-per-hour

26 Tim Hepher, Eric M. Johnson, and Jamie Freed, "How Flawed
    Software, High Speed, Other Factors Doomed an Ethiopian
    Airlines 737 MAX", Reuters, April 5, 2019

27 Bill Chappell and Laurel Wamsley, "FAA Grounds Boeing 737 Max
    Planes in U.S., Pending Investigation", NPR, March 13, 2019, sec.
    Business, https://www.npr.org/2019/03/13/702936894/ethiopian-

pilot-had-problems-with-boeing-737-max-8-flight-controls-he-wasnt-alon

28 Sumit Singh, "The Merger of McDonnell Douglas and Boeing—a History", Simple Flying, September 29, 2020, https://simpleflying.com/mcdonnel-douglas-boeing-merger/

29 Jerry Useem, "The Long-Forgotten Flight That Sent Boeing off Course", *Atlantic*, November 20, 2019, https://www.theatlantic.com/ideas/archive/2019/11/how-boeing-lost-its-bearings/602188/

30 Ibid.

31 Natasha Frost, "The 1997 Merger That Paved the Way for the Boeing 737 Max Crisis", Quartz, January 3, 2020, https://www.yahoo.com/video/1997-merger-paved-way-boeing-090042193.html. 다음 문헌도 참고하라. Michael A. Roberto, *Boeing 737 MAX: Company Culture and Product Failure*(Ann Arbor, MI: WDI Publishing, 2020).

32 Roberto, *Boeing 737 MAX*.

33 Ibid.

34 Ibid.

35 Ibid., 6

36 Ibid., 7.

37 David Gelles, "'I Honestly Don't Trust Many People at Boeing': A Broken Culture Exposed", *New York Times*, January 10, 2020, sec. Business, https://www.nytimes.com/2020/01/10/business/boeing-737-employees-messages.html

38 Ibid.

39 Dominic Gates, Steve Miletich, and Lewis Kamb, "Boeing Rejected 737 MAX Safety Upgrades before Fatal Crashes, Whistleblower Says", *Seattle Times*, October 2, 2019, https://www.seattletimes.com/business/boeing-aerospace/boeing-whistleblowers-complaint-

says-737-max-safety-upgrades-were-rejected-over-cost/

40　Ibid.

41　Natalie Kitroeff and David Gelles, "Claims of Shoddy Production
Draw Scrutiny to a Second Boeing Jet", *New York Times*, April
20, 2019, sec. Business, https://www.nytimes.com/2019/04/20/
business/boeing-dreamliner-production-problems.html; Amy
C. Edmondson, "Boeing and the Importance of Encouraging
Employees to Speak up", *Harvard Business Review*, May 1, 2019,
https://hbr.org/2019/05/boeing-and-the-importance-of-
encouraging-employees-to-speak-up

42　U.S. Department of Justice, "Boeing Charged with 737 Max Fraud
Conspiracy and Agrees to Pay over $2.5 Billion"(press release),
Office of Public Affairs, January 7, 2021, https://www.justice.gov/
opa/pr/boeing-charged-737-max-fraud-conspiracy-and-agrees-
pay-over-25-billion

43　"Equifax Data Breach", Electronic Privacy Information Center, n.d.,
https://archive.epic.org/privacy/data-breach/equifax/

44　*Prepared Testimony of Richard F. Smith before the U.S. House
Committee on Energy and Commerce, Subcommittee on Digital
Commerce and Consumer Protection*(statement of Richard Smith,
CEO, Equifax), October 2, 2017.

45　"실수로 하드디스크를 버렸다"라는 표현은 일련의 사건을 축약해서
나타낸 것이다. 하우얼스는 책상 정리 중 하드디스크를 발견하고는
쓰레기봉투에 넣었다. 아내와도 이야기가 된 부분이었다.
하지만 잠시 후 하우얼스는 하드디스크를 버리면 안 된다는
사실을 깨달았다. 쓰레기봉투에서 다시 꺼낼 시간이 충분하다고
생각했지만, 아내는 그 봉투를 그대로 쓰레기장에 갖다 버렸다.
지극히 인간적이고 돌이킬 수 없는 실수였다. 다음 문헌도 참고하라.
D. T. Max, "Half a Billion in Bitcoin, Lost in the Dump",

New Yorker, December 6, 2021, https://www.newyorker.com/magazine/2021/12/13/half-a-billion-in-bitcoin-lost-in-the-dump

46 Rita Gunther McGrath, "The World Is More Complex Than It Used to Be", *Harvard Business Review*, August 31, 2011, https://hbr.org/2011/08/the-world-really-is-more-compl

47 Lazaro Gamio and Peter S. Goodman, "How the Supply Chain Crisis Unfolded", *New York Times*, December 5, 2021, sec. Business, https://www.nytimes.com/interactive/2021/12/05/business/economy/supply-chain.html

48 Chris Clearfield and András Tilcsik, *Meltdown*(New York: Penguin, 2018), 78.

49 Amy C. Edmondson, "Learning from Failure in Health Care: Frequent Opportunities, Pervasive Barriers", *Quality and Safety in Health Care* 13, suppl. 2(December 1, 2004): ii3~9.

50 Lucian L. Leape, "Error in Medicine", *JAMA* 272, no. 23(December 21, 1994): 1851~1857, doi: 10.1001/jama.1994.03520230061039 ; Lisa Sprague, "Reducing Medical Error: Can You Be as Safe in a Hospital as You Are in a Jet?", *National Health Policy Forum* 740(May 14, 1999): 1~8.

51 Andy Pastzor, "Can Hospitals Learn about Safety from Airlines", *Wall Street Journal*, September 2, 2021, https://www.wsj.com/articles/can-hospitals-learn-about-safety-from-airlines-11630598112

52 Edmondson, "Learning from Failure".

53 Charles Perrow, *Normal Accidents: Living with High-Risk Technologies*(Princeton, NJ: Princeton University Press, 1999).

54 Clearfield and Tilcsik, *Meltdown*, 57.

55 Perrow, *Normal Accidents*. 다음 문헌도 참고하라. Andrew Hopkins,

"The Limits of Normal Accident Theory", *Safety Science* 32(1999): 93~102.

56   Amy C. Edmondson, "Learning from Mistakes Is Easier Said Than Done: Group and Organizational Influences on the Detection and Correction of Human Error", *Journal of Applied Behavioral Science* 32, no. 1(March 1, 1996).

57   Amy Edmondson, Michael E. Roberto, and Anita Tucker, "Children's Hospital an Clinics(A)", Harvard Business School, Case 302-050, November 2001(revised September 2007), 1~2.

58   James Reason, "Human Error: Models and Management", *BMJ* 320, no. 7237(2000): 768~770.

59   Karlene H. Roberts, "New Challenges in Organizational Research: High Reliability Organizations", *Industrial Crisis Quarterly* 3, no. 2(June 1, 1989): 111~125; Gene I. Rochlin, "Reliable Organizations: Present Research and Future Directions", Journal of Contingencies and Crisis Management 4, no. 2(June 1996): 55~59, doi: 10.1111/j.1468-5973.1996.tb00077.

60   Karl E. Weick, Kathleen M. Sutcliffe, and David Obstfeld, "Organizing for High Reliability: Processes of Collective Mindfulness", in *Research in Organizational Behavior* 21, ed. R. I. Sutton and B. M. Staw(Amsterdam: Elsevier Science/JAI Press, 1999): 81~123.

61   Bethan Bell and Mario Cacciottolo, "Torrey Canyon Oil Spill: The Day the Sea Turned Black", BBC News, March 17, 2017, sec. England, https://www.bbc.com/news/uk-england-39223308

62   "The Oil Pollution Act of 1990", U.S. Environmental Protection Agency, Public Law 101-380, 33 U.S. Code §2701, https://www.law.cornell.edu/uscode/text/33/2701

63   Bell and Cacciottolo, "Torrey Canyon Oil Spill".

64 Ibid.

65 Joe Hernandez, "The Fatal Shooting of Halyna Hutchins Is Prompting Calls to Ban Real Guns from Sets", *Morning Edition*, NPR, October 24, 2021, https://www.northcountrypublicradio.org/news/npr/1048830998/the-fatal-shooting-of-halyna-hutchins-is-prompting-calls-to-ban-real-guns-from-sets

66 Lock, *If Only....*

67 Michael Roberto, Richard M. J. Bohmer, and Amy C. Edmondson, "Facing Ambiguous Threats", *Harvard Business Review* 84, no. 11(November 2006): 106~113.

68 Rodney Rocha, "Accidental Case Study of Organizational Silence & Communication Breakdown: Shuttle *Columbia*, Mission STS-107"(presentation), HQ-E-DAA-TN22458, September 2011, https://ntrs.nasa.gov/citations/20150009327.

69 For an early study demonstrating confirmation bias, see Clifford R. Mynatt, Michael E. Doherty, and Ryan D. Tweney, "Confirmation Bias in a Simulated Research Environment: An Experimental Study of Scientific Inference", *Quarterly Journal of Experimental Psychology* 29, no. 1(February 1977): 85~95, doi: 10.1080/00335557743000053.

70 Federal Deposit Insurance Corporation(FDIC), *Crisis and Response: A FDIC History, 2008-2013*(Washington, DC: FDIC, 2017).

71 *Columbia Accident Investigation Board Report*, vol. 1(Washington, DC: National Aeronautics and Space Administration, August 2003)

72 Roberto, *Boeing 737 MAX.*

73 "Rapid Response Teams: The Case for Early Intervention", Improvement Stories, https://www.ihi.org/resources/Pages/ImprovementStories/RapidResponseTeamsTheCaseforEarlyIntervention.aspx

74　Jason Park, *Making Rapid Response Real: Change Management and Organizational Learning in Patient Care*(Lanham, MD: University Press of America, 2010).

75　Majid Sabahi et al., "Efficacy of a Rapid Response Team on Reducing the Incidence and Mortality of Unexpected Cardiac Arrests", *Trauma Monthly* 17, no. 2(2012): 270~274, doi: 10.5812/traumamon.4170.

76　Ibid.

77　Michael A. Roberto, *Know What You Don't Know: How Great Leaders Prevent Problems Before They Happen*(Upper Saddle River, NJ: Pearson Prentice Hall, 2009); Park, Making Rapid Response Real.

78　Roberto, *Know What You Don't Know*, 5~6.

5장 자기 인식: 진짜 자신과 만나는 법

1　브리지워터는 헤지펀드로 투자 결정에 제약이 거의 없었다. 헤지펀드는 매우 큰 위험을 감수하고서라도 높은 수익을 원하는 사람을 대상으로 금융자산을 사고파는 금융 서비스 조직이다. 상업은행이나 뮤추얼펀드와 달리 정부의 규제를 거의 받지 않으며, 대개 높은 자산의 개인과 기관이 참여한다. 다음 문헌도 참고하라. "Hedge Funds", U.S. Securities and Exchange Commission, https://www.investor.gov/introduction-investing/investing-basics/investment-products/private-investment-funds/hedge-funds

2　David John Marotta, "Longest Economic Expansion in United States History", *Forbes*, January 21, 2020, https://www.forbes.com/sites/davidmarotta/2020/01/21/longest-economic-expansion-in-united-states-history/

3　Ray Dalio, "Billionaire Ray Dalio on His Big Bet That Failed: 'I

Went Broke and Had to Borrow $4,000 from My Dad", CNBC, December 4, 2019, https://www.cnbc.com/2019/12/04/billionaire-ray-dalio-was-once-broke-and-borrowed-money-from-his-dad-to-pay-family-bills.html

4   Ibid.

5   Ibid.

6   Daniel Goleman, Vital Lies, *Simple Truths: The Psychology of Self-Deception*(New York: Simon and Schuster, 1985).

7   Rich Ling, "Confirmation Bias in the Era of Mobile News Consumption: The Social and Psychological Dimensions", *Digital Journalism* 8, no. 5(2020): 596~604.

8   Yiran Liu et al., "Narcissism and Learning from Entrepreneurial Failure", *Journal of Business Venturing* 34, no. 3(May 1, 2019): 496~521, doi: 10.1016/j.jbusvent.2019.01.003.

9   Tomas Chamorro-Premuzic, "Why We Keep Hiring Narcissistic CEOs", *Harvard Business Review*, November 29, 2016, https://hbr.org/2016/11/why-we-keep-hiring-narcissistic-ceos; Jean M. Twenge et al., "Egos Inflating over Time: A Cross-Temporal Meta-Analysis of the Narcissistic Personality Inventory", *Journal of Personality* 76, no. 4(July 2008): 875~902, discussion at 903~928, doi: 10.1111/j.1467-6494.2008.00507.x.

10 Joseph LeDoux, *The Emotional Brain*(New York: Simon and Schuster Paperbacks, 1996).

11 Daniel Kahneman, *Thinking, Fast and Slow*(New York: Farrar, Straus and Giroux, 2011).

12 Jennifer J. Kish-Gephart et al., "Silenced by Fear: The Nature, Sources, and Consequences of Fear at Work", *Research in Organizational Behavior* 29(December 31, 2009): 163~193.

13 Lauren Eskreis-Winkler and Ayelet Fishbach, "Not Learning from

Failure—the Greatest Failure of All", *Psychological Science* 30, no. 12(December 1, 2019): 1733~1744.

14 Ibid., 1733.

15 Lauren Eskreis-Winkler and Ayelet Fishbach, "Hidden Failures", *Organizational Behavior and Human Decision Processes* 157(2020): 57~67.

16 K. C. Diwas, Bradley R. Staats, and Francesca Gino, "Learning from My Success and from Others' Failure: Evidence from Minimally Invasive Cardiac Surgery", Harvard Business School, Working Paper 12-065, July 19, 2012, https://hbswk.hbs.edu/item/learning-from-my-success-and-from-others-failure-evidence-from-minimally-invasive-cardiac-surgery

17 다음 문헌을 참고하라. Catherine H. Tinsley, Robin L. Dillion, and Matthew A. Cronin, "How Near-Miss Events Amplify or Attenuate Risky Decision Making", *Management Science* 58, no. 9(September 2012): 1596~1613; Palak Kundu et al., "Missing the Near Miss: Recognizing Valuable Learning Opportunities in Radiation Oncology", *Practical Radiation Oncology* 11, no. 2(2021): e256~262; Olivia S. Jung et al., "Resilience vs. Vulnerability: Psychological Safety and Reporting of Near Misses with Varying Proximity to Harm in Radiation Oncology", *Joint Commission Journal on Quality and Patient Safety* 47, no. 1(January 2021): 15~22.

18 Brené Brown, "Listening to Shame", TED2012, at 14:47, https://www.ted.com/talks/brene_brown_listening_to_shame?language=sc

19 Brené Brown, "Shame Resilience Theory: A Grounded Theory Study on Women and Shame", *Families in Society* 87, no. 1(2006): 43~52, doi: 10.1606/1044-3894.3483.

20 Robert Karen, "Shame", *Atlantic Monthly*, February 1992, 40~70;

Paul Trout, "Education & Academics", National Forum 80, no. 4(Fall 2000): 3~7.

21 Brown, "Listening to Shame", at 14:13.

22 "Instagram Worsens Body Image Issues and Erodes Mental Health", *Weekend Edition Sunday*, September 26, 2021, https://www.npr.org/2021/09/26/1040756541/instagram-worsens-body-image-issues-and-erodes-mental-health

23 Nicole Wetsman, "Facebook's Whistleblower Report Confirms What Researchers Have Known for Years", Verge, October 6, 2021, https://www.theverge.com/2021/10/6/22712927/facebook-instagram-teen-mental-health-research

24 Georgia Wells, Jeff Horwitz, and Deepa Seetharaman, "Facebook Knows Instagram Is Toxic for Teen Girls, Company Documents Show", *Wall Street Journal*, September 14, 2021.

25 Nadia Khamsi, "Opinion: Social Media and the Feeling of Inadequacy", *Ryersonian.Ca*(blog), September 25, 2017, https://ryersonian.ca/opinion-social-media-and-the-feeling-of-inadequacy/

26 Melissa G. Hunt et al., "No More FOMO: Limiting Social Media Decreases Loneliness and Depression", *Journal of Social and Clinical Psychology* 37, no. 10(December 2018): 751~768, doi: 10.1521/jscp.2018.37.10.751

27 Alice G. Walton, "New Studies Show Just How Bad Social Media Is for Mental Health", *Forbes*, November 16, 2018, https://www.forbes.com/sites/alicegwalton/2018/11/16/new-research-shows-just-how-bad-social-media-can-be-for-mental-health/

28 다음 문헌을 참고하라. Abraham P. Buunk and Frederick X. Gibbons, "Social Comparison: The End of a Theory and the Emergence of a Field", *Organizational Behavior and Human Decision*

Processes 102, no. 1(January 2007): 3~21.

29   Walton, "New Studies Show".

30   Jeré Longman, "Simone Biles Rejects a Long Tradition of Stoicism in Sports", *New York Times*, July 28, 2021, sec. Sports, https://www.nytimes.com/2021/07/28/sports/olympics/simone-biles-mental-health.html

31   Camonghne Felix, "Simone Biles Chose Herself", Cut, September 27, 2021, https://www.thecut.com/article/simone-biles-olympics-2021.html

32   Ibid.

33   Ibid., where it states, "'I'm sorry, I love you guys, but you're going to be just fine', where Biles reassured her teammates, hugging them one by one".

34   Brené Brown, The Power of Vulnerability(TEDxHouston, Houston, TX, 2010), https://www.ted.com/talks/brene_brown_the_power_of_vulnerability/, 17:00.

35   Adam Grant, *Think Again: The Power of Knowing What You Don't Know*(New York: Viking, 2021).

36   Viktor E. Frankl, *Man's Search for Meaning*(Boston: Beacon Press, 2006).

37   Carol Dweck, "Developing a Growth Mindset with Carol Dweck"(video), Stanford Alumni, October 9, 2014, at 9:37, https://www.youtube.com/watch?v=hiiEeMN7vbQ. 다음 문헌도 참고하라. Carol Dweck, "The Power of Believing That You Can Improve", TEDxNorrkoping, December 17, 2014, at 10:11, https://www.ted.com/talks/carol_dweck_the_power_of_believing_that_you_can_improve?language=en

38   Zoom interview with Satya Nadella, SIP(Short Intensive Program): Putting Purpose to Work 5033, Harvard Business

School, December 14, 2021.

39 다음 문헌을 참고하라. Amy C. Edmondson, "Three Faces of Eden: The Persistence of Competing Theories and Multiple Diagnoses in Organizational Intervention Research", *Human Relations* 49, no. 5(1996): 571~595. 다음 문헌도 참고하라. Chris Argyris, *Reasoning, Learning and Action*(San Francisco: Jossey-Bass, 1982).

40 Jonathan Cohen(@JonathanCohenMD), "One of My Favorite Parts of GRs: Sharing #PsychologicalSafety Lessons", Twitter, January 9, 2022, 11:07 a.m., https://twitter.com/JonathanCohenMD/status/1480209559159513091

41 다음 문헌을 참고하라. Larry Wilson and Hersch Wilson, *Play to Win: Choosing Growth over Fear in Work and Life*(Austin, TX: Bard Press, 1998).

42 Maxie C. Maultsby Jr., *Rational Behavior Therapy*(Seaton Foundation, 1990).

43 Albert Ellis and Debbie Joffe Ellis, *All Out! An Autobiography*(Amherst, NY: Prometheus Books, 2010).

44 Mariusz Wirga, Michael DeBernardi, and Aleksandra Wirga, "Our Memories of Maxie C. Maultsby Jr., 1932~2016", *Journal of Rational-Emotive & Cognitive Behavior Therapy* 37(2019): 316~324, doi: 10.1007/s10942-018-0309-3.

45 Ibid.

46 Ibid., 319. 다음 문헌도 참고하라. Charles H. Epps, Davis G. Johnson, and Audrey L. Vaughan, *African American Medical Pioneers*(Betz Publishing, 1994).

47 Wirga, DeBernardi, and Wirga, "Our Memories", 319, drawing from Maxie C. Maultsby Jr., "Rational Behavior Therapy", in *Behavior Modification in Black Populations*, ed. Samuel S. Turner and Russell T. Jones(New York: Plenum Press, 1982), 151~170.

48 Wirga, DeBernardi, and Wirga, "Our Memories".

49 Maxie Clarence Maultsby Jr., *Help Yourself to Happiness: Through Rational Self-Counseling*(New York: Institute for Rational Living, 1975), 22~23.

50 Wilson and Wilson, *Play to Win*.

51 다음 문헌을 참고하라. Chris Argyris, *Knowledge for Action: A Guide to Overcoming Barriers to Organizational Change*(San Francisco: Jossey-Bass, 1993).

52 Wilson and Wilson, *Play to Win*.

53 Ray Dalio, *Principles: Life and Work*(New York: Simon and Schuster, 2017), 36.

54 Ibid.

55 Ibid.

56 Franz J. Vesely, "Alleged Quote", https://www.viktorfrankl.org/quote_stimulus.html

6장 상황 인식: 실패의 맥락 파악하는 법

1 Dolly Parton(@DollyParton), "We Cannot Direct the Wind, but We Can Adjust the Sails!", Twitter, September 25, 2104, 12:59 p.m., https://twitter.com/dollyparton/status/515183726918389761

2 Boyd Watkins, "Guest Gamer: An Interview with Boyd Watkins", interview by Sivasailam "Thiagi" Thiagarajan and Raja Thiagarajan, Thiagi Gameletter, 2009, https://thiagi.net/archive/www/pfp/IE4H/september2009.html#GuestGamer

3 Fiona Lee et al., "The Mixed Effects of Inconsistency on Experimentation in Organizations", *Organization Science* 15, no. 3(May~June 2004): 310~326, doi: 10.1287/orsc.1040.0076.

4 Amy C. Edmondson, *Teaming: How Organizations Learn, Innovate,*

and Compete in the Knowledge Economy(San Francisco: Jossey-Bass, 2012), chap. 1.

5   "'I'm Not Wrong': Taxi Driver Says He's Not Responsible for Sleeping Boy Left Alone in Cab", WBZ-CBS Boston, March 3, 2022, https://boston.cbslocal.com/2022/03/03/child-left-alone-in-taxi-weston-dorchester-massachusetts-state-police-logan-airport/

6   Jeff Nilsson, "'It Doesn't Have to Be Perfect': Honoring the Julia Child Centennial", *Saturday Evening Post*, August 11, 2012, https://www.saturdayeveningpost.com/2012/08/julia-child/

7   Lee Ross and Andrew Ward, "Naïve Realism: Implications for Social Conflict and Misunderstanding", in *Values and Knowledge*, ed. Terrance Brown, Edward S. Reed, and Elliot Turiel(Mahwah, NJ: Lawrence Erlbaum Associates, January 1996), 103~135.

8   Bill Garrett, "Coke's Water Bomb", BBC News Online, June 1, 2004, sec. BBC Money Programme, http://news.bbc.co.uk/2/hi/business/3809539.stm

9   Michael McCarthy, "Pure? Coke's Attempt to Sell Tap Water Backfires in Cancer Scare", *Independent*, March 20, 2004, sec. Environment, https://web.archive.org/web/20080522154932/http:/www.independent.co.uk/environment/pure-cokes-attempt-to-sell-tap-water-backfires-in-cancer-scare-567004.html

10 Tom Scott, "Why You Can't Buy Dasani Water in Britain"(video), March 9, 2020, at 9:58, https://www.youtube.com/watch?v=wD79NZroV88

11 "Water World Braced for Dasani", *Grocer*, September 5, 2003.

12 "Coke Recalls Controversial Water", BBC News, March 19, 2004, http://news.bbc.co.uk/2/hi/business/3550063.stm

13 Scott, "Why You Can't Buy Dasani".

14 Ibid.

15 Alex Wayne, "Obamacare Website Costs Exceed $2 Billion, Study Finds", Bloomberg, September 24, 2014, https://www.bloomberg.com/news/articles/2014-09-24/obamacare-website-costs-exceed-2-billion-study-finds

16 Leonard A. Schlesinger and Paras D. Bhayani, "HealthCare.gov: The Crash and the Fix(A)", Harvard Business School, Case 315-129, June 9, 2015(revised November 1, 2016).

17 Brian Kenny, "The Crash and the Fix of HealthCare.gov", *Cold Call*(podcast), n.d., https://hbr.org/podcast/2016/11/the-crash-and-the-fix-of-healthcare-gov

18 Robert Safian, "President Obama: The Fast Company Interview", *Fast Company*, June 15, 2015, https://www.fastcompany.com/3046757/president-barack-obama-on-what-we-the-people-means-in-the-21st-century

19 Amy Goldstein, "HHS Failed to Heed Many Warnings That HealthCare.gov Was in Trouble", *Washington Post* , February 23, 2016, sec. Health & Science, https://www.washingtonpost.com/national/health-science/hhs-failed-to-heed-many-warnings-that-healthcaregov-was-in-trouble/2016/02/22/dd344e7c-d67e-11e5-9823-02b905009f99_story.html

20 Leonard A. Schlesinger and Paras D. Bhayani, "HealthCare.gov: The Crash and the Fix(B)", Harvard Business School, June 9, 2015, 4.

21 Steven Brill, *America's Bitter Pill: Money, Politics, Backroom Deals, and the Fight to Fix Our Broken Healthcare System*(New York: Random House, 2015), 362.

22 Ibid., 2. 다음 문헌도 참고하라. Brill, America's Bitter Pill, 361~362.

23 Asher Mullard, "Parsing Clinical Success Rates", *Nature Reviews*

Drug Discovery 15, no. 447(2016).

7장 시스템 인식: 내 주변을 이해하는 법

1   W. Edwards Deming, Dr. Deming's Four Day Seminar, Phoenix,
    AZ, February 1993, https://deming.org/a-bad-system-will-beat-
    a-good-person-every-time/

2   Richard Sandomir, "Spencer Silver, an Inventor of Post-it Notes, Is
    Dead at 80", *New York Times*, May 13, 2021, sec. Business, https://
    www.nytimes.com/2021/05/13/business/spencer-silver-dead.html

3   Claudia Flavell-While, "Spencer Silver and Arthur Fry: In Search
    of an Application", *Chemical Engineer*, March 9, 2018.

4   Amy C. Edmondson, *A Fuller Explanation: The Synergetic Geometry
    of R. Buckminster Fuller, Design Science Collection*(Boston:
    Birkhäuser, 1987), chap. 2.

5   E. A. Katz, "Chapter 13: Fullerene Thin Films as Photovoltaic
    Material", in *Nanostructured Materials for Solar Energy Conversion*,
    ed. Tetsuo Soga(Amsterdam: Elsevier, 2006), 363.

6   다음 문헌을 참고하라. David Kantor and Lehr William, *Inside
    the Family*(HarperCollins, 1976); Jay W. Forrester, "Industrial
    Dynamics—after the First Decade", *Management Science* 14,
    no. 7(1968): 398~415; Peter M. Senge, *The Fifth Discipline:
    The Art and Practice of the Learning Organization*(New York:
    Currency, 1990); W. Richard Scott and Gerald F. Davis,
    *Organizations and Organizing: Rational, Natural and Open Systems
    Perspectives*(Abingdon-on-Thames, Oxfordshire, UK: Routledge,
    2015); Elinor Ostrom, "A General Framework for Analyzing
    Sustainability of Social-Ecological Systems", Science 325, no.
    5939(2009): 419~422.

7   Peter Dizikes, "The Secrets of the System", *MIT News*, May 3, 2012, https://news.mit.edu/2012/manufacturing-beer-game-0503

8   Hau L. Lee, V. Padmanabhan, and Seungjin Whang, "The Bullwhip Effect in Supply Chains", *MIT Sloan Management Review*, Spring 1997, 11.

9   Senge, *Fifth Discipline*.

10 Ibid.

11 Michael Waters, "Supply Chain Container Ships Have a Size Problem", *Wired*, December 12, 2021, https://www.wired.com/story/supply-chain-shipping-logistics/

12 Nadeen Ebrahim, "Ever Given Container Ship Leaves Suez Canal 106 Days after Getting Stuck", Reuters, July 7, 2021, https://www.reuters.com/world/ever-given-container-ship-set-leave-suez-canal-2021-07-07/

13 Waters, "Supply Chain Container Ships".

14 Ibid.

15 Anita L. Tucker and Amy C. Edmondson, "Why Hospitals Don't Learn from Failures: Organizational and Psychological Dynamics That Inhibit System Change", *California Management Review* 45, no. 2(Winter 2003): 55~72, doi: 10.2307/41166165.

16 Senge, *Fifth Discipline*.

17 Tucker and Edmondson, "Why Hospitals Don't Learn".

18 U.S. Department of State, "Green Shipping Corridors Framework"(fact sheet), April 12, 2022, Office of the Spokesperson, https://www.state.gov/green-shipping-corridors-framework/

19 Zeynep Ton, "The Case for Good Jobs", *Harvard Business Review*, November 30, 2017, https://hbr.org/2017/11/the-case-for-good-jobs

20 Paul Rosenthal, *Art Fry's Invention Has a Way of Sticking*

Around(podcast), Smithsonian Lemelson Center, June 13 2008, https://invention.si.edu/podcast-art-frys-invention-has-way-sticking-around

21 Flavell-While, "Spencer Silver and Arthur Fry".

22 Sandomir, "Spencer Silver".

23 Rosenthal, *Art Fry's Invention.*

24 Jonah Lehrer, *Imagine: How Creativity Works*, 1st ed.(New York: Houghton Mifflin, 2012).

25 Rosenthal, *Art Fry's Invention.*

26 Ibid.

27 Ibid.

28 Sarah Duguid, "First Person: 'We Invented the Post-it Note,'" *Financial Times*, December 3, 2010.

29 "Arthur L. Fry: How Has He Transformed the Scene?", Minnesota Science & Technology Hall of Fame, accessed June 18, 2022, https://www.msthalloffame.org/arthur_l_fry.htm

30 Steven Spear and H. Kent Bowen, "Decoding the DNA of the Toyota Production System", *Harvard Business Review*, September 1, 1999, 3, https://hbr.org/1999/09/decoding-the-dna-of-the-toyota-production-system

31 Charles Fishman, "No Satisfaction at Toyota", *Fast Company*, December 1, 2006, https://www.fastcompany.com/58345/no-satisfaction-toyota

32 Ibid.

33 Ibid.

34 Amy Edmondson, "The Role of Psychological Safety: Maximizing Employee Input and Commitment", *Leader & Leader 2019*, no. 92(Spring 2019): 13~19.

35 Julianne M. Morath and Joanne E. Turnbull, *To Do No Harm:*

Ensuring Patient Safety in Health Care Organizations, with a foreword by Lucian L. Leape(San Francisco: Jossey-Bass, May 2005).

36 "Julianne M. Morath", MedStar Health: Advisory Board Bios, accessed June 17, 2022, https://www.medstarhealth.org/innovation-and-research/institute-for-quality-and-safety/ bout-us/advisory-board/julianne-m-morath

37 Amy Edmondson, Michael E. Roberto, and Anita Tucker, "Children's Hospital and Clinics(A)", Harvard Business School, Case 302-050, November 2001(revised September 2007), 7.

38 Ibid.

39 Ibid.

40 Edmondson, "Role of Psychological Safety", 14.

41 Amy C. Edmondson, *The Fearless Organization: Creating Psychological Safety in the Workplace for Learning, Innovation, and Growth*, 1st ed.(Hoboken, NJ: John Wiley and Sons, 2019), 170.

42 Edmondson, Roberto, and Tucker, "Children's Hospital and Clinics(A)", 4.

43 Ibid.

44 Ibid.

45 Ibid.

8장 옳은 실패로 성공하라

1 다음 문헌을 참고하라. Tilar J. Mazzeo, *The Widow Clicquot: The Story of a Champagne Empire and the Woman Who Ruled It*(New York: HarperCollins, 2008).

2 Ibid., 181.

3 Natasha Geiling, "The Widow Who Created the Champagne

Industry", *Smithsonian Magazine*, November 5, 2013, https://www.smithsonianmag.com/arts-culture/the-widow-who-created-the-champagne-industry-180947570/

4   Adam Bradley, "The Privilege of Mediocrity", *New York Times*, September 30, 2021, https://www.nytimes.com/2021/09/30/t-magazine/mediocrity-people-of-color.html

5   Ibid.

6   "James West: Digital Archive", HistoryMakers, accessed October 23, 2021, https://www .thehistorymakers.org/biography/james-west

7   Veronika Cheplygina, "How I Fail S02E08—Jen Heemstra(PhD'05, Chemistry)", *Dr Veronika CH*(blog), January 8, 2021, https://veronikach.com/how-i-fail/how-i-fail-s02e08-jen-heemstra-phd05-chemistry/

8   Ibid.

9   Ibid.

10 Ibid.

11 Noelle Nelson, Selin A. Malkoc, and Baba Shiv, "Emotions Know Best: The Advantage of Emotional versus Cognitive Responses to Failure", *Journal of Behavioral Decision Making* 31, no. 1(January 2018): 40~51, doi: 10.1002/bdm.2042.

12 Jennifer M. Heemstra et al., "Throwing Away the Cookbook: Implementing Course-Based Undergraduate Research Experiences(CUREs) in Chemistry", in *ACS Symposium Series* 1248, ed. Rory Waterman and Andrew Feig(Washington, DC: American Chemical Society, 2017), 33~63, doi: 10.1021/bk-2017-1248.ch003.

13 Judith Halberstam, *The Queer Art of Failure*(Durham, NC: Duke University Press, 2011).

14 Ibid., 51.

15 Ibid., 60.

16   David Canfield, "There Has Never Been a Show Like RuPaul's Drag Race", *Vanity Fair*, August 27, 2021, https://www.vanityfair.com/hollywood/2021/08/awards-insider-rupauls-drag-race-emmy-impact

17   Dino-Ray Ramos, "'RuPaul's Drag Race' Season 13 Premiere Slays as Most-Watched Episode in Franchise's History", *Deadline*(blog), January 4, 2021, https://deadline.com/2021/01/rupauls-drag-race-season-13-premiere-vh1-ratings-most-watched-episode-1234664587/; Brad Adgate, "Ratings: The 2020~2021 NBA Season in Review and a Look Ahead", Forbes, July 21, 2021, https://www.forbes.com/sites/bradadgate/2021/07/21/the-2020-21-nba-season-in-review-and-a-look-ahead/

18   S. Jocelyn Bell Burnell, "PETIT FOUR", *Annals of the New York Academy of Sciences* 302, no. 1(Eighth Texas Symposium on Relativistic Astrophysics, December 1977): 685~689, doi: 10.1111/j.1749-6632.1977.tb37085.x.

19   Daniel H. Pink, *The Power of Regret: How Looking Backward Moves Us Forward*(New York: Riverhead Books, 2022).

20   Ibid.

21   Thomas Curran and Andrew P. Hill, "Perfectionism Is Increasing over Time: A Meta-Analysis of Birth Cohort Differences from 1989 to 2016", *Psychological Bulletin* 145, no. 4(April 2019): 410~429, doi: 10.1037/bul0000138.

22   Adam Grant, "Breaking Up with Perfectionism", interview with Thomas Curran and Eric Best, *WorkLife with Adam Grant*(TED podcast), May 3, 2022, https://www.ted.com/podcasts/worklife/breaking-up-with-perfectionism-transcript

23   Ibid.

24   Nelson, Malkoc, and Shiv, "Emotions Know Best".

25   Ray Dalio(@RayDalio), "Everyone Fails. Anyone You See Succeeding Is Only Succeeding at the Things You're Paying Attention To", Twitter, October 20, 2022, 10:06 a,m., https:// twitter.com/RayDalio/status/1583097312163004417

26   Kayt Sukel, *The Art of Risk: The New Science of Courage, Caution, and Change*(Washington, DC: National Geographic Society, 2016).

27   Sara Blakely, "How Spanx Got Started", Inc., https://www.inc.com/ sara-blakely/how-sara-blakley-started-spanx.html

28   Kathleen Elkins, "The Surprising Dinner Table Question That Got Billionaire Sara Blakely to Where She Is Today", Business Insider, April 3, 2015, https://www.businessinsider.com/the-blakely- family-dinner-table-question-2015-3

29   Angela Duckworth, *Grit: The Power of Passion and Perseverance*(New York: Scribner, 2016).

30   Rachel Makinson, "How Spanx Founder Sara Blakely Created a Billion-Dollar Brand", *CEO Today*(blog), October 28, 2021, https://www.ceotodaymagazine.com/2021/10/how-spanx- founder-sara-blakely-created-a-billion-dollar-brand/

31   "About", Spanx by *Sara Blakely Foundation*(blog), accessed June 27, 2022, https://www.spanxfoundation.com/about/

32   Angela L. Duckworth et al., "Grit: Perseverance and Passion for Long-Term Goals", *Journal of Personality and Social Psychology* 92, no. 6(2007): 1087~1101, doi: 10.1037/0022-3514.92.6.1087.

33   Rob Knopper, "About", https://www.robknopper.com/about-3

34   Rob Knopper, "What My Practice Journal Looks Like", *Auditionhacker*(blog), June 25, 2016, https://www.robknopper.com/ blog/2016/6/25/what-my-practice-journal-looks-like

35   Rob Knopper, "What to Do When You Have a Disastrous Snare Drum Performance", *Percussionhacker*(blog), March

4, 2018, https://www.robknopper.com/blog/2018/3/2/
pg0qmqdy07akmm6cmh8q8i1ysus4s1

36   Charlotte V. O. Witvliet et al., "Apology and Restitution: The
      Psychophysiology of Forgiveness after Accountable Relational
      Repair Responses", *Frontiers in Psychology* 11(March 13, 2020): 284,
      doi: 10.3389/fpsyg.2020.00284.

37   Karina Schumann, "The Psychology of Offering an Apology:
      Understanding the Barriers to Apologizing and How to Overcome
      Them", *Current Directions in Psychological Science* 27, no. 2(2018):
      74~78, doi: 10.1177/0963721417741709.

38   Ibid.

39   Ibid.

40   Christine Carter, "The Three Parts of an Effective
      Apology", Greater Good, November 12, 2015, https://
      greatergood.berkeley.edu/article/item/the_three_parts_of_an_effectiv
      e_apology

41   Matthew Dollinger, "Starbucks, 'the Third Place', and Creating
      the Ultimate Customer Experience", *Fast Company*, June 11, 2008,
      https://www.fastcompany.com/887990/starbucks-third-place-
      and-creating-ultimate-customer-experience

42   Christine Hauser, "Starbucks Employee Who Called Police on Black
      Men No Longer Works There, Company Says", *New York Times*,
      April 16, 2018, sec. U.S., https://www.nytimes.com/2018/04/16/us/
      starbucks-philadelphia-arrest.html

43   Cale Guthrie Weissman, "Equifax Wants You to Enter
      Your Social Security Number Here to Find Out If It
      Was Hacked", *Fast Company*, September 7, 2017, https://
      www.fastcompany.com/40464504/equifax-wants-you-to-enter-
      your-social-security-number-here-to-find-out-if-it-was-

hacked

44 Will Oremus, "Marissa Mayer Personally Apologizes for Yahoo
Mail Debacle", Slate, December 16, 2013. 다음 문헌도 참고하라.
Marissa Mayer(@marisssamayer), "An Important Update for
Our Users", December 11, 2013, 2:31 p.m., https://twitter.com/
marissamayer/status/410854397292593153

45 Jennifer Bendery, "Kathleen Sebelius Takes Blame for Obamacare
Glitches While Being Grilled by Marsha Blackburn", HuffPost,
October 30, 2013, https://www.huffpost.com/entry/kathleen-
sebelius-marsha-blackburn_n_4177223

46 Chuck Todd, "Exclusive: Obama Personally Apologizes for
Americans Losing Health Coverage", NBC News, November 7,
2013, https://www.nbcnews.com/news/us-news/exclusive-obama-
personally-apologizes-americans-losing-health-coverage-
flna8c11555216

47 Tiffany Hsu, "Neiman Marcus Says Social Security Numbers,
Birth Dates Not Stolen", *Los Angeles Times*, January 16, 2014,
https://www.latimes.com/business/la-xpm-2014-jan-16-la-fi-
mo-neiman-marcus-breach-20140116-story.html

48 Megan McCluskey, "Dan Harmon Gives 'Full Account' of Sexually
Harassing Community Writer Megan Ganz", *Time*, January 11,
2018, https://time.com/5100019/dan-harmon-megan-ganz-
sexual-harassment-apology/

49 Astro Teller, "Tips for Unleashing Radical Creativity", *X, the
moonshot factory*(blog), February 12, 2020, https://blog.x.company/
tips-for-unleashing-radical-creativity-f4ba55602e17

50 Astro Teller, "The Unexpected Benefit of Celebrating Failure",
TED Talk, https://www.ted.com/talks/astro_teller_the_unexpected_
benefit_of_celebrating_failure

51   "Waymo: Transforming Mobility with Self-Driving Cars", accessed
     June 16, 2022, https://x.company/projects/waymo/

52   Alison Wood Brooks et al., "Mitigating Malicious Envy: Why
     Successful Individuals Should Reveal Their Failures", *Journal of
     Experimental Psychology: General* 148, no. 4(April 2019): 667~687,
     doi: 10.1037/xge0000538.

53   Melanie Stefan, "A CV of Failures", *Nature* 468(November 2010):
     467, doi: 10.1038/nj7322-467a.

54   Johannes Haushofer, "Johannes Haushofer Personal Page", accessed
     June 18, 2022, https://haushofer.ne.su.se/

55   Jeffrey R. Young, "Encouraging Teachers to Share Their
     Mistakes on Stitcher", *EdSurge*(podcast), October 19,
     2021, https://listen.stitcher.com/yvap/?af_dp=stitcher://
     episode/87639474&af_web_dp=https://www.stitcher.com/
     episode/87639474

56   Jon Harper, "Pandemic Lesson #2: I Pushed My Teachers Too
     Hard; in Fact, I Pushed Some over the Edge", *My BAD*(podcast),
     accessed June 27, 2022, https://podcasts.apple.com/us/podcast/
     pandemic-lesson-2-i-pushed-my-teachers-too-hard-in/
     id1113176485?i=1000508349340

57   "Failure Institute: About Us", Failure Institute, accessed June 18,
     2022, https://www.thefailureinstitute.com/about-us/

58   Gwen Moran, "Fostering Greater Creativity by
     Celebrating Failure", *Fast Company*, April 4, 2014, https://
     www.fastcompany.com/3028594/a-real-life-mad-man-on-
     fighting-fear-for-greater-creativity

59   Sue Shellenbarger, "Better Ideas through Failure", *Wall Street
     Journal*, September 27, 2011, sec. Careers, https://online.wsj.com/
     article/SB10001424052970204010604576594671572584158.html

60   Ramakrishnan Mukundan, Sabeel Nandy, and Ravi Arora, "Dare to Try' Culture Change at Tata Chemicals", *HQ Asia* 3(2012): 38~41.

61   "Building a Better Workplace", Partnership for Public Service, https://ourpublicservice.org/about/impact/building-a-better-workplace/

옳은 실패

초판 1쇄 인쇄일 2024년 8월 15일
초판 1쇄 발행일 2024년 8월 30일

지은이 에이미 에드먼슨
옮긴이 최윤영

발행인 조윤성

편집 강현호 **디자인** 정효진 **마케팅** 서승아
발행처 ㈜SIGONGSA **주소** 서울시 성동구 광나루로 172 린하우스 4층(우편번호 04791)
대표전화 02-3486-6877 **팩스(주문)** 02-585-1755
홈페이지 www.sigongsa.com / www.sigongjunior.com

글 ⓒ 에이미 에드먼슨, 2024

ISBN 979-11-7125-729-4 03320

*SIGONGSA는 시공간을 넘는 무한한 콘텐츠 세상을 만듭니다.
*SIGONGSA는 더 나은 내일을 함께 만들 여러분의 소중한 의견을 기다립니다.
*잘못 만들어진 책은 구입하신 곳에서 바꾸어 드립니다.

WEPUB 원스톱 출판 투고 플랫폼 '위펍' __wepub.kr
위펍은 다양한 콘텐츠 발굴과 확장의 기회를 높여주는
SIGONGSA의 출판IP 투고·매칭 플랫폼입니다.